2021 年度河北省社会科学发展研究课题
（项目类别：青年课题，课题编号：20210301061）

建设高素质专业化法治工作队伍机制研究

许薇薇　李彬　著

燕山大学出版社
·秦皇岛·

图书在版编目（CIP）数据

建设高素质专业化法治工作队伍机制研究 / 许薇薇，李彬著. 一秦皇岛：燕山大学出版社，2022.6

ISBN 978-7-5761-0319-9

Ⅰ.①建… Ⅱ.①许… ②李… Ⅲ.①社会主义法治－建设－人才培养－研究－中国

Ⅳ.① D920.0

中国版本图书馆 CIP 数据核字（2022）第 059800 号

建设高素质专业化法治工作队伍机制研究

许薇薇　李　彬　著

出 版 人：陈　玉			
责任编辑：王　宁		策划编辑：杨春茹	
责任印制：吴　波		封面设计：吴　波	
出版发行：燕山大学出版社 YANSHAN UNIVERSITY PRESS		地　　址：河北省秦皇岛市河北大街西段 438 号	
邮政编码：066004		电　　话：0335-8387555	
印　　刷：英格拉姆印刷(固安)有限公司		经　　销：全国新华书店	
尺　　寸：170mm×240mm　16 开		印　　张：22.5	
版　　次：2022 年 6 月第 1 版		印　　次：2022 年 6 月第 1 次印刷	
书　　号：ISBN 978-7-5761-0319-9		字　　数：350 千字	
定　　价：91.00 元			

前　言

　　我国传统文化强调人治和礼治，而法治的价值却未能得到足够重视。人治的特点在于反对法律对权力的约束，统治者认为法治捆住了自己的手脚，所以统治者通常不愿意搞法治。依人治，社会关系的调整取决于长官意志，人们崇尚权威，缺乏主体意识，而且长官意志往往又破坏了法治，人们不得已将权益的维护完全寄予一位好官、清官。然而，在人治的社会，好官、清官并不多见，甚至难以生存。管子言"法出于礼"，依礼治，法成为礼的派生物，法律的运行无法脱离礼的轨道，社会规则被人情化、伦理化。在人情面前，公平、公正并非首选目标，规则往往排在后面。在我国传统社会中，人们更重视人际关系，而非法律关系，人情易成为有法不依、执法不严、违法不究等破坏法治行为的借口。国家要长治久安，社会经济要持久发展和繁荣，就必须依靠法治，实行依法治国。在人治的社会，从事法律职业的人也极易崇拜权力，缺乏对法律的敬畏，导致官本位思想严重，缺乏对个体的尊重，同时在许多场合他们自己就是法治的破坏者。在礼治社会，法治人才缺乏产生的土壤，即使产生，也难有用武之地，因为法律屈从于人情，民间历来就有"法不外乎人情"之说。然而，人情不应成为破坏法治的借口，基于对"法不外乎人情"缺陷的认识，社会上同样也有"法不容情"一说。

　　在人治的社会，庄严的法律常常沦落为被强权任意操纵的工具。古代，人治曾造成过极大的危害，教训是深刻的。法律的生命在于实施，法律的权威也在于实施，在法治国家，规则是事先制定的，权力的行使受到法律的约束。然而，法毕竟是人的意志，法的适用也要由人来实现。因此，我们不能因人治、礼治的弊端，而对"人"惧怕，法治同样离不开"人"。"法治"需要"人"去"治"，在法治国家的建设中起决定性作用的还是"人"。建设法治国家就是用法律浸润的头脑、法律人的思维治国，这就需要足够数量和高品质的法治人才。因此，法治人才是建设法治国家的第一资源，是法治国家建设的中坚力量，加快法治国家的建设，需要保障法治人才的培养。法律要得以实施，应以法官队伍、检察官队伍、律师队伍的建设为重中之重。实现真正的法治是法治人才的最高理想，没有一支思想政治素质高、业务工作能力强、职业道德水准高的法治人才队伍，就无法真正建立法治国家，公民对于司法公正的需求也就无法得以满足。

根据我国法律规范和法律实践，法治人才队伍主要包括法治专门队伍、法治服务队伍、法治人才后备队伍。其中，法治专门队伍包括立法队伍、执法队伍、司法队伍；法治服务队伍主要包括律师队伍、公证员队伍、基层法律服务工作者队伍、人民调解员队伍和法律服务志愿者队伍；法治人才后备队伍主要包括法学研究机构人员及法学院校在校学生等。

本书为 2021 年度河北省社会科学发展研究课题成果（项目类别：青年课题，课题编号：20210301061）。其中，许薇薇撰写第一章、第二章、第四章、第六章、第七章、第八章、第十一章，共计 16 万字；李彬撰写第三章、第五章、第九章、第十章，共计 16 万字。

目　　录

第一章 绪 论

第一节 研究背景与研究意义

一、研究背景

"得其人而不得其法，则事必不能行；得其法而不得其人，则法必不能济。人法兼资，而天下之治成。"[1] 行要靠法，成要靠人，人法兼备，方可治天下。党的十八届四中全会通过的《中共中央关于全面推进依法治国若干重大问题的决定》（以下简称《决定》）明确提出建设中国特色社会主义法治体系、建设社会主义法治国家的依法治国总目标[2]，而与之息息相关的，是建立一支高水准、高素质的法治队伍。这次会议将法治队伍建设提到了一个新的战略高度，为全面推进法治建设、创建优秀法治队伍提供了有力的支持，并强调专业法治队伍的建设是建设社会主义法治国家的主要力量。在《决定》中，立法团队、行政执法团队、司法团队、法律服务团队、法律研究团队和教育工作者统称为"法律工作团队"。此次改变不仅仅是称谓、数量和职业的差异，更体现出属性的差别、理念的更新和法治模式的进步，反映了法治工作的整体需求和具体情况，是由社会主义法治体系下依法治国的总目标以及根本任务所决定的。与此同时，会议提出的法治队伍建设要点等相关内容也为我国今后的法治建设提供了明确方向。《决定》提出了法治工作队伍建设的基本要求，特别是法治队伍建设的基本要求；还提出了"把思想政治建设摆在首位，加强立法队伍、执法

---

[1] 孟鹏涛. 中国高校法治教育问题研究 [D]. 长春：吉林大学，2017.

[2] 姜茹茹. 如何充分认识"坚持建设德才兼备的高素质法治工作队伍" [J]. 党课参考，2021（1）：108-117.

队伍、司法队伍建设"的发展方向。如此一来，法治人才队伍的建设便成了社会主义法治国家建设的重中之重。不难看出，思想政治素质、职业能力和职业道德是法治工作队伍建设的重要内涵；忠于党、国家、人民和法律的法治劳动力是我们建设的总目标。《决定》对建设法治专门队伍有更高的要求，因此在今后的发展建设中，必须提高标准线，做到规范和专业。由于法治专门队伍同时负责立法、执法和司法，所以建立法治人才队伍对于全面促进法治社会发展有着至关重要的意义。

二、研究意义

本书采用定性与定量相结合的研究方法，将理论与实证充分结合，对我国法治人才素质现状及问题和法治专门人才队伍建设的调查现状展开深入的研究。

首先，本书分别从思想政治、专业能力和职业道德三个方面对我国法律专业人才进行了调查，掌握了法律专业人才的基本情况，对我国目前法治人才队伍的发展情况有了初步的了解；其次，在此基础上，深入分析人才队伍建设中存在的问题，并对这些问题追本溯源，剖析成因；最后，以《决定》为导向，结合法治队伍建设的特点，借鉴国外的成功经验，提出有针对性的、科学实用的对策及建议。

本书的研究意义在于：

（1）通过对现有的文献和政策进行深入分析，基于人力资本理论、机理理论等应用广泛的理论对国内的法治专门人才队伍的生存现状进行系统的研究与分析。针对现如今人才队伍建设进程中存在的问题和困难，在基于我国国情的情况下，借鉴国外的现有经验和方法，以《决定》为导向，为人才队伍的建设和发展提出系统的对策和建议，对于构建高素质法治专门人才队伍理论具有重要意义。

（2）法治队伍的全面建设同样离不开公安系统、检察院系统、法院系统工作人员等"法律干警"的培养与发展。本书以专家咨询和调查的方式，对法治专门人才队伍在思想政治、业务能力、职业道德三方面素质的标准进行了评定，依据此标准，可更好地了解国内法治人才队伍建设的基本情况，在此基础之上，可以针对公安、检察院和法院系统给出更加系统化、有针对性且有价值的建议和发展策略，这对于改善法治系统人才管理、突破固有局面有着十分重要的意义。研究我国法治专门人才队伍的建设问题，将有助于发现当前公共管理中的缺陷，从而促进新形势下公共管理理论的完善。将公共管理理论与实践相结合，在进一步丰富该领域理论研究的同时，还提高了使用公共人力资源管理理论解决实际问题的能力。

第二节　研究现状综述

现有研究中，对于公安、检察院等系统的研究是比较深入的，但对于法治专门人才队伍的综合研究依然处于刚刚起步的阶段，怎样打造一支全面、完善的人才队伍，是目前亟待解决的问题。本书通过对现有的研究对象和研究结论进行梳理和总结，可以初步得出当前法治专门人才队伍研究的现状和存在的问题。

一、国外法治专门人才队伍建设的相关研究

1. 法治专门人才基本素质保障和提升方面

根据国外警察录用程序和考核标准，可基于我国社会现状，借鉴以下几个方面的经验。

第一，笔试。笔试内容考核可参照现有的行政职业能力测试，着重考查人才的逻辑思维能力、环境观察能力、记忆力等，考核储备人才对事物的判断能力和思维构建能力。

第二，心理测试。作为一个特殊且高危的职业，公安系统在人才筛选和培养过程中，应该着重考查招录人才的心理状况。强大的精神支撑力、果断的判断力和临危不乱的魄力等都是考核指标。同时，面对特殊的工作环境和随时都可能出现意外情况的工作内容，强大的心理素质和自我排解能力也是必需的。

第三，身体素质考核。我国目前现有的身体素质考核是比较全面且严格的，在此基础之上，可增加肺活量、体脂率、心率变化等指标，进一步完善身

体素质考核。

在检察院系统建设发展方面，牢固的法律专业知识和实务经验是重中之重。以欧美国家为例，这些国家非常重视检察官的法律知识以及实务经验，一位优秀的检察官，需要持有若干年的律师资格且执行律师职务。借鉴这种注重能力和实战经验的培养方法，可有效避免人才流失，同时也可以扩大人才选拔的范围，吸纳法律实务经验丰富的专业人才，提高检察官的专业素质，实现检察官的专业化和专门化。在检察官的晋升方面，可参考国外的岗位轮换制度，并结合我国社会现状，制定出符合我国国情的轮岗制度。定期对检察官的工作进行评议，综合评定检察官的工作能力和发展潜力，作好优秀人才预备晋升的安排，同时合理分配平级人员的岗位流动，让检察官在不同的业务部门得到锻炼，也促使有不同专长的人才找到适合自己的岗位，更好地发挥专长。

在法院系统建设方面，国外的法官多为从业多年的律师。以美国为例，一般具有博士学位的专业人员才能获得律师资格，到初级法院任职，且从事出庭律师若干年后方可被任命为法官。与之类似的，在德国，法官资格的颁发是由司法审查委员会和法官挑选委员会共同负责的[①]。法官资格的申请人必须通过大学毕业考试和第二次考试且完成为期两年的实习工作，然后委员会将对通过考试的申请人进行严格的审查和判断，最终综合能力最优者会被任命为法官。

2. 在职法治人才素质的提升和强化方面

西方国家的警察队伍建设主要依照美国学者沃克的"美国警察"理论，该理论直接影响了西方各国警察队伍的密度。我国香港、澳门地区的警察队伍在建设初期也参考了他的理论。除去数量因素，个体的高素质和高能力同样是影响警察队伍整体素质的重要因素，对警察个体的教育和培训也普遍受到西方发达国家的重视。结合我国的现实情况，模拟与实用结合、相辅相成的方式应当是最有效的培养模式，可以更好地帮助个体排查弱势项，从而进行更有针对性的训练；同时也能更有效地提升队伍整体的协作性，全面提高警察队伍综合素质。首先，要明白基础学科的学习在人才培养中的重要性，并坚守以法学、心

---

① 杨蕾歆. 基于公共人力资源管理视角的重庆市法治专门人才队伍建设研究 [D]. 重庆：重庆大学，2016.

理学、社会学等基础学科为最低要求的硬性标准，没有理论基础支撑的实际训练不仅效率极低，而且容易产生错误的经验和结论，这对于警队建设而言是非常不可取的。其次，现有的技能培训还不够完善。实践技能培训的目的是建立规范的系统和更具有实际意义的教育培训体系。以上提到的两个方面分别涉及了理论和实践，将两者结合可确保教育和培训内容的完整性，并确保培训过程的科学性。这样"双管齐下"，确实可以迅速改善整个警察队伍的知识文化水平和专业技能，如此便能真正培养出公安系统各部门和岗位所需的各种实用的人才。

除此之外，法制意识、逻辑推理、交往沟通、人文情怀等通识知识也是必不可缺的。这些基本素质不仅对塑造、强化警察队伍的价值观念有极大的帮助，更是他们未来职业规划和发展的基石，熟练掌握九大通用能力，方可正确把握时代发展的要求，正确对待职业发展过程中的顺境和逆境。在检察官培训方面，可以采用启发式和基于讨论的教学方法来培养检察官的积极探索和发现问题的能力，使其更加主动地获取法律知识和技能，也可着重提高检察官的思考问题的能力。法律专业人士解决实际问题的方法和特殊能力可确保检察官始终具有较高的素质，也可保证司法工作的高质量。

在法官和检察官的培养方面，可参考国外的统一培训制度及轮换制度。在这一方面，日、韩、法等国家实施的政策成效尤为突出。设立专门的法官培训学院，定期开展有关基础法律知识和通识知识的培训，加强法律知识、社会知识以及通识知识的教育。以美国为例，联邦以及各州都有对法官进行培训的专门机构。为了帮助联邦及各州的法官适应不断变化的法规和逐渐复杂的社会形势，通常情况下联邦司法中心会拟订出详细的培训计划，培训主要侧重于审判工作的技巧与理念。其中，法官审判职业理念主要包括胜任审判工作的能力、修养修为、职业道德、裁决能力以及在审理过程当中对待律师和当事人始终坚持法律规定的态度以及专业精神等。与此同时，大部分立法机构也会投入大量经费用于强化法官的培训和教育。一些法院也会设立特殊条例，组织法官相互交流学习。传统的培训方法包括座谈会、短期培训班、研究学习班，现在借助于电信、网络的发展，更多具有创造性的教学模式出现了，包括电话讨论等[1]。

---

[1] 张文显. 治国理政的法治理念和法治思维 [J]. 中国社会科学，2017（4）：40-66.

这种制度在很大程度上为挖掘潜在人才提供了便利，并且保证了对参与培训的人员职业修养的塑造和各方面知识的扩充，为以后的强化发展奠定了基础。

3. 法治专门人才积极性的激发方面

与同类型、同级别的国家公职人员相比，大部分西方国家的警察有较高的经济待遇以及社会地位。与普通职业相比，警察这份工作具有其自身的特殊性质，在享有部分权利的同时也面临着更大的诱惑和风险。在工作与生活的权衡中，身为个体，他们放弃了自己的生活和家庭，将更多的时间与精力献给了社会和人民；身为警察，他们将更多的责任与担当献给了自己的国家，甚至随时有可能处于危险之中。对他们来说，如果不能获得与之相匹配的薪资和保障，不但不利于警察队伍的扩张，还有可能消磨现有警务人员的工作积极性，从长期的发展来看，这是非常不利的。因此，保证警察的薪资和待遇，是激发其工作积极性的重要条件之一。在英国，尤其是在英格兰和威尔士地区，警察的福利是非常优厚的，那里所有的警务人员均享受免费住宿或住房补贴，所有警察均享受养老金。而警犬训练员、警察学校教师等特殊职业人员，在享有上述福利之外，还有额外的与之相对应的补助津贴[①]，这对巩固警察队伍的社会地位、提高警察的工作积极性、促进警察队伍的发展壮大，具有非常重要的意义。

我国的经济发展水平和政治意识形态都与西方国家有着较大的差距与不同，照搬发展经验是行不通的，但可以借鉴一些理念与方法。就目前形势来看，我国人民警察的待遇和福利条件都不算高，甚至在一些偏远地区，公职人员待遇还会很差，是因为目前我国存在着各种客观原因，但是，由于现在政府部门的大力宣传和社会各界人士的关注，人民警察为维护社会稳定所作出的奉献与牺牲，已经越来越多地进入大众的视野，加之互联网极快的信息传播速度，"从优待警"的认知已经逐步被人们所接受并推广，而如今也有越来越多的人民群众关注、配合警察工作，尽自己的一份力呼吁为人民警察提供更好的保障。这有利于政府相关部门在能力范围内尽可能地改善、保障人民警察的待遇和薪酬，做到像西方国家一样从根本上保障人民警察的工作和生活。

---

① 蔡蓉英. 建设高素质法治工作队伍的理论探讨——以湖南省法治建设经验为例 [J]. 湖南警察学院学报，2016，28（3）：74-79.

在检察官职务保障方面，应给予检察官足以抵挡外部干扰的独立的权力，在给予其优厚待遇的同时，更要要求其应以法律规范其自身的行为，保证检察官队伍的稳定性和廉洁性。在历史进程中，改变原有的制度和原则从来都不是一件容易的事，目前完善国内检察机构的上下级关系和晋升制度是很难在短时间内完成的，但也并非无从下手。实现检察官办案单独责任制是可行的方案之一。部门负责人需要更倾向于尊重案件承办人的意见，对于疑难案件，个人无法作出决定时再交由检察委员会、检察长决定，这样更有利于提高工作积极性、提升工作效率。在经济方面，可以采用相对有效的措施来保证检察官的劳动支出，还可以通过适当增加工资的方式提高检察官的待遇水平，增强检察官的内在自律性。举例来说，美国各州法院法官的薪资在宪法的明确规定和保证下一直非常可观；同时，意外保险、带薪休假等社会福利方面也有充分保障。这样便可实现高薪养廉，保证了法官的社会地位，也在整体上稳定了法官队伍。德国法官队伍的待遇除此之外，还可在退休后享受全薪。不仅如此，法官的正常生活、住房保障等方面都有相应的津贴和社会保障，是非常优渥的。在德国，如果成为法官，则意味着已经进入了上流社会。这为法官提供了强大的身份保护，解决了后顾之忧，并促使他们可以更加专注于工作。虽然说在经济方面提高检察官的待遇是一个可以获得正向反馈的方法，但也不可全然照搬，还是需要结合我国国情适度而为。

此外，发达国家十分重视法官的身份保障。在美国，法官的行为和工作都由法官行为调查委员会来专门负责，保证调查的公正、公平，严格约束了法官在各项活动中的行为。德国同样在国家根本大法中明确规定法官在履行职权的过程当中将受到法律的严格保护，任何党派、政府组织和个人都无权侵犯。法官的评估和处罚均由法官职务法庭执行，法官职务法庭的主要对象是法官。法官职务法庭的依据是法官在司法活动中对纪律的执行是否合理，是否遵循法律的适用性以及是否违反法律和纪律，是否可以对行为作出判断和决定，是否能够以法院的名义宣布奖惩。

4. 法治专门人才素质表现的监督约束方面

对于每次行动，被委任工作的各部门人员都应及时地搜集、整理和反馈该次行动的相关信息，进行总结。一方面，总结、归纳、概括成功的经验，另一方面，如果失败了，就应反思、总结和归纳失败的教训。队伍领导者可以通过连续不断的实战和反思逐步总结警察团队管理的内部规律，然后用其指导决策、安排行动计划以及管理警察团队。除此以外，还可以建立成本使用监督机制，按照事有专责的分工规律，加强全过程监督，查漏补缺，堵塞漏洞。

建设全面的警察廉政监督体系，需要以相关政策、文件以及方针为指导。公安机关需牢牢遵守"严格"二字，杜绝一切触犯法律底线、钻法律漏洞的行为，不可徇私舞弊，亦不可将人情牵扯到工作中；要在严格教育、严格管理、严格训练、严格纪律的具体方针指引下，严肃、认真地处理腐败等违法违纪行为，培育良好的纪律作风，将公安机关的具体管理行为落实到依法治警上。从严治警，工作对象是队伍中的领导干部。要想建立一支素质过硬的正规化队伍就必须首先对警察队伍的领导人员提出更为严格的要求和更为严苛的工作标准[1]。唯有领导人员以身作则、严以律己，才能断绝歪风邪气，锤炼整个警察队伍的良好作风。

此外，在队伍建设方面，公安机关要充分发挥思想政治的引领作用，纪检监察部门的监督作用，减少重复教育，避免交叉管理，形成一支互助互利的监督队伍。公安机关负责人可以在团队管理和人才管理等方面采取一些特色措施，例如确定一些秘密监督员，对被监督人员实施秘密监督，可以获得最真实的第一手资料和信息。这些秘密监督员可能来自不同的行业，有不同的职业，他们自身背景的多样性和复杂性有助于团队中的领导干部及时了解警察的办公室情况，从而提高决策的准确性。实际上，这充分体现了我国公安工作的优良传统，即群众路线。为了进一步完善具有中国特色的监督制度和监查制度，公安工作必须得到广大民众的理解、支持和参与。

在司法行政管理工作中，西方国家大多采用法官与司法行政工作人员相互分立的模式，例如设立司法行政官，通过首席法官管理司法事务等。由于法官在西方国家被视为社会精英阶层，所以法官的选拔机制和任职条件都非常严苛，也正是因为如此，西方国家的法官数量一直较为稳定，这也为司法机构的绝对权威和法官的良好待遇奠定了基础。当案件数量急剧增加时，大多数外国

---

[1] 隋从容.改革开放以来中国共产党公安工作思想研究[D].济南：山东大学，2020.

法院采用增加法院辅助人员数量的方法来协助他们办案,而不是一味地增加法官的数量[①],这也在一定程度上保证了在任法官的质量。在德国,法官辅助人员统称为司法公务人员,其内部组成相差很大。司法公务人员通常包括以下几种类型的人员:文秘人员、书记员、司法档案人员、司法行政管理人员、司法警察、法院后勤保障人员,等等。其中,文秘人员、书记员和司法档案人员是上述法官辅助人员中最重要的几类。通常情况下,法官与法官辅助人员的数量是相对平衡的。各国法院对司法公务人员的管理制度也不尽相同,如德国大多采用法官办公室制度,即一个办公室对应一个合议庭,由 3 个法官和 3 ~ 4 个司法公务人员组成。从分工的角度出发,法官辅助人员与法官的分工十分明确[②]。法官有三项主要任务:一是熟悉案件档案并确定开庭日期;二是公开开庭审理案件并作出判决;第三是写判决书。通常的做法是由法官决定判决的内容,录制完声音后,将其交给专门的秘书人员或业务员进行记录和整理,然后由法官进行修改、定稿和发布。辅助人员不能进行任何的编译和更改。其他所有事情都留给相关的秘书人员来完成。这样的程序和方法,可以保证法官有充足的时间和精力,可快速且公正地裁决案件。

二、国内法治专门人才队伍建设的相关研究

从目前的角度看,国内学者对法官队伍建设具有较为丰富和完整的研究理论成果,其研究内容更多地针对于法院在法官队伍建设中的缺陷和存在的问题。现有情况表明,我国存在法院的管理模式问题,即制度问题。《法院文化研究》指出,目前法院管理的行政管理模式使得法官队伍的建设具有明显的行政管理倾向,"分块"管理非常突出。这种管理模式不能满足司法的相对独立性,影响并限制了法官的作用[③]。张霖[④]梳理了当前法治工作队伍建设中存在的主要问题,主要有以下几个方面。

一是理想信念问题。坚定中国特色社会主义理念和道路是理想信念中最

① 段中卫. 习近平全面依法治国思想研究 [D]. 大连:大连理工大学,2018.

② 吴星儒. 当代中国公安院校法治观教育研究 [D]. 长春:吉林大学,2017.

③ 丁义军,隋明善. 法院文化研究 [M]. 北京:人民法院出版社,2002.

④ 张霖. 中国特色社会主义法治理论及其教育研究 [D]. 武汉:华中师范大学,2016.

重要的一点。根据现有文献，目前我国法治工作队伍在理想信念方面存在的问题包括如下四个方面：第一，部分法治工作人员并没有足够坚定的信念支撑他们相信中国特色社会主义法治道路，坚定信念不应该只是一句空喊的口号，而是应该扎根心底，用行动去践行信仰。第二，当许多人谈论社会主义的法治概念、精神和原则时，他们的第一反应都是抵触，认为这是一种虚假的、空虚的观念。因此，在社会主义法治观念的教育中，必须重视方法的运用和完善。从形势的角度看，将社会主义法治观念、法治精神和原则纳入教材带进教室已经是陈旧的方法了，急需加以改进以适应社会的发展和人民心理的变化。第三，尽管西方发达国家在法治工作中有很多可以借鉴的经验和教训，但是一些法治专业人员盲目地崇拜西方法律、思想、司法制度和政治制度，缺乏区分对错的能力和意识。由于自身的局限性，他们对中国特色社会主义的法治理论、法治体系与西方发达国家的相关理论和体系之间的关系缺乏辩证看法和认识。第四，事实上，指导法治工作人才工作的指南针还是他们自己的思维习惯，所以对于法治工作人才而言，良好的法治思维习惯亟待全面、快速、完整养成。

二是立法问题。对于立法者而言，能够客观、合理、科学地掌握事实是非常重要且必不可少的素质。现在，许多法律专业人士面临的问题在于他们无法真正掌握国情和了解民意，无法做到准确地掌握法律。这些素质和才能的缺乏导致在参与制定或制定法律、法规、规章和规范性文件的过程中出现一系列问题，这其中包括哲学思想的运用、方法的陈旧死板以及观点的严肃性问题。这些问题的出现对于现在的我国社会来说具有非常严重的破坏性。同时，这也给执法和司法带来了严重的不良后果，继而会逐步发展成为改善国家治理体系、实现法治和治理能力现代化道路上的主要障碍。

三是执法问题。对于执法人员而言，最重要的是严格性、规范性和文明性。但是实际上，我国一些执法队伍执法不严格，有些执法队伍执法不规范，有些执法队伍执法甚至缺乏文明性。有些是选择性执法和营利性执法，在处理关系案件和金钱案件的过程中存在不公平的现象；有些是疏忽大意导致不公正、错误的案件；有些执法违反了法律，破坏了法律，甚至充当了犯罪分子的"保护伞"。这些实际的困境和问题严重削弱了执法和司法机关的信誉，并损坏了整个队伍的形象。

楚向红梳理了当前法律工作队伍的现状。近年来，我国中西部和东部地区都出现了法务人员流失的现象。数据显示，2008—2012 年间，广东全省各级法院调离或辞职的法官人数超过 1600 名[①]。究其原因，法官和检察官的流失与不合理的司法制度和工作机制密切相关。我国一直沿用普通公务员的法官管理模式，不能充分体现司法职业的特点，不利于将优秀人才安置在审判第一线。由于实行司法制度，法官和检察官的独立性遭到严重削弱。不适当的干预措施（例如语气设定、本地保护等）导致审判效率低下，责任与权力没有分离，问责制无效。

若要解决上述问题，建立分类科学、结构合理、分工明确、保障有力的司法人员管理制度是非常有必要的。党的十八届四中全会提出建立法官、检察官逐级遴选制度。新任命的法官和检察官由高级人民法院和省人民检察院统一聘用，均在基层法院和检察院任职。上级人民法院和人民检察院的法官和检察官通常从下级人民法院和人民检察院的优秀法官和检察官中选拔。这为基层的法官和检察官提供了向上的渠道，使他们能够看到专业发展的前景，并可以增强他们为社会主义法治建设服务的信心和决心。在对检察官队伍现状进行研究时，陆德山[②]认为检察官队伍存在的主要问题包括：文化素质起点偏低，专业程度参差不齐，专业人才短缺，检察官的配置欠合理，检察官、书记员比例失调，检察官存在断层隐患。汲广虎、朱辉[③]认为存在的主要问题包括：缺乏管理机制和配套机制，检察官选择机制的不足制约了检察官法治思想的培育，检察业务内部运作机制的不足制约了检察官法治思想的树立，检察官的安全体系不完善也限制了起诉。官员法治思想和诉讼观念的发展存在相当多的误解和模糊的认识，阻碍了检察官法治专业思想的培育。

吴旭平 2010 年在《浅谈法院经费保障制度》一文中指出，在现行的法院担保制度中，法院和法官的财政支持和供给来自同级人民政府。该系统的后

① 楚向红. 中国共产党依法治国的历程与基本经验研究 [D]. 武汉：华中师范大学，2017.

② 陆德山. 关于中国检察官特殊素质研究的几个问题 [J]. 中央检察官管理学院学报，1993（2）：25-28.

③ 汲广虎，朱辉. 检察委员会运作机制中的负面心理分析——以社会心理学为视角 [J]. 山东工商学院学报，2015，29（4）：104-110.

果之一是，法院和法官无权抵抗政府部门对司法机构的过度干预。因此，有必要遵守政府部门在法院人力资源管理和审判各个方面的意见和建议，否则可能面临资金来源不足的后果。特别需要说明的是，一些财政困难的基层法院必须在当地财政极为有限的情况下积极迎合政府，并根据政府的要求进行人力资源管理和司法事务。依此下去，不可避免地会偏离司法独立原则。财政困难导致缺乏足够的资金来建设法院。缺乏财政支持是非常糟糕的，它将极大地影响和限制法官综合素质的提高。2012 年，曹东华在《某市基层法院法官队伍建设研究》一文中，全面、充分地肯定了研究对象——某基层法院，高度赞扬了此基层法院法官队伍的整体素质，认为其是党和人民完全可以信赖的。但同时，他也指出了一些普遍存在的问题，包括法官的不合理分配、缺乏独立的职业素质、政治和经济待遇低下、选拔和任命程序混乱以及法官的科学评价机制不合理、行政管理模式不合理等问题。针对上述问题，文章从选拔任用、制度机制、审判管理运作方式、消除行政影响，以及保证、监督和社会氛围等方面，深入分析了产生这种现象的原因，并提出了具体的解决措施。

我国司法改革的未来局面目前并不明朗。关于司法改革所涉及的法院的未来人力资源改革，张显明对这方面可能带来的新变化进行了全面且透彻的解释。他认为，法官团队的建设从今以后将迎来一系列新情况，管理系统将会与现在的公务员管理系统大不相同。评委团队将全面贯彻与普通公务员不同的管理制度，充分拓宽选拔渠道，积极履行法官处理案件的责任和义务，逐步完善担保制度。

关于队伍的专业化问题，王志强在他的文章《对监狱人民警察队伍专业化建设的思考》中作了详尽的解释。他认为，警察队伍的专业化有两个内涵，分别针对警官和整个团队[1]。就个体而言，监狱警察应在三个方面表现出色，即理论素质、专业素质和专业技能。具体来说，他们应具有扎实的理论专业知识，并具有较高的专业素质和专业技能。从警察队伍的整体角度来看，有必要真正做到人员与岗位的匹配，为专业人员设置科学合理的岗位，明确分工。也有人

---

① 王志强. 对监狱人民警察队伍专业化建设的思考 [J]. 科学之友（学术版），2006（12）：88-89.

说，负责看管囚犯的警官并不需要很高的专业素质，他们只需要与囚犯打交道并管理囚犯。然而，当前的罪犯改革强调通过教育来改造罪犯，这与过去的传统意义不同。在这种实际情况下，只有一支真正专业的警察部队才能通过教育达到改造罪犯的目的[①]。除了革命化、正规化、专业化外，学者万忠勇还提出了"学习型监狱人民警察队伍"这一概念。所谓"学习型监狱人民警察队伍"，就是要求在监狱民警队伍当中，对于每个监狱警察，帮助他们严格树立终身学习的观念。这个概念的内涵在于强调通过不断的学习来提高警察的专业知识和技能。学习型监狱警察部队是一种新型组织，这种组织形式更有利于警察队伍的专业建设，也更能顺应时代的要求和变化[②]。职业道德是法治专业人员的三种素质之一，并且起着决定性的作用。学者万忠勇认为，职业道德建设的滞后是严重制约监狱人民警察队伍全面蓬勃发展的重要因素。学者们提出职业道德建设滞后的原因有以下几点。

第一，从内容方面来看，当前职业道德建设的核心内容与监狱人民警察职业的实际需求分开，无法满足监狱人民警察对职业的实际需求。

第二，就建设方法而言，在我国，长期以来职业道德建设的基础理论是儒家伦理思想，"先天下之忧而忧、后天下之乐而乐"是我们职业道德建设的重要基础，但我们现在强调的是真正的"法治建设"，当然，这些要求有其自身的原因，但是现代社会的发展方向与"法治建设"的初衷是背道而驰的，似乎不合时宜，缺乏说服力。

第三，从管理监督制度方面来看，作为管理的保证，监督不应被低估。在《中华人民共和国人民警察法》《中华人民共和国监狱法》等法律中，监狱人民警察的管理包括正规化和合法化的要求，但这些要求缺乏完善性和基础性，这也导致在特定的管理实践中过分强调团队的政治属性和组织纪律。实际结果是，权力集中在少数人的手中，等级制度得到严格定义，团队缺乏民主，从而导致整个团队缺乏活力。不仅如此，法律法规过于笼统，而且缺乏详细的实施规则和听证规定，因此以目前的状况来看，我们还没有科学地制定出真正完善有效的监督机制。

① 刘涛.当代中国政法委员会研究 [D].长春：吉林大学，2012.

② 万忠勇.学习型监狱人民警察队伍建设问题探究 [J].中共云南省委党校学报，2011，12（2）：
　　64-66.

第四，职业人格品质方面，这方面的内容是职业道德感，令人遗憾的是，监狱警察对他们的职业缺乏尊重和认可。许多监狱中的在职警察缺乏责任感、务实的态度和对自己职业的高度认同感，缺乏工作方法的技能以及负责的态度。

第五，受贿、索贿现象方面，监狱警察对受贿、索贿、违反法律、大胆接受并积极要求犯罪分子或其家人提供物质利益等犯罪行为缺乏正确的认识。此类操作不仅违反了职业道德，而且违反法律法规。一些学者认为，专业化建设的缓慢是制约监狱人民警察队伍发展的另一个主要因素。

通过对理论的研究和分析可以看出，我国监狱人民警察队伍的专业建设目前还存在一些问题，主要可以分为以下三点：一是监狱警察自身的思想认知存在问题，也就是对自己的工作缺乏了解，注意力不足，专注度不够。对于大多数监狱警察来说，他们并不认为自己所做的工作是要求很高的技术工作，只要按照规定看管好犯人就好。但事实上，监狱警察需要具备良好的监狱管理能力以及刑罚执行、改造罪犯、教育罪犯等专业知识，有关部门定期进行考核。目前，许多监狱单位对职业素质和专业能力这些方面都缺乏考评，因此应当加强考核制度，将专业知识和职业道德等纳入考核内容中。二是在文化教育方面，监狱警察的教育背景大相径庭，人员配置不合理。目前，我国的监狱人民警察队伍一般包括四类人员：部队转业人员、警察学院毕业生、监狱调动人员和社会调动干部。这样的人员结构将不可避免地导致监狱人民警察队伍文化和教育水平参差不齐。这种配置情况还导致了监狱人民警察队伍整体上无法实现高度专业化，各项专业能力评估结果差别很大。三是就培训机制而言，如前所述，由于各种因素，目前的监狱人民警察队伍还没有高度专业化，因此在职培训的作用非常重要，但目前我国针对监狱警务人员的培训数量少、质量差，难以真正优化和提高监狱警察在语言表达、组织、管理、指挥协调等方面的能力。

从以上内容可以看出，国内学者在法治专业人才队伍建设方面已经取得了相当多的研究成果，涉及队伍建设的方方面面。此外，从这些研究中可以看出，许多学者分析了团队建设的现状，提出了当前团队建设中存在的问题，分析了问题产生的原因，并提出了相应措施。研究中的相当一部分着眼于司法改革的总体背景，并积极探索解决措施，以加强法治专门人才队伍的建设。

第三节　核心概念界定

一、法治的含义

法治是现代社会中最重要的制度，在大多数国家，法治的实施是现代化进程中的必然选择。尽管法治最早起源于西方社会，但在决定启动法治进程后，我国已经越来越自信和坚定地走上了社会主义法治道路。法治的目的是为人民的全面发展和社会进步提供良好的秩序。"一个民族的国家制度必须体现这一民族对自己权利和地位的感情"[1]，可见"人"才是法治的最终目的，法治是人类创造美好生活的工具。同样，法治目标的实现也离不开"人"，人通过自身的思想和行为，可以使"人的社会关系转化为物的社会关系，人的能力转化为物的能力"。因此，只有当人们充分意识到法治的重要性并拥有法治的意识和精神时，他们才能通过实现法治来促进社会的进步和人类的解放，这便是法治目标的实现。法治是一种长期的意识形态，不同时代、不同地域的人们赋予它不同的社会含义和现实表达。"法治"这一概念有着不同的表述形式，中文表述有"法治主义""依法治国""法治国家"等形式，英文表述有"rule of law"（法的统治）、"rule by law"（依法统治）、"the rule of law"（依法治国）等[2]。亚里士多德认为："法治应当优于一人之治。""法治应包含两重含义：已成立的法律获得普遍的服从，而大家所服从的法律又应该本身是制定得良好的法律。""法治"这一观念最早在中国先秦诸子的论著中就有表述。《管子·明法》有"以法治国，则举措而已"，《商君书·任法》有"任法而治国"，《韩非子·心度》有"治民无常，唯治为法"，《慎人·君人》有"事断于法"。可见，他们都侧重于将法律作为一种手段和工具，将"法治"作为一种治国的方略[3]。

综上，法治应包含以下几个方面的含义。

第一，法治是一种治国方略和社会治理方式。中文中的"法治"一词自最

---

[1] 徐汉明. 推进国家与社会治理法治化 [J]. 法学，2014（11）：14-19.

[2] 向建华. 少数民族地区乡村治理法治化路径研究 [J]. 法律杂谈，2016（6）：250.

[3] 张霖. 中国特色社会主义法治理论及其教育研究 [D]. 武汉：华中师范大学，2016.

早使用以来就与"以法治国"和"依法治国"相提并论，被理解为治国之策。"以法治国"一词最早出现在《管子》一书中，随后商鞅、韩非子等人进一步丰富和发展了"法治"的相关理论，并将其付诸实践。在西方思想体系中，古希腊著名思想家亚里士多德提出了"法治应当优于一人之治"的主张。西塞罗的法治观念倡导法律基础，并强调了法律。"事实上，它的权威和至高无上最终不是取决于皇帝或罗马统治者的意愿，而是取决于法院的正义。握有统治权杖的人可能更替，而罗马法却没有改变。"① 治国方略中，法治就是其中之一。在整个中国的思想体系中，法治始终是与"以德治国"和"以人为本"并列且对立的。与人治相比，法治是人的统治，即民主的统治，人治是一个或多个人的统治。法治以反映人民意志的法律为基础，人治以少数领导人的个人意志为基础②。在现代社会中，法律不仅承担着调节人际关系和个人行为的重要作用，而且还扮演着调节整个社会秩序的角色。由于法律出自国家，具有普遍性、强制性、完整性等优点，可以用作治国的一种方式，是一种调整人们行为或社会关系的社会规范。

第二，法治是指依法办事的原则。从这个角度来看，这意味着法律颁布后，任何个人或组织的社会活动都必须受到法律的约束，并且必须在法律规定的范围内进行活动。依法行事也是法治的本质。正如洛克所言："法律一经制定，任何人也不能凭他自己的权威逃避法律的制裁；也不能以地位优越为借口，放任自己或任何下属胡作非为，而要求免受法律制裁。"③ 在法治社会中，按照法律的规范和要求来行事已成为人们的共识和基本原则。不仅普通公民必须依法行事，而且国家机构及其工作人员也必须依法行事，所有社会实体在法律面前都是平等的。中华人民共和国第十一届中央委员会第三次全体会议公报认为，"有法可依、有法必依、执法必严、违法必究"是建设社会主义法治社会的四个必不可少的要素。社会主义法治（法律制度），其本质是依法行事，其中，"有法可依"是依法办事的基本前提，"有法必依"是依法办事的基本

① 张文显.治国理政的法治理念和法治思维 [J].中国社会科学，2017（4）：40-66.

② 段中卫.习近平全面依法治国思想研究 [D].大连：大连理工大学，2018.

③ 吴星儒.当代中国公安院校法治观教育研究 [D].长春：吉林大学，2017.

原则，"执法必严"是依法办事的核心，"违法必究"是依法办事的保证。

第三，法治是一种和谐的社会状态。社会状况是多种多样的，而法治则是社会的良性状态。法治是指已经制定完备的法律制度被积极实施后所营造的良好的社会秩序。在这种状态下，各种社会关系是和谐的，整个社会正在不断发展。在这种状态下，社会生活的各个方面都已经标准化和制度化；各级社会团体和组织的成员已经明确了自己的权利和义务，可以行使自己的权利，自觉履行自己的义务。在法治的基础上建立了有序、生机勃勃的社会秩序，这也是法治的目标。在这样的社会状态下，依法办事已成为人们生活和生产中的固有思想，依法办事已成为人们习惯的生活方式，可以保障人民的权益。法治已经成为一种自觉的社会实践，维护着社会秩序的和谐稳定。

结合以上对法治的讨论和分析，笔者认为，法治是一种治国之道，其中国家和社会的所有人均依法得到规范和治理。强调依法治理和依法办事是社会各项生活必须遵循的准则，强调法律至上、权力制约、权利保障的观念，倡导公平、公正、自由、平等的价值；其中法律的至上性是实现法治的前提，法治所依之法必须是良法。

二、政法队伍

建设法治工作队伍和专门从事法治的专业人员队伍一直是我们党的工作重点。在不同的历史时期，公安、检察院和司法部门的工作人员为我国的政治发展、经济繁荣和社会稳定作出了巨大贡献。然而，在全面深化改革的背景下，面对经济和社会发展中出现的各种问题，仅依靠该系统内部政治和法律团队的力量，已无法满足和达到我国现代治理系统的需求和现代化治理能力的标准，法治领导和规范的作用也将无法得到充分的发挥。因此，党的十八届四中全会在原执法队伍和司法队伍的基础上，提出了立法队伍和法律服务队伍的共同建设的思想。同时，上述人员一并被统称为"社会主义法治工作队伍"。与传统的政法队伍相比较，法治工作队伍在称号、数目以及职业上都存在差异[①]。不仅如此，这种叫法的更替，更代表着属性的区分、理念的更新以及法治模式的

---

① 何登溢，于利. 法治化：高校辅导员队伍建设的新视角 [J]. 教育探索，2015（5）：125-128.

进步。首先，党的十八届四中全会将立法小组增补为法治专责队伍，这有利于整个立法、执法和司法公正，有利于更好地规范社会关系、平衡社会利益、规范社会行为；其次，将法律服务队伍纳入法治工作队伍，有利于协调"朝"和"野"两个法治力量，在发挥各自的法治作用的同时，还调动了社会上其他法律主体的热情，以共同建设法治国家；最后，党的十八届四中全会提出了非常重要的一点，就是法治工作队伍各专业之间的人才交流可以促进法治工作队伍的正规化、专业化和职业化，从而促进社会主义法治建设。

一支高素质的法治专业队伍，必须要由正规、专业和职业的法治人才组成，这样才能保证整个队伍的高素质建设。《治黎策》曰："得其人而不得其法，则事必不能行；得其法而不得其人，则法必不能济。人法兼资，而天下之治成。"[1] 这一思想也在党的十八届四中全会得到了凝练与扩展，会议主要从思想建设、队伍建设和人员培训等方面对法治工作队伍的具体要求进行了阐述和讨论，并认真回答了具体问题，即怎样担负起建设中国特色社会主义法治的重任。当前，日益复杂和多样化的社会法律关系是我国法治建设面临的重大问题。在这样的现实情况下，如果我们没有组建一支素质优良、专业知识强、执法严格的法治工作队伍，将无法满足人民群众对公平正义的迫切需求。如若要打造和建立这样一支队伍，就必须依靠一个真正的法律共同体的形成，一个由法官、检察官、律师、法律教育和研究专家、立法者和其他相关法律工作者构成的法律共同体。其中，从传统意义上来看，法官、检察官和律师在法律共同体当中具有代表意义，他们常被称为推动法治进步的"三驾马车"[2]。

在《决定》中，法治工作队伍被分为法治专门队伍、法律服务队伍和法学教育科研队伍。其中，法治专门队伍包括立法团队、行政执法团队和司法团队，法律服务队伍具体包括律师、仲裁员、公证人、基层法律服务人员、人民调解员等，法学教师、法学研究人员等均属于法学教育科研队伍[3]。本书中提到

---

① 陈金霞. 习近平新时代中国特色社会主义思想中的法治理论研究 [D]. 成都：四川师范大学，2019.

② 徐凤英. 新形势下加强法治工作队伍建设的思考 [J]. 山东工会论坛，2017，23（3）：72-76.

③ 张娟. 普通中学法治教育教师队伍建设问题与对策研究 [D]. 西安：陕西师范大学，2017.

的法治专门人才主要是指专门从事立法、执法和司法工作的法治人才，即公安系统、检察系统和法院系统的在职人员。单独对法治专门队伍进行调研和分析的意义在于，该团队是全面推进法治的主要力量，其数量、质量和结构直接决定着法治工作人员的整体水平。同时，法治专门队伍与法律服务队伍、法律教育科研队伍有着直接而密切的联系，该队伍的人才水平和团队建设与另外两个队伍的建立密切相关。

三、队伍管理制度

应制定队伍管理制度，以加强队伍的正规化，实行分级管理，有效地加强团队工作和团队建设，从而充分发挥各部门在团队中的作用，更好地完成团队的工作任务。队伍管理制度主要有以下几方面内容。

第一，准入制度。准入制度也可以理解为录取制度，是依据有关的法律规定，从事某些特殊行业的人员必须首先接受培训和考试，以获得相应的专业资格，然后才能有资格进入相应的工作岗位。哪些行业需要使用该制度，必须由国家主管部门确定，同时，还必须向公众宣布主管当局。公、检、法这些行业肩负着维护社会稳定的重任，代表着法律与社会正义，需要从业人员具备高度的敬业精神和职业素养。因其是最高的公平与秩序的保护网络，因此需要更为严格的制度。

第二，职业评价制度。职业评价制度是国家对重要行业和部门的员工进行专业评估的制度，即一种用于评估和比较职业工作人员工作效率的制度。任何职业都有其行业的评估标准，用于评判从业者在工作中是否做得好，是否符合该职业的职业评估体系的要求。公安、检察和法律行业也不例外。不仅如此，这三种类型的行业都更加重视专业评估的结果。实际上，专业评估是通过绩效评估来实现的。公安、检察和法律行业的专业人员是否可以通过绩效评估，是他们将来是否可以继续从事这项工作的重要指标。

第三，职业培训制度。职业培训制度是国家制定的相应法律标准，其意义在于培养和提高职员的技术水平、业务知识和实际操作能力。培训所针对的目标非常广泛，可以是在职人员或者是即将工作的人员。培训方法也有多种形式，可以在技术学校进修，也可以选择在职培训。法治专门人才不仅需要具备行业顶尖的理论水平，同时也需要具有丰富的实践经验，如若没有足够的现实经验，那么在一些特殊案件中就很难作出正确的判断，所以说这两项都是法治专门人才的必备要素，二者缺一不可。对法治专门人才的职业培训是非常有必要的，通过相应的专业培训，一方面可以不断提高法治专门人才的理论知识水平，另一方面也可以促进工作经验的相互交流，有利于从整体上提高法治专门人才的职业素质。

第二章　专业化法治队伍建设的理论溯源

第一节　马克思、恩格斯关于法治队伍建设的理论

马克思主义认为，法律与国家有着本质的联系。国家是统治阶级进行阶级统治的工具，而法律则是上升为国家意志的统治阶级的意志，并由国家强制力保证实施[①]。法律是统治阶级领导人民、专政、统筹社会各阶层关系的工具，以巩固统治阶级的统治。司法权是统治阶级制定标准的权力，是统治阶级必须夺取的政权之一，同样也是统治阶级夺权、粉碎旧的国家机器、破坏旧的法律制度、建立新的法律制度的权力武器，是无产阶级革命和无产阶级专政都必须坚持的重要原则。但是，为了能够确保司法权的良好运作，不仅需要制定好的法律，而且还需要拥有可以确保法律具体适用的司法人员。在这方面，经典的马克思主义作家明确规定了法官的性质、职责和角色定位。

一、法官职业

马克思说："法律是普遍的，应当根据法律来确定的案件是单一的，要把单一的现象归结为普遍的现象就需要判断，判断还不是最后的肯定，要运用法律就需要法官，如果法律可以自动运用，那么法官也就是多余的了。"[②]马克思的这一重要的理论表明，法律适用于法官的专业素质，法律必须商业化，在此基础上，他有一个矛盾，那就是对具体的个人计划的判断，而矛盾是在现实生活中无处不在的，对于各种关系，法律不可能一一规范，法律所探讨规范的问

---

① 陈金霞. 习近平新时代中国特色社会主义思想中的法治理论研究 [D]. 成都：四川师范大学，2019.

② 吴星儒. 当代中国公安院校法治观教育研究 [D]. 长春：吉林大学，2017.

题都是具有普遍性的问题。当面对简单或是复杂的案件时，法官需要通过对这些单一的现象进行深入剖析，将该现象中隐藏的法律关系分离出来，直到找到能够规范该法律关系的具体法律条文，这样才能完成马克思所论述的"把单一的现象归结为普遍的现象"的整个过程。法官作为法律的适用者，在运用法律的过程中起着关键的作用，而且这个过程的实现需要依托法官的专业性才可能完成，法官必须通过自己的专业判断解决问题。这也正是马克思所论述的"判断是件非常棘手、困难的事情，要执行法律就需要有专业的法官作为支撑"，也就是需要有经过专业培训的、有专业素质以及过硬法学理论知识的法官[①]。只有这样才能实现普遍性的法律在单一现象中的适用，也因此，法官本质上其实是一个媒介，在这种媒介中将具体的案件事实与法律适用相对接。

不论在任何时期、任何国家，司法机关都应该以化解社会矛盾纠纷为己任，而案件中矛盾纠纷能否得以解决则取决于法官的素质，法官需要拥有绝对专业的素质，才能最大化地实现其司法职能。

二、法官产生的公正性

法官到底应该由选举产生还是应该由任命产生，这是马克思、恩格斯一直讨论的问题。对于司法人员采用何种任职形式，会直接关系到法官的独立性以及法官的选任问题，而这两个方面的问题恰是一个国家在法律工作层面至关重要、最为关键的问题。法官由任命产生，也就意味着行政长官在一定程度上拥有决定由谁来担任法官的权限，这在马克思、恩格斯看来是要坚决杜绝的，他们所主张的是通过选举的形式来选任法官。马克思明确指出："法官和审判官，也应该与其他公务人员一样，由选举产生，要负责任，反之则可以将其罢免。"在他看来，只有这样才能保证由谁担任法官的权限掌控在人民手中，由人民来决定选举什么样的法官，由人民来监督法官行使审判职权，对法官的罢免权掌握在人民手中，这样法官在行使审判权时才能真正站在人民利益的角度上[②]。在恩格斯看来，人民群众通过选举的形式选出法官，法官本质上是人民群众选出

① 楚向红.中国共产党依法治国的历程与基本经验研究 [D]. 武汉：华中师范大学，2017.

② 张文显.习近平法治思想研究（下）——习近平全面依法治国的核心观点 [J].法制与社会发展，2016，22（4）：5-47.

的陪审员，让其代替人民群众行使司法权，只有当法官区别于一般行政官吏时才能更好地保证司法权的行使以及法律的执行。也因此，恩格斯曾指出："但是在刑法典里则不容许有这种含糊的概念，不容许有这种进行主观臆断的自由，尤其是在必然会出现政治观念分歧的地方，在法官不是陪审员而是国家官吏的地方，更不容许有以上那样的概念和自由。"[①] 这直接道出了担任法官，首先应该保证的是公平正义，严格依照法律审判，不允许任何主观臆断，但是如若法官站在了国家官吏的位置上，那他首先保证的是满足政治需求，就不可能公平公正地审判。因此我们不难看出，马克思、恩格斯主张法官由选举产生，并将其作为衡量司法是否民主的基本标志，其本质还是希望通过选举这样一种形式来保证司法的人民性而非政治性，从而最大限度地保证司法的公平公正，保护人民群众的利益。

三、法官职业的特殊性、独立性

马克思指出："政府当局之所以存在正是通过它的官员、军队、行政机关、法官表现出来的。"[②] 在马克思看来，国家只不过是一个抽象的名词，它的存在依附于各个权力机构，权力的行使依附于各个权力机构中的具体个人，各个权力机构及权力机构中的具体个人是国家开展各种活动的依托。如果没有这些，国家只是一个虚名，并没有实质意义及存在的可能性。国家需要通过代表统治阶级意志的法律来规定相应的权利和义务，而真正将代表统治阶级意志的法律付诸实践的正是法官群体，这是任何职业阶层都无法取代的。马克思指出，在一切社会里，法官都应该自成一个阶层，因为他们的活动是如此有益，并不是普通人就可以做到的。基于这一点，我们必须要把法官从普通民众中区分出来。在这样一种背景下，法官肩负着在履行自己职能的同时实现行使国家权力的职责，在行使国家权力的过程中也使得国家成为实实在在的存在，而不仅仅是抽象的名词。也正是因为法官作为一个如此特殊的职业阶层，在强大的国家政权面前，国家虽然在一定程度上能够保障其司法权威，但是也不排除其对法

---

① 杨蕾歆. 基于公共人力资源管理视角的重庆市法治专门人才队伍建设研究 [D]. 重庆：重庆大学，2016.

② 吴星儒. 当代中国公安院校法治观教育研究 [D]. 长春：吉林大学，2017.

官独立性的消极影响。如果法官的独立性都不能够得到保证，又何谈司法的公平公正？法官群体也只能沦为国家最高当局进行消极统治的工具。法律是国家实现国家权力的有效工具，国家要让该工具发挥其有效性则需要依托法官，与此同时，法官在适用法律的过程中要实现社会公平公正。在强大的国家权威面前，法官的独立性以及免受国家权威的压迫是实现公平公正的保证与前提。

四、法官直接遵从法律

马克思认为："法官除了法律就没有别的上司。法官有义务在把具体法律条文运用到个别事件的过程中，依据他在认真考虑后对法律条文的理解来解释法律……"① 马克思的这一经典论述直接揭示了作为一名法官该遵守的原则，即视法律为自己的领导者。审理具体案件，法官只能依据法律来判决，利用自己在法律领域现有的知识与能力，结合自身在以往个案审理中积累的各种解释技巧，在对法律条文进行理解的基础上适用法律。正因为如此，要想保证法官对法律的良好适用，就必须保证法律本身的可适用性，良法是保证法官实现司法公正的前提。如果法律本身就不能保证公平正义，我们也不能期望法官在适用法律的过程中能够保证当事人的公平正义。那么，要保证法律本身，就需要保证立法者公正、理性、不偏私，只有这样才能保证所制定的法律不偏向于保护某一阶级的利益。尤其要注意的是，如果立法者受制于政府当局，即便是制定再完善的法律，也只能代表政府的利益，不可能实现普遍的公平正义，这是违背司法规律的。而此时如果法官依旧视法律为自己的上司，一切听由法律引导，即使判决适用的法律再恰当，也不会实现真正、普遍的公平公正②。因此，法官除了法律没有其他上司的前提是有能够实现普遍公平正义的法律，有公正、理性、不偏私的立法者。

作为人民法官，要做到的还有很多，主要包括以下几点。

1. 必须要有坚强的政治坚定性

人民法院作为国家的审判机关，是国家机器的重要组成部分，是人民民

---

① 邓映婕. 依法治国背景下高校大学生法治教育的现实困境与路径构建 [D]. 上海：华东政法大学，2016.

② 马一德. 建设一支德才兼备的高素质法治队伍 [J]. 红旗文稿，2016（7）：31-32.

主专政政权的体现。它肩负着打击敌人、惩治犯罪、保护人民、服务建设的重任，掌握着生杀予夺、判断是非曲直的权力。历史的使命、工作的性质，决定了人民法官必须在政治上要有坚定性。这种政治上的坚定性应当表现在"三个服务"上：一是为政治服务。通过履行审判职能，打击颠覆和破坏国家和人民安全利益的各种敌对势力和犯罪活动，巩固国家政权，维护人民的生命财产安全。二是为稳定大局服务。运用法律手段，调整各类社会矛盾，化解民间纠纷，促进社会秩序的安定团结，保障人民安居乐业。三是为经济建设服务。围绕经济建设的中心，调节经济关系，维护经济秩序，保障经济运行，促进经济发展，切实发挥保驾护航的作用。具体到行为规范上，就是要增强理想信念和道德观念，确立正确的世界观、人生观和权力观。牢固树立讲政治的意识、服务党和国家大局的意识、服务人民群众的意识、服务经济建设的意识。在任何时候，这些正确的观念和意识都不能动摇，否则，我们的工作就会偏轨离线，就会失去方向，就难以完成党和国家赋予的使命。

2. 必须要有严肃执法的公正性

国家的法律，是执政党阶级意志的体现，是人民群众根本利益的体现，是构建和谐社会公平与正义的体现。公正是司法的灵魂和生命线。作为人民法官，公正司法，不仅是行使法律的最基本要求，也是人民群众对法度的期盼。同时，也是党的执政能力在人民法院的具体体现。所以，法官执法公正与否，直接关系着我们党执政能力和执政地位的巩固，直接体现着国家政权在人民群众心目中的威望，直接影响着党和国家的形象。因此，人民法官在践行法律的执法行为中，应当时刻做到公正执法、秉公办案，这样才能取信于民，赢得民心。法律在人民群众中有了公信度，人民群众就会相信国家的法度，就会拥护我们的党，拥护国家的政权，党的执政基础就会进一步得到巩固，国家就会兴旺发达，人民就会安居乐业。古人讲"法正则国泰，律清乃民安"，就是这个道理。

公正性集中反映在三个方面：一是实体公正。就是要以事实为根据，以法律为准绳，事实清楚，证据确凿，是非分明，客观公正，裁判得当。二是程序公正。就是严格审判程序，遵守法律，尊重人权，公开合法，程序规范。三是执行公正。执行是裁判结果的最终体现。要依法执行、文明执行、公正执行、公开执行，最大限度地维护当事人的合法权益不受损害。

3. 必须坚持司法为民的服务性

"三个代表"重要思想，最集中地体现了党代表人民群众的根本利益。而人民法院作为国家的执法机关，践行"三个代表"重要思想，就是要始终坚持司法为民的宗旨，运用法律的手段，依法保护人民群众的合法权益。在司法实践中，人民法官必须做到权为民所系、法为民所用，把为人民服务的宗旨贯穿于审判工作的全过程，做到司法为民、司法利民、司法便民，真正为人民群众排忧解难，切实解决人民群众反映强烈的热点问题，用司法为民的实际行为来体现党同人民的血肉联系，践行人民当家作主的民主政治权利。

4. 必须要有高度的工作责任心与积极性

首先，人民法官是国家审判权的具体执行者和最终实践者，其执法行为体现在审判工作上，必须要有强烈的责任感和使命感，有对法律、对人民高度负责的责任心，有强烈的爱岗敬业的职业意识。首先要忠实法律、维护法律，要把这种责任感、使命感体现在严肃执法、履职尽责上；其次，对工作要有积极的热情、饱满的干劲、创新的闯劲，时刻保持良好的精神状态，发挥出自身的光和热；最后，要不断加强学习和修养，努力提高政治素质和业务水平，培养和造就良好的工作本领和专业技能，以优良的业绩奉献给社会和人民。

5. 必须要有清正廉洁的自律性

人民群众对司法机关的强烈反映，就是在司法过程中存在着的一些司法不公和司法腐败现象，这无疑与我们队伍中间个别人执法不公、行为不端、作风不良、言语不当等不规范问题有着极大的关系。尽管这些现象是极少数的，代表不了广大法官的行为，但其带来的影响却是极大的，严重影响了法院在人民群众中的声誉，影响了人民法院在社会上的公信度，损害了法官队伍的整体形象。这就要求每个法官必须要清正廉洁、勤政廉明。诚然，一个廉洁的法官不一定都能办出公正的案件，但一个不廉洁的法官绝对办不出公正的案件。所以，清正廉洁就成为对每一个法官的最起码的要求。不论业内业外，都应注重公众形象，谨言慎行，自觉约束好自己，做到清清白白办事、堂堂正正做人；做到心正、身正、廉政。通过自身清正廉洁，秉公执法，维护法律尊严，操守职业道德，发扬优良作风，树立良好形象。

当然，以上所列的基本要素，仅是从政治素质的角度提出的，要在审判实践中真正得以体现，还必须精通法律业务知识和具备审事断案能力。否则，主观愿望再好，政治素质再高，没有与之相适应的业务素质，也难以当好一名法官。宋鱼水之所以成为全体法官的楷模，除了她具有"司法公正、一心为民"的政治素质外，还有就是具备良好的法律业务素质和娴熟的审判工作技能，从而能够收到"辨法析理，胜败皆服"的法律效果和社会效果，受到人民群众的赞誉。

总之，规范法官行为，保证司法公正，是我们每一个法官应尽的职责，也是必需的自觉行为。让我们从自身做起，从点滴入手，真正建设一支新时期政治过硬、业务精通、作风优良、清正廉明的法官队伍。

第二节　列宁、斯大林关于法治队伍建设的理论

一、列宁的法治思想理论

列宁继承和发展了马克思主义国家正义的理论。他的司法队伍专业化建设理论在苏联司法体系建设中发挥了极其重要的作用。在社会主义的背景下，列宁的经典论文也涉及了法院的建设和法官制度的建设。要探究列宁关于司法队伍专业化建设的理论，就必须研究这些经典理论，这对中国目前的司法队伍来说非常重要。列宁认为，法官是专门解决国内矛盾和争端的特殊职业阶层。他的司法队伍建设理论主要包括以下三个层面：第一，法官必须具备良好的法律意识和素质；第二，他们的目标必须是使法律法规在个别案件中得到合理运用，这与一般行政法官与官员不同，司法机关和行政机关应当相互独立；第三，法官应由人民选举产生 [①]。

首先，法官必须具备良好的法律意识和良好的资质。起初，列宁并不认为需要具备专业知识和经验的法律专业人员才能从事审判工作。他坚持认为，即

[①] 陈达莉.法治视野下大学生社会主义核心价值观培育研究 [D]. 南充：西华师范大学，2017.

使是普通人，也可以在没有任何特殊资格的情况下参与审判。然而，当社会主义国家建设步入正常轨道后，列宁放弃了最初的设想。此后，关于司法人员的话语大多是对执法人员素质的要求。列宁指出，无论从事什么管理工作，都需要特殊的技能。有些人可能是最有能力的革命者或鼓动者，但他们完全无法成为管理人员。任何熟悉社会生活并有丰富生活经验的人都知道：要做好管理，首先要了解行业。列宁认为，要进入这个行业，首先要对自己从事的行业有一个了解，"精通""知识"，并接受科学教育。因此，在胜任司法工作方面也是如此，不是每个人都能随便胜任司法工作，只有接受系统的专业法学教育，有足够的法律知识作为支撑，才能具备从事司法工作的资格，否则将无法进入司法队伍。

其次，列宁还明确表示，应高度重视司法人员的素质，以建立工农检察院的政府机关。可以直接进入政府机关并成为司法人员的人有两种，其中一种就是受过正规教育和专门培训的人，因此，必须充分重视司法人员的素质。

再次，在个别案件中合理使用法律法规，要求法官不同于普通行政官员。司法机关和行政机关应当相互独立。法官的职业是通过法律的实现来实现司法公正和正义，而这一过程的实现需要以法官的独立性作为保证。但是，资产阶级的司法部门直接依赖于行政机关，将直接受到行政机关的干预，这也导致资产阶级只能实现政府的正义，而不是人民的正义，不能真正保证公平正义。因此，列宁还提出："为了实现法律法规的合理使用，有必要任用在地位上与一般行政官员不同的法官。"为了确保法官的特殊地位，必须将法官与行政官员区分开，并且不应按照行政官员的管理模式来管理法官，否则只能将法官简化为行政官员，而不是司法法官。

最后，列宁也主张法官应由人民选举产生。在这一方面，列宁同马克思、恩格斯一样，把法官是否通过选举产生作为司法是否民主的基本内容，并指出："在法庭体制方面，实行彻底的民主的第二个基本条件，就是一切文明国家所公认的法官民选制。"[1] 他也在以后的诸多论述中表明，由工人通过直接选

---

[1] 虞浔.1997 年以来中国司法体制和工作机制改革进程中上海的实践与探索 [D]. 上海：华东政法大学，2013.

举的方式选出工业法庭的法官极具意义。不仅如此，列宁还不止一次地说明，法官必须由人民选举产生，这是最基本的，并在此基础上可以按照大多数选民的意愿随时更换法官，以直接形式保证了人民群众对于自己选举出来的法官享有罢免权，也就真正地实现了人民主权。这种由人民直接选举产生法官的选举制度，一方面能够使得选举出来的法官在适用法律的过程中最大限度地代表人民群众的利益，另一方面这也在很大程度上实现了人民当家作主，促进了司法民主制度的建立与完善。

二、斯大林时期个人集权对苏联法律制度的破坏

斯大林时期的个人集权对苏联的司法制度造成了极大的破坏，这也印证了马克思、恩格斯、列宁的司法队伍建设理论的正确性。斯大林时期实行高度集权的政治管理体制，其管理模式更具惩罚性和指挥性。这种管理模式遵循斯大林的规则。长期以来，国家权力分配不平衡，行政权力受个人控制，这使得宪法和法律无效，司法权无法行使，司法制度扭曲，整个民主法制建设受到很大影响和损害。在这种管理体制下，司法扭曲的一个重要表现就是"以当事人代法"。法院是苏联共产党的附属机构，它没有独立意志，只能按照共产党的意志执行各种政策。这一时期，苏联共产党明确指出："积极打击各种犯罪活动，这不仅是国家机关应当重视的任务，也是各社会组织和团体应当重视的任务。"[1]

在国家机构中，侦查、起诉、司法等直接负责维护法制、打击各种犯罪的环节，在各个方面都发挥着极其特殊的作用。共产党必须时刻关心这些机构，千方百计改进它们的工作。时任苏联最高法院院长维诺库洛夫也表示，对于司法来说，它不仅承担着镇压的职能，而且还利用司法权力动员群众参与诉讼，共同推进司法建设。法官必须牢记法院的作用，法院必须牢记法院的作用，如果法官忘记了这一点，必须取消其法官资格或使其受到严厉的惩罚。

此外，1934 年，根据斯大林的个人提议，苏维埃中央执行委员会和人民委员会通过了《关于修改联邦共和国刑事诉讼法的决议》，对与司法审判有关

---

[1] 陈洁 . 我国大学生法治教育研究 [D]. 上海：复旦大学，2012.

的问题作出了相关规定①。例如，必须从重刑罚，不得让被告人抗辩、上诉，必须立即执行死刑。如果这些判断是由司法人员作出的，可以体现出某种公平正义，但事实并非如此。在"以当事人代法"的背景下，具体的审判决定只能由当事人作出。正因为如此，直接的后果是，从 1935 年 1 月到 1941 年 6 月，苏联有数千人受到不同程度的迫害，有的甚至被直接枪杀。在斯大林时期，法官之所以受党控制，也是因为当时的法官选拔方式。虽然法官也是由选举产生的，但一般情况下，法官选举的结果是由领导人控制的。在这种情况下，法官的所有活动首先会实现领导者的意愿，无视法律，更谈不上公平正义，极大地满足了领导者的意愿②，但这不是一个提倡民主选举的国家应该有的现象。民主选举的原则应该是遵循选民的意愿，即使是领导者也必须作出让步来表达这种意愿。在领导人的控制下，选举法官几乎剥夺了人民的投票权，这是对人民的一种欺骗。在领导人绝对主导的政治体制中，司法权不可避免地会被扭曲。

在经典马克思主义作家的话语中，司法权是统治阶级必须夺取的重要权力，是实现专政的重要途径。实现司法权的良好运行，需要一支实力雄厚、专业化的司法队伍。总之，这支队伍必须拥有具备专业素质和科学理论知识的司法人员，能够确保他们独立地行使职权，站在维护人民利益、实现社会公平正义的立场上，能够确保信仰法律和遵守法律。遵守法律，是司法人员的首要和必要条件。这些关于司法队伍专业化建设的经典论述，不仅在当时的司法制度建设中发挥了极其重要的作用，而且随着马克思主义传入中国，在其中国化的过程中，也起到了推动作用，对于中国司法队伍乃至司法体系的建设发挥了极其重要的作用。

---

① 王璐. 县级法治政府建设指标体系构建与应用问题研究 [D]. 武汉：华中师范大学，2012.

② 虞浔. 1997 年以来中国司法体制和工作机制改革进程中上海的实践与探索 [D]. 上海：华东政法大学，2013.

第三节　马克思、恩格斯法治队伍建设理论的中国化

马克思主义在中国化的过程中形成了具有中国特色的科学理论。这些中国化的科学理论指导了革命根据地时期以来的各项工作，司法队伍专业化建设理论也不例外。我国的司法工作是建立在具体的革命实践之上的，这些革命实践体现了马克思主义对我国司法工作的指导，革命实践的过程，也是马克思主义中国化的过程，历史可以直接证明这一点。因此，我们对新时空条件下司法队伍专业化建设的分析研究，离不开历史的维度，更不能孤立地看待。有必要了解我国司法队伍的专业化建设。历史，有机地统一了整个建设过程。只有在此基础上，才能厘清我国司法队伍专业化建设的历史，在新的时空条件下，结合我国司法队伍建设模式的特点，进一步推进司法队伍专业化建设。

一、中国化的马克思主义关于法治队伍专业化建设的理论

1. 毛泽东思想指导下的法治队伍专业化建设

马克思主义者认为，国家权力的实现需要依靠军队、警察、法院、监狱等暴力机构。以毛泽东思想为指导的司法队伍建设是在马克思列宁主义国家和法律观的基础上逐步确立的，但在运用这一观点的过程中扩大了"工具性"机关被视为无产阶级专政的工具和镇压敌人的"刀"，重视专政的属性和惩治犯罪的功能，形成了具有中国特色的司法队伍建设理论[①]。在明确司法机关的职能定位后，毛泽东主要从以下几个方面指导我国司法制度的建设。首先，政治路线的确定是国家政权建设的基础。有了这个基础之后，需要考虑的是如何打造实力。干部是决定权力建设的关键因素，干部的素质直接决定了权力的建设，起着不可替代的作用。因此，要建设政权，就要重视干部的培养。基于此，政法干部队伍建设自然受到关注[②]。政法干部代表国家权力，履行执法职能，他们的素质直接关系到司法权的运用、法律的实施和人民群众切身利益的实现。在这种政治权力理论的指导下，直接决定了中国司法人员的聘任标准，即要成为一名合格的司法人员，首先要通过政治壁垒，才能确保

---

① 张霖. 中国特色社会主义法治理论及其教育研究 [D]. 武汉：华中师范大学，2016.
② 张文显. 治国理政的法治理念和法治思维 [J]. 中国社会科学，2017（4）：40-66.

"刀"政治和法律机关只掌握在人民的手中。政法机关及其工作人员要始终把响应国家和党的号召作为第一要务。"任何时候都要坚决服从党委的领导，听党的话，党指挥到哪里就是哪里，党叫干什么就干什么，主动、及时地向党委请示报告工作，切实成为党的得心应手的驯服工。"① 其次，群众路线是中国共产党在新民主主义时期始终坚持的政治路线、组织路线和工作方式，必须坚持依靠群众，只有在依靠群众的基础上，才能保证社会生产，保证阶级斗争的力量。中国的司法制度也是在坚持群众路线的背景下逐步建立起来的。体现民主特征，明确体现在"人民正义"。"人民正义"是群众意见的典型体现②。不仅是党，司法人员也要坚定地站在群众的立场上，有效运用人民的正义，用对群众最有利的方式方法解决司法问题。司法建设要做到这一点，就需要培养一批具有法律专业知识和能够灵活运用群众方法的司法人才。因此，提高司法人员素质、加强司法能力建设十分重要。一个完善的司法队伍，不仅要能够灵活运用法律条文，在解决司法问题的同时最大限度地保护人民群众的利益，还要能够在引导下让人民群众参与立法和司法建设。这样，法律及其适用才能更好地体现人民群众的利益。这种"反智主义"倾向，让从未接受过专业法律素养培训的普通人参与到法律的产生和实施中来，从而具有"当家作主"的意识，获得政治权力。

综上所述，在群众路线背景下，司法队伍建设还应体现在司法人员具有随时运用对人民群众有利的手段和方法的能力上。因此，在这一时期的司法制度建设中，把建设一支始终以人民利益为重的司法队伍建设放在首位。

2. 邓小平理论指导下的法治队伍专业化建设

邓小平理论与马克思列宁主义和毛泽东思想是一致的。其法治理论蕴含着马克思主义的法律思想。因此，邓小平坚信法律是统治阶级意志的体现。改革开放以来，我国的法制建设是在邓小平法治理论的指导下进行的，司法制度建设是法治建设的重要组成部分。因此，学习邓小平的法治理论对队伍的专业化建设具有重要意义。

---

① 陈达莉. 法治视野下大学生社会主义核心价值观培育研究 [D]. 南充：西华师范大学，2017.

② 张霖. 中国特色社会主义法治理论及其教育研究 [D]. 武汉：华中师范大学，2016.

邓小平理论是在总结新中国成立后特别是"文化大革命"时期的经验教训的基础上形成的。因此，该理论非常重视法治，主张消灭人治。邓小平明确指出："为了保障人民民主，必须加强法制。必须使民主制度化、法律化，使这种制度和法律不因领导人的改变而改变，不因领导人的看法和注意力的改变而改变。"① 邓小平强调，国家富强仍需依靠法制建设，而不是人治。人治，领袖的话就是方向，就是法律。法制更加理性，可以更好地保护人民的利益。人治是绝对不可行的②。邓小平对法制建设的重视体现在司法体系建设方面，他认为，司法首先要有独立处理违法犯罪的权力，其他任何行政机关、社会团体、组织和个人都不应干涉。邓小平指出，纠正不正之风，打击违法犯罪，都是法律范围内的问题。既然是法律问题，就必须通过法律途径解决。当事人直接管理法律问题是不合适的，党需要处理这些问题。这说明，法治社会在涉及法律问题时，应着力通过法律途径解决问题，确保司法机关独立审理、依法办案，当事人不能随意干预审理过程，必须保证司法权独立行使。司法建设就是要建立一支政治素质和业务素质都非常高的政法队伍，这是邓小平在法制建设过程中采取的重要举措之一。

早在20世纪80年代，邓小平就指出要加强和推进政法队伍建设，政法干部作为司法制度建设的推动者，必须保证从政的基本素质。这一理论与毛泽东在这方面的思想是一致的，二者都非常重视干部队伍建设，但侧重点有所不同。关于政法队伍建设，邓小平特别提出，作为政法队伍的一员，要同时具备政治、业务、作风三方面的素质③，这也是政法队伍建设的基础和关键。邓小平还指出，在此期间，能够担任政法工作的干部，包括法官、律师、检察官等，至少缺少100万人。在职的政治和法律干部可以是法官、律师和法律研究干部，懂法律、能保障司法公正、职业道德高的职业干部少之又少。一般来说，在资

---

① 张文显. 习近平法治思想研究（下）——习近平全面依法治国的核心观点 [J]. 法制与社会发展，2016，22（4）：5-47.

② 蔡蓉英. 建设高素质法治工作队伍的理论探讨——以湖南省法治建设经验为例 [J]. 湖南警察学院学报，2016，28（3）：74-79.

③ 杨蕾歆. 基于公共人力资源管理视角的重庆市法治专门人才队伍建设研究 [D]. 重庆：重庆大学，2016.

本主义国家，如果想成为法官或警察，将面临非常严格的选拔。如果要促进司法制度的建设，就应该更加严格。除了熟悉各种法律、政策、法规、程序，以及各种此类案件和相关的社会文化与知识外，对公正和得体也有特殊要求。

邓小平认识到政法队伍对推进法制建设有极其重要的意义，为了推进政法队伍建设和政法队伍素质的提高，他在理论和具体实践上都作出了努力。"文化大革命"期间司法制度建设遭到的巨大破坏，在邓小平理论的指导下逐步恢复，在总结经验的基础上得到进一步发展。中国司法队伍建设之所以能够发展到今天的水平，得益于邓小平理论对中国法制建设和政法队伍建设的指导。

二、我国法治队伍专业化建设的历史实践

1. 国内革命战争时期法治队伍专业化建设的实践

早在第二次国内革命战争时期，中国共产党成立的临时中央政府就十分重视立法工作，颁布实施了一系列法律，形成了具有鲜明时代特色的法律体系。尽管该制度还不够成熟，但它反映出中国早在建设革命根据地时就意识到了"法律"的重要性。为了确保法律的适用性，临时中央政府积极推进司法机构的建设，逐步建立了健全的司法组织制度。在推进立法工作和司法体制建设的过程中，逐渐建立了一支较为完善的司法队伍，配备了足够的司法人员。正是由于这个团队的建设，临时中央政府的司法工作才能顺利进行，这为苏维埃政权的建立提供了法律依据和保障。尽管苏维埃地区在建立司法系统的过程中建立了一支司法团队，但是司法团队的能力素质还不够。此外，在苏维埃政权的领导下建立了法律体系，中国边境地区的法律体系建设逐步发展。尽管群众路线法在司法建设中也得到支持，但由于司法人员能力不足等原因，其弊端日益暴露。这些问题主要体现在两个方面：第一，这是一个比较严重的问题，即司法人员在司法实践中处理案件的效率极低，而案件处理效率低下反映出司法人员不能熟练地运用相关知识，人员的文化水平不高。第二，司法人员在办案过程中行为不当。部分司法人员本应依法办案，但在办案过程中却徇私舞弊、滥用职权，触犯法律。例如，在案件审理期间，由于证据不足，案件无法进行，发生了酷刑勒索的情况，暴露了该时期司法人员素质低下的问题。

另外，在推进司法建设的过程中，很多案件没有机会进入诉讼环节，而是

先由区乡干部处理。行政权和司法权的这种重叠使用在很大程度上影响了人民的诉讼权。这种行政权力对司法权力的有害干扰和影响，也是我国现行司法制度建设中强烈的行政色彩的根源。综上所述，这一系列问题的存在暴露了这一时期司法制度建设和司法队伍专业化不足的问题。因此，随着问题的增多，政府越来越关注针对司法领域中存在问题的司法改革①。从雷经天到李木庵，再到马锡五，在他们的带领下，司法团队的专业水平和业务水平日渐提高。在雷经天的领导下，地方法院逐步建立，司法人员根据实际需要得到充实。在具体的司法实践中，他着重强调司法人员的专业知识和职业素质的提高，采取了一系列措施，确保司法人员的在职学习，如司法基础写作培训等。基层人员确保司法人员具有一定的判断写作能力，自上而下发布法律话题进行讨论和研究，积极指导提高司法人员的查阅能力，增强司法人员的职业素质等。雷经天在改革中采取的这些措施有效地提高了司法人员的专业素质，但由于过分强调司法部门的行政干预，改革最终还是失败了。在李木庵领导的司法改革中，司法机构的建设日趋完善，诉讼程序日趋规范，整个司法团队的专业化程度也不断提高。这一系列成就极大地方便了人们通过诉讼渠道维护自己的权益。李木庵还致力于建立法学院，积极培育大批法律专业人士，并允许各机构和社会组织的干部也进入法学院学习法律专业知识，并在此后主持司法调解和陪审团的工作。在此期间，司法团队得到了很大的调整，越来越多的具有法律专业知识的人员被纳入司法团队，极大地提高了司法团队的专业水平。此外，李木庵还十分重视对司法人员的培训。这些措施的实施在边境地区司法团队的建设中也发挥了重要作用，但由于改革受到统一政治制度实施和其他原因的影响，最终失败了。马锡五实行审判与调解相结合的办案方法，广受赞誉。因此，政府引入了"马锡五审判方式"。"马锡五审判方式"主要用于基层，着眼于当场解决群众的矛盾和纠纷，诉讼程序也很简单。除了充分发挥法官在案件审理过程中的作用外，还必须积极动员地方官员和人民群众参与案件的审理。

尽管边境地区进行了一系列改革，但在这一时期，司法团队的专业化水平并未发生重大变化。法律专业知识和审判经验仍有待进一步提高。"马锡五审

---

① 孙涛. 当代中国社会合作治理体系建构问题研究 [D]. 济南：山东大学，2015.

判方式"在法律专业化的过程中具有重要作用，但其要求并不高，不过更加需要司法人员深入群众，依靠调查研究对案件进行判断。这种独特的方法极大地弥补了司法团队缺乏专业素质的不足。但是，这种方法对法官的个人素质提出了更高的要求。在实际案件的审理过程中，案件的进展主要取决于司法人员的素质。此外，它着重于当场解决纠纷，进一步限制了应用范围，不利于大规模推广。因此，"马锡五审判方式"解决人民之间的矛盾和纠纷仍然主要依靠传统的审判方法。从以上讨论中不难得出结论，无论革命根据地司法改革如何，其最终目标都是为革命战争服务，重视革命专政和惩治犯罪的职能，而忽略了革命战争和司法的职能。这一时期的法制建设在很大程度上与当时中国共产党的政策是同质的。司法人员在审理案件的过程中的依据主要来自党的政策、决议和法律性质的法令，其中一部分来自根据这些政策和决议制定的相关的法律法规。

2. 新中国成立初期法治队伍专业化建设的实践

在毛泽东思想的指导下，司法队伍的专业化建设主要包括毛泽东的个人司法理论和其他较早的革命者关于司法队伍建设的思想。其中，董必武长期负责政法工作，其法律思想大大丰富和发展了毛泽东思想。他的理论中的法律思想对中国司法团队的建设产生了重大影响。但是，新中国成立初期的司法工作进展得并不顺利，新的法律制度尚未建立，只能基于党的政策以及政府发布的各种政策、法律、法规和决议。司法干部通过学习和掌握马克思列宁主义，毛泽东的国家观、法律观念和新的民主政策、纲领、法律、法规和决议进行教育和改革[①]。

毛泽东理论指导下的司法工作是政府工作的一部分。司法工作的中心任务是确保政府政策的执行和维护人民利益。民国初年，司法团队的建设始于对旧司法人员的深入改革。在建立真正的人民民主专政之前，在少数统治多数的政治背景下，司法团队的建设也有独裁的烙印，带有旧的国家机构的色彩[②]。但是不能否认的是，这些老司法人员的专业知识和素质确实存在，不能被普通大众

---

① 孙涛 . 当代中国社会合作治理体系建构问题研究 [D]. 济南：山东大学，2015.
② 张霖 . 中国特色社会主义法治理论及其教育研究 [D]. 武汉：华中师范大学，2016.

取代，只是在人民民主专政建立之前，建设社会主义司法体系的重要任务无法完成，移交给这些司法人员，就会带有旧国家机构的浓重色彩，这就导致了一个问题：要建设社会主义司法体系，必不可少的是要有大量具有专业法律知识和读写能力的司法人员，这是建设法治国家的唯一合法途径，但短期内不可能培育出来。当老司法人员适应社会主义法制建设时，放弃司法人员无疑是极大的浪费。因此，为了能够在社会主义法制改组中满足对法律人才的巨大需求，对旧司法人员进行深入改造是一个好方法。另一个方法是加强司法干部队伍建设，加快法律人才培养。董必武本人也非常重视法律专业知识的学习和专业素质的培养，并接受过系统的马克思主义教育。因此他认为，作为司法干部，必须具备法律专业知识和专业素质。这一观点在新中国成立初期对促进法制建设和司法改革发挥了极其重要的作用。因此，董必武从始至终在主持司法工作中都十分重视法律人才的培养，其中的关键部分是法律教育。只有正规、专业、严格和系统的法律教育才能抵御旧的司法思想的侵蚀。

新中国成立以来，董必武一直致力于政法学院的建设。一方面，他认为中国高等政法学院的整体水平不高；另一方面，很少有学生真正愿意进入政治和法律学院学习。基于此，在之后每次的政法工作会议上，他都高度重视建设高等政法学院和培养高素质政法人才，前者是加强高校政法工作的有力保证。在课程设置、教科书选择、师资安排还是培训目标等方面，董必武都亲自参与了高等政法院校的建设和高素质的政法队伍的培训，培养了高素质的政治学人才以及符合中国革命实践的法务人员，这是建设高等政法学院的最重要任务。不仅如此，董必武还十分重视对国外法学教育的研究，并从政法学院选拔了一些学生到国外学习先进的法学教育知识，以弥补国内法学教育的不足。董必武在选拔和任命政法人员方面也非常灵活，允许吸收各行各业的人才，吸收的基本条件是政治背景清白并具有一定的专业知识。当然，在将这些人才纳入政治和法律团队之后，他们需要不断提高自己的技能、政治素质和法律知识。新中国成立初期，政治和法律方面的人才严重短缺，吸收各界人才的方式极大地丰富了中国政法队伍。这些司法工作的发展在推动中国政治法律团队的建设中发挥了巨大作用，但在那个时期，它从未逃脱过司法机构的独裁统治。此外，由于1957年反右派范围的扩大，中国法院人才团队遭受了严重的挫折。司法领域的许多专业人员被归类为"右派"人士，包括仅从事司法审判的专业人员和司法干部。由于人才的大量流失，直接影响了中国的司法审判工作。在1958年的"大跃进"期间，公共、检察和法律三个机构在某些地区合并，法院失去了许多杰出的司法官员。几经周折，刚起步的中国司法团队建设又陷入困境，并开始衰落。

　　3. "文化大革命"时期法治队伍专业化建设的实践

　　"文化大革命"期间，中国司法团队建设遭到破坏。林彪和江青的反革命集团严重破坏了社会主义法制。他们公然捣毁了检察官法，司法工作严重混乱，并导致许多不公正和错误案件的发生，致使审判工作陷入困境。各种司法制度被摧毁，多数司法干部遭到"老人员"清洗，大批领导干部被列为"资本主义走私者"，陷入社会底层①。新中国成立之初，通过一系列司法改革逐步建立的司法团队，在此期间遭到了破坏。在"文化大革命"期间，"人治"得到提倡，法治被忽视。司法团队的建设受到严重破坏，各个地区的司法实践也受到严重破坏，法律制度的路径日益偏离②。首先，在"文化大革命"期间，以党为主体的制度建设不能脱离党的领导，司法制度在建设过程中也必须遵循党的领导。在这种意识形态的指导下，当事人也积极参与具体的司法实践活动，甚至直接与法院进行审判业务签约。例如，在某些地区，批准特定案件的权限下放到区和乡镇。因此，区和乡镇的党政领导直接参与了特定案件的审批。再例如，如果工厂的工人需要被司法当局逮捕，但司法人员无权直接逮捕，他们必须事先征求工厂党政领导的意见，然后才能在他们的同意下实施逮捕。案件审判中涉及的量刑等问题还必须参照工厂党政领导的意见。其次，在具体的司法实践中，法院始终坚持群众路线的指导。但是，在"文化大革命"期间，一些司法人员单方面夸大了群众路线，过度追求人民的意见，在案件的具体审判中背离了司法原则，导致审判结果不力。特别是当案件的判决结果存在差异时，通常通过听取人民的意见来化解差异。从表面上看，人民的意见是最重要的，但从本质

---

① 张文显. 习近平法治思想研究（下）——习近平全面依法治国的核心观点 [J]. 法制与社会发展，2016，22（4）：5-47.

② 虞浔. 1997年以来中国司法体制和工作机制改革进程中上海的实践与探索 [D]. 上海：华东政法大学，2013.

上讲，没有实现对人民利益的合理保护。最后，直到"文化大革命"初期，中国一直致力于司法制度的建设，并建立了一系列司法制度，在特定的司法实践中遵循相应的程序，但在"文化大革命"期间，司法制度和程序被任意修改、践踏甚至直接抛弃，司法制度的建设不仅没有推进，反而倒退了。

4. 改革开放之后法治队伍专业化建设的实践

改革开放后，面对"文化大革命"期间肆意践踏和破坏司法制度的情况，邓小平致力于恢复和发展司法制度。推进司法队伍的专业化建设，主要是从思想政治、司法人员配置、法学教育、职业素质等方面入手。第一，司法人员的思想政治建设是促进司法队伍专业化建设的重要保证。司法人员不仅要具备一定的专业能力，更重要的是要经过思想政治方面的考验。政治和法律干部除了要熟悉各种法律、政策、法规、程序、各种情况以及与此有关的情况外，还需要无私和体面。司法人员必须坚持使用马克思列宁主义、毛泽东思想，特别是邓小平理论武装自己的头脑，以增强政治敏锐性。同时，要确保大多数司法人员的工作作风建设，尤其是基层司法人员的作风建设。政法干部必须以身作则，积极教育广大法官和检察官解决"谁拥有权力，谁执法，谁服务"的基本问题。第二，重视司法人员的分配，确保司法系统的建设得到司法人员的支持。改革开放初期，邓小平指出，我国法院院长、法官、检察官都较匮乏，不足以满足司法体制发展的需求。要想尽快恢复"文化大革命"对我国司法制度建设的破坏，丰富司法队伍是关键。为了丰富司法队伍，有必要对政法学院法律专业人才进行培养。法学教育是司法队伍专业化建设的根本保证。完善法制教育必须有计划，必须积极开展政法学院的建设。1985年，邓小平强调要确保法学研究和法学教育的质量，要大力发展政法学院，谋求发展，社会主义法制建设要依靠大量的政治建设和法学院的教育。也是在邓小平的大力支持下，中国政法学院迅速建立和发展起来，并为中国政法队伍的专业化建设培养了大量的高素质法律专业人才。在政法学院建设的带动下，20世纪90年代，中国建立了多层次、多形式、多渠道的法学人才培养体系，极大地改善了中国司法人员缺乏专业知识和低专业素质的现状。此外，还招募了一些具有较高政治素质和较强政治区分能力的干部。此时，军事人员凭借其独特的政治和文化优势，自然成为这一时期被纳入政治和法律团队的最佳人选。大量的军事人员被分配到政治和法律小组，这在很大程度上弥补了这一时期司法制度的不足。第三，为了提高政法队伍的专业水平，邓小平还提出要加强对在职法官和检察官的教育培训。无论是从政法学校直接进入政法团队的法律专业人士，还是从军队进入政法团队的法律专业人士，其专业素质直接影响着广大人民群众的根本利益和我国的司法进程。因此，有必要大力增强法官和检察官的专业化，通过各种形式的培训提高司法人员的专业素质。

改革开放后，无论从理论上还是从实践上看，中国司法队伍的专业化建设都走在正确的道路上，并在稳步向前发展。梳理整个过程我们还可以看到，中国司法团队的建设是曲折的。从根本上来说，司法团队在各个时期的专业化遇到的问题可以归纳为以下几个方面：首先，中国的社会主义建设道路是曲折的。司法队伍的建设受到具体革命实践的极大影响，更加致力于社会主义建设，专业水平还不高。 其次，由于政治上坚持"阶级斗争作为关键环节"，司法机关的职能定位强调独裁统治，而忽视了其司法职能。这从根本上导致了一系列无法解决的专业化问题。最后，司法团队的建设有着强烈的行政色彩，强调政治素质而不是专业素质，这导致司法团队的专业化进展缓慢。这些问题的存在在很大程度上反映了中国司法队伍专业化建设的特点。尽管新中国成立初期就逐步建立了司法队伍，但在"文化大革命"中遭到了破坏，这些曲折和问题也随着社会主义建设的发展而发展。这为中国司法队伍的专业化建设和发展提供了机会。司法队伍的专业化建设在历尽挫折和问题中一步步前进，不断遇到新的问题，不断解决新的问题，司法队伍的专业化建设也在日趋现代化。

第三章 我国司法制度建设与体制 改革发展的历史演进

自 1997 年以来，我国的司法体制和工作机制的改革不断在实践中摸索，尽管以 1997 年作为改革开始的元年，但是自新中国成立以来，我国司法体制的改革工作从未停歇，取得了较大变化与进步。这些变革很大一部分是在政治运动和政治大变革背景下催生的，一方面属于政治上层建筑初创过程中的"规定动作"，司法机关的自主性不充分；另一方面这些改革也并非全部都是利国利民的科学之举，其中不乏一些违背历史潮流的倒退之行，可谓功利参半，一言难尽。

第一节 司法制度建设的演进过程

从新中国成立开始，行政机关和司法机关并非平等地位，而是附属关系，一直到第一部宪法颁布时才明确指出，审判机关、检察机关独立于行政机关，但是之后又遭到了破坏，我国的司法体制可谓"元气大伤"，直至改革开放以后，我国的司法体制才逐渐回到正轨，并慢慢发展起来。我国现行的司法体制可以说是历经波折，经受了时间的检验。

一、初创奠基阶段

1949—1954 年是我国司法体制的初创奠基阶段。1949 年，代行宪法职能的《中国人民政治协商会议共同纲领》颁布并规定："废除国民党反动政府一切压迫人民的法律、法令和司法制度，制定保护人民的法律、法令，建立人民司法制度。"① 同年，作为第一届中国人民政治协商会议主要成果之一的《中华人民共和国中央人民政府组织法》规定："中央人民政府委员会组织政务院，以为国家政务的最高执行机关；组织人民革命军事委员会，以为国家军事的最高统辖机关；组织最高人民法院及最高人民检察署，以为国家的最高审判机关和检察机关。"从上述相关规定之中不难看出，在新中国成立之初，我国就坚定不移地否定了封建旧社会的司法陋习，粉碎了旧社会的司法机制，在很大程度上展示了人民政权的革命性，进而在我国形成了史无前例的"人民当家作主"新型政权。对于新中国来说，"人民当家作主"的新政权，无疑也是一个新生事物，是陌生的。因此，怎样建设社会主义的司法体制这一问题也就无从考究，没有任何历史经验可谈，摆在全国人民面前的只是一片空白，只能在摸索中不断地改革与前进。

新中国成立之初，在当时的社会条件下很难成功召开全国人民代表大会，所以中央人民政府的成立成了时代和人民的选择。在中央人民政府之下设立最高人民法院、最高人民检察署，分别行使国家的审判权、检察权，此时，审判机关、检察机关的独立地位尚未得到确认，而是从属于国家行政体制。1949 年，《最高人民法院试行组织条例》规定："最高人民法院为全国最高审判机关，并负责领导及监督全国各级审判机关之审判工作，最高人民法院设院长一人，副院长二至三人，委员十二至二十一人，由中央人民政府委员会任命。"

同年，《最高人民检察署试行组织条例》规定："全国各级检察署均独立行使职权，不受地方机关干涉，只服从最高人民检察署之指挥。"该条例建立起检察机关中央垂直领导体制，一定程度上保证了地方检察署的相对独立性，但好景不长，可谓昙花一现。1950 年，《各级地方人民检察署组织通则》明确提出，表示地方各级检察署也是同级政府的重要组成部分，地方各级检察署同时接受上级人民检察署和同级人民政府委员会的领导，建立起检察机关双重领导体制。1951 年，《人民法院暂行组织条例》规定地方各级人民法院实行"双重领导"的体制，并且受上级法院和同级政府的监督与领导，此前建立的垂直领

---

① 齐晓洁. 马克思主义理论指导下司法队伍专业化建设研究 [D]. 曲阜：曲阜师范大学，2017.

导机制遭到严重破坏。

中央设立最高人民法院、最高人民检察署，实行审判、检察分立；各大行政区设立最高人民法院分院、最高人民检察署分署；省、市、县设立人民法院、人民检察署（未设检察署的县由公安机关代行检察权）。至 1950 年上半年，全国各级人民法院已具雏形；次年 7 月，建立了 5 个行政区检察署，50 个省级（行署、市）检察署，51 个专区检察署，352 个县（市）检察署。随着各级司法机关的不断建立，我国的司法体制初具框架，逐步走向正轨。

二、曲折成长阶段

1954—1966 年，我国的司法体制在曲折中缓慢成长。新中国成立伊始，国家迎来了和平发展稳定环境，全国人民斗志昂扬地致力于新中国的建设，苏联作为发展相对成熟的社会主义国家，在各方面对新中国的发展建设予以支持。"一五"计划顺利完成，国内的经济在一定程度上得到了缓和和发展。这样的大环境为新中国效仿苏联政权结构建设作了铺垫。1954 年，第一届全国人民代表大会召开，确定全国人民代表大会为我国最高权力机关，同年颁布了我国第一部宪法——《中华人民共和国宪法》。

《宪法》规定"人民法院独立进行审判，只服从法律"，"地方各级人民检察院独立行使职权，不受地方国家机关干涉"。同时，规定审判权、检察权相互独立，撤销了各大行政区及其司法机关，人民法院层次设置依次为最高、高级、中级和基层四级，人民检察院层次设置为最高、省级、省级分院和基层四级；成立了军事、铁路等专业化的法院和检察院。《宪法》为我国的司法体制构建了大体框架，一定程度上使审判机关和检察机关摆脱了政府的影响，成为独立设置的国家机关。各级法院、检察院与同级政府地位相同且相互独立，分别对所属的权力机关负责，极具中国特色的"一府两院"体制就此诞生①。

司法制度作为政治斗争的主阵地、主战场，不可避免地受政治因素影响颇重。1957 年，由于"左"倾思想的泛滥和法律虚无主义的盛行，《宪法》所规定的有关我国司法体制的相关原则和规定遭到猛烈批判和抨击，我国司法机

---

① 吴建雄. 中国二元司法模式研究 [D]. 长沙：中南大学，2012.

关独立行使职权的行为也遭到质疑，认为其脱离了党的怀抱。1958年，在第四次全国司法会议上，地方司法"大跃进"的行为得到支持和推崇，其典型的产物就是公、检、法三合为一的公安政法部门，这样盲目的做法导致一些刚成立不久的机关就被裁撤合并①。1959年，第二届全国人民代表大会通过了《关于撤销司法部、监察部的决议》，规定最高人民法院监管原司法部的工作。这些"左"的做法让刚刚初具框架的司法体制雪上加霜。直到1962年，我国极"左"路线开始回拨。司法建设紧抓这一契机，努力发展、抓紧恢复，不过好景不长，"文化大革命"的爆发再次把我国的司法体制建设带入寒冬。

三、破坏荒废阶段

1966—1978年是我国司法体制的荒废阶段，十年的"文化大革命"让司法体制建设在这一时期停滞不前，甚至有所退步。1966年，"文化大革命"的到来将之前原有的司法建设全盘否定取缔，检、法系统几乎陷入瘫痪状态。从1968年起，原有的司法机构被军管，原有司法干部或撤职或下放，原有的司法工作程序、原则、规定等被践踏殆尽，司法工作陷入瘫痪。1968年，谢富治谋划主张的《关于撤销高检院、内务部、内务办3个单位，公安部、高法院留下少数人的请示报告》得到中央批准。此后，各级人民检察院的命运不尽相同，但都没能逃过被撤销，取而代之的是公安机关。在极"左"思想的指导下，法定的司法制度和司法程序被视为"反革命"遭到批判，有罪推定、"逼供信"等行为泛滥，冤假错案层出不穷②。

1975年，我国第二部宪法顺利颁布，重新规定各级人民法院行使审判权；检察机关的职权由公安机关代为行使；人民群众为主体的思想和原则要贯彻检察和审理的全过程，要坚持群众路线；积极鼓励群众参与到反革命案件的讨论和批判中来。该部宪法坚持以"无产阶级专政下继续革命学说"为指导，具有强烈的阶级斗争的意味，尽管该宪法对人民法院的地位和职能予以了肯定，但在"文化大革命"的浪潮之中，审判机关已名不符实，甚至名存实亡，象征

---

① 郭倩. 中国司法改革之路径选择 [D]. 长春：吉林大学，2016.

② 胡云腾. 及时修改、完善刑事诉讼法促进公正、高效、权威司法制度建设 [J]. 法学家，
　　2007（4）：10-14.

"专政"权威的公安机关更是代替检察机关行使职权。举国的政治和民主陷入一片混乱当中，更有甚者打着群众的旗号直接篡夺审判权，难得一见的"中下贫农高等法院"也在这一期间喜剧化上演，整个国家的民主、政治、司法陷入一片混沌迷茫之中，我国的司法建设进入新中国成立以来最凛冽的寒冬。

四、恢复发展阶段

1978—1997 年是我国司法体制的恢复阶段。1976 年，"文化大革命"结束，政治和经济建设慢慢开始回归正轨，但仍然是在徘徊中前进，直到 1978 年，我国展开"实践是检验真理的唯一标准"的讨论，终于"守得云开见月明"[1]，大体的发展趋势日趋明朗。1978 年，第五届全国人民代表大会第一次会议颁布了我国第三部《宪法》，针对性地纠正了 1975 年宪法中的"左"倾错误，相关的法条数量也大幅增加，同时将"人民检察院与人民法院"归纳到"国家结构"中去，并明确规定"各级人民检察院在法律规定的范围内行使检察权"，公安机关代替检察机关行使职权成为历史。

改革开放以后，在深入反思"文化大革命"教训的基础上，民主法制建设再次被提上议程，各级检察机关也逐步恢复正常。1979 年，第五届全国人民代表大会常务委员会第十次会议通过了设立司法部的决定，重新划分最高人民法院和司法部的职能，之前由最高人民法院兼任的职能回归司法部。1982 年，第五届全国人民代表大会第五次会议颁布了我国第四部《宪法》（现行宪法），特意增加法院和检察院的相关专节，相关法条数量由 3 条增加到 13 条，并明确规定"中华人民共和国人民法院是国家的审判机关"，"中华人民共和国人民检察院是国家的法律监督机关"；人民法院、人民检察院和公安机关办理刑事案件应当分工协作、互相配合、互相制约，力求以最高的效率执行法律[2]。

1983 年，加强社会主义法治建设的需求更加强烈，司法体制的改革迫在眉睫，我国也在司法建设中调整步伐，作出一定改革。司法部接手原本隶属

---

① 田龙海.改革开放 30 年我国军事司法制度建设的主要成就及其理论创新 [J]. 西安政治学院学报，2008，21（6）：62-65.

② 齐晓洁.马克思主义理论指导下司法队伍专业化建设研究 [D]. 曲阜：曲阜师范大学，2017.

于公安部的监狱、劳改和劳教工作。同时，增设与海事相关的专门法院，逐步健全审判机关的组织体系。设立国家安全部，增设隶属于检察院的反贪机构。此后，国家最高权力机关以《宪法》为根本，制定颁布了一系列法律法规。修改并完善《人民法院组织法》《人民检察院组织法》《刑法》《诉讼法》等；依托立法重新确定了法律面前人人平等、以事实为依据、以法律为准绳等司法准则，夯实了发展基础。我国司法制度制度基本框架稳定成形，为下一步司法体制的改革与发展拓宽了道路、作好了铺垫。随着社会主义市场经济的逐步建立，从未出现的利益矛盾涌现出来，且进入司法途径当中，为此人民法院改革审判方式，大幅度地提高办案效率和办案质量。法院针对集中的矛盾问题成立专门的审判庭，例如，许多法院设置了房地产、知识产权等专业审判庭。检察机关也不甘其后，纷纷成立经济罪案举报中心和反贪污贿赂工作局。这些变革举措，都为我国司法体制改革积累了相关的经验，并为日后的发展铺好了道路。

第二节　司法体制改革的探索

一个国家的政治繁荣与否，不仅影响着亿万民众的幸福生活，而且是一个国家文明发展水平的重要标尺。我国的司法体制以宪法和法律为基本框架，符合我国的政体和国体，与社会主义初级阶段的国情和政治经济制度相适应。然而，随着社会主义民主法治建设的推进和发展，随着社会主义市场经济发展的不断深入，原有的司法环境和司法工作已经不能满足人民群众日益增长的司法需求，同时现行的司法体制和司法工作的弊病日益暴露显现出来，例如有法不依、执法不严、裁判不公、处理不当、效率不高等问题。因此，对司法体制进行改革迫在眉睫，刻不容缓。

一、司法体制改革提上日程

党中央聆听群众呼声，征求群众意见，广开言路，集思广益，将司法体制的改革提上工作日程。1997 年，中国共产党第十五次全国代表大会在北京成功召开，这次会议具有重大的历史意义，提出了"依法治国，建设社会主义法治国家"，并在《政治报告》中明确指出："推进司法改革，从制度上保证司法机关依法独立公正地行使审判权和检察权，建立冤案、错案责任追究制度，加强执法和司法队伍建设。"[①] 随后在全国政法工作会议上，江泽民明确指出"把依法治国确定为党领导人民治理国家的基本方略，把建设社会主义法治国家作为政治体制改革的一项重要内容"，分别从依法治国和践行法制这两个角度详细解释说明。实行和坚持依法治国意义深远，在依法治国的良好风气下，国家经济生活、政治生活和社会生活都将在健康的环境下有条不紊地发展；坚持依法治国也会为国家安定和社会长治久安保驾护航；坚持依法治国有助于将中国的民主政治带入一个新高度、一个新的发展阶段。

建设社会主义法治国家，实现依法治国，并不是一帆风顺、一蹴而就的，而是一个艰巨而又长期的过程。它要求在立法、执法、司法和普法教育等方面齐头并进，要求立法、执法、守法三方良好协作、各司其职、严格执法、共同努力。不仅要抓主要矛盾，突出司法工作的重点，也要注重对次要矛盾的把握，分析各个细节，具体问题具体分析；既要立足于实际民生，又要为未来的发展布局、谋划；要做到承前启后，不能仅仅着眼于当下。党和国家高度重视司法改革，各级政府机关须积极响应号召，大力配合，积极促进司法体制改革，逐步推动具有中国特色的社会主义司法体制。对于任何阻碍依法治国进程的歪风邪气、违法行为，都要加大打击力度，切实做到执法必严、违法必究，为我国社会主义法制改革扫清障碍；要保证司法机关严格执法，坚决纠正有法不依、违法不究的现象；不断总结经验教训，有领导有计划地推进司法体制的改革；对执法中存在的地方保护主义和部门保护主义，对一些领导干部非正常干预司法、以言代法、独断专行的违法行为，对一些司法人员知法犯法、贪赃枉法等一系列有违司法公平正义的行为，要做到严惩严罚，抓典型，积极宣传教育；同时，要从制度上完善相关的法律法规，从根本上保证严肃、公正执法[②]。这一系列深刻而且具体的论述，对坚持依法治国具有指导性建设性的意

---

① 卢上需. 法院司法能力建设研究 [D]. 武汉：武汉大学，2012.

② 童之伟. 要实现司法体制从"人治型"到"法治型"的彻底转变 [N]. 北京日报，2011-10-10（024）.

义。坚持依法治国作为党和国家的一项重要工作，必须落实到基层，不能仅仅浮于云端、浮于表面，各级司法机关要切实响应号召，贯彻好执行好依法治国的基本举措。

法律途径是党中央的决策部署上升为人民意志不可缺少的环节，也是依法治国的必要条件。第九届全国人民代表大会第二次会议通过宪法修正案，正式将"依法治国，建设社会主义法治国家"载入了宪法，这是党和国家在新的历史时期踏出的新征程，无疑加速了改革开放的深化与发展，无疑为人民的幸福生活增添了制度保障，无疑保证了国家的长治久安、繁荣昌盛。

当依法治国的基本方略以法律的形式确定之时，我国的司法改革就被注入了新鲜血液，这时目标更加明确，方向更加坚定，并开始成为国家政治生活中的一项内容，举国关注。党和国家并没有满足当前取得的成就，而是继续深耕细作，不断出台相关政策。2000年10月11日，中国共产党第十五届中央委员会第五次全体会议通过了《中共中央关于制定国民经济和社会发展第十个五年计划的建议》，指出："推进司法改革，完善司法保障，强化司法监督，依法独立行使审判权和检察权，严格执法，公正司法。"2001年3月5日，朱镕基在第九届全国人民代表大会第四次会议上作了《关于国民经济和社会发展第十个五年计划纲要的报告》，在该报告的第十部分"加强精神文明和民主法制建设，加强国防建设"也要求："深化司法改革，严格执法，公正司法。"司法改革在众多重要性文件中频频出现，俨然已成为一个高频词汇，从侧面凸显了司法改革在党和国家心目中的地位，无形之中也增加了司法部门的压力。司法改革的成功与否事关重大，司法改革不仅是社会各界关注的热点问题，更是激起国民对司法公正和司法效率的新期盼，同样，对相关的司法机关无疑也是一次重大的挑战，更是检验司法机关工作能力的重要标尺。

二、司法体制改革的积极探索

自党的十五大以来，我国最高司法机关大刀阔斧地整顿和改革，尤其是在审判和检察领域，按照党的十五大提出的相关要求，最高人民法院对1999—2003年这一阶段司法改革的具体工作作出了战略性和指导性部署，并确立了这一时期司法改革的总目标："紧密围绕社会主义市场经济的发展和建立社会主义法治国家的需要，依据宪法和法律规定的基本原则，健全人民法院的组织体系；进一步完善独立、公正、公开、高效、廉洁，运行良好的审判工作机制；在科学的法官管理制度下，造就一支高素质的法官队伍；建立保障人民法院充分履行审判职能的经费管理体制；真正建立起具有中国特色的社会主义司法制度。"① 其中，在深化审判方式的改革；健全完善审判组织形式；法院相关的机构科学化设置；深化法院人事管理制度；积极促进司法工作的科学化、现代化，全面提升司法效率和司法水平；完善相关的制度建设，保障司法公正廉洁；深层次全方位地促进人民法院的改革等 7 个方面提出了 34 项具体改革措施，为人民法院在这一阶段的发展指明了方向，同时也提出了更高的细则要求，为我国司法体制的建设勾画了美好蓝图。

最高人民检察院也不甘落后，积极响应号召，贯彻落实党的十五大提出的有关司法改革的各项任务。以《检察工作五年发展规划》为基本纲要，确定检察改革的原则和重点。2000 年 1 月，最高人民检察院制定了《检察改革三年实施意见》，并以此作为 2000—2002 年检察改革的纲领性文件，其中提出在 2000—2002 年检察改革要实现的六项改革目标，即改革检察业务工作机制，强化法律监督的职能和作用；改革检察机关的机构等组织体系，加强上级检察机关对下级检察机关的领导；改革检察官办案机制，全面建立主诉、主办检察官办案责任制；改革检察机关干部人事制度，调整人员结构，提高人员素质，实行检察官、书记员、司法警察、司法行政人员的分类管理，建立充满生机与活力的用人机制；改革检察机关内、外部监督制约机制，保证公正、廉洁和高效；改革检察机关经费管理机制，实行科技强检，为检察机关依法履行检察职能提供物质保障②。

结合司法机关出台的一系列政策意见，不难看出司法改革已经上升为党和国家的意志，成为社会主义法治建设不可或缺的重要部分，同时也是一项艰难的重大司法事务。此外，也为全国各地区的司法实践积累了经验，提供了理论和政策支持，清晰了改革的边界以及前进的方向，有利于有计划地推

---

① 李林.坚持和完善中国特色社会主义司法制度 [J]. 学习与探索，2009（5）：144-151.
② 张冬梅.中国司法独立的制度建设研究 [D]. 武汉：华中师范大学，2001.

动司法改革，做到有条不紊，同时也在一定程度上增强了改革的系统性和组织化程度。

第三节 司法体制与工作机制改革的推进

自《中共中央批转〈中央司法体制改革领导小组关于司法体制和工作机制改革的初步意见〉的通知》下发之后，我国司法体制改革进入一个新阶段，并取得了良好的成绩，一定程度上完善了司法制度。司法体制改革中也涉及一些重要的需要讨论的问题，如对死刑核准的严格把控上收、人民陪审员和人民监督员的选配等问题。为此，最高司法机关纷纷出台改革项目，有针对性地在各地进行尝试，进行的一系列改革也都紧紧围绕我国司法体制改革的大方向，成绩是肯定的，意义也是重大的。同时，也存在一些不容忽视、不能逃避的问题。有的学者认为，由法院、检察院自己倡导的司法改革很大概率是从眼前利益出发的，非但没有找到问题的根源，无形之中反倒增加了今后改革的难度。法院、检察院是司法改革的主力军，但不能做有关自我改革的设计师，没有跳出自身局限性束缚①，一定程度上也体现了司法改革中存在的一些弊病，但影响并不明显。因此，在接下来的司法改革工作中，不仅要关注司法机关和国家出台的政策，还要重视司法机关的改革实践，从而为推进司法改革提供理论支撑和实践指导。

一、国家层面的推进

进入 21 世纪以来，我国的司法体制改革迎来了新气象、新局面，特别是加入世贸组织之后，我国迎来了一个全新的国际环境，其中包括经济和法律环境，一定程度上也激励我国司法体制进行创造性的变革。在新的大环境下，各方面都有较大差异，这无形中加速了司法体制改革的步伐。党的十五大以来，我国的司法体制改革取得了显著的成绩和长足的进步，但司法改革的一系列重点集中在制度层面，集中在司法权独立行使的问题上，这样也就暴露了改革进

---

① 李林 . 坚持和完善中国特色社会主义司法制度 [J]. 学习与探索，2009（5）：144-151.

程不平衡化的缺陷。同时，从改革效果来看，改革还不够彻底，相继出现了许多问题，例如改革的过程不稳定、缺乏统一性和规范性的原则、与其他法律法规形成强烈的冲突、建立的司法体制不能适应我国基本国情等问题。纵观改革实践的过程，司法体制的问题是司法改革工作中的重大难题。从党对司法机关的领导与司法独立的关系和方式，到司法、立法、行政间的关系以及司法自身的结构和权限划分，再到司法程序、制度、机制的结构与运作，均存在体制方面的问题①。

2002 年，江泽民在党的十六大提出："社会主义司法制度必须保障在全社会实现公平和正义。按照公正司法和严格执法的要求，完善司法机关的机构设置、职权划分和管理制度，进一步健全权责明确、相互配合、相互制约、高效运行的司法体制。"这是我国首次在纲领性的文件中全面提出并阐述"推进司法体制改革"，并确定其重要的法律地位。显然，党中央已经敏锐地把握住新时代的风潮，站在新的历史阶段统观全局，意识到传统的司法体制日益不能满足快速发展的需要，急需加快其向现代型司法体制过渡的步伐，适应新时代新阶段的需要，促进我国司法体制得到完善，推动司法体制实现现代化，形成中国特色社会主义司法制度。随着全民对司法功能认识的深入，司法机关无产阶级专政的暴力倾向正在逐步消退，同时维护公正、促进和谐的初意开始慢慢回归②。因此，党的十六大以来，党中央将更多的资源政策向司法改革上倾斜，付出更大心血，这是往日所罕见的。

2005 年 2 月 19 日，胡锦涛在省部级主要领导干部提高构建社会主义和谐社会能力专题研讨班发表重要讲话，提出："要落实司法为民的要求，以解决制约司法公正和人民群众反映强烈的问题为重点，推进司法体制改革。充分发挥司法机关维护社会公平和正义的作用，促进在全社会实现公平和正义。"

2005 年 10 月 11 日颁布的《中共中央关于制定国民经济和社会发展第十一个五年规划的建议》在关于加强社会主义民主政治建设方面重点提出："推进司法体制和工作机制改革，规范司法行为，加强司法监督，促进司法公正，维

---

① 张永进 . 中国司法警察制度建设三十年：发展、不足及完善 [J]. 河北公安警察职业学院学报，2011，11（1）：65-68.

② 公丕祥 . 当代中国能动司法的意义分析 [J]. 江苏社会科学，2010（5）：100-109.

护司法权威。"①2006 年 3 月 14 日颁布的《中华人民共和国国民经济和社会发展第十一个五年规划纲要》规定:"推进司法体制和工作机制改革,规范司法行为,加强司法监督,促进司法公正,维护社会正义和司法权威。"

2006 年 10 月 11 日《中共中央关于构建社会主义和谐社会若干重大问题的决定》颁布,其中提出:"坚持司法为民、公正司法,推进司法体制和工作机制改革,建设公正、高效、权威的社会主义司法制度,发挥司法维护公平正义的职能作用。完善诉讼、检察监督、刑罚执行、教育矫治、司法鉴定、刑事赔偿、司法考试等制度。"

总结以上相关文件政策可以看出,经济发展和司法改革同时并举,经济发展加速了司法改革的步伐;反过来,司法体制的改革为经济发展保驾护航。这在一定程度上论证了司法体制对社会主义法治建设的重要性。此外,更能充分意识到只有真正触及司法体制领域,才能推动司法改革发生实质性变化。

党中央在 2004 年成立了相关领导小组,主要负责领导和部署工作,从全局上把握改革的方向和工作,确保了司法体制改革顺利推进,同时也表明了党中央的态度和决心。司法体制的改革不是一句空话,而是付诸实际的改革行动。在党中央直接领导的基础上,该领导小组结合群众反映的问题以及影响司法公正的因素,在公正、严格执法的条件下,积极组织相关调研,广泛听取民众、领导以及相关机构的意见,并报经党中央批准。2004 年年底,《中央司法体制改革领导小组关于司法体制和工作机制改革的初步意见》提出了 10 个方面 35 项改革任务,其中包括改革和完善诉讼制度、诉讼收费制度、检察监督体制以及司法干部管理体制等。更重要的是,这次改革是新中国成立以来范围较广、集中程度较高的一次司法改革活动。通过总结相关关键文字,可以归纳出推动司法体制改革应兼顾以下三项具体要求。

1. 统一思想认识,坚持正确政治方向

在推进司法体制改革不断前进的过程中,我们不仅要认真总结本国法治建设的相关经验,还要在充分认识基本国情的基础上,吸收人类文明的有益成果;不仅要促进司法公平公正,还要把握推进司法改革的关键环节;不仅要维

---

① 吴建雄 . 中国二元司法模式研究 [D]. 长沙:中南大学,2012.

护群众的利益，还要加强对司法机关的领导和监督；不仅要意识到实施司法改革的紧迫性，还要充分考虑我国现有的政治文明状况。因此，在司法改革的整个过程中，我们都要持之以恒地统一思想认识，充分贯彻党和国家领导在司法体制改革方面的重要指示、相关要求以及初步意见。结合我国政治、经济以及社会发展现状，分析我国司法体制的发展状况，充分领会司法体制改革在国家战略布局中的重要性，进一步认清司法改革的性质、任务、指导思想以及原则，在坚持正确政治方向的基础上，促进司法改革稳定且顺利进行。

2. 统筹安排，精心组织实施

在推进司法体制改革不断前进的过程中，要充分体现出科学、民主的特点，依法推动司法改革，创新改革策略；完善有待提高的改革措施，发扬民主精神，广泛讨论，积极征求群众意见，也可以在小范围内进行试点研究；对于涉及全局性问题的重大措施，应该集思广益，广开言路，积极听取不同的声音，主动参与到调研实践中去；对于专业性较强的改革措施，要听取相关专家的建议，认真进行论证，及时反思总结工作中的得失；对于密切涉及群众利益的相关改革，要坚持通过公示等渠道让公众知晓，鼓励群众积极参与，保证结果的公正性。特别需要留意的是，当现行的政策或措施需要改革或废止时，国家要及时地制定出新的政策或措施，以有效保证工作的连续性，避免空当的存在。如果一些改革措施涉及司法机关人员的个人利益，政府要做相关的思想工作，及时且合理地解决相关人员的实际问题，保证执法的各个环节能够稳定进行，进而完善司法工作机制，促进司法公正。

3. 加强领导和协调

司法体制改革具有明显的复杂性和综合性，主要涉及政法部门、立法机关，以及党委、政府的职能部门。在推进司法改革的过程中，各级党委和政府应该依法按照改革要求，将司法体制改革归纳到全党工作的战略布局中去，并依据司法体制发展状况加强领导，进而提升司法体制改革的重视度和支持度，并以此及时且合理地解决改革中遇到的问题。此外，各个相关部门在一定程度上要明确自身任务，积极实现相互配合，不断推进改革措施的出台。同时，政法部门不仅要加大对本次改革的指导力度，还要加强各个相关部门之间的协调；不断进行深入研究，并且及时总结出相关司法经验，改进司法体制改革工作；积极合理地引导社会舆论走向正峰，为司法体制改革营造积极健康的社会氛围；让群众积极参与到改革的过程当中，有耐心地向群众解读相关政策，详细阐述改革的目的，力求得到群众的支持与理解；加强对群众的司法教育，增强其法治观念。应当特别注意的是，推动司法改革的各项措施都不得违背宪法和法律，当改革与现行法律存在矛盾时，应该向有关机关申请修改，或者在制定有关法律法规之后，再进行组织实施，总之，司法改革不能脱离法律的准绳。

2006 年 4 月 11 日，罗干在法治理念研讨班中明确指出改革中存在的一些弊病，分别从利弊两方面总结了借鉴国外法律制度的得失。我国以客观的态度对待国外的法律制度，取精华，吸收国外先进经验，一定程度上促进了司法体制的改革。当然，在这一过程中也受到弊端的一些影响。例如，在执法的过程中，专属国外的一些"司法术语"的滥用给执法活动造成了不小的困扰；甚至一些人盲目崇拜外来的法治思想和司法体制，主张照搬照抄，既没有考虑我国国情，也缺乏批判辩证的思维；更有一些人，打着法治的幌子意图否定共产党的领导；更有甚者，利用个案意图削弱打击司法机关的权威和名声，以达到其政治企图。需要注意的是，在缓解西方法治思想带来的消极影响的过程中，我们也要格外清醒地意识到"左"的思想和封建思想的影响，并采用合理的方法消除这些负面影响。

2006 年 11 月 27 日，罗干在全国政法会议上指出，以促进社会公平正义为目的，规划当下和将来的改革重点，合理配置划分各项权利，既要互不扯皮，又要相互协作，重点完善人才储备、经费管理机制。罗干时任政法委书记，主管政法工作，他的一言一行无疑都代表了政法委和党中央的看法。从他参加的会议以及发表的讲话不难看出，中央领导对我国司法体制的改革进行宏观把控，并且毫不避讳地承认改革过程中存在的一些问题，同时也深知改革的复杂性和长期性。为解决司法体制改革过程中存在的难题，中央领导集体多次在工作会议上不遗余力地强调重点，坚持原则，鼓励各政府机构积极推动司法改革，力求全党统一思想、团结合作，依法、稳定、高效地推动司法体制的改革。

既要保证党的绝对领导，又要确保各司法机关的独立性，中共中央于 2005

年和 2006 年分别下发了两个司法专门文件，即《关于进一步加强和改进党对政法工作领导的意见》和《关于进一步加强人民法院、人民检察院工作的决定》，这两个文件的颁布下发标志着我国民主政治发展的一大创举，有利于进一步加强党对司法改革工作全局的把控。其中，后一个文件特别强调了"推进司法体制改革，保障在全社会实现公平和正义"。通过了解文件内容，可以总结出推进司法体制改革的重要作用和具体要求。

在重要作用方面，推进司法体制改革，是政治体制改革的重要组成部分，在贯彻依法治国方略层次上发挥重大的作用，在推进政权建设、维护国家安全、保障社会稳定等方面具有重要意义。在完善司法工作机制、加强党的执政能力建设、提高司法机关的司法能力方面具有强有力的推进作用。此外，还为政治、经济、文化、社会环境提供稳定的司法保障。

在对各级党委提出的具体要求方面：首先，要求各级党委要对司法体制改革有充分的认识，并根据国内发展现状组织实施司法改革的方案。其次，要树立目标，以期实现司法公平和正义。再次，在解决司法改革过程中出现的问题时，要以影响司法公正或人民群众反映较为强烈的相关问题为关键，逐步分析，使问题得到解决。最后，加强法律监督，坚持维护司法公正，从而逐步实现建立健全司法体制。

在对法院和检察院提出的具体要求方面：首先，要求法院和检察院坚持以邓小平理论和"三个代表"重要思想为指导，在总结我国司法工作实践经验的基础上，依法完善司法体制和工作机制。其次，要求两院要不断深化各自的工作机制，促进司法改革顺利进行，以期充分维护群众的合法利益，促进社会公正。最后，要求两院必须坚持在党中央的领导下，贯彻落实科学、民主、依法的决策，加强党的领导、人民当家作主和依法治国的统一。

以我国现阶段的国情为前提，制定符合实际情况的司法改革举措，怀着批判性的思维吸收借鉴有益的外来经验，为我国司法体制的改革吸收新鲜血液。在充分考虑我国经济社会发展情况的基础上，要求各级法院和检察院的重大相关改革措施都要在党委的批准下进行，并且要以宪法和法律为基础条件。如果与当前的法律法规存在矛盾冲突，有的可进行先行试点，或者在修改有关法律法规后再实施，以保证司法改革工作顺利推进。推进司法体制改革对社会发展具有一定的意义，它有利于强化和改进党对政法工作的领导，有利于完善权责明确、相互配合、高效运行的司法体制，有利于社会长治久安和谐发展。《关于进一步加强人民法院、人民检察院工作的决定》为两院布置了明确的作业，其中包含司法改革的具体细节，能够为顺利推进司法体制改革提供重要的指导意见。

二、最高司法机关的改革实践

党的十六大以来，最高司法机关在党的领导下进行了一场前无古人的司法改革实验，主要是指最高人民法院发布的《人民法院第二个五年改革纲要》，以及最高人民检察院制定的《关于进一步深化检察改革的三年实施意见》。

最高人民法院全面贯彻党中央的精神意志，以党中央为领导核心，认真调查取证，广泛征求社会各界的意见，取精华，弃糟粕，于 2005 年 10 月发布了《人民法院第二个五年改革纲要》。这是最高人民法院发布的第二个综合性改革文件，是继 1999 年之后司法改革迎来的又一个新纪元、新高潮，标志着司法改革的不断深化。该文件确定了 2004—2008 年法院司法改革的基本任务和目标，提出了涉及 8 个方面的 50 项改革措施。结合已有文献可以发现该文件确定的任务和目标：改革和完善诉讼程序制度，实现司法公正，提高司法效率，维护司法权威；改革和完善执行体制和工作机制，健全执行机构，完善执行程序，优化执行环境，进一步解决"执行难"[①]；改革和完善审判组织和审判机构，实现审与判的有机统一；改革和完善司法审判管理和司法政务管理制度，为人民法院高效、权威的工作保驾护航；改革和完善司法人事管理制度，加强法官职业保障，推进法官职业化建设进程；改革和加强人民法院内部监督和接受外部监督的各项制度，完善审判权、执行权、管理权运行的监督机制，保持司法廉洁；不断推进人民法院体制和工作机制改革，建立符合社会主义法治国家要求的现代司法制度。至于前文提到的 50 项改革措施，特别需要注意的就是"彻底将死刑案件的核准权收归最高人民法院，而非之前的部分核准权"。根据我国现行刑法和刑事诉讼法规定，死刑案复核权应该由最高人民法院行

---

① 卢上需 . 法院司法能力建设研究 [D]. 武汉：武汉大学，2012.

使①。由于20世纪80年代历史条件的原因，部分严重的刑事犯罪案件的核准由省级高级人民法院承担，以至于造成现在死刑复核程序和二审程序合二为一的尴尬境地，死刑案件的判决没有一个统一明确的标准，纵然增加了复核程序这一环节，但其并没有发挥真正的作用，可以说是名不符实，徒有其形而已②。

　　党的十六大之后，检察改革日益成为新常态，最高人民检察院于2005年8月制定了《关于进一步深化检察改革的三年实施意见》，它是继2000年年初发布的第一个《检察改革三年实施意见》之后，最高人民检察院第二次下发的类似的文件。与前者相比，这次文件包含的内容更丰富，更深层次地触及了改革的重点。主要是从检察系统组织体系、经费保障、人员管理、业务创新等6个方面入手提出了36项具体的改革措施，旨在促进社会公平正义，扫清有碍社会公平的不利因素，进而为检察院开展司法实践提供有力的制度保障。该文件规划了2005—2008年检察改革的伟大蓝图，力求随着改革的一步步深化，为检查工作的顺利发展扫清体制性和机制性障碍，追求科学合理的检查体制、为民利民的工作机制、强劲有力的保障机制，追求高素质的工作人员，争取最大限度地发挥检察机关的职能，为我国司法体制的改革贡献应有之力。该意见的实施重点是解决影响司法公正的关键问题以及群众反映强烈的负面问题，实施的主线是强化司法机关、法律制度的监督职能，实施的目标是实现社会司法公正。

　　纵观最高司法机关制定的相关司法改革的文件可以明显看出，在推进司法体制改革的过程中，党中央的领导发挥着重大且不可缺失的作用。根据《中央司法体制改革领导小组关于司法体制和工作机制改革的初步意见》，最高司法机关与相关部门统筹协调积极配合，从而推动司法体制改革迎来新的发展空间，形成从局部地区过渡到全国范围内的发展格局。

---

① 樊通会. 从法官腐败看司法制度建设 [J]. 法制与社会，2009（21）：163.

② 胡云腾. 及时修改、完善刑事诉讼法促进公正、高效、权威司法制度建设 [J]. 法学家，2007（4）：10-14.

第四节　司法体制与工作机制改革的深化

深化司法体制改革在我国司法发展过程中发挥着重要作用，它不仅是党的十七大作出的重要决定，还是坚持依法治国方针的战略辅助，更是推进我国成为法治国家的关键一步。在党中央的正确领导下，以我国实际的法治建设现状为基础条件，通过中央司法体制改革专门小组发挥的统筹协调作用，各地区各司法相关部门形成自上而下、先易后难、突出重点、整体推进的发展格局，并通过调查研究找出较突出的问题。在经过一系列调研活动、实践活动、创新立意等过程后，推进司法体制改革保持稳定发展，从而形成更宽阔的发展格局。

对司法体制机制进行改革的过程中，首先会对司法权力方面造成影响，其次主要在审判方面、检察方面以及侦查方面等产生影响，再次对司法机构进行的一些活动也会产生一定的影响，最后对管理制度也起到一定的强制规范作用。值得注意的是，在改革过程中，职能的调整在一定程度上是不能豁免的。党的十六大强调，在进行司法权力分配的过程中，如何进行分配成了一大难题。需要指出的是，到目前为止，司法权的政治地位也并没有被确定下来。因此，对于后续的司法改革应该更加注重研讨的过程和结果，而详细的司法改革过程并不是全由外界决定的，而是由司法机关进行自我反思、自我探索，同时也充分体现了司法改革需要反思、需要改进的问题。

一、国家层面强调深化司法体制改革

党的十七大，胡锦涛强调，当前我国正处于发展的关键时期，也是司法机关确定政治地位的关键时刻。这个时候需要国家始终坚持司法体制改革，在对司法职权进行分配时，也要对司法行为进行强制性规范，从而推动司法制度的建立朝着公正的方向发展，并以此促进审判机关、检察机关分别独立，并且依法公正行使审判权、检察权。

党的十五大主要侧重于司法改革，党的十六大开始提出了司法体制改革。虽然在司法改革和司法体制改革之间，只有两字之差，但却发生了质的飞跃，我国的司法工作走出了创造性的一步。在此基础上，党的十七大进一步对司法体制改革进行了强化，在推进司法体制改革的过程中，更是把建立健全司法制度当作首要目标，并追求公正公开、高效实行的司法制度。此外，还要更加注重两个关键内容：一是对司法职权进行分配，并且进行优化处理；二是对司法行为进行强制性规范化，并且充分体现出规范的意义。最后，在对司法体制改革进行进一步强化时，需要把推动审判机关、检察机关实现分别独立，并且分别公正分配审判权、检察权当作基本要求[①]。这更加显示出党中央进行司法体制工作改革，有十分坚定的目标和决心。

2007 年 12 月，在全国政法工作会议中，胡锦涛针对政治体制改革作出了强调，主要可以归纳为以下几点：一是要毫不犹豫地坚持党的十七大提出的指导思想；二是要在结合本国实际发展的基础上，总结国内外相关发展经验，保持司法体制改革能够持续推进；三是在整个改革过程中不能与群众分开，要时时处处以群众的司法需求为根本出发点；四是对于群众反映出的问题，要加大监督的程度和广度，对司法职权进行最优化分配，并且对司法行为进行强制性规范，充分体现出规范的意义；五是要推进建立健全司法制度的进程，并出台公正公开、高效实行的司法制度[②]。

在检验改革的效果时，通常将群众的满意程度当作检验效果的尺度。要求在推进改革的过程中，要增加群众的参与度，不仅要满足群众对司法改革的实际且必要的需求，同时还要更加充分体现出群众的个人意愿，在做到一切为了人民的同时，也要欣然接受人民的监督和评判。在进行改革的过程中，体现在部署上的做法是：同时推进现有改革和深化改革，对前者进行完善与落实，对后者进行深入研究与创新。在进行改革的过程中，体现在方式上的做法有：要坚持总体布局，上下稳序求进，进一步对司法职权进行配置；以建立公正公开、高效有序的司法制度为目标，对相关的司法权力进行优化分配，以实现各司法机关之间合作，并且实现相互制约，从而进一步健全监督制度。

在宪法和相关法律的基础上，梳理司法机关之间的关系、完善政法相关人员培训制度对进一步推进政法教育工作具有深刻的意义，同时也有利于扩大我

---

① 卢上需 . 法院司法能力建设研究 [D]. 武汉：武汉大学，2012.
② 郭倩 . 中国司法改革之路径选择 [D]. 长春：吉林大学，2016.

国司法相关从业人员的人才储备库。通过总结前文一系列的论述，可以明确发现中央领导集体已经将深化司法体制改革当作国家层面上的重要举措。通过阐述相应的重要内容、主要目标、重要原则以及重要标准方式等内容，可见中国的司法体制改革迎来了一个全新的发展高峰期。

对司法体制进行深化改革具有十分重要的意义，一方面有利于满足群众的司法需求，提升人民幸福指数；另一方面有利于完善司法制度，进而将中国特色社会主义司法制度的优越性展现出来。此后，党和国家在相应的政策文件中，针对司法改革提出了其他具体的要求。

2008 年，温家宝进行了一系列讲话，主要在法制建设、社会公平公正、司法改革等方面作出了重要的阐述，并以此提出司法机制应进一步完善。同年，胡锦涛也作了一系列讲话，有关深化体制改革方面具体可以归纳为以下几点。

一是对司法职权进行合理最优化分配，对执法行为进行深入的规范，争取走出执行难的困境，充分健全两大机关的监督机制，以好、快、稳的方法实现司法公正。

二是不断推动政法队伍的形成与拓展，广泛进行法治内容教育，在合理的范围内组织大规模的学习、讨论等教育活动，宣扬的主要内容包括依法坚持正确的政治领导方向，以及充分凸显司法制度的优越性等，坚持引领群众成为中国特色社会主义伟大工程的建设者与保护者。

三是在总结经验时，特别要注意经济基础和上层建筑之间的关系，要坚持推动两者改革共同发展，使后者能为前者提供制度保障。

四是在推进社会司法公正的过程中，要坚持科学立法、民主立法。

目前，司法体制改革已经成为国家政治改革的组成部分，并得到了不断推进，进一步凸显了群众司法需求的不断提升，促进了广大群众走出司法困境，进一步加强了对权力的监督，进一步从体制性方面强调影响司法公平正义的主要障碍因子。同时，以上也是党的十七大以来司法体制改革的特征。2004 年，中央提出了司法体制改革的 35 项任务。在此基础上，2008 年，《中央政法委员会关于深化司法体制和工作机制改革若干问题的意见》提出了 60 项改革任务。该文件的主要内容：在满足群众持有的司法需求的前提下，将群众自身的合法利益当作出发点，将社会和谐当作改革的主要发展路线，将权力监督当作主要内容，充分把握阻碍司法公正的重要环节，能够对症下药解决相关司法障碍问题，对司法职权进行合理的分配，对司法行为进行强制性的规范，最终完善公正的司法制度，为祖国的伟大事业提供有效的司法保障。此外，该文件的制定，进一步深化了我国当前和今后阶段司法改革的重点，同时表明司法改革目前不会终结，而是将会再次迎来新一轮的发展与进步。

2011 年，《中华人民共和国国民经济和社会发展第十二个五年规划纲要》针对司法改革提出了相应的措施，主要内容可以归纳为以下几点：一是加强现有法的实施，维护法治的尊严，从而进一步树立法治的权威。二是在行政执法与刑事司法方面，加强相互衔接的工作机制，从而提升两者的合法性和公正性。三是在对司法体制进行深入改革的过程中，不断对司法职权进行合理配置，对司法行为进行强制性规范，从而加快推进司法制度的建设。四是在对司法体制机制进行改革的过程中，要毫不犹豫地坚持司法监督，主要分为内部监督和外部监督，前者指检察机关对审判工作的监督，后者指人大、政协和群众对司法机关的监督，以此促进司法公正。五是在对我国司法实践经验进行总结时，要严格要求公正司法、严格执法和文明执法的一系列司法原则，促进司法体制和工作机制的完善，使两者之间形成职责明确、相互配合、相互制约的运行机制，以此推动社会朝着司法公正的方向前进。该文件的出台，一定程度上表明了司法体制改革对于我国的政治生活至关重要，同时也明确表达出党和国家实现社会公正的紧迫性。

二、最高司法机关全力深化司法体制改革

党的十七大以来，最高司法机关一直在拥护党的领导，并且坚持正确的政治引领方向，进而使司法体制改革的发展进入了深入化阶段，开拓了一条符合中国国情的司法改革之路，从而使我国司法制度得以迸发出强大的生命力。2009 年，最高人民法院发布了《人民法院第三个五年改革纲要（2009—2013）》（以下简称《改革纲要》），对我国目前现行司法体制存在的弊病提出了一系列改革措施，共提出了 132 项详细的改革任务，主要体现在法院审判、执

行、人事管理、经费保障等不同方面①。

《改革纲要》的颁发对推进社会法院司法公正具有重要的意义。该文件在结合我国基本国情的基础上，将邓小平理论和"三个代表"重要思想作为文件的主导思想理论基础，坚持对科学发展观进行进一步的落实，坚持形成以及健全社会主义法治理念，不断树立并完善从严治院、公信立院、科技强院的工作机制，以人民群众为改革工作的主要出发点，在维护群众合法利益的基础上，满足他们必要的司法需求，坚持将社会和谐当作改革任务的主线，将权力制约和监督当作改革工作的重点内容，顺利、高效地完成各个环节，切实解决与人民利益密切相关的各种体制机制性问题，不断彰显我国司法制度的现实优越性，不仅为中国特色社会主义事业的深入发展提供了长期稳定的司法保障，还提供了长治久安的良好发展环境。

《改革纲要》的颁发在推进法院司法进行深入改革中发挥着重要的作用，该文件针对人民法院司法体制的深入发展方面，提出了具体的改革目标，主要归纳为以下几点：一是对法院职权进行了深入的优化配置；二是对刑事政策进行宽严协调；三是对队伍建设进行进一步加强；四是对司法经费保障制度、司法工作机制进行健全和完善；五是针对人民群众的司法需求过高而人民法院司法能力不足的情况，不断完善审判制度，推动建设公正、高效、权威的司法制度。与最高人民法院"二五"确定的《纲要》相比而言，此次"三五"确定的《改革纲要》对司法改革的阶段目标和实施过程都进行了详细的指导，使之具有全局性、指导性和权威性，凸显了党和国家坚持进行司法改革的强烈意志和意图。

除了人民法院对我国司法进行了深入的改革外，最高人民检察院也作出了相应的改革对策回应。自中共中央转发《中央政法委员会关于深化司法体制和工作机制改革若干问题的意见》以来，最高人民检察院对改革工作的重视度又得到了进一步的提升，并将其作为重要的政治任务来看待，从而建立了相应的司法改革领导小组，以此将改革工作提升到重要的地位，并列入重要工作议程中去。基于此，2009 年，最高人民检察院针对推动司法改革工作的进程方面，

---

① 郭倩 . 中国司法改革之路径选择 [D]. 长春：吉林大学，2016.

下发了《关于贯彻落实〈中央政法委员会关于深化司法体制和工作机制改革若干问题的意见〉的实施意见——关于深化检察改革 2009—2012 年工作规划》（以下简称《工作规划》），说明司法改革工作得到了检察院的重视。

《工作规划》的下发在一定程度上推动了司法深入改革的进程，该文件的制定主要从两方面入手：一方面是针对群众反映强烈的问题，提出相应的解决措施；二是剔除影响司法公正、影响监督能力的主要因素。该文件对今后一段时期的检察改革内容作出了相应的规划，并从 6 个方面提出了深化检查改革的任务：一是对人民检察院的法律监督职能进行强化，同时也加强对自身相关行为的监督；二是对检察职权进行合理配置，进一步明确法律监督的时间空间范围、必要程序以及强制措施，从而进一步确保司法公正；三是对人民检察院的受监督机制进行完善，坚持实现规范执法、依法检查等一系列活动目标；四是坚持对刑事政策的提出理念进行进一步的完善，以此做到严慈相济的程度，对检察工作机制进行大范围的创新，加大对违法犯罪行为的惩治力度，维护人民群众的各项合法权益，促进社会形成和谐稳定的幸福局面；五是对人民检察院内部的组织体系和干部管理制度进行改进完善，提高相关人员的工作效率，强化检查队伍的思想政治教育；六是贯彻落实中央政法经费保障体制的规划，为检察院改革工作能够高效顺利运行提供强有力的物质保障和经费保障。

《工作规划》这一文件实施的总体目标：充分贯彻中央层面的司法改革部署，实现检察职权的合理配置，完善并明确监督范围、相关措施以及监督程序，强化检查队伍的政治思想教育，同时强制对执法原则进行规范，确保长期具有稳定的经费保障，保证开展的检察活动具有合法性，从而推动建设具有公正、高效、权威等特点的司法制度。

结合两大司法机关出台的一系列相关文件，可以看出党中央高度重视司法改革的深入实施。根据中共中央转发《中央政法委员会关于深化司法体制和工作机制改革若干问题的意见》，在党中央的领导下，两大司法机关积极贯彻落实司法改革的相关工作细则。在各级司法机关和相关部门的共同努力和配合下，司法体制和工作机制改革得到了突破性的进展。各地区各部门积极贯彻落实司法体制改革工作中的各项任务，在改革中对经验教训进行自我总结，对有利于改革发展的经验加以推广和宣传；充分协调以及解决工作中的各项难题，并结合当地经济社会实际，完善与之相适应的司法工作体系，进一步健全科学高效、资源配置合理的司法改革机制，从而确保司法体制改革顺利进行。

第五节　我国司法制度建设与发展演变的评价

回顾我国司法改革的漫漫征途，很容易发现，上海是许多新型政策以及改革起始的偏好之地，当然司法体制的改革也"未能免俗"，首先在上海萌芽发展。司法改革的措施涉猎广泛，大到司法机关的工作模式以及权力分工，小到公民的各项权利、行为准则等问题，既彰显了上海的法治成果，同时也没有忽略人权保障的问题，可谓面面俱到。一言以蔽之，上海这个繁华的城市，被党和国家选中了，被历史选中了，被人民选中了，把上海作为改革的前沿阵地，去实验、探索、改革，力求作用最大化地促进司法体制的改革，旨在将上海建设成为一个法治与经济发展并驾齐驱的"魔都"，一个法治文明的和谐社会，一个司法改革先锋的模范城市，以便于今后司法改革工作的顺利开展。

当然，司法改革在上海推进的过程也并非一帆风顺、毫无争议的，同样存在着不同的声音。从古至今，任何改革都会被人们所诟病所争论，这是无可厚非的，重要的是如何对待种种质疑和不解。面对质疑和争论，上海市各级司法机关非但没有逃避，反而积极听取各界意见，取优去劣，不断改进与完善改革举措，民主性和科学性始终贯穿改革的全过程。司法改革并不是简单的破旧立新，而是一种带有政策性、政治性、法律性的司法制度的自我完善和革新。不仅涉及上层建筑的自我适应，更涉及亿万民众的幸福生活，这也是国内外都关注的重点问题，以正确的思想指导作为行动指南，可以避免走邪路、走弯路，从而达到事半功倍的积极效果。坚持党的领导和坚持社会主义方向始终贯彻于上海司法领域的改革和探索的全过程。在党中央和最高司法机关的领导下，中共上海市委、上海市人大、上海市政府和各级司法机关乃至上海市民都不遗余力地落实每一项有关改革的政策和决定。《中共上海市委关于制定上海市国民经济和社会发展第十二个五年规划的建议》，其宏观把握上海司法改革的总体思路，将"加强社会主义政治文明建设，深化司法工作机制改革，保证审判机关、检察机关依法独立公正地行使审判权、检察权，促进司法公正，加强法律监督，维护司法权威和社会公平正义，维护人民群众合法权益"放在第十二部分"充分发挥党的领导核心作用，团结全市人民为完成'十二五'规划而奋斗"中予以规定。

党和国家关于司法改革的坚定决心，领导着上海各级司法机关在改革的征程中披荆斩棘、扬帆远航，正是这种不畏艰难险阻、敢为人先的革命精神，才确保了司法改革在上海的顺利开展。对于上海市司法体制的改革，各级司法机构初期就将其改革的蓝图铭记于心，并不断地在改革中变成现实行动，例如，既要保留上海其独有的地方特色优势，又要与中央紧密地联系在一起；批判性地借鉴国外的司法经验，力求达到现代司法文明包容性和科学性的有机统一，有利于促进上海市经济文化的发展；坚持司法为民，真正做到一切依靠人民，一切惠之于民。

一、地方司法领域改革的实践和探索

地方与中央司法领域的改革是否会存在分歧，现行的法律法规是否会制约改革的步伐，以至于弱化改革的成果，一直都存在着两种声音。其中一方持因果论，他们指出改革的原因就是现行的法律体制存在着许多需要改进的空间，例如法制不健全、法律规定不到位等问题，就应该大刀阔斧地整顿改革，而不是戴着枷锁舞蹈。这样不仅劳民伤财，还达不到改革预期的效果[①]。上海，有其独特的地理和经济优势，是中国最大的多功能经济中心，对外交流频繁，是一个极具包容性的国际化大都市，司法改革就显得更为重要和迫切，高素质的人民同样要求高效率地解决公平问题，因此，在全国棋局的基础上，在坚持原则和方向的前提下，上海需要走出一条创新之路，方能将这盘棋盘活。例如，部分实务界的相关人员认为，由国家层面选出的一些司法改革的试点区，应该取得相应的理想经验，并在区域内对现行架构进行创新和完善，然后才能在全国推行。但更多的学者和实务界人士对此持反对意见，认为改革有试点，司法体制和工作机制改革没有"特区"。司法体制和工作机制改革必须始终坚持依法

---

① 虞浔 . 1997 年以来中国司法体制和工作机制改革进程中上海的实践与探索 [D]. 上海：华东政法大学，2013.

推进，严格遵守宪法和法律。

当改革举措与现行法律发生分歧时，需要先行修改相关的法律条文，当明确的法律条文规定出台之后，再有条不紊地推进相关举措的实施。上海是一个个性与共性共存的城市，其个性就是鲜明的特性，共性就是与我国其他城市地位相同，也需要遵循相关的原则，也需要坚持改革的大方向，不能搞特殊化，否则国家统一性的布局就会遭受较大威胁，也容易造成地区间的动荡与混乱。在法律面前没有所谓地区性差异，一视同仁，平等对待。在法律框架内进行改革虽然具有一定难度，但这恰恰是法治社会的应有之义，不能舍本逐末，这样既尊重法律，同时也从侧面显示了法律的权威性以及改革的必要性。法治精神必须贯穿改革的全过程，同时改革的成果需要法治来巩固与保障。只有依法推进司法体制和工作机制改革，才能更好地与我国现阶段的国情相适应，符合人民群众的期待，符合公正高效权威的要求，更加有力地推动中国特色社会主义司法制度的自我完善和发展，让人民沐浴在繁荣的法治文明之中。虽然这些理论界和实务界的争论是全国性的，并不仅仅局限于上海，却在一定程度上折射出当前理论界、司法实务界在对待地方司法领域改革实践和探索边界上的不同态度，其中也反映出上海司法界在这方面的迷茫和彷徨。

从上海多年来的司法改革实践来看，尽管经过多方讨论，但总体上，上海的司法机关始终坚持现行的法律法规，在最高司法机关的指导下，在中央司法体制和工作机制改革具体框架之内依法推进改革，特别是体制的改革，在严格按照国家层面最高司法机关相互达成共识的前提下进行推进。当然，在这一过程中，上海司法机关并非按部就班，而是在相关法律和政策的空白区域积极探索，努力尝试。特别是在工作机制上，在充分调研论证的基础上，上海司法机关大胆尝试，相互配合，推出了很多富有开创性和建设性的改革举措，也得到了最高司法机关的肯定和采纳，促成了中央加快修改和完善相关法律的步伐，进而为司法体制和工作机制改革提供必要的法治保障①。例如，早在1994年，闸北法院少年庭的法官们就开始了对少年被告人予以暂缓判决的探索，即采取

① 徐鑫.关于上海基层司法行政机构引入标准化建设的思考[J].法制与社会，2017（27）：95-96.

"取保候审"的方法。经庭审查明少年被告人的犯罪事实后，暂缓判决，给予其 6 个月左右的考察期，将他们落实在帮教基地，动员社会各方面进行联合帮教。考察期结束后若少年被告人表现不好，则判实刑；若有悔过自新表现，一般给予缓刑直至免予刑事处罚。

尽管法律并没有规定暂缓判决这一做法，但上海地区根据我国刑法对未成年人的特殊保护精神，积极探索，先行先试，在不违背刑事法规和刑事诉讼法规定与精神的前提下，做到少年犯罪案件的审理从审理方式、量刑等方面均区别于成年人犯罪案件，取得了良好的法律和社会效果。再比如，我国司法体制和工作机制改革最重要的一项工作就是严格控制和慎重适用死刑，最高人民法院针对死刑案件的新举措也在接连推出。在这一背景下，上海也积极落实和不断探索，把确保死刑案件质量，进而全面提升刑事审判工作水平作为下一步法院工作的重点，针对规范死刑案件的证据规格、庭审过程、操作程序以及证人、被害人、鉴定人等出庭制度和卷务工作规范出台了 5 项配套机制。

第一，重大案件证人出庭展示新意。对于证人作证制度，法律规定比较原则，上海地区法院、检察院、公安局和司法局共同制定并下发《关于重大刑事案件证人、被害人、鉴定人出庭的若干规定（试行）》。该文件不涉及法律层面的问题，而是提出了一些具体的方法，比如通过视频传输作证就是一种对证人、被害人、鉴定人的保护措施。第二，有异议有疑点相关人员须出庭。只要遇到对证人证言、被害人陈述有异议，而证言、陈述又对定罪量刑有重大影响，或者对鉴定结论有异议、鉴定程序违反规定或者鉴定结论明显存在疑点等情况时，作为控辩双方的任何一方，包括被告人及其辩护人都可以要求相关证人、被害人、鉴定人出庭，合议庭也可以依职权直接通知上述相关人员出庭。第三，为基本证据及规格设立明确标准。对于死刑案件，必须坚持"事实清楚，证据确实充分"的裁判原则，但是需要哪些证据才算"确实充分"，以往并无明确的标准①。为此，上海市高级人民法院、上海市人民检察院、上海市公安局和上海市司法局共同制定并下发《关于重大故意杀人、故意伤害、抢劫

---

① 韩晶，于洋，齐为 . 上海司法行政标准化建设实例分析 [J]. 中国标准导报，2016（5）：38-42.

和毒品犯罪案件基本证据及其规格的意见》规范证据审查，从内容看可谓事无巨细，都有规定。第四，细化规程规范死刑案件操作程序。上海市出台了《上海法院死刑案件审判规程（试行）》，全文近20万字，包含了指导思想、证据的审查与判断、死刑的裁量与适用、附带民事诉讼审判要求、审判死刑案件的工作机制等内容，严格规范死刑案件的操作程序。第五，确保死刑案件二审100％的开庭率。正如时任最高人民法院副院长姜兴长所言："由于种种原因，除了对抗诉案件坚持依法开庭审理外，对上诉案件绝大多数没有开庭审理，即使是对人命关天的死刑上诉案件，开庭审理的也极少，不开庭审理反而成了普遍的做法。"然而，上海市高级人民法院在组织高度重视、相关制度予以保障和相关政法部门的配合下，自1997年以来，却保持了死刑案件二审100％的开庭率，没有任何一起冤假错案发生。上海法院死刑案件的质量值得全国同行学习借鉴。这一做法体现了刑事法官对生命的尊重，体现了上海市政法部门贯彻实施中央严格控制和慎重适用死刑的决心，也为最高人民法院所吸收并要求全国予以重视和学习。

2005年年底，最高人民法院发布的《关于进一步做好死刑第二审案件开庭审理工作的通知》提出，从2006年7月1日起，死刑二审案件一律开庭审理，引起了社会的广泛关注。因此我们可以说，尽管上海司法领域体制机制改革是在国家司法体制机制改革框架内进行，但并不意味着其故步自封、毫无创新。在符合中央改革的精神，不与中央改革的具体措施相矛盾，不与现行法律法规相冲突，符合法律法规精神的前提下，上海司法机关大胆试行了许多创新的举措，司法体制和工作机制改革的实践和探索大步迈进。

二、地方司法机关改革的相互协调统一

司法改革的实践和探索过程中各部门进程是否需要统一？上海司法领域体制机制改革是否应该坚持平均主义，同步前进，步调一致，减少部门配合间的障碍和不平衡？学界和实务界人士曾有过不同的意见①。当然，大部分观点认为还是应当充分发挥各司法部门的主观能动性，根据各部分的实际情况，形成自

① 项谷，姜伟.上海建设全球科技创新中心的司法保障问题思考[J].上海市经济管理干部学院学报，2016，14（1）：57-64.

主和竞争的良好氛围，毕竟有些改革措施的形成除了地方性作为外，还需要中央各部委的支持和授权。

以上海金融刑事司法改革的实践和探索为例，上海市经济发达，因此上海公安机关的经济犯罪侦查机制也有很多的先进之处。早在 20 世纪 90 年代末，上海市公安局就组建了经侦总队，并且细分金融犯罪的类型，分为破坏金融秩序和金融诈骗两类。设置专业性的部门针对性打击金融违法犯罪，成立总队一支队和总队二支队分管不同的案件。与此同时，各区县公安分局也积极效仿配合，并设立专项机构专业化处理金融犯罪案件。21 世纪初始，由于金融犯罪案件具有鲜明的特点，其专业性较强，鉴于此种情况，上海市各级审判机关相继探索创新成立专业化应对金融犯罪的金融审判机构，并且借助相关金融专家专业化的知识水平来不断提升金融审判的质量和效率。

2007 年，金融仲裁院首先在上海成立。2008 年，上海市浦东新区在原有金融审判合议庭的基础上正式成立国内首家金融庭。此后，金融审判庭在上海大力地推广并得到积极响应，上海市各级人民法院先后成立金融审判庭，至此，上海市的金融审判初具体系。2009 年，上海市高级人民法院正式成立了上海法院金融审判专家咨询库，其中首次聘请了 37 位金融领域的专家学者，通过发挥金融专家的知识引领作用，为金融审判案件提供强大的智力支持，大幅度提高了上海金融审判的水平和效率。自 2009 年以来，上海市在金融犯罪案件的处理上有着较大创新和进步，例如成立专项部门、派驻检查工作室等举措，极大地提高了上海金融案件的处理效率。相较于法院系统成立金融审判庭这一创举，上海的检察系统在这一方面稍显落后，在金融检察上仍需要深入探索和研究。

自 2009 年以来，上海市检察系统在金融检察上有所建树，上海市浦东、黄浦、静安、杨浦四个区人民检察院先后成立了金融检察办公室，还在外滩金融区、虹桥国际商贸区、洋山港区等金融、航运功能集聚区域，设立了十几个派驻检察工作室，初步形成了一支金融专业检察办案队伍。但总体看来，由于初次成立的金融领域检察机构相对缺乏经验，加之上海金融检察工作体制刚刚起步，在机构名称、职能设置、案件管辖等具体细节工作上仍然存在较大的进步空间，需要加以研究改进。

在关于金融刑事司法体制的发展不同步、不平衡，关于金融刑事司法改革的相关问题上，检、法两大机关在相互配合上缺乏协调，缺乏沟通。这些问题的出现一方面是金融刑事司法改革的障碍，另一方面也是金融刑事司法改革实践和探索的动力。正因为检、法两家在金融刑事司法改革上不够平衡，正因为它们之间的建设缺乏协调性，两者接下来才有更大的进步空间。起步较晚的司法机关才更要迎头赶上，积极完善各自内部金融案件专门部门的运行机制，加强检、法机关之间金融刑事司法的衔接配合，实现"一部分人先富起来，先富起来的人带动后富起来的人实现共同富裕"的良好结果。尽管上海司法领域体制机制改革中允许各司法部门发挥各自部门的优势，不强行要求步伐一致，但绝不代表上海司法机关在改革中不注重相互配合和上下联动。实际上，在中共上海市委、上海市政府的正确领导下，各司法机关相互配合、上下联动，其他部门大力支持，整个司法领域体制机制改革是在"统筹协调"中稳步推进的。例如，为了进一步强化执行力度，提高执行工作的应变能力，浦东新区2000年决定建立法院、公安局和司法局密切配合的司法协助执行网络，由浦东新区人民法院加入110社会联动，利用报警网络，接受群众举报，通过网络专线加强法院与公安机关等司法部门的密切合作，各司其职，完美配合，构建协调一致、有效联动、快速反应的协助执行网络系统。

因为司法体制和工作机制改革实践中有不少创新之举，其中的一些举措不同程度地引起了社会的巨大反响和讨论，甚至就某些问题存在争议。其一为"少年法庭"，因为上海在全国率先建立"少年法庭"，随即引发了全国性的讨论研究热潮，其热度一直延续至今，持续争议讨论的时间跨度长，社会影响大，直接推动了中国少年司法制度的发展完善；其二为"案例指导制度"，这一制度在我国司法体制工作中无疑是一项创举，但诞生以来，相关的争议也就伴其左右。"案例指导制度"是否和西方的判例法如出一辙？针对社会主义的中国是否适用？到现在依旧没有明确的结论，但反对"案例指导制度"的声音一度成为主流，同历史上其他改革的创新举措一样，司法改革从来都不是一帆风顺、一蹴而就的，而是经历无数的讨论和实践的证明，才得以继续执行下去，这其间曲折的发展过程，也从侧面反映了我国司法体制和工作机制的改革所面临的困难。

（一）"少年法庭"的存废之争

有关"少年法庭"的争议由来已久，早在 1984 年 11 月，随着青少年犯罪案的不断增加，且危害日益严重，考虑到这一特殊群体以及特殊的环境，上海市长宁区人民法院再次发挥创新精神，率先建立了我国第一个专门针对未成年人犯罪审判的"少年法庭"——"少年犯合议庭"。1987 年 7 月，该院在合议庭的基础上，成立了第一个审判业务一级建制的少年刑事审判庭。上海市的这一创新举措迅速引起了最高人民法院、国内其他法院以及社会各界的广泛关注。此后，关于"少年法庭"的全国业内大讨论也随之展开，其热度一直未减。这些讨论的焦点主要集中在以下两个方面。

第一，"少年法庭"有无存在的必要，是否需要取消"少年法庭"，或是升级"少年法庭"至"少年法院"？

第二，目前的"少年法庭"制度安排中是否存在不完善之处，今后应当如何加以完善？

其中支持"少年法庭"的专家、学者和实务界人士认为，"少年法庭"作为特色鲜明的、专门针对未成年人犯罪案件审理的司法部门，其存在是完全有必要的，甚至意义重大。首先"少年法庭"理念与我国惩罚为辅、教育为主的刑事政策一致。其次，有针对性地专门对未成年人的合法权益提供司法保护，有利于未成年身心的健康发展。在长期的司法实践中，"少年法庭"积累并掌握了大量有关青少年相关犯罪案件的第一手材料，在青少年法治教育中具有明显的优势，凭借扎实的法律理论、丰富的经典案例，再辅之以专业化的工作经验，从而为青少年接受高水平的法治教育提供了有利的成长环境；它作为一种未成年犯罪矫治制度，改造作用明显，让我国未成年人的重新犯罪率大幅降低，比美国低近一半（我国未成年人重新犯罪率是 20% 多，美国为 40%）。

在支持"少年法庭"的学者中，部分人士主张将"少年法庭"升级为"少年法院"，其认为现有的"少年法庭"不足以完美地应对和解决未成年人相关的违法犯罪问题，认为"少年法院"才是"少年法庭"发展的目标，只有这样才能更彻底地发挥其作用。同时，这也是我国少年司法制度走向法制化、走向完善、走向成熟必不可少的重要一环，是一种对成人司法模式的突破和创新，是对新法律框架的追求。成立"少年法院"可谓好处良多，在实践上可以为司法矛盾的解决提供条件，创造有利的环境。也可以从理论和立法上有效缩短少年司法制度法制化、科学化进程，"少年法院"已成为大势所趋，亦是不可逆之潮流。并且，我国目前已经具备了创设"少年法院"的理论和法律依据，十几年如一日的经验积累、相关专业的储备，随着我国经济快速腾飞，以及互联网时代的蓬勃发展，与之相对应的经济基础和社会舆论等必要条件也日趋发展成熟，可谓万事俱备，只欠东风。

目前虽然支持"少年法庭"的学者占据主要部分，但也有学者认为"少年法庭"应当取消，因为少年刑事审判案源相对来说不够充分，有关未成年人犯罪的案件相对较少，而近年来随着社会主义市场经济的蓬勃发展，各类的刑事案件也与日俱增，但是审判机关并未因此有所增设和扩张，于是审判力量就略显不足。因此，"少年法庭"并没有全身心地投入到其专长之上，而是在处理少年案件的同时还兼顾部分普通的刑事案件，并没有彻底发挥其应有之义，未能彻底突出其特色。这在一定程度上削弱了"少年法庭"对社会治安治理的积极作用。受制于这一理论观点和现实状况的制约，使得1997年法院"三定"方案和2000年开始的法院系统机构的改革方案中，不再明确地"青睐""少年法庭"。加上编制的限制，一些法院在机构改革中直接将其撤销。据统计，2004年全国"少年法庭"有2400多个，较1994年减少了近1000个。

伴随"少年法庭"草创之初要不要设立"少年法庭"的争议，学者和实务界人士也颇为关注要建设一个什么样的"少年法庭"制度的问题。就"少年法庭"的审判模式而言，就有专人负责、合议庭、独立审判庭、指定管辖等4种。但专人负责和合议庭这两种模式依附于刑事审判庭，业务不够独立、不够专一而且容易名不符实，流于形式；独立审判庭又往往因案源不足难成规模，湮没了"少年法庭"的特色；指定管辖能克服独立审判庭案源不足的缺点，保持审判人员上的稳定，积累大量的审判经验，但也经常遭到质疑。

对于少年刑事案件指定管辖的争议主要体现为两点：一是合法性之争，二是合理性之争。主张合法性的学者认为，少年刑事案件指定管辖有着充足的法律依据①。根据《中华人民共和国刑事诉讼法》第二十六条以及《最高人民法院

---

① 钱晓峰.少年司法制度建设专题调研考察报告 [J]. 青少年犯罪问题，2008（3）：51-54.

关于执行〈中华人民共和国刑事诉讼法〉若干问题的解释》的相关规定，只要
上级法院认为少年刑事案件属于"确有必要"指定管辖，那么就有权进行按类
指定或逐案指定由其他法院管辖。主张不合法的学者认为，《中华人民共和国
刑事诉讼法》第二十六条规定的指定管辖是相对于法定管辖而言的，针对某个
管辖上有争议的具体案件授予上级法院指定管辖的权利，并无授予上级法院将
管辖权无争议亦无不宜管辖的其他法定情形的某一类案件指定其他法院管辖的
意思；而且，少年刑事案件的指定管辖改革违反了《中华人民共和国刑事诉讼
法》关于地域管辖的规定，从而违反了法治的统一性。主张"合理说"的学者
认为，少年刑事案件指定管辖模式尽管有利也有弊，但是利大于弊[①]。它有助
于集中案件，保证案源的充足和机构的稳定，强化未成年人刑事审判工作的独
立性和专业化；有助于对未成年被告人定罪量刑的统一性，减少地区差异；有
助于提高办案效率，符合审判资源优化配置与诉讼经济原则，与最高人民法院
"二五"《改革纲要》、"三五"《改革纲要》确定的少年审判改革发展方向相一
致，同时对未成年人刑事审判的发展发挥着重要的影响作用，有着深远的现实
意义。

　　对于少年刑事案件指定管辖存在合理性的理由，上海学界与实践部门已经
达成了共识，而且在司法实践中也取得了较好的效果。但也有不同的声音，其
中主张"不合理说"的学者认为，少年刑事案件审判指定管辖并不完美，甚至
存在诸多弊端，因此在全国范围内推广并非明智之举。第一，由于少年刑事案
件指定管辖的出台打破了原有的司法管辖体系，需要公、检、法、司等相关部
门之间必须形成良好配合与制约，这就增加了现实的操作难度。另外，指定管
辖这一制度尚未真正地制度化和规范化，因此，相关工作的执行和开展会不可
避免地产生一些调度和协调上的矛盾。第二，少年刑事案件指定管辖虽然从全
局看大大节约了诉讼成本和司法资源，但就被指定管辖的"少年法庭"而言，
却往往存在法官编制、办案经费不足的情况，导致案多人少的矛盾加剧。第
三，指定管辖无形之中加大了人民群众诉讼的成本，变相地加大了诉讼的难

① 胡云腾 . 论全面依法治国背景下"少年法庭"的改革与发展——基于域外少年司法制度
　　比较研究 [J]. 中国青年社会科学，2016，35（1）：115-123.

度。第四，跨地域指定管辖不利于后续工作的开展，加大了后续的社会调查、帮教、回访的难度，不利于对少年犯的跟踪帮教。第五，指定管辖还为相关的司法工作带来诸多困惑，其中包括执行上的困惑、审判组织上的疑问、共同犯罪案件中各被告人定罪量刑平衡上的困惑等新的问题。

最高人民法院积极听取不同的声音，权衡利弊，从实践出发论证和总结了指定管辖存在的相关问题。最高人民法院"少年法庭"指导组首先充分肯定了指定管辖制度改革所取得的伟大成果，指出这一制度深化了"少年法庭"的工作改革，不仅有利于少年审判质量和效率的提高，同时也稳定了少年审判组织机构，一定程度上解决了一直存在的案源不足这一大难题。但同时也指出，指定管辖制度改革存在法律依据还不充足，试点工作还不规范，余留原地的共同犯罪涉少案没有得到全面保护，在一些相对落后地区推行难度较大，例如在农村、山区不便推行等问题。同时，有的学者在肯定指定管辖制度的前提下，也探讨了这一制度在改革前进中将会遭遇到的具体问题和困难。例如，偏远地区交通不便，送达法律文书、法定代理人到庭不能及时；卷宗赃物异地移送过程中安全问题也必须考虑，也包括保存问题；异地押解被告人、传唤证人等加大了对相关资源的浪费等。并指出这些问题只有通过进一步深化改革才能解决，建议立法机关对相关的法律法规进行修订以及完善，为相关案件无障碍的跨地区办理保驾护航；从制度和法律层面提供支持，从而摆脱机构改革存在的法律困境；特别是成立针对未成年人的刑事和侦查机构，以及帮助未成年人的法律援助中心，当然这些机构的设置要与"少年法庭"机构设置遥相呼应，形成一个既各司其职又高度配合的工作体系，以统一法律适用标准，相互配合，优化合作，将司法效率提高到最优，以此来增强少年司法的专业程度，稳定少年审判队伍，培养专家型少年审判法官。

"少年法庭"这一制度由上海司法机关在国内首创以来，虽然长时间饱受争议，但最后其经受了时间和人民的检验，逐步被认可并加以推广，引发全国范围内少年司法制度改革的热潮，进一步推动司法体制和工作机制的完善和进步。从全国范围内来看，在1984年上海市长宁区人民法院设立国内第一家"少年法庭"之初，最高人民法院就予以肯定和支持。1991年1月，《关于办理少年刑事案件的若干规定（试行）》的颁布，确立了未成年人刑事案件审的基本原则和特殊程序。同年 4 月和 6 月，最高人民法院以及其他机构联合下发《关于审理少年刑事案件聘请特邀陪审员的联合通知》和《关于办理少年刑事案件建立互相配套工作体系的通知》，两个文件的下达分别完善了未成年人刑事案件"社会一条龙"和"政法一条龙"的工作制度，促进了未成年刑事案件相关工作的贯彻。同年 9 月，全国人大常委会颁布了《中华人民共和国未成年人保护法》，在一定程度上为"少年法庭"的建立作了强有力的铺垫，当然其过程并非一帆风顺，而是充满坎坷与曲折。

1997 年，随着刑事诉讼法的修订和完善，刑事审判模式较之前大有改观，主要体现在完全式职权主义向抗辩式庭审方式的转变。这种转变明确了庭审中的控、辩、审三方的职权。法官居中裁判的庭审方式与过去也有所不同，一定程度上改变了以往法官积极参与庭审的行为方式。因此，相关的从业人员对此提出了质疑，例如，少年司法改革应该与刑事诉讼法的修订保持一致，那么庭审教育是否还有存在的意义？审判人员的职责是依据犯罪的客观事实定罪量刑，那么走出法院，对未成年犯罪人员跟踪帮教并对一般未成年人的犯罪行为加以预防等，是否属于法官的职权范围？这些问题与担忧的提出并非毫无道理，"少年法庭"工作一度陷入迷茫徘徊之中。不断地探索、及时地修正本就是改革的常态，从来没有所谓的完美的改革，改革是在质疑、探索和实践中不断深入和发展的，"少年法庭"的改革亦然，在经历相关的质疑之后，并没有急于推行，而是进一步在实践中探索，继续深化和巩固"少年法庭"的相关改革。

1999 年，《中华人民共和国预防未成年人犯罪法》正式诠释"少年法庭"四个字，从法律的形式上为其正名，此举巩固并提升了"少年法庭"的法律地位。2001 年和 2005 年，最高人民法院又分别颁布了《关于审理未成年人刑事案件的若干问题的规定》和《关于审理未成年人刑事案件具体应用法律若干问题的解释》，与时俱进地对未成年人刑事案件审判的范围、原则和特别程序等内容加以修正，使"少年法庭"的审判工作更加规范化、制度化。

2006 年 7 月，最高人民法院以中央司法体制和工作机制改革初步方案的出台为契机，以改革和完善我国少年司法制度为中心任务，以最高人民法院《第二个五年改革纲要》提出的改革任务为目标，确定了 15 个省市自治区的 17 个中级人民法院作为试点单位，开展设立具有独立建制的未成年人案件综合审判庭（简称少年审判庭）。此次所设立的综合审判庭，并非昔日审判庭简单的叠加重复，此次试点的审判庭具有很强的实质性和体制性突破的含义，对地方相关司法机构的巩固与发展至关重要，具有承上启下的积极作用。可以说，未成年刑事审判工作正面临着前所未有的发展机遇，未成年人刑事审判工作迎来了一个新的发展阶段，迎来了一个美好的明天。

（二）"案例指导制度"之争

1997年，上海市徐汇区人民法院开全国审判活动之先河，发布了由案例介绍、分析意见、院长指导三部分内容组成的"判例指导"，以法官在审判活动中遵循"判例指导"的形式，对同一类型案件的处理确立了统一的裁量原则，在维护法律的严肃性上作出了可贵的探索。案件情节纵有千差万别，执行法律则循一定之规。徐汇区人民法院创建"判例指导"，寄希望于这一制度能有效地实现司法公正，在一定程度上制约法官在审判活动中的随意性，能顺应法制改革的潮流，顺应成文法与判例法从相互排斥走向优势互补的趋势，使法制更趋完善，以提高初任法官审理案件的水平。

"判例指导"制度自推行以来，也在全国范围内引起了学术界和实务界的广泛讨论。支持"案例指导制度"的学者认为，在我国成文法的背景下，建立"案例指导制度"无疑是一项伟大的司法创新，将判例法成功融入成文法当中，一定程度上促进了司法审判工作的开展。

首先，"案例指导制度"能够及时修补法律的漏洞，克服成文法的局限性。由于立法机关及立法者认识能力的限制，不可能认识全部社会生活中的事件行为并加以囊括，必然会存在一些难以避免的法律空白以及漏洞。中国是成文法国家，其固有的特性决定其不宜高频次修改，这是法律安全价值的必然要求。但是随着社会的不断发展与进步，一些新问题、新矛盾和新型复杂案件不断显现出来，这时候法律的滞后性就会明显地暴露出来。显然当下现有的法律法规，不能积极地应对、解决新型的法律矛盾。"案例指导制度"的出现，无疑恰逢其时地填补了这一缺陷。指导性的案例为法官提供了思想指导，拓宽了思路，案例指导成为连接制定法与现实法律需求之间不可或缺的枢纽。

其次，"案例指导制度"对于规范法官自由裁量权、保障裁判的统一等方面都具有十分重要的意义。当法官队伍的职业素质低下时，这一制度可以在一定程度上弥补其工作上的缺失，指导法官正确地援引法律条文，公平公正地审理案件。司法统一是司法公正的基本内涵，是法治的基本要求。不同的地域和审级法院，都应当对法律的解释趋于统一，否则，公平公正也仅仅是一句口号而已。尽管理论如此，但实践却事与愿违，同案不同判的现象大有存在。究其原因，主要分为两方面：其一，司法不统一在一定程度上与法官的职业素质、司法环境息息相关；其二，法官的自由裁量权在一定程度上也大大影响了司法的统一，每一个法官都是一个不同的个体，其个性和价值取向也有所不同，世界上没有两片相同的叶子，更何况一个个鲜活的个体，正因如此，法官对于法律条文有着不同程度、不同含义的理解与解释。法官的自由裁量权在一些人情案、关系案中更加凸显。制定司法解释理论上可以避免这种情况的发生，但实际上由于司法解释的高度概括性和抽象性，难以明确地匹配适用到具体的案件当中。

再次，"案例指导制度"能有效地发挥案件的预测作用，提高司法效率，节约司法资源。"因为法律的作用从根本上说就是为人们的社会生活提供合理的预期，这种可预期性不仅对法律的创制提出了要求，而且更需要在法律的适用上予以落实。在司法裁判过程中提出'遵循先例'的要求，体现了法律可预期性的要求，体现了'同样情况同样对待'的公平正义原则。"每一个成功的判决案例，都是法官深思熟虑的结果，是智慧的结晶，并为实践和人民所检验，为今后的同类型案件提供了参考。

一方面，法官在审理案件过程中，有时会把握不住应该如何作出最佳判决，有时会通过中止诉讼以案件请示上级法院的方式加以处理，从而拖延了审理时间。而通过指导性案例的指引，能够及时对有关案件予以判决，提高审判效率。另一方面，随着经济的快速发展，社会矛盾也一步步地发生转变，法院受理的案件较之前也大幅增长，案多人少的问题日益凸显出来。按照制定法的审判模式，对案件的定性为首要步骤，其次再依照相关的法律条文，就当事人的行为作出判决。"案例指导制度"的建立无疑简化了烦琐复杂的步骤，极大地提高了审判效率的同时也增强了审判的准确性。

最后，"案例指导制度"能有效发挥法治宣传教育作用。我国人口众多，公民的受教育程度也不同，总体上文化水平相对薄弱，相关的法律知识更是贫瘠，成套的法律条文、专业的法律术语一定程度上阻碍了他们接近司法公平正义。"案例指导制度"的出现，很大程度上打破了这一僵局，其通过一个个生动、鲜活、通俗易懂的案件实例，进行法治教育以及宣传，更容易为大众所理解所接受，一定程度上为法治宣传教育扫清了障碍，从而达到普法的目的。更为重要的是，指导案例的公开，可以让当事人对同类型的案件做到心中有数，清晰自己在案件中的位置，从而保持端正的心理预期，避免一些不必要的矛盾和误解，同时也便于司法工作的顺利开展。其对于法官而言也有很大的助益，通过"案例指导制度"，可以加深学习、借鉴经验。指导性案例都是浓缩的精华，其中蕴含着无数法官先进的经验和审判智慧，有利于基层法院法官快速成长，增强其业务能力，从而全面提升基层法院在化解社会矛盾问题上的能力和水平。

"案例指导制度"的全面建立和完善，将意味着我国司法制度史上的一次伟大变革。中国法治建设的进程，正经历着从文本宣示到案例指导的历史演进。中国特色社会主义法律体系大厦的建造，需要案例这个既有刚性又有活性的"砖瓦"。一个好案例，胜过一部法律，但独木难成林，只有当许许多多优秀的案例林立一起，并且层层叠叠、环环相扣时，它们才能获得自己独特的，更加强大、持久的生命力。未来的新中华法系，应当是以法律体系为主、案例体系为辅，共同组成的。

反对"案例指导制度"的实务界人士和学者则提出了建立"案例指导制度"的担忧和不当之处。

首先，从"案例指导制度"本身来看，立法机关认为，"案例指导制度"的功能是革命性的，为司法权和法官作用的扩张埋下了种子。如果将指导性案例等价于审判的主要标准，可能会产生法官造法的嫌疑，同时立法权和司法权之间也可能存在一定程度的冲击。近年来，随着我国司法制度的不断改进与完善，"案例指导制度"不再是单一的法律层面上的制度，而是一个与立法相互联系、相互贯穿的司法层面上的制度，因此该制度是法律层面和司法层面的制度产物。建立该制度的目的主要体现在两个方面：一方面是解决法律漏洞问题，另一方面是解释重大法律问题。针对解决法律漏洞问题这一目的来说，它在一定程度上突破了造法活动的范围。此外，指导性案例在不同程度上会具有强制性的拘束力，间接体现了该制度具有一定的法律效力，并认为制定指导性案例就等价于所谓的立法行为，同时该行为也会触碰到全国人大常委会的管辖之地，就有可能与我国现行的宪法之间存在不可避免的冲突以及矛盾。针对解释重大法律问题这一目的来说，如果在现行的国家政体上建立"案例指导制度"，会导致立法权对司法机关发布的指导性案例进行约束的范围将不断缩小。一直以来，我国最高人民法院在确定司法解释这一方面的内容时，都会采取公开公正的原则，征求全国人大法工委的意见，并由全国人大常委会进行相应的备案审查，这在一定程度上赋予了司法解释的权威性，同时也避免了日后产生一系列后患。但是，如果指导性案例具有司法解释的作用，就会增加司法和立法失控的风险。主要是因为指导性案例无法做到及时向相关部门征求意见，也不能及时备案审查，这无疑加大了司法和立法失控的风险，会进一步导致立法机构和法律在一定程度上遭受冲击并弱化。

其次，从我国实行"案例指导制度"的条件来看，有学者认为时机尚不成熟。其一，我国目前许多案件的审判质量尚不尽如人意，经典判决比较少，可以作为"案例指导制度"中的高质量案例的候选数量很少，这无疑削弱了"案例指导制度"的参考价值。如果将质量不尽如人意的案例也加入候选之列，甚至选取的指导性案例自身就是错误的，"案例指导制度"反而会得不偿失了，对同类案件审判的过错将难以挽回。其二，案例的选取人素质也非常关键。他们必须对案件加以筛选，选取那些具有普遍意义、在事实认定和法律适用上都具有指导和参考价值的案例。但通常案例的选取人不会是案件的经办人，所以往往难以把握案件的事实和裁判的思路，对撰写指导案例也是一个很大的不利因素。其三，我国许多法官目前还不完全具备适用指导性案例的能力。一个指导性案例要充分发挥其指导和参考作用，同时该作用必须保证在合法的前提下，使案例的适用者能够掌握案件的事实性，并且具有一定的逻辑推理能力。因此，必须对法官提出一些相应的基本要求，即必须具有相关的司法专业素质和实践经验，从而对案件的事实认定和法律的正确适用形成正确的判断，才能进一步使整个审判活动体现出公正、秩序的价值追求。也只有这样，赋予法官作为裁判对个案以指导性的约束力才能得到社会的认同。

美国法学家亨利·卢米斯认为，当法官作出最后判决的时候，不应该受任何外部因素的影响，一旦被其他不同的主观因素或者客观因素所影响，法官也就不复存在了。与此相反，近年来虽然我国司法制度得到了完善，但是部分法官依旧存在专业素质普遍偏低、缺乏对自身职业定位的正确认识、缺乏自律精神和职业荣誉感等问题，尚不能以专业的法律知识和技能公平地参照指导性案例审理案件。

最后，在中国实行"案例指导制度"，可能会出现法律上的尴尬状况。中国土地辽阔，各地经济发展水平不同，民俗习惯也不一致。从表面看，不同的地区实行同样的"案例指导制度"是相对公平的，但在一定程度上会存在潜在的不平等。比如，在刑法中，盗窃罪的判刑标准在不同的省之间存在差异；毒犯适用死刑的标准，在广西、云南、广东等地也存在差别。因此，对部分案例不存在绝对的同一处判。英国著名学者兼法官培根曾经说过："一次不公的裁判比多次不平的举动为祸尤烈。因为这些不平的举动不过弄脏了水流，而不公的裁判则把水源败坏了。"目前中国判决的终极标准没有统一，如果部分指导性案例的判决发生了推翻的示例，将会推倒一大批案件的判决，在一定程度上会形成司法混乱的现象。

上海市徐汇区人民法院推出"判例指导"，迈出了具有中国特色"案例指导制度"的第一步。支持"案例指导制度"的许多学者就这一制度的发展完善提出了很多观点。其实"案例指导制度"在中国已经有一段相对较长的发展时期，在当前并不是一个新鲜事物。2005年以前，"案例指导制度"不具有明确的法律地位，导致该制度的名字也是不能正式存在的。一直发展到2005年，最高人民法院发布了《人民法院第二个五年改革纲要2004—2008》，明确提出了"案例指导制度"，并针对该制度的法律地位予以了正式的明确。近年来，司法改革的进程得到了不断推进和探索，在这一过程中，司法机关、人民群众以及学术界都日益意识到"案例指导制度"的重要性，间接地强化了民众的司法意识，扩大了科学研究的范围，增强了实践验证的力度，进一步为建立"案例指导制度"提供了良好的社会基础和学术氛围。

"案例指导制度"的建立和发展具有充分的法律依据和功能依据。我国《宪法》第一百二十七条规定，最高人民法院是最高审判机关，最高人民法院监督地方各级人民法院和专门人民法院的审判机关，上级人民法院监督下级人民法院的工作。《人民法院组织法》第十一条规定，各级人民法院设立审判委员会，实行民主集中制，审判委员会的任务是总结审判经验，讨论重大的或者疑难的案件和其他有关审判工作的问题。由此可见，通过案例对法院的审判进行指导是符合宪法规定的，而且可以更有效地发挥上级法院的监督功能以及审判委员会的作用。上级法院对下级法院的有效监督方式之一是通过二审及再审案件来实现的，但实践中，二审及再审案件占全部案件的比例仍是很小的，这就导致了如何有效实现上级法院对下级法院的监督成为一个难点。"通过法律所规定的诉讼程序直接监督下级法院审判工作的余地很小，这一点决定了最高法院往往更多地是以案例指导等形式在宏观上对下级法院的审判工作进行指导。"因此，在"判例指导"形式的基础上，逐步探索建立"案例指导制度"，为法院内部的审判监督制度提供了一种新的形式。随着信息时代的到来，信息共享已成为现实，可以通过计算机完成复杂的案例编辑工作，把所有的指导案例分类归档，建立法律信息库，定期对案例进行清理和补充，确保指导案例的正确性和完备性。同时，运用自动快速检索系统对法律文件和案例分析辨别，便于相关人员的调取和查阅。

可以说，信息时代的到来加速了"案例指导制度"的发展。"案例指导制度"的发展和完善，绕不过去的一个坎是必须首先改革法院的判决文书。我国的判决文书结构存在明显缺陷，尤其是说理部分。中国的判决书说理模式：原告诉称，被告辩称，本院查明，本院认为。这种模式的最大缺陷是当事人对事实和法律适用的主张都是静态的，很难将双方当事人围绕诉讼请求和案情事实展开的主张、抗辩、反驳、辩论一一对应起来，不能还原双方当事人有力的动态对抗过程。而"本院查明"对于事实的认定也不能做到对当人事主张的一一回应和当事人证据之间的一一印证，导致缺乏针对性以及关联性。最大的问题是在作为判决理由的"本院认为"部分，判决形式通常为"依据×××法律判决如下"。作为判决主文的依据，既没有说明为何根据前文的事实认定需要如下的法律适用，也没有阐述当法条适用有竞合或冲突时，特别是当事人有争议时，没有选取如下法律适用的理由，逻辑关系论证和争议焦点针对性都很缺乏，难以对本案件构成约束，更谈不上对其他类似案件有约束力。对比其他国家的判决书，我们发现有许多可借鉴之处。例如，德国判决书的说理模式就是非常清楚的三段论。首先，明确大前提，即当事人诉讼请求获得支持所要适用的法律，以及适用该法律所需要满足的前提条件；其次，论证小前提，即适用该法律所需要满足的前提条件是否获得证明，也就是要件事实的证明状况；最后，是判决结论，对大前提和小前提进行连接和回应，即上述事实证明过程为什么满足了（或未满足）上述法律的适用条件，因此可以（或不可以）支持诉讼请求。在同一案件有几个可供选择的法条或先例时，德国的判决书也说明了"选此弃彼"的理由。

成文法主导、案例补充的传统历史悠久。从我国古代到近代，案例都具有一定程度的约束力。所以，"案例指导制度"与我国法律传统是相适应的。我国司法机关也一直在进行案例指导的经验累积和制度探索。1997年，上海市徐汇区人民法院首先试水"判例指导"制度，得到了最高人民法院的支持和认可。1999年，最高人民法院在《人民法院五年改革纲要》就提出"最高人民法院要在案例指导方面做出努力"，随之各地方法院积极响应号召。2002年，河南省郑州市中原区人民法院首先提出了"先例判决制度"，其后天津市高级人民法院、郑州市中级人民法院都先后确立了"案例指导制度"。之后，"案例指导制度"在全国形势一片大好，省级高级人民法院堪当表率，各项工作都积极响应，非常活跃，他们都希望在没有司法解释性文件制定权的情况下，通过案例指导规则获得规则制定权。随着经验的积累和探索的深入，"案例指导制度"有所成就，最高人民法院在2005年10月《人民法院第二个五年改革纲要（2004－2008）》中将"案例指导制度"作为司法改革的重要任务提出来，指出："建立和完善'案例指导制度'，重视指导性案例在统一法律适用标准、指导下级法院审判工作、丰富和发展法学理论等方面的作用。"这是最高人民法院第一次正式提出"案例指导制度"与"指导性案例"的概念。

从2010年开始，中央政法委以及最高人民法院、最高人民检察院等相关机关部门出台了一系列政策文件，其中心思想皆是督促"案例指导制度"有条不紊地发展，并要求高质量案例指导的出台，其中包括指导性案例的审查、编选和发布等相关工程，截至2010年12月，初显成效。经过多部门编选、审查，最高人民检察院已印发了第一批指导性案例。同年11月15日，最高人民法院审判委员会第 1501 次会议通过了《关于案例指导工作的规定》，并以"通知"的形式印发全国法院，标志着中国特色"案例指导制度"初步确立。此后，一些与之有关的政策相继出台，对构建"案例指导制度"具有统领性和导向性作用，并成立了专业的案例指导办公室，各级机关配合得当、相互协调，积极报送典型的、成功的、具有代表意义的指导案例。2011 年 12 月 20 日，最高人民法院公布了第一批指导性案例。

　　从上述两例司法体制机制改革进程中上海创新举措所引起的纷争来看，上海司法领域体制机制改革举措往往会引起全国范围内的广泛关注，很多举措也很有可能会在最高司法机关的认可和支持下，在全国范围内推广和试行。因此，学界和实务界对这些改革举措的研究和讨论就不再仅仅局限在上海是否应适用该制度，以及如何在上海更好地建立和完善该制度，而是站在整个国家层面对这些制度进行研究，探讨全国范围内的适用性问题以及可能会遇到的问题等。换言之，中国的司法体制和工作机制改革是一体式的，地方领域内所进行的改革举措在很大程度上要接受全国性的检验，这一方面有助于对该措施的验证和推广，但另一方面也是对改革合法合理性的一次考查，很有可能使得原本极具地方特色的改革举措在未必适应其他地区或全国的情况下"夭折"。

第四章　法治中国与法治专业化人才培养

第一节　法治中国

当前中国的法治正经历一次重大的飞跃，这种飞跃就是"法治中国"从抽象命题向全面改革的行为逻辑转化，这种逻辑转化必然将在我国法治进步和社会发展的过程中引发重大影响。关于法治中国和法治国家，部分学者认为二者具有同一性，另有学者认为前者是后者的深化。对法治中国的逻辑构成，学术界存在着"三要素说""四要素说"和"五要素说"三种不同的看法。"三要素说"针对的是法治中国的构成。所谓"三要素"，包括国家、地方和行业法治，或是法治政党、政府和社会。除此之外，"四要素说"也颇受推崇。所谓"四要素"，指的就是法治国家、政党、政府、社会。"五要素说"的五要素分别为法治经济、政治、文化、社会和生态文明。显而易见的是，对法治中国的含义及其内在的逻辑进行深度的理解和阐释，对中国法治进程的加快推进和相关学术研究的深入具有较大意义。

在对法治中国进行分析时，应当注意到法治中国是一个具有多维度的构造体，正是因为如此，我们在对其进行分析的时候不能简单地对国家、政府、社会等这些客体或者仅对中国这一主体进行分析，而必须以全局的视角对法治中国的主体以及客体进行综合性考查。对法治中国的主体性进行强化，对法治中国的主体、客体之间的关系进行进一步的优化则是当前一段时间内推动法治中国建设的关键核心。在这个意义上，从马克思主义主客体二元互动论出发而非仅仅单纯地从客体论或主体论的角度来解读法治中国的内涵是极其重要的。马克思主义主客体二元互动论的目的是提高国家的全球法治竞争力，实现国家发展，因此就必须将其作为解读法治中国的出发点，同时将法治思维、法治方式制约着的有关客体，置于法治信念、法治精神引领的法治主体的领导之下。毫无疑问的是，法治中国在吸收全人类法治文化遗产并结合了我国国情的基础上，进行了创造性的转换，反映法治发展规律和普遍原理。正是由于上述原因，本节将以一般法治原理与中国法治话语相结合的理论作为出发点，从主体、客体、时空三个不同的维度来研究法治中国这一主题的创新性逻辑理论与实践出路。

一、主体维度的理论内涵

从主体上看，法治中国不仅仅是由主体法治素养所孕育出来的产物，同时法治中国也是防止法治主体异化成法治客体的一种必然。法律自其创立之初，就像是一个处在人自身之外的客体。其实，在主体的意识之中，是否具有法律信仰，以及法律信仰是否强烈，是法治能否最终实现的关键所在。法治在相当长的一段时间里都是以一种外部性的方式存在的，但在现代初社会，法治却退化成了一种异己的力量，并且逐渐开始游离于主体之外。制约传统中国制度文明的一大障碍就是长期以来对主体性认同感的缺失。所以，法治中国必须要以主体角色的建构和主体意识的内化作为历史使命。主体自我意识与主体自我价值的实现和表现是主体性的属性。"主体性正是一种关于人类知识进程的关键要素。哲学家的确是在努力将一种对象性的知识与技术体系看成是主体性能力的表现形式。"而法治则是这种知识与技术能力的核心。公认的是，一切的科学技术创新都是以制度创新为源泉的，而法治则是迄今为止最为理性的一种制度。正因为法治所存在的这种理性，其对资源配置与分配正义具有最重要的作用。

自由解放是主体性的代名词。"主体是实现自由的一种必要的材料，自由只有置于主体才能实现。""主体与客体都被消除"是由于现代性、"主体和客体已无区别"、"并不存在真正的主体性"。这些观点的根本目的在于要摒弃那些基于人治、专制、反自由、不平等的主体性，而不是要对主体性进行彻底的否定。人民的主体地位之于法治的重要意义一直是法律的主体性。从价值论的观点来说，法治的最终目的是实现主体权利以及主体自由，人权是发起一切法治和法治进化的最为根本的原因，并且法治起、终点的本源性价值也以人权为基本构成要素。所以，当前最为迫切的问题就是需要尽快明晰人民群众和掌权者到底谁才是法治中国的主体。要始终铭记法治中国的主体是人而非立法、执法、司法机关。立法、执法、司法三大机关只是执行主体。法治的第一力量是人民，要想切实地防止法治中国被法治人民取代，就必须要加强对权力运行的制约和监督，形成不敢、不能、不易腐的机制，同时将抽象的法治与具象的社会相结合，使之成为生活中的法治。

人民是否具有法治自觉、法治自信、法治自立、法治自强，是构建主体性的重要一环。

1. 法治自觉

法治主体是指相关主体在具有一定的法治认知深度以及法治认知高度后，将二者内化，并发展为内在的赞同以及接受，进而将其融入自身的三观中，最后将其同化为中国价值、中国精神的构成元素。在当今社会，基本上已经不会再出现旧社会里食不果腹、衣不蔽体的情况，所以更多地应该关注实在的价值与精神层面的价值要以怎样的方式得以同时提高，在这个论题下，"人性的锻造与刷新""清点我们的人性财富"才是最为关键的存在。"法律只有在涉及价值的立场框架中才可能被理解"，而法律价值始终是一种所谓的客观情景，这种客观情景必须要基于主体和客体之间的相互关系才能存在。"任何完整的法律规范都是以实现特定的价值观为目的，评定特定的法益和行为方式。"是否具有精神上的法治自觉是法治中国的形成关键。精神由三种形态构成："人格精神、共同精神和客观化了的精神。而最后一个形态包含自身展现出来的各种客观化：变成法典的法律，……人格精神和客观精神是活生生的精神，而客观化了的精神却不是活的东西。"精神的法治正向新形态发生转化。所以，仅有制度和法典是远远不够的。必须要明确在当前的时代背景下，法治自觉精神塑造的重要性，法治精神必须是自身独特价值的反映。"努力实现中华传统美德的创造性转化、创新性发展，把跨越时空、超越国度、富有永恒魅力、具有当代价值的文化精神弘扬起来，把继承优秀传统文化又弘扬时代精神、立足本国又面向世界的当代中国文化创新成果传播出去。只要中华民族一代接着一代追求美好崇高的道德境界，我们的民族就永远充满希望。"显然，民族法治精神的先进性比法治的重要性更为重要。

2. 法治自信

所谓法治自信，指的是人对法律是否信仰，是否具有信心以及是否能够信守法律。单纯对规则的机械式遵从并不是法制自信，真正的法治自信应当是内心深处的文化认同和法治体认。法治的道路、理论和制度自信都属于法律自信的范畴之内。为此，要想实现法治自信，那么法治思维方式的运用能力必须要得到正向的提升。然而在实际生活中，往往会出现法治信心不足的情况，对于现实生活里存在的法治信心不足的现象，要予以坚决的克服。此外，对于那些非法治的思维，要被识别出来，同时要进行果断的消除。这种非法治的思维方式各式各样，主要包括以下几种：第一是父母官思维。中国的传统社会长期以来保持一种"父权制"。所谓的"父权制"所追求的是一种实质的对真理的查明，具有反形式性质。第二是运动式思维。"运动式治理"可以促进公民参与民主政治，也会使得法治建设进程变慢，出现二律背反，即以"大民主"追求"小民主"实现，以"政治动员"来消除"政治运动"的影响，实现了政府治理短期目标，却损害了人民民主主权的合法性。第三是指标性思维。这种思维在很长一段时间内大行其道，其最终的结果是百害而无一利的，所以必须要摒弃过去一味地追求经济数据指标、命案破案率指标、低上访率指标等做法。第四是无为型思维。典型的无为型思维就是遇到问题时不诉诸法律而去向所谓的大师寻求帮助。修身齐家要靠法治，治国平天下更要依靠法治，而不是所谓的大师。第五是情理型思维。要破除情理型思维，关键就是要破除固有缺陷的礼治、德治与仁治的治理思维。人类难免会存在感情，而法律确实没有感情。

3. 法治自立

中国之所以能在过去几十年的世界竞争中立于不败之地，关键在于中国始终将"立人"作为精神资本。人要想"自立"，第一步就是要积极地弘扬法治精神，并且要在法律的基础上融入自己的想法，公正地作出自己的判断。如何才能做到法治自立？关键就是要推进法治思维常态化，推进法治行为常设化，推进法治生活常规化。中国的精神自立与发展之间的关系，可以引用一位美国学者的话："中国不费吹灰之力地使得世界五分之一的人口具有了高度的民族忠诚和认同感！"

当然，我们需要的是基于理性与制度的忠诚而非对皇权与人治的崇拜。法治中国的建设，在过去的几十年里迎来了跨越式的发展，整个国家和民族是否能够对这种法治精神产生认同感，并且在日常生活中是否能够自觉遵守它是相当重要的。

4. 法治自强

国家富强和民族繁荣必须且只能通过法治实现，法治是推动国家跨越式发展、激发国家创新能力的强有力手段。"国无常强，无常弱。奉法者强，则国强；奉法者弱，则国弱。"同理，"明法者强，慢法者弱"。

当前，中国正处于市场化改革的关键期和经济发展的转型期。在此期间，会出现各式各样的困难和挑战，而想要战胜这些困难与挑战，就必须要通过法律。法治之所以在国家富强、民族昌盛方面具有如此重要的作用，关键就在于以下几个方面：第一，法治具有激励机制，通过制定合适的、具有良善价值的法律制度，可以在很大程度上激发科技创新活力，进而帮助国家赢得核心竞争力；第二，法治具有严格的约束机制，这种约束机制体现在法治可以以普遍性调节的方式来规避以前个别性调节所存在的弊端，达到降低成本的目的，提高经济社会效益；第三，引导机制，法治通过设定一种合理的行为模式，建立一种科学的判断标准，对社会关系进行道路性导向，可以起到有效降低社会无序的作用；第四，法治还具有保障机制，通过保障机制，可以为经济社会的发展提供保护；第五，法治救济机制，此机制的关键就是要以"看得见"的"法治之手"规范市场的行为。综上所述，当前法学的研究重点应该放在处理效率与市场的关系上，而过去，中国的法学研究把过多的精力放在了社会的公平和正义上。在过去的几十年里，法学在很大程度上也在为实现经济的繁荣发展、提高社会的创新活力服务。

二、客体维度的理论内涵

法治中国是从依法治权与依法维权的二元对立转向互信、和谐的权利与权力关系模式和治理格局的必由之路。在现实社会，存在着依法治权和维权发生对立的情况，为了使二者转化为更加和谐、更加互促的模式与格局，法治中国就不得不尽快建成。法治中所谓的"治"，即法治客体，是公共权利，不是人民权利。法治中国以对国家权力的限制、监督为手段，以实现人的自由全面发展为依归。所以，必须要使全体公民平等参与发展之权利依法得到保障。当前，法治中国的一个关键问题，就是权利与权力之间、国家公务人员与其他公民之间、国家行政机关与其他社会组织之间的关系应该如何理顺。这个问题表面上看给人一种很容易解决的错觉，但事实上在对这个问题的理解上，还存在着一种深层次的困惑。从理论上来说，这种困惑体现在：在当今具体的法治实践中，"法不禁止即自由"和"法无授权即无权"的关系模糊，甚至存在法不禁止也无授权的"真空地带"。

从实践上看，处在经济发展战略机遇期的中国面临着尖锐的社会矛盾，主要矛盾就是官与民的矛盾。对于主要矛盾的化解，法治中国选择采取法治的方式。法治中国建设就是要以法治的方式化解官民矛盾，创新社会管理，促进社会建设，为大国崛起构建一个安定和谐的法治大环境。具体来说，需要通过依法执政、依法行政、依法执法、依法司法，不断形成与固化以下三种治理关系。

一是和谐的党民关系。通过依法执政来形成党的领导、人民当家作主、依法治国的有机结合，形成人民爱党、党全心全意为人民的和谐关系。如何让依法执政从一句空荡的口号变为实际的做法是其关键所在。所以要处理好以下三个问题。

其一，党法关系。宪法是国家的根本大法，具有最高权威；《中央党内法规制定工作五年规划纲要（2013—2017年）》提出"宪法为上、党章为本"的基本要求，进一步明晰了党的法规与国家法律之间的关系。为了避免出现宪法及法律成为党内法规的渊源，不能狭义地解释法规。正是由于宪法有着高于一切的权威，因而对党内法规进行相关分析时不可以按照法律法规一般关系原理进行。

其二，党法与政策的可审查性。三中全会强调要"完善规范性文件、重大决策合法性审查机制"。但是这一机制是否有权对党内文件进行审查，如果可以，那么其内在机理和实践程序又是如何？

其三，法治评价与政绩考核的关系。"维护宪法法律权威"中应包括"建立科学的法治建设指标体系和考核标准"。所以，建立一个"法治GDP"指标评价体系刻不容缓。

　　二是友善的政民关系。善治是现代法治的必然要求，然而对政府与人民的关系即政府在治理中的定位依然存在争议，在学术界有主导论、补位论和折中论三种不同观点。其实，不可片面而论，"不宜简单地讲补缺地位或主导地位"。要想科学地回答这个问题，首先应当在法理上澄清一对儿基本的法律价值——自由与平等的关系。无论是何种形式的正义论都离不开对作为正义的基础资源如何进行分配的问题，正如罗尔斯所言："每个人都有同样的权利享有一组完全适当的平等的基本自由，而不影响其他任何人享有同样一组基本自由"；"两种情况下允许存在社会与经济不平等：首先，在机会均等的情况下，由官职与地位造成的不平等；其次，这种不平等能给社会中境况最差的成员带来好处"。尽管阿玛蒂亚·森、托马斯·博格等著名学者对罗尔斯的正义论提出了种种挑战与修改，但无论如何，自由与平等始终是分析的中心。为了求得自由与平等的最大交集，"最大限度平等下的自由"是政府应该解决的最大难题。在现代市场经济与法治理念下，由于市场在资源配置中起决定性作用，全能政府早已让位于有限政府与有效政府，其高度集合的人治型权力应当被一分为二："自由"归还给市场与公民，"平等"则留作政府的义务与职责。于是，"自由"便具有了私益的性质，而"平等"则更多地被赋予公益的属性。可见，法治视野下政府与公民的关系是多元而非简单同一的，就市场经济而言，政府应该让权给市场、退权到社会、还权于人民，此时，政府应当退居到补充、协调的地位上；而在谋求公平正义、全面建成小康社会上，政府则责无旁贷。责任政府作为法治的要义，不只是从正向增进社会福利总量，而重在从反向抑制与消除社会不公、社会矛盾。

　　基于此，在实践上，政绩考核体制必须要包含法治指标，当前的法治实践中仍有一些和法治思维相违背的现象：一是GDP至上论。在这种论调的影响下，曾经出现过政府利用公权干预市场运行、主导市场竞争的情况，这种现象违反了自由与平等的原则，同时也使得市场和全社会对政府产生过度的依赖。二是国家社会二分法。对现代西方的做法进行全盘模仿，将政治国家同市民社会这两者进行完全的对立，或者将二者完全等同化看待的做法应该得到彻底的摒弃。要对现有的相关行政体制进行适当的改革，对现行较为烦琐的行政审批程序进行恰当的简化，使全社会的自治能力、社会组织结构的强化、社会的运行机制走向法律化。三是社会责任弱化。基本人权包括人的生存权和人的发展权，所谓发展权不仅包含经济自由发展，还涉及政治、社会、文化、生态等诸多方面全面协调可持续发展。虽然说有权力必然负有相应的责任，有权利必然承担救济的义务，但在实际执行的过程中，难以实现司法救济，也常常难以究责，造成以上现象的根本原因就在于司法性观点难以影响到目前所谓的新型人权。当社会矛盾尖锐、社会管理问题亟待解决时，要把握"政府负责"这一基本要求。"治理的着力点是法治方式，法治是治理的基本方式。"政府在进行社会治理时，必须要严格遵循善德的价值标准，而法治是政府和公民进行合作治理的重要途径，政府的基本要求就是服务，在服务的同时应当时刻奉行以人为本的法律观念。因此，合理处理政民关系的出发点必须且只能是合适的治理价值和法治理念。法律效力缺失和不足的问题在实践过程中依然存在，要解决这一问题，关键就是要基于主体建立一种合适的多元对话的法律平台和法定程序；当官方法同民间法出现冲突时，要充分发挥正式制度和非正式制度的双向调节功能，对二者进行协调；要清楚在法律路径上，不只存在服从和命令这种单一的关系，要善用对话沟通的方式对二者进行调和。

三是友爱的法民关系。法律以多大程度融入民众的潜在意识是法治的生命力所在。当代的法治存在一个重要的内容，那就是要发掘公民的美德之于法治的现实意义。人民之间如果能够进行充分的互动，则能够有效地防止他们只注重自己私利的情况出现，公民美德也将随之产生。所以，为了防止专权和滥权现象的泛滥，一个重要的做法就是在法治建设的过程中不断地呼吁公民美德，在全社会营造一种崇尚美德的氛围。在法治秩序的构建中，由于认识基础的脆弱性，践行一种以公民参与为导向的公民美德理论及公民美德实践，也不失为一个重要的资源。

马克斯·韦伯曾说，在中国的儒家理论的指导下，并不能够产生适合资本主义发展的土壤。20 世纪 70 年代左右，昂格尔经过研究，深刻地分析了传统中国没有走上法治道路的原因。昂格尔发现，主要原因就在于传统中国没有集团多元主义和自然的法理基础，同时缺乏一种具有超越性的宗教基础。正是由于上述原因，传统中国最终没有孕育出法治精神。当然，我们应该看到的是，这些国外哲学家对前现代中国的研究有一定的合理性，但同样也存在着一定程度的缺陷。这种缺陷就体现在这些哲学家没有注意到传统中国存在的"臣民"意识，而这种意识取代了"公民"意识才是造成传统中国最终没有走上法治的根本原因。而他们仅是在探讨传统中国在制度上有没有形成宪法理念。进一步来说，由于法治美德在意识和能力这两个层次上存在长期的割裂，司法公信力缺乏、信访不信法的现象才会延续至今。由于信任网络在一定程度上降低了交易的成本，同时增强了契约安全性，且权威、信任关系以及规范都是社会资本的特定形式，所以切实解决好法民互信问题，并实现"自然型法"迈向"回应型法"，获得一种经由协商而获得的秩序是势在必行的。但上述做法的实现路径和实现方式在一定程度上仍缺乏自足性。笔者认为，在涉及法民互信的相关回应中，应该包括外部实质回应、内在技术回应、程序回应三者。其中，外部实质回应的内核应是法律、司法对民意的回应和民意对法的反制。从法律的生存土壤这一层面来看，推行法治必须要从交涉的有序化、偶然的非随机化开始。内在技术回应回答的问题是如何通过法律逻辑学解决法民关系的症结。重要的是，为了避免说理可能导致的不良后果，要在微观层面上及时完善法律方法论如何实践的理论，以及在判例法传统模式缺失时，怎样把握说理的深度与广度。程序性回应同时适用于以上内部性回应和外部性回应，同时程序性回应关键的问题是如何将外部性回应内部化。司法公信力来自其自律、理性和公平，为了实现司法公信，要将外部的监督权和内在的民主参与权赋予人民，并给予以上权利以必要的制度化和程序化。东亚一些国家在司法的民主化和司法的社会化上曾经实施的一些合理做法是值得我们借鉴的，主要包括：改革陪审制度，杜绝陪而不审的情况，将民意转化为司法的内在参与，进而克服其任性与冲动；对听证进行强化，依法规制听证范围、程序、效力与效果，培养民众的法律信仰。综上，制定高位阶法律，可以在一定程度上切实地提升法治含量。所谓高位阶的法律，包括整合性的《陪审法》和《听证法》。

三、时空维度的理论内涵

（一）时间维度

从时间维度看，法治中国并不单单指的是中国一个国家的法治由古代至现代的所有内涵，更重要的是其还包括全体人类的法治由诞生之初发展至今的所有现实产物。根据马克思主义唯物史观，我们对待法治中国要秉持着中立的看法，切忌全盘否定和过度神话。要结合中国发展所面临的现实问题，以在现实的视角明确法治中国的当下关切，以及探明在当今的时代发展背景下法治中国的路径选择。更重要的是，在分析法治中国建设中出现的问题时需要从时间序列出发。从世界范围来看，各个不同的国家法治发展的进度以及实现的路径是极其不平衡且差异巨大的。所以，中国的法治建设如果仅依靠从历史样本中寻找一种普适的模板，那么中国的法治就永远不可能具有法治的真实性。法治文化遗产的作用是巨大的，不但是法治中国建设的源泉和养分，也是法治中国未来蓝图创造性勾画的依据。以上论述体现出法治中国的两点特性：首先是多元性。法治中国创造性地吸收、转化了古今中外一切优秀的法治文明成果，其中社会主义核心法律价值观是法治中国的精神支柱。其次是开放性。法治中国从各个方面都深刻地体现出了我们对法治的开放态度，从法律到法制再到法治，从依法办事到依法治国到法治国家最后到法治中国，这一连串的内涵升华和价值的凝集都深刻地体现了这一点。现如今，法治中国再反复、抽象地对法治历史知识进行讨论已经没有任何意义，当前学界所应力求的，应该是要使治理情境、导向、目标、难题等多方问题契合发展实际。制度的变革和其结构重塑可以为当代社会经济的进一步发展提供强大的动力，目前中国急需解决的问题就是这种变革和重构。

（二）空间维度

从空间维度看，我国的本土法治在融入开放的全球法治的过程中诞生了法治中国。依法治国这一基本方略的提出，使得我国在治国理政的方案选择上有了重大的发展。法治中国的逐步构建，将会从根本上转变中国在国际上的固有形象，进而在很大程度上增强我国的国际话语权，以及国际法治的竞争力。从工具性而言，我们不仅要学会运用中国的国际法治话语权，还要学会利用中国的国际法治话语权发出自己的声音，表达自己的诉求，进而使得法治中国更具有世界性的意义，使中国声音洪亮地在世界范围内回荡。从目的性上来说，法治中国并不仅仅以法治本身和世界各国对法治中国作出何种法律评价为最终目的，法治中国需要探讨的是，在当前时代下，法治中国对于中国的经济社会发展来讲具有什么性质和程度的价值功能。故当前中国应当具备通过法律的方式，针对国际事务的方方面面发表合适的意见、表达合理的诉求、维护合法的权利的能力。首先是话语权。"话语权是一种社会性力量，并且具有一种独有的社会学特征。"由此可见，话语权是一种以自由为主要表征的权利，但同时命令也是其特征。相关主体具有自己支配自己自由的权利，同时还有对外界的控制进行主动干预的权利。这种权利，正是法治话语权所赋予的。对法治中国的探讨要在建立跨国法和国家间法律的意义上进行，孤立地从国内法的层面和国际法的层面探讨法治中国在很大程度上是片面的，是不可取的。重要的是，必须要实现在主权原则下国际法与国内法的统合。曾经在处理国际关系的过程中，中国存在着过于依赖外交、军事等手段的问题，这种做法需要在法治中国建设的过程中逐步摒弃。相比之下，如果能够更为灵活地依赖法治思维和法治方式对国际问题进行分析，对世界上不同国家和地区出现的矛盾进行化解，显然会使得我国在这些问题的处理上更具效率。同时也能够在很大程度上推进全球文明的发展，并增强我国在处理国际事务时的参与权和定义权。其次是法治治理权。法治中国兼有宏观的叙事性和微观分析的一致性。就治理而言，一切的善治都要以法治作为最根本的依据和最坚实的保障。尽管常说国际社会所奉行的治理模式是一种多元化的治理模式，但无论治理模式的多元性如何，最终的治理手段都要落在法治之上。如果不懂得相关的国际规则，不能熟练地掌握和运用相关的法律技巧，没有属于自己国家的国际裁判机构，那么一旦发生严重的国际纷争，中国就不可能拥有主动权并占据有利地位。此外还要注意的是，国际规则的制定权以及主导权同样重要，如果没有这些权利，那么我国注定在起跑线上就落后于其他国家一大截。同样，应该看对话实力在话语权中所起到的重要作用，所谓对话的实力既包括对话硬实力，也包括对话的软实力，还有对话的巧实力。对话的巧实力是至关重要的，正如约瑟夫·奈所言，对话的巧实力是指那种运用硬实力和软实力以提高自己国家在具体的国际行动中的合法性和领导力的一种力量，规则在以上实力的发挥中起着举足轻重的作用。"倘若一个国家能够在国际上建立一种与自身社会相同的规范，那么这个国家在国际事务和国际交流中就可以更少使用强制性的硬权力，从这个意义上来说它自己的代价也得到了降低。"从法理上来论述，规则自身就是一种权力的象征，一种以权利义务作为其基本内容的行为规范，因为任何法律法规的实施都要通过国家的强制手段进行保障。规则是一种极其重要的战略性资源，一种可以提升国家在国际上的话语权和综合实力的特殊的权利。再次是法治管理权。上文从宏观层面阐释了法治的相关权利，法治管理权所涉及的经济、社会管理正是在微观层面对法治中国的素养和能力所进行的分析。随着近年来我国"走出去"战略的成功实施，越来越多的中国企业去到海外进行投资，这些中国企业在取得成就的同时也给当地带去了发展，扩大了中国的国际影响力。但是在"走出去"的过程中，部分中国企业也出现了很多的问题。根据相关统计，在"走出去"的 1998—2006 年里，有高达 60% 的境外投资项目最后宣告失败。在这些最终失败的项目里，71.5% 分布在亚洲，13% 在拉丁美洲，北美和欧洲分别占 2.1% 和 3.5%。由以上数据不难发现，我国境外投资的主要目的地绝大部分还是法治不发达的国家和地区。而造成这个现象的原因是多方面的：我国自身的监管制度和文化背景同大部分国家和地区存在或多或少的差异；此外我国仍有高级管理人才的缺口，进而导致我国境外投资项目的管理经验不足；而最重要的问题就是国外市场缺乏一种潜在的和实际的透明度。在上述这些制约因素里，法律制度的差异、法律文化的不同、依法办事的能力等因素与法治建设具有直接相关性。同时，还应该看到的是，投资项目失败的一个关键变量，是相关企业投资项目的领导者利用法律进行相关项目管理的这一能力没有达到理想水平甚至是缺失。从根本上来看，"中西方文化因不同的历史背景，在数千年的发展中形成了巨大的差异性，这种差异性在很大程度上给中国的境外投资活动带来了困难，正是在这种原因下，中国企业将海外投资的重心放在了亚洲的国家和地区上"。其实，我们早就应该高度重视文化的物化能力，特别是法律文化的物化能力。最新的研究表明，法律更像一种具有较强的流动性结构的事物，而绝不仅仅是静态的。"来源于历史的社会公平、正义等理念，孕育出法律制度的废改立和法律制度变迁的法学思想，并以此为基础推动其向前发展，直至社会实现。"对于这样一种在文化基础上构建出来的法律制度来说，其所具有的外部价值要远远大于自身的价值。如今在全球的经济市场发展这个自由的阶段，以"经济人"和"法律人"的双重身份参与竞争已是大势所趋。因为所谓的"经济人"仅仅是存在于理论层面的"假设人",在现实生活中并不存在,现实的人只有有限理性,而不可能具有无限的理性。诺贝尔经济学奖得主西蒙曾经说过,一个决策是否合理必须要将人的生理限制考虑在内,同时,由此引发的关于认知、动机的限制及这些限制之间相互作用的限制也必须要被包含进去,从而我们所研究的理性应当是有限的理性。在对人类的选择机制进行考虑时要首先明确的是,我们所要考虑的机制应是存在于有限的理性之下的适应机制,而不是所谓完全理性的一种最优机制。综上,具有良好的法治文化环境、坚定的法律信仰、强大的国际法治主导力,是以法治的"有形之手"控制市场混乱并取得竞争优势的必然要求。最后是法治发展权。经济社会的法治,要通过法治的手段。这种通过法律的发展同时也是组成发达国家发展战略的重要一环。虽然法律发展运动曾一度失败,但是只要能够科学地进行法律借鉴,并结合本国的特点实现本国化和全球化的统一,那么就能实现国家发展与民族昌盛。和平与发展是当今世界的两大主题。如今在这个相对和平的年代里,最为紧急的任务就是如何实现发展。1986年,联合国通过《发展权利宣言》表达了以下观点:发展权作为一项基本人权,不可被剥夺。任何人都享有发展权,并由于此权利的存在,任何人都可以参与社会、经济等方面的发展。每个人的自由和其他人权都可以通过此权实现。但令人遗憾的是,当今世界依然存在着对发展的阻碍和对实现各国人民美好愿望的障碍。从世界范围来看,当前仍有超过30%的人处在多维度的贫困指数以下,该指数旨在衡量包括健康、教育等多方因素在内的缺失程度。中国的国内生产总值居全球第二,但在"人类发展指数"的排名上却不容乐观,仅为第101名。经济水平世界第二的国家尚且如此,可见全球平等发展的问题仍然是全世界各个国家面临的最大难题。如何解决这一问题?显然,通过兼有合理性和强制性的法治制度来解决是最好的方式。在这个层面上,庞德所构想的"世界法",似乎存在着一定必要性及一定的合理性。当然,为了使得全球公平在法治之下得以实现,必须要对所谓"世界法"优化的限度进行充分的考虑。作为当今世界最大的发展中国家,中国必须要让法治功能在国际上得以最大功率的释放。

第二节　从法律人才到法治人才

自 20 世纪七八十年代至今，我国的改革开放取得了世界瞩目的成就。其间，中国社会也一直在中国特色社会主义道路这一光明大道上奋力前行。我国在社会、政治、经济和教育等各方面所取得的成绩有目共睹，这其中最为辉煌的成就就是我国市场经济的发展。当我们从法治社会和法治国家的视角来审视市场经济会发现，市场经济在某种程度上而言就是一种法治经济。当前，这种观点已为全社会所接受。同时，中国社会的发展也日益呈现出一种明显的多元化趋势，这种趋势毫无疑问会对我国法治人才的素质提出更高的要求。"当今中国已是多元社会，呈现经济利益复杂化、政治诉求'博弈'化、价值冲突'显性'化等特点。"[①] 由于中国市场经济近几年来高速发展，以及其他的多元化发展趋势，我国当前迫切需要大量的具有多元化高素质的法律实务型人才。毫无疑问，这种对法律实务型人才的迫切需要，对中国法学教育的人才培养目标和人才培养任务提出了新的要求。正是为了能够有效地回应上述这些新的时代要求，我国在大力促进本科法学教育发展的同时，又在积极地培养高素质的复合型法律实务人才研究生。20 世纪末，我国开始实施法律硕士教育，以培养高素质的复合型法律实务人才为目的的研究生教育呈现出极快的发展态势也正说明了这一点。

与此同时，一场法学教育界的变革正在悄然发生。这种变革的主要目的是将法学教育原本的"知识灌输型"的培养模式转变为具有法律职业主义色彩的"技能培训型"培养模式。这种培养模式在全国各高校中普遍获得好评并得到推崇，逐渐成为当前法学高等教育的主导性培养模式。这种模式的特点主要集中在以下几个方面：首先在有关课程的设置上，增加一定的实践性课程安排来取代原先大量的理论课程的课时；其次在师资的配置上，聘请相关实务部门的法律专家作为导师，采用校内、校外两个导师的"双导师"培养模式；再次在实习安排上，将在法律实务部门完成 6 个月实习作为毕业的硬性要求；最后在学生进行相关培养效果评价时，选择以法考（司法考试）的通过率来作为评价

---

① 董娟，赵威. 从法律人才到法治人才：法律硕士培养目标的新转变 [J]. 学位与研究生教育，2019（5）：21-27.

学生的主要标准，这种评价方法甚至成了某些法学院校自我标榜宣传的标语①。总的来说，经过近 20 年的教育实践检验，过去这种以高层次法律人才为目标导向的法律硕士培养模式所表现出的职业技术主义色彩已愈发明显。"法学教育就是法律技能训练"这个观点乘着当前盛行的功利主义的风气，正被越来越多法学院校认同和践行。这种目标导向的培养模式毫无疑问存在着诸多弊端，而这种弊端正在逐渐地显现。在有的学者看来，"在以法律人才为培养目标的指导下，忽略动态法治体系的多元化需求，往往主要以培养法官、检察官以及律师为具体的培养方向，而忽略了对立法人才、执法人才以及法律监督人才的培养"，同时"忽视了职业伦理教育"。也有相关学者将这种职业技术倾向概括为"法律知识的法条主义，法律技能的程序正义原则与技术以及对职业伦理等公共性的回避和漠视"。更有学者指出："这种以技术性为进路的教育改革，在某种意义上是对法学教育乃至法学职业教育的一种误读。"② 这表明，"在我国法学教育反思改革的过程中，具有很强的非自主性，依然摆脱不了'拿来主义'的习惯做法，技术性导向就是境外职业教育简单复制或移植的结果"。

毋庸置疑的是，这种职业技术主义的教育模式存在着较为严重的矫枉过正的问题。在这种职业技术主义主导下培养出来的法律人才，已经在过去多年的司法实践中暴露出来很多问题。包括个别律师采取各种手段诱导案件当事人进行"虚假诉讼"，司法者只机械地照搬照抄相关法条，而从不考虑我国的现实国情。此外，还有因相关行政官员不依法行政，导致众多的上访事件以及群体事件，进而严重地影响了我国法治国家的建设和法治社会的健康发展。以上问题已经多次引起了公众的舆论哗然，并且频繁成为热点事件。上述这些现象，如若不加以制止，必然会导致司法公信力的丧失和政府公信力的破坏，最后的结果必然是掉入所谓的"塔西佗陷阱"中，无法做到自证公信。正是因为上述原因，中国特色社会主义新时代法律硕士的培养不可不谈也是必须要解决的问题：我们的法学教育到底应该培养什么样的法律人才。2017 年 5 月 3 日，习近平总书记在中国政法大学进行考察并发表了重要讲话，明确地提出要求，即我们的法学教育必须要面向中国特色社会主义现代化。"培养德才兼备、全面发

---

① 刘风景 . 法治人才的定位与培养 [J]. 南开学报（哲学社会科学版），2017（5）：1-8.

② 于志刚 . 法治人才培养中实践教学模式的中国探索："同步实践教学"[J]. 中国政法大学学报，2017（5）：38-51，158-159.

展的高素质法治人才"，这不仅仅是党中央对新时代法律硕士培养目标作出的新的定位，同时也是对过去所一直践行的"法律人才"培养目标的超越。这不仅仅是在人才培养的这个供给侧的角度，对中国特色社会主义法治国家多元化法治人才需求作出的全面回应，更是新时代背景下中国法律硕士教育培养的行动纲领和思想指南。

第三节　法治中国视域下法学教育的再定位

法学教育是中国高等教育体系中不可或缺的重要组成部分，同时也是我国建设社会主义法治国家的一大重要保障。"法学教育是中国高等教育的重要组成部分，也是实行'依法治国，建设社会主义法治国家'的重要保障。"我们应该看到，法学教育在我国民主法治建设过程中发挥着基础性、先导性、战略性的重要作用。我们应当培养什么样的法律人才，这是法学教育中起决定作用的培养目标问题。如果不能对法学教育进行一种正确的定型，就很难保证现实中不会出现法律教育迷失其原有方向的情况，所以对法学教育进行正确的定型是具有重要意义的。从某种意义上来说，自法学教育问世至今，一直有一个问题得不到解决，进而使得法学教育陷入了两难的境地，这个问题就是法学教育到底应该作为一种彻头彻尾的职业性教育，把培养律师、法官、检察官等法律职业者作为其主要任务，还是应该成为一种研究性的学理教育，把国民素质的养成和提高作为主要目的或者培养教授法学理论和系统法律知识学者和法学专家。遗憾的是，至少到目前为止，对这一困境应作如何处理和解释，各方尚未达成共识。不过学界也存在着较为一致同时也是比较折中的一个看法：通识性教育与职业性教育就不应该被看成非此即彼的绝对对立的两个极端。首先，法学教育是职业教育；其次，法学教育又不仅仅是职业教育，同时还是一种通识教育或素质教育。

在我国经济社会发展的过程中，特别是随着依法治国进程的持续推进和改革开放的逐步深入，法律人才的培养目标也被赋予了新的要求和新的内涵。特别是在全面推进依法治国、建设法治中国进程中的法律人才培养，必须要赋予其科学合理的定位。"法学本科和其他本科专业一样，首先应当具有通识教育的性质。""在中国，由于基础教育的质量低劣，大学阶段更需要进行通识教育。其实，通识教育对于法学专业学生来说更加必要。因为法律职业要求从业者具有广博的知识，对经济、政治、社会乃至世故人情的理解和洞察力，有的业务门类甚至需要对科技、医疗卫生、心理等方面有深入的理解。法律职业的这个特点，与自然科学、工程技术、会计等领域有很大的不同。对于法律从业者来说，通识教育甚至就是专业教育的有机组成部分。"

我国于 2011 年出台《关于实施卓越法律人才教育培训计划的若干意见》，意见中也明确规定了要"主动适应依法执政、科学立法、依法行政、公正司法、高效高质量法律服务的需求，以全面实施素质教育为主题，以提高法律人才培养质量为核心，深化高等法学教育改革，充分发挥法学教育的基础性、先导性作用，为加快建设社会主义法治国家提供强有力的人才保证和智力支撑。"作为我国卓越法律人才培训教育的主题，素质教育以及通识教育在推进法治中国建设高等法学教育中的重要任务就是面向全社会培养法治国家的建设者与管理者，培养各行各业所需要的法律人才。所以毫无疑问的是，实行通识教育是未来很长一段时间我国进行法律教育的必由之路。然而，"教育作为服务业的一种，必须主要考虑满足受教育者以及社会的需求，而非满足教育者（大学、教授）自身的期望。因此，法学教育必须要主要考虑毕业生将来的人生和职业需要。显然，学生最希望的是法学教育能够为其将来的职业生涯打下坚实的基础，而这也是社会对法学教育的首要需求"。

不可否认的是，在当前的社会背景下，我国的法学本科生大部分在毕业以后都会从事相关法律事务工作，而非进行法律研究工作。除此之外，也有相当数量的法学本科生在毕业后通过参加国家公务员考试等直接去了党政机关、事业单位从事行政、管理工作，又或者在立法部门从事与立法相关的工作。当然也有部分法学本科生在本科毕业后选择继续攻读法学硕士、博士学位，而后进入高校或研究机构从事相关法学教学及科研工作。甚至有一部分学生放弃继续从事法律相关工作，选择经商创业并且大获成功，这部分法学本科毕业生也不在少数。通过分析以往这些学生的不同去向，我们不难看到，法学本科生毕业以后的职业选择是十分广泛的。所以为了满足广大法学本科生切实的职业需求，我国高等院校的法学院系就只能以其中某一职业为主来培养、训练学生的相应能力，同时在此基础上适当兼顾其他职业的需要。其实，法学教育之所以会出现如此明显的职业化属性，与法学教育自身所具有的特点是密不可分的。根据孙笑侠教授的观点，法学的基本特点是其职业知识体系，而苏力教授的观点也相似，苏教授认为法学就是一种职业性的知识。所以依据上述两位教授的观点，我国的法学教育应该是一种职业化的教育。在有关西方国家，专业化是法律行业的重要特征之一，也是为数不多的保存至今的特征之一。在有关国家，如果要想从事法律相关的职业，就必须首先接受相关的法学教育。但是在我国，由于法学教育与司法实践存在着长期的脱节与分离的情况，所以学界对于应培养具备什么素质、什么规格以及培养多少法律人才等问题没有清晰的认识。可以说，法学教育与法律职业的脱节已经在深层次上制约、影响甚至阻碍着我国法学教育进一步改革和发展。

所以说，中国未来的法学教育日益呈现出一种趋势，这种趋势就是法学的发展必须要沿着职业化的道路走下去，这是由法学教育职业化的特点所决定的。"培养应用型、复合型法律职业人才，是实施卓越法律人才教育培养计划的重点。适应多样化法律职业要求，坚持厚基础、宽口径，强化学生法律职业伦理教育、强化学生法律实务技能培养，提高学生运用法学与其他学科知识方法解决实际法律问题的能力，促进法学教育与法律职业的深度衔接。"法学教育是面向广大法科学生开展的、以教授相关法学知识、培养重要法律思维、严格训练法律职业技能、培育法律职业伦理为主要内容的教育活动。为此，很多学者对法学教育的目标进行了有益的探索，有学者指出："法学教育必须要顺应全球化时代的发展趋势，培养具有全球视野、能够与时俱进的复合型人才，以提升解决复杂社会问题的能力，应对强大的现实挑战。"也有学者提出："就法学教育而言，人才培养的目标应是培养具有良好的职业道德和修养，掌握扎实的专业知识，娴熟运用法律解决实际问题，具有国际视野的优秀法律人才。"越来越多的学者支持这一目标的定位，西北政法大学贾宇教授还提出了"法治信仰、中国立场、国际视野、平民情怀的卓越法律人才的教育理念"。总而言之，一个国家的法治要想得到长足发展，就必须要以扎实的法学教育作为基础。缺乏优秀的法律人才，就不可能形成完善的法治；离开了肯为法治事业奉献人生的法学工作者，就不可能建成法治社会、法治政府与法治国家。当前，依法治国的进程正在全面推进，法治中国建设也取得了令人瞩目的成就。在此背景下，我国的法学教育更应以培训具有以下特点的法学人才作为主要目的：

首先是培养具备扎实的法律知识功底、完善的人文知识背景的人才；其次更要注重对法学人才逻辑分析能力的培养；同时还要加强法学人才的道德修养，具有严格遵守职业道德规范的品质是任何时候都不可忽略的；最终要满足复合型、实用型的卓越法律人才与治国之才的要求。

第四节　习近平法治人才培养观

习近平总书记提出："全面推进依法治国是关系我们党执政兴国、关系人民幸福安康、关系党和国家长治久安的重大战略问题，是完善和发展中国特色社会主义制度、推进国家治理体系和治理能力现代化的重要方面。"所以，在充分发挥德治在全面推进依法治国过程中的自律作用的同时，又要妥善地运用法治在此过程中的他律作用。此外，依法治国的持续深入，既表明了我党执政能力的提高和党内民主的进一步发展，同时也有助于我国经济社会的正常运转、提高人民幸福感。当前，改革开放正处于最艰难的时期，没有先例可循，这期间必定会产生没有预料到的各种问题，这时候，一个强大的法律制度就能够起到保证各方面健康运行的重要作用，因此法治国家的建设刻不容缓。放眼世界，越发达的国家法治建设就越是健全，这一点需要我们学习借鉴。依法治国是推进"四个全面"建设的重要保障，因此建设一支高素质的法治队伍至关重要。

一、建设一支高素质法治队伍

1.法治队伍的内容

长期以来，我国的法治队伍都是由以下三支队伍所构成：立法队伍、执法队伍和司法队伍。这三支队伍既有共性又有个性，有不同的职能和任务，要充分考虑其共同点及不同点，建立一种三者相互配合的妥善机制。这三支队伍之于法治的先后性也不相同，立法是后两者的前提和基础，所以要求立法队伍要能够结合我国现实国情，科学精准地为我国政治经济社会的发展提供合适的法律，以确保执法队伍和司法队伍有合适的法律可执行。执法队伍是三大队伍的中心环节，起着连接立法队伍和司法队伍的纽带作用。法律的制定是为了贯彻执行，而不是供人参观。执法队伍身负重担，不论哪里出现了违法犯罪现象，执法队伍都要第一时间到那里去。司法作为最后一道防线，关系到法律能否真正起到作用，所以司法队伍必须要时刻保证自身的独立性，无私地撑起法律这一神圣的天平，要秉公判案，不受其他队伍的干预。除了以上三支队伍以外，建设高素质的律师队伍也是相当重要的。律师队伍是最了解普通群众法律诉求的队伍，同时，律师还是法律的解读者，所以律师是否能够切实保障当事人的合法权利事关重大。

2. 法治队伍建设

我国的政法机关在经过这么多年的发展后，虽然有了很大的改善，但是在日常工作中依然会时常出现"追不上、打不赢、说不过、判不明"的"本领恐慌"问题。因此，政法机关的业务能力亟待提高。习近平总书记讲过，作为党政干部，不管是有德无才还是有才无德都是不行的，都将会危害社会，损害人民的利益。要亮剑，仅仅只有敢亮剑的勇气是远远不够的，更重要的是必须要有可以亮剑的本事。首先，政法机关要完善能力建设，加强基本法律知识的学习，熟练掌握法律技能，提高运用法律思维的能力。除此之外，司法考试制度也必须要得到进一步的改革和完善，要确立和完善在职公安干警和司法干警继续教育制度，提高干警的本领，进而确保各项政法工作能够圆满完成。习近平总书记说："要按照政治过硬、业务过硬、责任过硬、纪律过硬、作风过硬的要求，努力建设一支信念坚定、执法为民、敢于担当、清正廉洁的政法队伍。"这就要求政法队伍要具有坚定的理想信念。具体来说，就是要在中国共产党的领导下，坚持以宪法为最高统领，以法律为准绳，认真贯彻落实法制规则，全面推进依法治国，保障广大群众的根本利益。理想信念是我们中国共产党人的精神之"钙"，在当前年代，政法队伍时刻面临诱惑与风险，因此要时刻警惕，防止精神上出现"缺钙"。其次政法队伍要成为最敢于担当的队伍。敢于担当指的是在行使执法和司法的权力时，不能极力讨好、阿谀奉承比自己官大、地位高的人，要严格遵循法律程序、法律规则去处理每一件案件；也不能认为是一般人就草草了事，随心所欲。在遭遇关键问题时，要敢于抬头挺胸，维护法律公正和权威。为了磨炼自己的信念，提高自己运用法律的能力，要勇于迎接挑战，勇于破解条件艰苦、情况复杂、矛盾集中的地方的难题。最后政法队伍要恪守纪律。没有规矩不成方圆，政法队伍要带头守纪律，成为严格遵守纪律的模范。此外，新一代的政法队伍由年轻人构成，这些年轻人普遍学历高、知识丰富，但没有经历多少风浪，容易迷失自己，所以必须要深度加强纪律的教育，铸就"铁一般"的纪律。

二、全面依法治国应抓住主要矛盾

依法治国是一项艰巨的工程，本身就需要非常细致，因此绝对不能搞快马加鞭式的"大跃进"，只能循序渐进稳扎稳打地推行，且在推行过程中要注重抓住主要矛盾，重点解决影响范围广、牵涉面多的问题。"打蛇要打七寸"，做任何事情都必须要抓住主要环节，"擒贼先擒王"，做好一件事情首先要抓住主要人物。在全面依法治国的过程中，领导干部是主要人物，起着关键作用。

1. 解决好思想观念问题

习近平总书记说："必须抓住领导干部这个'关键少数'，首先解决好思想观念问题。"从当前的情况来看，不少领导干部在对权力观和法制观的理解上都存在错误。首先，在权力观上。有些领导干部认为自己的权利来自个人奋斗，是自己多年辛苦熬出来的；有些认为自己的权力是托关系、找靠山弄来的；更有甚者直接明说权力是自己花钱买来的，所以要保本不赔。正因为有这样的权力观，领导干部队伍才会问题百出。为了给权力加上一把锁，让领导干部知道自己的权力是受限制的而不是无限大的，就要把权力关进制度的笼子。其次，在法治观上。当前，官场存在着一种不屑宪法的风气，具体表现为有很多的领导干部对宪法不尊崇、对法律不敬畏、对法治不信仰；有的领导干部则大行一言堂，压制法律。不及时地制止这些问题，势必会严重影响党和国家的威信，危害社会、经济等方面发展的秩序，最后会使人民对法治失去信心。因此，作为一名合格的党政领导干部要以身作则，带头敬畏宪法与法律，确保宪法法律的正常实施。具体措施就是要在加强相关人员的法制教育、增强他们的法治意识、使之养成良好法治习惯的同时，加强对其的管理和监督。在监督的过程中，一旦发现严重问题，就必须要将其从法治队伍中剔除出去。

2. 积极尊法学法守法用法

习近平总书记曾经指出："高级干部做尊法学法守法用法的模范，是实现全面推进依法治国目标和任务的关键所在。"古人云，"民以吏为师"。因此领导干部对待法律的态度，广大人民群众都是看得清清楚楚的，并且领导干部对待法律的态度会深刻地影响广大人民群众对待法律的态度。领导干部对待法律的一言一行，广大人民群众都会用实际行动去效仿。如果领导干部能够率先尊法学法守法用法，那么人民群众也会跟着尊法学法守法用法。领导干部装腔作势、装模作样，人前一套、背后一套，老百姓也会学着你玩花式。习近平总书记讲过，历史经验告诉我们，法制建设的好与坏在于领导干部的一举一动，领导干部不尊法学法守法用法，不要说全面推进依法治国，就连我国社会主义制度都有可能受到严重冲击。

3. 提高法治思维和依法办事能力

习近平总书记讲过，在全面依法治国的过程中，领导干部必须要具备一些基本的素质，那就是尊崇法治和敬畏法律。而要使领导干部运用法治思维和法治方式的能力得到很大程度上的提高，就必须要将其脑中的"基本素质"转化为思维方式和行为方式，就必须要做到以下这几点：第一，时刻将法治第一位的要求（守法律、重程序）牢记在心。第二，牢记自己的权力是依法而来的，在日常工作中必须要做到法定职权必须要为、法无授权不可为。第三，要明白法治的根本目的不是为了服务个人，而是保障人民群众的合法权益。第四，谨记自己行使权力时要受到法律监督。

第五章 法治工作队伍的基本组成结构

依据我国现行的相关法律规定和以往的法律实践，法治人才队伍由法治专门队伍、法治服务队伍、法治人才后备队伍三支队伍所构成。这其中，法治专门队伍又包括立法队伍、执法队伍、司法队伍；法治服务队伍主要包括律师队伍、公证员队伍、基层法律服务工作者队伍、人民调解员队伍和法律服务志愿者队伍；法治人才后备队伍主要包括法学院校、法学研究机构人员和在校学生等。

第一节 法治专门队伍

法治专门队伍肩负三大重任，分别是立法任务、执法任务以及司法任务。立法队伍主要集中于立法机关，我国的立法机关是全国和各省市人民代表大会；行政执法队伍则分散在各大行政机关中，如法制局（办）、税务、食品药品安全、工商质检、公共卫生、安全生产、文化旅游、资源环境、农林水利、交通运输、城乡建设、海洋渔业等部门；司法队伍则主要在法院、检察院等部门。法治专门队伍通过制定法律和运用法律于现实生活，对法治国家的建设有重要影响。法律是治国重器，行政执法队伍、司法队伍执法的依据是法律，而且是良法。因此，立法队伍制定出良法是产生良好的执法效果的前提。大量的法律执行都是由行政执法队伍进行的，如行政复议由法制局（办）进行，公司、合伙等企业的登记、反不正当竞争、质量监管由工商质检机关进行，税收则由税务机关负责。谈到法治专门队伍，相关内容颇为丰富。限于篇幅，本书介绍的主要是法官队伍、检察官队伍、警察（公安）队伍、刑罚执行队伍。

一、法官

依照我国的相关法律，法官指的是那些依据法定程序而产生，并在法院中依据法律行使国家审判权的审判人员。法官是司法权的行使者。法官的工作实际上是一种行使国家裁判权的工作，在这个意义上，法官依法行使国家裁判权的有关行为实际上是国家的一种行为，法官代表的不是个人，而是国家政权运行机制中的一个成员，是国家裁判权的一个具体行使者[1]。《法官法》第二条规定，法官是依法行使国家审判权的审判人员，包括最高人民法院、地方各级人民法院和军事法院等专门法院的院长、副院长、审判委员会委员、庭长、副庭长、审判员和助理审判员。根据司法改革，法院在审判实践中采用的是"员额制法官 + 法官助理 + 书记员"模式，由于《法官法》等法律并未明确取消"助理审判员"，故本书将在下文中对其予以保留。由于审判权在具体行使的过程中具有被动性、中立性等特点，掌握审判权的法官对于法治国家的建设起着尤为重要的作用。如果谈到法治人才，可能大多数人首先想到的是法官。法官享有社会纷争的最终裁决权，理应享有由此带来的受到尊重的社会地位[2]。在法治发达的国家，法官备受社会尊重。我国法官的地位与我国其他职业的地位相比也属于较高的那一类。法官的依法参与对我国建设法治国家有极其重要的意义，某种程度上来说，法官主导和推动着我国法治国家的建设与发展。

在我国的古代社会中，关于国家审判权以及国家行政权并没有一种严格的界限，行政长官在掌握行政权的同时往往也掌握着国家审判权。而在当今的现代社会中，审判权和行政权的界限不再模糊，而是严格区分的。在我国，从事审判员工作的法官具有正式的国家公务员编制，法官进入司法系统担任相关职务必须要通过国家或地方公务员考试。法院是我国的审判机关，而法官则由国家权力机关进行任命，法官独立享有不受任何权力机关、个人和团体影响的裁判权。马克思曾经说过："法官除了法律就没有别的上司。"法官在行使权力

① 李彬，宋剑.河北省高素质专业化法治队伍建设研究 [J].合作经济与科技，2020（8）：186-188.

② 莫亦翔.新时代加强我区法治工作队伍建设的几点思考 [J].当代广西，2019（15）：26-27.

时会体现出来一种独立性，而这种独立性正是使司法活动具有公正性的重要保证。1949年后的一段时间，我国曾经一度将法官的政治素质置于专业素质之前，这种过于强调法官的政治素质而忽视了法官的专业素质的做法事实上是不正确的。实际上，法官固然需要一定的政治素质，但是和医生一样，法官也需要极深的专业知识，医生出错会酿成医疗事故，严重的可能会死人，而法官出错同样可能会死人。在法庭上，作为最终的裁判者，法官是那个能够一锤定音的人物，因此法官作出的裁判会影响许多人的命运。是否能够恰当地适用法律，涉及公民、法人、其他组织的人身、财产甚至个人的生命，因此法官专业素质的重要性在这个意义上是不言而喻的。法治最终能够实现到什么样的程度，与法官有着密不可分的关系；而法治的程度是否深入、法治是否进步，将对以法律作为饭碗的法官的裁判起着十分重要的作用。法官应该也必须是职业法学专家，其法律知识最终将转化为审理具体案件的知识保障，法官通过在具体的案件中适用相关法律，影响着法律在现实生活中的走向。在法官的职业生涯中，法官需不断进行培训以补充和更新法律知识。法官素质的养成，仅仅依靠在学校中所学的法律知识是远远不够的，不仅需要更为严格的专业训练，还需要在社会生活以及具体法律工作中不断磨炼和感悟。法官仅有法学专业知识是不够的，一些具有高学历的法官未必是合格的法官，要成为一名合格的法官，良知、品质、情感、人生观等也是不可或缺的要素。

相传有这样一则故事：在柏林墙被推倒的两年前，东德有一个名叫亨里奇的守墙士兵。该士兵在某日执勤的时候发现了一名正企图从东德逃往西德的青年克利斯，卫兵亨里奇开枪射杀了这名青年。两年后，柏林墙被推倒，亨里奇也因其射杀克利斯一事接受审判。审判过程中，他的律师以他仅仅是上级命令的实施者，根本没有拒不执行的权力从而罪不在己进行辩解。而法官则指出："你作为一名警察，如果不执行你上级的命令显然是有罪的。但是如果开枪了，可并没有打准则显然是无罪的。因而在这个角度来说，你作为一个心智健全的人，此时此刻，你虽没有拒绝执行命令的权力，但是你有把枪口抬高一厘米的权力，这是你应自动承担的良心义务。在这个世界，在法律之外还有良心。当法律和良心抵触之时，良心是最高的行动原则，而不是法律。尊崇性命，是一个放之四海而皆准的准绳。"①

在现代社会中，司法活动必须要以公正作为根本目的以及基本要求，司法活动的公正对于社会的公正具有引领作用。司法公正是为解决社会冲突而追求和持有的法律理想与法律评价。只有将司法公正作为法官价值理念的核心，才能满足人类对自由、秩序和合法权利的向往。

法官的所有优良品德都必须要围绕着一个原则，即公正来展开。当法官开展判案活动时，如果该案件的当事人能够切身感受到法官带给自己的是公正的对待，而不是偏向某一方，才会真心实意地去接受法官的裁判，即使最终的裁判结果是对他不利的。反之，如果法官的公正性遭受到社会的质疑，那么，即使判决结果是公正的，当事人仍然可能会怀疑自己受到不公对待。有这样一个例子：在 2010 年 6 月 1 日上午 10 时左右，湖南省永州市零陵区法院发生了一起严重的枪击案，包括 3 名法官在内的 6 人遭到犯罪分子朱军持枪杀害，其中 3 名法官当场被枪杀致死，除此之外，另有 3 人受伤严重。在此次事件发生之后，社会舆论出现了不少对法院的质疑声。然而，事实是 2006 年犯罪分子朱军曾经因一项关于房屋纠纷的案件向永州市零陵区法院起诉，最后法院的判决支持朱军的诉讼请求，并依法执行完毕。但朱军仍质疑法院在此案中有不当行为，当时犯罪分子朱军正处于鼻咽癌晚期并且已经和妻子离婚，各种遭遇促使他产生轻生和报复社会的念头，于是才有了后面的恶性事件。另一个事件：2015 年 9 月 9 日，犯罪分子胡某在湖北省十堰市中级人民法院判决后认为判决不公，于是持刀在法院办公楼内刺伤 4 名法官。事件发生后，社会舆论在对具体的案情尚未了解清楚的情况下，再次响起了对法官公正性的质疑声，甚至有旁观者对这次事件幸灾乐祸。因此，司法的不公正对社会公正的破坏作用是致命的。由于我国法治建设不够完善、司法体制尚存一些弊端，加之部分法官没有公正行使审判权，导致司法公信力不足。在实务中，当事人双方都怀疑和担心对方与法官有关系，但又希望自己与法官建立某种关系，而不将关注点放在案件本身的事实和证据上，聘请律师时更多的也是关心律师是否与法官、法官的上级熟识而非律师业务水平的高低，在当今社会，这种心态长时间的存在，这时如

---

① 李永涛 . 加强法治工作队伍建设 全面推进依法治国 [J]. 人民政坛，2015（1）：32.

果遇到极端事件，社会舆论会毫不犹豫地将矛头直指当事法官。

如果不能营造出公平公正的社会环境，许多法官在社会中就可能受到误解从而成为司法不公现象的受害者，一些意志不坚定的法官对法律的信仰和维护社会公平正义的信念将会被社会现实逐步磨灭，从而将法官职业仅仅作为谋生手段，甚至可能成为司法不公现象的推动者。目前，法官特别是基层人民法院的法官案件多、工作量大、风险高，而收入和社会地位无法与其付出相对应，法官执业信心受到较大伤害，法官队伍人才流失较为严重，但令人感到欣慰的是，在基层岗位中的绝大多数法官都能坚守岗位，切身践行爱岗敬业，做一名合格法律人。

（一）法官的工作

在我国，法官必须要忠于宪法，忠于法律，全心全意为人民服务，这是法官应尽的义务。法官的具体职责如下：

1. 依法参加合议庭审判，依法独任审判相关案件

具体来说包括：

（1）依法参加合议庭审判，依法独任审判第一审刑事案件、依法独任审判民商事案件、依法独任审判行政诉讼案件。

（2）中级人民法院、高级人民法院、最高人民法院的法官具有依法参加合议庭审判审理第二审案件（上诉、抗诉案件）的职责。

（3）依法参加合议庭审判，并对需要减刑或者假释的案件进行审核。

（4）依法审理必须要经由特别程序进行审理的案件。

（5）依法审理申请支付令案件、公示催告案件。

（6）依法审理破产案件。

（7）依法参加合议庭核准判处死刑的案件。中级人民法院判处死刑的第一审案件，在被告人不上诉的情况下，由高级人民法院复核后报请最高人民法院核准。高级人民法院判处死刑的第一审案件被告人不上诉的和判处死刑的第二审案件，都应当报请最高人民法院核准。中级人民法院判处死刑缓期二年执行的案件，由高级人民法院核准。

（8）依法参加合议庭审判按照审判监督程序予以再审的案件。

2.除了依法参与案件的审理外，在庭审过程中，还包括其他职责

具体包括：

（1）担任审判长，主持合议庭的审判活动。

（2）依法对刑事被告人采取拘传、取保候审、监视居住、逮捕等强制措施；可以进行勘验、检查、搜查、扣押和鉴定，对妨害妨碍诉讼行为的，采取训诫、责令具结悔过、拘传、罚款、拘留等强制措施；在财产保全中，采取查封、扣押、冻结或者法律规定的其他措施。

（3）执行发生法律效力的民事和行政判决书、裁定书、调解书以及刑事判决、裁定中的财产部分，法律规定由法院执行的其他法律文书。

3.法律规定的其他职责

通常包括下列职责：通过庭审公开、文书说理、案例发布等方式宣传法治，提出司法建议，基层人民法院法官对人民调解委员会的调解工作予以业务指导，领导书记员的工作以及法律规定的其他职责。

4.法院院长、副院长、审判委员会委员、庭长、副庭长除履行审判职责外，还应当履行与其职务相适应的职责

院长的职责主要包括：

（1）主持全院的日常工作和审判工作，根据法律规定，决定与审判工作有关的事项。

（2）代表本院向本级人大及其常委会报告工作。

（3）依法提请国家权力机关任免本院副院长、审判委员会委员、庭长、副庭长和审判员；决定任免助理审判员、书记员以及法院其他工作人员等事项。

（4）领导本院及下级法院的司法行政工作。

（5）其他职责，如签发法律文书、接待处理人民群众的来信来访，开展调查研究等。副院长协助院长工作。庭长的职责主要有：组织全庭的审判工作，其中包括参加审判案件并担任审判长、分配案件等，领导本庭的日常行政工作以及审核本庭的法律文书等其他职责。副庭长协助庭长工作。在这轮司法改革中，对庭长的相关职权，尤其是其审判职权，进行了一定程度上的缩小。根据《关于完善人民法院司法责任制的若干意见》规定，独任法官审理案件时形成的裁判文书，应由独任法官签署。而合议庭审理案件所形成的裁判文书，由承

办法官、合议庭其他成员、审判长依次签署；审判长作为承办法官的，由审判长最后签署。

（二）法官的条件和考核

根据我国的《法官法》规定，我国的法官不得由那些曾经因违法犯罪行为受过刑事处罚的，或者曾因工作不力、玩忽职守或者其他原因被开除过公职的人员担任。对于法官之间存在以下四种关系：夫妻关系、直系血亲关系、三代以内旁系血亲以及近姻亲关系的，不得同时担任同一法院的院长、副院长、审判委员会委员、庭长、副庭长；同一法院的院长、副院长和审判员、助理审判员；同一审判庭的庭长、副庭长、审判员、助理审判员；上下相邻两级法院的院长、副院长。

除此之外，在某些情形下，法院的院长、副院长、审判员、庭长和副庭长要实现任职回避。譬如，上述人员的配偶或者子女，在该领导干部或法官所任职的法院所属的辖区内从事律师工作。法院在选拔任用干部时，不得将具备任职回避条件的人员作为法院领导干部和审判、执行岗位法官的拟任人选。

选聘初任法官时，应当采取考试制与考核制相结合的方法，并经过综合考虑。初任法官必须要有德才兼备的素养，仅仅有德无才，或者有才无德，都无法胜任法官的工作。同时初任法官的候选人员必须通过国家统一的司法考试，并且取得法律职业资格证书。对于不满足上述条件中任何一点的人，都不应将其选为法官的候选人员。法院的领导干部，如院长、副院长要在法官队伍中择优选择，具有法官条件但不是法官的，也可以作为候选人员。《人民法院第四个五年改革纲要（2014—2018）》第五十条指出："改革法官选任制度。针对不同层级的法院，设置不同的法官任职条件，在国家和省一级分别设立由法官代表和社会有关人员参与的法官遴选委员会，制定公开、公平、公正的选任程序，确保品行端正、经验丰富、专业水平较高的优秀法律人才成为法官人选，实现法官遴选机制与法定任免机制的有效衔接。健全初任法官由高级人民法院统一招录，一律在基层人民法院任职机制。配合法律职业人员统一职前培训制度改革，健全预备法官训练制度。适当提高初任法官的任职年龄。建立上级法院法官原则上从下一级法院遴选产生的工作机制。完善将优秀律师、法律学者，以及在立法、检察、执法等部门任职的专业法律人才选任为法官的制度。

健全法院和法学院校、法学研究机构人员双向交流机制，实施高校和法院人员互聘计划。"在江苏省的司法改革中，为了使法官的选聘工作更具有科学性，在省一级设立法官遴选委员会，该委员会的主要职责就是通过专业的角度和全面的考核提出法官的备选人员。该委员会的组成人员不仅包括审判业务相关的专家、学者，同时也包括人大代表和政协委员，同时还有一定比例的律师以及法学研究者。按照规定，该委员会的社会成员比例之和不得低于50%，为委员会的人员构成设定比例，可以更好地体现该委员会的广泛代表性。对于法官的升职，要建立和完善逐级遴选的制度，一般地，下级法院的法官可以通过遴选去上级法院担任法官，此举可以在一定程度上防止法官队伍固化，起到为工作能力强、有丰富工作经验的基层法官开通升职路径的重要作用，同时，还可以保障上级法官时刻有来自基层的新鲜血液注入，保证了上级法院的法官具有丰富的基层经验和基层视野。不过这些方案仍缺少科学的具体规则，如遴选委员会社会各界代表如何产生，如果社会各界代表的产生不具有合理性和规范性，这一制度的设置就不具有太多的积极意义。而且法院内部高度行政化的管理模式是难以吸引优秀人才担任法官的，同时法官中的优秀人才也会流失。尽管司法改革中提出吸引优秀律师担任法官，但极少有优秀律师愿意成为法官，工资待遇或许不一定是主要原因（许多优秀律师已经积累了不少财富）。法官独立行使审判权难以实现，法官并未取得其应有的地位，致使一些优秀律师对法官职业望而却步。

（三）主审法官、合议庭办案机制和办案责任制

主审法官一般应具有如下能力：具有较高的政治素质、较强的工作能力、专业的工作水平和丰富的司法经验。在独任制审判中，主审法官有着不可替代的中心作用。除了主审法官外，在独任制审判中还必须配备一定的辅助人员辅助主审法官开展相关工作。合议制审判的审判长，按照有关规定，一般由主审法官来担任。如果合议庭成员都由主审法官组成，按照相关规定，承办本案件的主审法官应当担任本次审判的审判长，并且在参与相关合议工作时，主审法官的权力与合议庭的其他成员是平等的。合议庭的组成人员可以根据案件进展和法律规定，独立行使发表意见的权力，主审法官负有主持庭审活动、组织案件合议等岗位责任。主审法官以及各合议庭法官对案件终身负责。

（四）法官职务的免除

法官如果出现下列情形中任何一种的，应当依法免除该法官职务：丧失我国国籍的，调出本法院的，职务变动不需要保留原职务的，考核不称职的，因健康原因长期不能履行职务的，退休的，辞职或者被辞退的，因违纪、违法犯罪不能继续任职的。

（五）法官的任免

法官供职于法院。在我国，法院分为以下几种：首先是最高人民法院，其院长一般由全国人民代表大会任免；其次是地方各级人民法院，该法院的院长一般由地方各级人大任免；同时还包括军事法院在内的一些专门法院。这其中，地方各级人民法院由基层人民法院、中级人民法院、高级人民法院所构成。目前的司法改革进程中，最高法有意完善统一的军事审判领导，推动设立知识产权法院，并将相关专门法院纳入国家统一的司法管理体系。法官由人大及其常委会任免，其任免程序有别于国家一般公务员的任免程序（见表 5-1）。

表 5-1　不同级别法官的任免规定

法官	任免
最高人民法院院长	全国人民代表大会
最高人民法院审判委员会委员、庭长、副庭长和审判员	最高人民法院院长提请全国人民代表大会常务委员会任免
地方各级人民法院院长	地方各级人民代表大会
地方各级人民法院副院长、审判委员会委员、庭长、副庭长和审判员	本法院院长提请本级人民代表大会常务委员会任免
在省、自治区内按地区设立的和在直辖市内设立的中级人民法院院长	由省、自治区、直辖市人民代表大会常务委员会根据主任会议的提名决定任免
在省、自治区内按地区设立的和在直辖市内设立的中级人民法院副院长、审判委员会委员、庭长、副庭长和审判员	由高级人民法院院长提请省、自治区、直辖市的人民代表大会常务委员会任免
民族自治地方设立的地方各级人民法院院长	民族自治地方各级人民代表大会任免
民族自治地方设立的地方各级人民法院副院长、审判委员会委员、庭长、副庭长和审判员	由本院院长提请本级人民代表大会常务委员会任免
助理审判员	本院院长任免

根据司法改革，在审判业务中，法院实行"员额法官＋审判辅助人员"模式，助理审判员是否不再产生，尚待法律的明确规定。

专门法院法官的任免：军事法院等专门法院的院长及其他法院工作人员的

任免办法，由全国人大常委会另行规定。

（六）法官的考核

各级法院要依法设立法官考评委员会，并且由本院的院长担任该委员会的主任。该委员会应当具有以下职责：依法依规对法官作出培训决定、对法官的本职工作进行考核、对本院法官的政治素质等其他方面进行评议工作。这其中，对法官的考核重点在于审判工作实绩，内容包括：审判工作实绩是否合格，思想品德是否能够满足作为法官的要求，是否具有较高的法学理论水平，工作作风以及工作态度是否良好。结果分为优秀、称职、不称职。考核结果是对法官奖惩的依据，本人对考核结果如有异议，可以申请复议。

（七）法官的等级

1. 法官的等级

我国实行法官等级制度。法官等级是表明法官级别、身份的称号，是国家对法官专业水平的确认。但需要注意的是，法官等级与法官职务是不同的，不可混淆。我国法官的级别分为十二级，以法官所任职务、德才表现、业务水平、审判工作实绩和工作年限为依据确定法官的等级。法院等级设下列四等十二级，最高人民法院院长为首席大法官，二至十二级法官分为大法官、高级法官、法官（见表5-2）。

表 5-2　我国法官等级设定

	等级
首席大法官	
大法官	一级、二级
高级法官	一级、二级、三级、四级
法官	一级、二级、三级、四级、五级

法院与法官具体等级划分如表5-3所示。

表 5-3　法院与法官具体等级划分

	最高人民法院	高级人民法院	中级人民法院	基层人民法院
院长	首席大法官	二级大法官	一级高级法官至三级高级法官	三级高级法官至四级高级法官
副院长	一级大法官至二级大法官	一级高级法官至三级高级法官	二级高级法官至四级高级法官	四级高级法官至一级法官
审判委员会	二级大法官至二级高级法官	二级高级法官至四级高级法官	三级高级法官至一级法官	四级高级法官至二级法官

（续表）

	最高人民法院	高级人民法院	中级人民法院	基层人民法院
庭长	一级高级法官至二级高级法官	二级高级法官至四级高级法官	三级高级法官至一级法官	四级高级法官至二级法官
副庭长	一级高级法官至三级高级法官	二级高级法官至一级法官	三级高级法官至二级法官	四级高级法官至三级法官
审判员	一级高级法官至四级高级法官	二级高级法官至二级法官	三级高级法官至三级法官	四级高级法官至四级法官
助理审判员	一级法官至三级法官	一级法官至四级法官	二级法官至五级法官	三级法官至五级法官

此处关于助理审判员的等级划分系根据《法官法》作出的，但在法院实际工作中，关于"助理审判员"是否保留尚待法律后续规定出台后明确。直辖市、副省级市的中级人民法院及其区、县人民法院的法官等级，根据法官职务配备规格参照上述相应规定确定。

2. 法官等级的评定

法官等级评定时，要充分考虑法官的职务编制等级。相关法院的领导干部（如院长、副院长、审判委员会委员、庭长、副庭长、审判员、助理审判员）应依法依规参加法官等级评定的过程。具体的等级确定方法，要综合考虑受评法官的职务、品德、才能、成绩、经验等因素。法官等级评定的批准权限如表5-4所示。

表5-4　我国法官等级评定权限规定

法官等级	批准人
一级大法官、二级大法官、一级高级法官、二级高级法官和最高人民法院其他法官的等级	最高人民法院院长
高级人民法院及其所辖法院的三级高级法官、四级高级法官、一级法官、二级法官和高级人民法院其他法官的等级	高级人民法院院长
中级人民法院及其所辖法院的三级法官、四级法官、五级法官的等级	中级人民法院院长

3. 法官等级的晋升

当法官的职务发生提升时，如果该法官的法官等级低于新职所对应法官等级的最低等级时，则该法官的等级应该相应地提升至该最低等级。如果是一级法官及以上等级法官，在晋升时则应当采取选升的办法，上文所述的年度考核，是法官晋升的主要依据标准。如果年度考核的结果为优秀或合格，则同时法官晋升；如果考核结果为不合格，那相关的晋升事宜应当推后或者取消。以下情况可对晋升期不满的相关法官提前进行晋升：思想道德水准特别高尚的、相关业务水平特别突出的、审判工作成绩特别优秀的。高级法官的晋升，需要通过专门的培训。二级法官以下等级的法官晋级时，如果晋升等级在职务编制等级的幅度，一般逐级进行晋升。法官等级提前晋升时，需交由最高人民法院审核，并由最高人民法院院长批准（见表5-5）。

表5-5　我国法官等级晋升规定

法官	每晋升一级年限
五级法官至三级法官	三年
三级法官至一级法官	四年

4.法官等级的降低和取消

当法官职务被下调时，如果该法官的新职等级的最高级低于其原法官等级，则该法官的法官等级应该降低为新职对应法官等级的最高级。如果相关法官出现违纪违规的行为，按照有关惩处规定，应当降低其法官等级，一般来说一次降低一级。当法官等级被降低后，该法官等级的晋升期限应当要按照降低后的法官等级进行计算。对于被免职、开除的法官，其法官等级相应地也应被剥夺。法官等级降低和取消的审批权限参照上文法官等级晋升的审批权限。

（八）法官的义务和权利

1.法官的义务

第一，严格遵守宪法和法律。遵守宪法和法律不仅是法官应尽的义务和责任，更是国家对每一个社会成员的基本要求。作为法律维护者的法官更应该率先成为宪法和法律的忠实拥护者和践行者。在具体的法律工作中，法官不仅要严格按照法律规定行使审判权，更要坚决杜绝参与或者散播破坏我国国家形象、破坏我国国家利益、威胁司法权威的一切活动和言论，坚决杜绝参加非法组织，不得参加反国家的集会、游行和示威等活动，不得参加罢工。法官严格遵守宪法和法律对于法治社会的构建有着至关重要的作用和意义。

第二，法官在审判案件时必须要以事实为根据，以法律为准绳，秉公办案，不得徇私枉法。只有秉公办案、不徇私枉法才能做到司法公正，实现法律上的公平与正义。以事实为根据，以法律为准绳，是司法活动的基本原则。维持案件的公平正义是法官审理案件的第一要义。法官在审判案件时，需要查明案件事实，准确把握法律精神，正确适用法律，合理行使裁量权，避免主观臆断、超越和滥用职权，要确保案件裁判结果公平公正。

第三，法官必须要依法保障诉讼参与人的诉讼权利。我们所说的官通常是指行政领导，从这个角度看法官不是官，他只是按照法律规定的程序，主要通过开庭的形式审理案件的工作人员，法官的工作就是通过庭审等形式弄清楚当事人的主张，通过当事人举证、辩论，最终认定事实和适用法律作出裁判。法治社会之所以将法院作为认定犯罪和适用刑罚、解决纠纷的最后途径，是因为通过权力的规范和程序的设定，让法院和法官成为最能公正适用法律的机构和人员。诉讼程序中，法官要兼顾实体正义以及程序正义，充分保障当事人和其他诉讼参与人的诉讼权利。刑讯逼供和非法取证的行为应该被严厉禁止，法官无权勒令相关刑事案件的在押被告人或上诉人身着有监狱标志的服装受审。法官在审判工作中，要保证绝对的中立，不偏不倚，平等地对待各方当事人。法官在审判工作中，要尊重各方当事人的人格尊严，依法保障其知情、陈述、辩护、申请、申诉的权力。这其中，法官对律师的态度尤为重要，在某种意义上说，法官对律师的尊重程度体现了司法公正程度。所以法官要尊重并依法保障律师的权利，不得在审判开始前或进行中，对相关律师进行带有人格歧视性的安检，依法保障和切实落实律师在庭审过程中的相关权利。除此之外，法官要严格遵守办案时限的规定，玩忽职守、以权谋私等行为要坚决杜绝。

第四，法官要自觉维护国家利益，维护相关人员和相关组织的合法权益。因为这些权力和利益是我国宪法和法律所明确指出需要保护的，所以保障这些权益不受非法侵害是法官应尽之义务。

第五，法官必须要始终保持清正廉洁，恪尽职守。法官作为社会纠纷的最终裁判者，必须要具备相应的基本品格和素养。要明白自己的所作所为绝不能凌驾于法律之上，而要受司法伦理规则的约束。法官应具有正确的权力观、地位观、利益观，依法正确行使审判权、执行权，客观公正审理案件。法官在审判工作中，要敢于坚持原则，恪守职业底线，不媚上，与违法犯罪行为作坚决的斗争。对案件要有自己独立的思考和判断，任何机关、团体和个人都无权干预法官的审判工作。法官不得从事任何营利性的经营活动，法官不得干预其他法官正在审理的案件。

有一些法官虽然自己本身具有较深厚的法律知识，但是在涉及人情以及权势的问题上，始终会迷失自我。法官碍于人情世故或者屈服于权势，或者为了谋取个人利益，在案件中不能公正以待、徇私枉法。甚至还有法官违规为当事人推荐、介绍律师或者代理人，或者为律师或者其他人员介绍案件，以上这些行为不仅会损害当事人的合法权益，同时还会影响人们对法院和法律的评价，会让人们形成法律无用的观点甚至将法院和法律视为权力和金钱的附庸，时至今日社会上仍有许多人认为法官"吃完原告吃被告"。当人们对法官和法院的公正性都不能信任时，就不要指望他们对法律有所敬畏和信任，这些事情对法治国家的建设危害是相当巨大的。

据有关报道，最高人民法院原副院长黄松有生活腐化、贪赃枉法，1997年（时任广东湛江市中级人民法院院长）曾利用职务便利，骗取本单位公款308万元，这308万元被黄松有、粤西代办处负责人等3人瓜分，黄松有分得120万元。2005—2008年，黄松有担任最高人民法院副院长期间利用职务便利，为律师陈卓伦等5人牟取非法利益，并收受巨额贿赂，2010年河北省廊坊市中级人民法院以受贿罪、贪污罪判处黄松有无期徒刑。而在最高人民法院供职33年的另一位最高人民法院原副院长奚晓明也存在收受巨额贿赂情形，2017年2月16日，奚晓明因犯受贿罪被判处无期徒刑。

此二人均曾是二级大法官，不仅具有博士学位，且著作颇丰，均被认为是学者型法官，具有较高的专业知识水平和业务能力，但在工作中他们与当事人和其他诉讼参与人存在不正当交往，利用法官身份以权谋私、贪赃枉法，同样逃不脱法律的制裁，最终成为司法界的耻辱。

第六，法官要严格保守国家秘密，严格保守审判工作秘密。一旦法官的行为或言论泄露了国家秘密和相关审判工作的秘密，不仅可能会影响审判活动的顺利进行，严重的甚至还会危害国家或当事人的权益。

第七，自觉接受法律的监督，自觉接受人民群众的监督。在缺乏监督的情况下，包括审判权在内的任何权力都有被滥用或误用的可能，法官的审判活动只有在阳光下进行，才能得到最有效的监督。独立行使审判权并非说法院是独立王国，不受制约，法官行使审判权的活动必须置于法律监督和人民群众监督之下，才能将权力关在笼子里。法律监督和人民群众监督有助于法官依法行使职权，使每个公民在每一个司法案件中都能感受到公平正义。法院审理案件一般应当公开进行，判决（除涉及国家秘密、商业秘密、个人隐私外）通常也会在法院网站公开，就是为了接受监督。

2. 法官的权利

第一，任何机关、团体和个人都不得违规干预法官对案件的审判。这是宪法的原则，是司法公正的有效保障。司法救济是人们保护权利的最后途径，如果不能真正实现法官独立行使审判权，权大于法的现象就不可能得以消除，法律就不可能在人们心目中树立起权威，无法真正让人信服。我国法治建设开展多年，独立行使审判权并未得到很好的落实。

独立行使审判权，首先体现为法院不受其公权力影响的体制性独立。只有法院独立行使审判权，法官才可能公正地审判案件。传统观点过多地注重专政和强调打击犯罪，侦查、公诉机关处于强势地位，虽然法院独立于行政机关，但众所周知在许多地方政府眼里法院实际地位并不如公安。法治建设初期改革的一个小小的进步是提升法院、检察院级别，但也曾一度出现倒退，即使在形式上法院院长级别相对较高，公安局局长往往也会被给予同样级别，而且公安局局长有时还担任政法委书记或地方党委常委，在党内职务上要高于法院院长，这就使刑事案件中法院常常不得不屈从于公安机关，削弱其独立性。实践表明，公权力、社会舆论、利益等因素常常干扰法院的审判活动，法院至今还难以真正独立行使审判权，这势必削弱了审判活动的客观公正性。试想如果法院受制于政府，人们向法院状告行政机关还有意义吗？如此，作为"民告官"的行政诉讼也只能成为糊弄百姓的摆设罢了。人民的权利需要国家的保护，但是掌握权力的人也有可能利用掌握的权力成为加害者，而普通公民并不具有与之抗衡的力量，只有通过诉讼才能维护权利。实践证明，如果掌握权力的人想滥用权力为所欲为，他就不会希望甚至害怕实现法官独立行使审判权，他就要干预审判而将法院作为其权力的附庸。如果法院不能独立行使审判权，其公正性也就难以保证，即便判决结果是公正的，仍然会受到质疑难以让人信服，其权威性也就大打折扣。因此，只有排除行政机关、社会团体和个人等外部因素的干涉，审判才可能真正具有权威性和公正性。

法官在审判活动中有权根据其所掌握的法学理论对法律予以良知上的诠释，独立思考、自主判断，对其审理的案件应当享有全权审判案件的权利。只有直接参与审判的在裁定书、判决书上署名的具体的法官真正享有审判的权力并对此承担责任，才能真正实现审判的公平公正。而我国司法体系被高度行政化，如常常出现下级法院请示上级法院直接对案件予以批复的情形，在法院内部，院长、审判委员会、庭长和法官的职能配置关系也有理顺的必要。在司法改革中，应当改变法院内部的高度行政化，避免审判案件的法官的裁判受法院内部担任行政领导职务人员意志的左右。如果法院内部高度行政化，从事案件审理的法官在法院行政链条上处于最底部，任由担任行政领导职务人员支配，其结果就是法官行使审判权时唯领导意志是从，而非法律规定。

在历年的法律实务中，对司法活动的非法干预极易造成冤假错案。所以，一旦强权干预司法活动并因此发生冤假错案时，应当追究相关强权者的直接责任。审判工作具有独立性，因此，为了确保此独立性，防止官员利用强权非法干预审判活动，影响审判结果，各级法院必须要建立相关信息库，用以记录相关领导干部干预司法活动插手案件的行为。在工作中，一旦发现上述行为，不论是谁，都必须要如实录入相关的信息专库。录入后，必须要及时、准确地将相关记录上报给相关党委政法委和上一级法院。任何相关党政领导干部，如果企图以组织的名义向法院发文、发函对案件处理提出无理要求，或者领导干部身边工作人员、亲属干预司法活动、插手具体案件处理的，司法人员都必须要如实地记录下来，并将相关的材料进行保存。而对于法院内部工作人员对案件进行批示等，将存入案件卷宗。司法人员不记录或者不如实记录领导干部干预司法活动、插手具体案件处理情况的，也将追究责任。为解决司法地方化问题、防止司法行政化倾向，就要切实减少对司法活动的不当干扰。

第二，不得在非法定事由及非法定程序的情况下对法官作出免职、降职、辞退或者处分决定。这是法官的一种职务保障权，有必要建立、健全法官履行法定职责保护机制保障法官依法履行职务，如得不到保障，法官公平办案的权利难以得到保障，审判案件不受行政机关、社会团体和个人的干涉的权利也可能成为空谈。

第三，依法获得相应报酬，依法享有获得保险、福利的权利和依法享有辞职的权利。法官的生活也同样应受到法律保障，法官的待遇应当与其职务和劳动付出相适应。当法官申请辞职并且辞职符合相关法律规定时，法院应当予以批准，并及时为其办理辞职手续。

第四，人身、财产和住所安全受法律保护。不仅是法官，任何人的人身、财产和住所安全都应受到法律保护。法官依法履职行为不受指控和法律追究，未经其法律职务任命机构批准，不受拘留和逮捕。

2014 年 7 月，浙江某法院受理了一起股权转让纠纷，审理期间，被告之一施某某的丈夫、区供销社党委书记、主任徐某某多次找承办法官胡某某说情，并威胁咒骂。2015 年 3 月，中级人民法院二审维持一审判决。施某某的丈夫徐某某在电话中威胁一审法官胡某某要到胡某某家里去，2015 年 5 月 11 日下午 5 时左右，徐某某再次找胡某某。在接待期间，徐某某多次语言威胁胡某某。下班后，胡某某要去学校接女儿，徐某某威胁胡某某要去找胡某某的女儿。在家人安全受到威胁的情况下，胡某某在法官办公区将徐抱摔在地，此次法官打人事件随着媒体曝光，引发社会舆论关注。胡某某因此受到批评并被责令写书面检查，还被告知"将视公安机关处理结果作出相应处理"。法官打人固然不对，但法官因履行职务的原因受到骚扰和辱骂，法官及家人人身安全受到威胁，其安全如何能够得到保护的问题亦应值得注意。

第五，参加培训。任何人的知识都是有限的，法官也不例外。因此，法官也有必要适度充电，不断补充和更新知识，以提高工作效率和办案质量。可以说，参加培训是法官的权利也是其义务。

第六，提出申诉或者控告。这是法律赋予法官在其权益受到侵害时的救济手段，以保护其合法权益不受侵害。

二、检察官队伍

（一）检察官的含义

检察官依法行使国家检察权。依据《检察官法》第二条规定，检察官包括最高人民检察院、地方各级人民检察院和军事检察院等专门检察院的检察长、副检察长、检察委员会委员、检察员和助理检察员。根据司法改革，检察院在检察业务中采用"员额制检察官＋检察官助理＋书记员"的模式①，由于《检察官法》等法律并未明确取消"助理检察员"，故本书在下文中对其予以保留。检察官仅指在检察院进行检察工作，并且具有检察长、副检察长、检察委员会委员、检察员和助理检察员职务的人员，检察机关内的相关检察辅助人员，如书记员、司法行政人员和法警等均不属于检察官②。

检察院是宪法规定的国家检察机关，并独立行使检察权。我国赋予了检察官崇高的法律地位，检察官由权力机关任命。任何机关、团体和个人都不得违规干预检察官依法履行检察权③。检察官作为行使国家检察权的人员，在国家公务人员体系中单成序列，要成为一名检察官，要求具备较高的政治素质和专业素质，目前除通过公务员考试外，还必须通过国家统一法律职业资格考试。

检察机关是专门的全面监督国家法律实施的机关，在国家的政权架构中居于崇高的、重要的、独立的法律地位。法治中国的建设离不开法律实施和监督。维护法律的尊严和权威是建设法治中国的重要内容，检察机关的职能以及检察官的职责决定了其在建设法治中国的历史进程中居于重要地位④。

检察官作为检察院这一重要职能单位的工作人员，在依法惩治腐败、推进依法治国的进程中具有举足轻重的作用。检察官通过预防和侦办国家工作人员的职务犯罪，行使批捕起诉职能，严厉打击刑事犯罪，为建设法治中国创造良好的社会环境。同时检察官通过对诉讼的监督来维护司法的公正性，这些都是建设法治中国进程中不可或缺的一部分。

---

① 魏思诺. 从检察官客观义务角度谈我国公诉队伍客观公正建设问题 [J]. 法制与社会，2020（22）：133-134.

② 蔡蓉英. 建设高素质法治工作队伍的理论探讨——以湖南省法治建设经验为例 [J]. 湖南警察学院学报，2016，28（3）：74-79.

③ 金磊. 加强我区法治工作队伍建设的思考 [J]. 中共银川市委党校学报，2015，17（4）：35-37.

④ 陈俊丽. 加强法治工作队伍建设全面推进依法治国 [J]. 实践（党的教育版），2015（7）：26-27.

（二）检察官的工作职责

检察官必须宣誓忠于宪法、忠于法律，并全心全意为人民服务。依据相关法律，检察官依法履职的行为，受到法律保护。检察官的职责有：

1.依法进行法律监督工作

在我国，对国家权力的行使，有多方面、多层次和多角度的不同效力的监督，其中检察机关的法律监督具有法定性、专门性和权威性。检察官是检察院各项职能的具体实现和执行者，这就必须要求检察官在检察院的法律监督工作中，履行相应的法律监督职能。检察院的法律监督工作主要包括刑事诉讼监督、民事诉讼监督和行政诉讼监督以及其他法律监督，而检察官正是在这些活动中，通过审查案件、出席法庭、纠正违法、受理和审查报案、提起抗诉、提出意见等方式履行职能，使检察院的法律监督工作得以落实。

刑事立案监督。若检察院发现公安机关对应当予以立案侦查的相关案件不依法进行立案侦查，或者被害人认为公安机关对应当予以立案侦查的相关案件不依法进行立案侦查，向检察院提出的，检察院应当要求公安机关说明理由。检察院认为公安机关不立案理由不能成立的，有权通知公安机关立案，公安机关接到通知后应当立案。

刑事侦查监督。检察院对于公安机关的侦查活动的合法性实行监督。检察院在审查公安机关侦办的案件过程中，有权审查证据的客观性、真实性和合法性。公安机关须在检察院批准后，才能作出逮捕犯罪嫌疑人的决定，批准由检察长决定，重大案件犯罪嫌疑人的批捕要经检察委员会讨论决定。检察院有权通知公安机关纠正其侦察查活动中的违法情况，公安机关应在纠正后将情况通知检察院。

刑事审判监督。当发现最高人民检察院对各级法院已经生效的判决和裁定或者上级检察院对下级法院已经生效的判决和裁定中存在错误的，检察院有权力并且必须按照审判监督程序向同级法院提出抗诉。

刑罚执行监督。检察院对相关监管活动合法性实行监督。法院在交付执行死刑前，同级检察院派检察官临场监督。检察院对执行机关执行刑罚的活动是否合法实行监督。如果发现存在违法行为，应当通知执行机关纠正。检察院对法院裁定减刑、假释是否合法实行监督，法院的减刑、假释裁定的副本应当抄送检察院，作出批准监外执行决定的法院或公安机关要将批准决定抄送检察院。检察院若认为批准决定不当，有权提出书面意见。例如，2014 年 3 月，检察机关曾在全国范围内启动减刑、假释、监外执行专项检察活动，截至同年5 月底，全国检察机关就发现违法线索 188 件，立案查处相关职务犯罪案件 30件涉及 40 人 [①]。2014 年，超过 800 名罪犯者被重新收监。检察院立案侦查刑罚执行、监管活动中的职务犯罪，开展预防职务犯罪工作，对罪犯又犯罪的案件进行审查，并对罪犯逮捕，审查起诉，受理控告、举报和申诉，防止出现羁押超过期限。对于侵犯被监管人合法权益行为予以监管和纠正。罪犯在服刑期间死亡的，监狱、看守所应当立即通知检察院，检察院如对医疗鉴定存在疑义，可对死亡原因重新鉴定。如果在司法活动中，罪犯非正常死亡，检察院有权立即要求对死亡原因进行鉴定。检察院有权依法依规，对社区矫正的具体环节实行监督。社区矫正机构要将有关执法文件抄送检察院，并按时通报有关情况。检察院如果发现以上活动存在违法情况，有权口头提出纠正意见、制发纠正违法通知书或者检察建议书。检察院还具有对依法不负刑事责任的精神病人强制医疗的决定和执行实行监督的职权。

除刑事诉讼监督外，检察院还有权对民事诉讼和行政诉讼实行法律监督。检察官办理民事、行政诉讼监督案件，应当依法履行法律监督职责，严格遵守办案规则以及相关检察纪律规范，不得谋取任何私利，不得滥用监督权力。

在民事诉讼中，最高人民检察院有权对下列情形提出抗诉：各级法院已经生效的判决、裁定或上级检察院对下级法院已经生效的判决、裁定，存在事实不清、适用法律错误、程序不合法的，或者调解书损害国家及社会公共利益的；地方各级人民检察院对同级法院生效的判决、裁定，发现认定事实不清、适用法律错误或者程序不合法的。对于已经生效的民事调解书存在损害国家及社会公共利益情况的，最高人民检察院有权向同级法院提出检察建议，或提请上级检察院向同级法院提出抗诉。各级检察院如在审判监督程序以外发现其他审判程序中存在违反法律行为的，应向同级法院提出检察建议。检察院有权对民事执行活动实行法律监督。

---

① 刘作翔 . 法律人才培养应作分类化研究 [N]. 人民法院报，2016-08-19（005）.

在行政诉讼进行的过程中，如果某项已经生效的判决涉及违法情况，检察院可以就有关问题向相关法院提出抗诉。对于已经生效的调解书存在以下情况的，检察院应当向有关法院提出抗诉要求：损害国家利益、损害社会公共福利。对于在工作中发现的某些行政机关的行政行为存在有违法违规现象，检察院要向相关机关出具检察建议，并及时将相关情况告知法院。

法院再审抗诉案件，检察院有权派驻检察官。被派驻检察官的任务如下：宣读抗诉书；出示检察院依法收集的相关证据，不论证据是否有利于申诉人；对当事人的问题予以说明。如果被派驻检察官在参与庭审时，发现过程中存在着违反法律的情况，则在此次庭审结束后，或者休庭时立即报告检察长，并且提出检查建议。

2. 代表国家进行公诉

"惩罚犯罪、实现正义"是检察官的天职。在我国，检察机关是唯一的享有公诉权的机关，无论是公安机关还是检察机关侦查的案件，凡需要提起公诉的案件，一律由检察院审查决定[①]。检察官具有筛漏功能，是案件进入刑事审判程序的"守门人"。公诉权是检察机关代表国家依法向审判机关控诉被告人犯罪，并要求法院进行审判以追究被告人刑事责任的权力和责任。检察官履行代表国家进行公诉的职责，就是出席法庭支持公诉。其具体工作包括：对相关案件进行审查，对于侦查不充分需要补充侦查的案件，检察官有权将案件退回公安机关补充侦查或者自行侦查。侦查完成后，检察官对公安机关侦查终结的案件可以依法做出提起公诉、不起诉的决定，对检察院侦查终结的案件可以依法作出提起公诉、不起诉或者撤销案件的决定。在提起公诉的案件的审理过程中，检察官要以国家公诉人的身份出席法庭庭审，庭审中检察官的具体职责包括：在法庭上宣读公诉起诉书、发表公诉并提出诉状及证据；讯问被告人和就案件相关问题进行辩论等；通过庭审活动促使法官相信被告确有足够的犯罪嫌疑。

3. 对法律规定由检察院直接受理的刑事案件进行侦查

刑事审判程序的源头同时也是最重要的一环就是侦查工作，侦查工作的结

---

① 杨蕾歆. 基于公共人力资源管理视角的重庆市法治专门人才队伍建设研究 [D]. 重庆：重庆大学，2016.

果将影响最终审判的正确性，在侦查工作中，检察官是负有重大责任的。对于贪污贿赂犯罪，国家工作人员的渎职犯罪，国家机关工作人员利用职权实施的非法拘禁、刑讯逼供、报复陷害、非法搜查的侵犯公民人身权利的犯罪以及侵犯公民民主权利的犯罪，应当且必须由检察院首先立案侦查。对于国家机关工作人员利用职权实施的其他重大的犯罪案件，需要由检察院直接受理的时候，经省级以上检察院决定，可以由检察院立案侦查。对于公安机关提请公诉的案件，检察院也有权自行侦查[①]。在侦查过程中，有权传唤、拘留、讯问犯罪嫌疑人，询问证人，进行勘验、检查和搜查，扣押物证、书证，有权决定逮捕、拘留犯罪嫌疑人。对需要逮捕而证据还不充足的，有权决定取保候审或者监视居住。根据全国人大常委会《关于在北京市、山西省、浙江省开展国家监察体制改革试点工作的规定》，试点地区人民检察院查处贪污贿赂、失职渎职以及预防职务犯罪等部门的相关职能整合至监察委员会，其有专门的反腐败机构，负责调查处置职务违法犯罪行为[②]。这意味着在今后对职务犯罪案件的处理上，将形成一种新的体制，这种新的体制需要监察委员会、检察机关、审判机关的通力合作而并非某一个机构就可以实现。

4. 提起公益诉讼

依据《民事诉讼法》第五十五条及有关规定，针对损害社会公共利益的行为，如污染环境事件、侵犯广大消费者合法权益事件等，经法律授权规定的相关机关单位和有关组织可以向法院提起诉讼。人民检察院在日常履行工作职能的过程中，若发现破坏生态环境的行为和在资源保护、食品药品安全等重要领域侵害众多消费者合法权益等损害社会公共利益的行为，且在没有前款规定的机关和组织或前款规定的机关和组织不提起诉讼的情况下，可以向人民法院提起诉讼。法律监督职能是检察机关所具有的基本职能之一，完善的提起公益诉讼制度的建立和践行有利于充分发挥检察机关的这一法定监督职能，有助于加强对国家利益和社会公共利益的保护。党的十八届四中全会决定提出"探索建立检察机关提起公益诉讼制度"，由此结束了检察机关能否提起公益诉讼的争

---

① 张晓峰. 简析法治工作队伍及我省立法队伍建设的若干问题 [J]. 吉林人大，2015（10）：29-30.

② 程金华. 依法治国者及其培育机制 [J]. 中国法律评论，2015（2）：107-119.

议，但相关立法仍有待完善 ①。全国人大常委会于 2015 年 7 月 1 日通过了《关于授权最高人民检察院在部分地区开展公益诉讼试点工作的决定》，7 月 2 日最高人民检察院公布了《检察机关提起公益诉讼改革试点方案》，北京市、内蒙古自治区、江苏省、贵州省等 13 个省、自治区、直辖市的检察院成为公益诉讼试点单位，检察机关提起公益诉讼试点工作正式启动。作为公益诉讼试点的检察机关在履行职责中发现污染环境、食品药品安全领域等损害社会公共利益的行为，在没有适格主体或者适格主体不提起诉讼时，可以提起民事公益诉讼 ②。发现生态环境和资源保护、国有资产保护、国有土地使用权出让等领域负有监督管理职责的行政机关违法行使职权或者不作为，造成国家和社会公共利益受到侵害，公民、法人和其他社会组织由于没有直接利害关系，没有也无法提起诉讼的，检察机关可以提起行政公益诉讼。

5. 提起附带民事诉讼

在检察院提起公诉的案件中，如果涉及国家或集体财产遭受重大损失的情况，检察院有权提起附带民事诉讼，同时该检察院享有申请法院采取保全措施的权利。

6. 法律规定的其他职责

检察官的其他职责还包括：积极开展法制宣传活动、进行犯罪预防教育、依法提出相关检察意见或检察建议、指导书记员工作等职责。

（三）检察官的条件和考核

1. 检察官的条件

在我国，检察官所肩负的广泛的工作和社会职责赋予其身份多重性。作为检察官，在不同的工作中会分别扮演侦查员、国家公诉人或是法律监督者的角色。因此检察官就必须要具有极高的政治素质、道德素养、科学知识和法律知识，这是国家法律实施监督者的身份所给予检察官的硬性要求。正是由于上述原因，我国法律规定担任检察官必须具备下列条件：第一，我国检察官必须由具有中华人民共和国国籍的人担任。第二，检察官必须年满

---

① 孙笑侠.“深化型法治”背景下的法治工作队伍建设 [N]. 中国社会科学报，2015-04-01（B04）.

② 吴杰. 依法治国背景下法治队伍建设的思考 [J]. 新东方，2014（6）：1-4.

二十三周岁。第三，检察官必须要自觉拥护和维护我国宪法及法律。第四，我国检察官必须具有良好的政治、业务素质和良好的品行。第五，身体健康。第六，高等院校法律专业本科毕业或者高等院校非法律专业本科毕业，具有法律专业知识，且从事法律工作满二年，其中担任省、自治区、直辖市人民检察院、最高人民检察院检察官，应当从事法律工作满三年；获得法律专业硕士学位、博士学位或者非法律专业硕士学位、博士学位具有法律专业知识，从事法律工作满一年，其中担任省、自治区、直辖市人民检察院、最高人民检察院检察官，应当从事法律工作满二年。适用上述学历条件确有困难的地方，经最高人民检察院审核确定，在一定期限内，可以将担任检察官的学历条件放宽为高等院校法律专业专科毕业。《检察官法》施行前的检察人员不具备上述学历条件的，必须要接受相关培训，培训的具体办法和细节由最高人民检察院制定。

2. 不得担任检察官的情形和任职回避

存在下列情形的不得担任检察官：有关犯罪行为的；曾被开除公职的。同一检察院的相关领导和同一业务部门的检察员、上下两级检察院的有关领导，不得由具有夫妻关系、直系血亲关系、三代以内旁系血亲关系、近姻关系的检察官同时担任。

应采用考试与考核相结合的办法招录初任检察官，备选人员应当德才兼备，通过国家统一法律职业资格考试，且具备成为检察官的条件。关于正、副检察长的备选人员，应该在在任的检察官里择优挑选。未来的检察官将实行精英化、职业化、专业化。由于检察院存在不同的等级，因此在对检察官的任职条件进行设置时，要综合判断、考虑不同级别检察院的具体情况，不可搞一刀切。

例如，在上海市的司法改革中，可以通过选任、遴选和公开选拔三种方式成为检察官。其中选任的条件：检察官助理任职达 5 年或 5 年以上，具有过硬的政治素质、精湛的检察业务能力、突出的检察工作实绩，只有同时满足以上所有条件才可以被选拔为检察官。检察官的选任一般来说每一年组织一次，一般由市院检察官遴选（惩戒）工作办公室负责实施。遴选原则上是上级院检察官从下级院检察官中择优遴选，参加遴选的检察官，一般要具有三级检察官及以上等级，年度考核均为称职以上等次，业务能力较强，工作实绩突出。

在当前时期，由于我国现行的检察官管理方式和检察官工作模式在很长一段时期以来都是在沿用着一种行政化的运作模式，因此当前我国的检察人员编制、岗位混乱，职责划分不清，检察官负担着大量的事务性工作，或被安排在非业务部门，这些问题会严重加重检察官的工作负担。除此之外，由于检察机关用人制度上还有着严重的条块分割问题，导致有些地方的地方党委对检察官的任免和升迁有很大的话语权和政治影响力，在一些地方甚至出现了某些领导干部利用自己手中的权力强行将身边的行政官员安插到检察院领导班子里的违规行为。这种行为如果不严厉地加以制止，就必定会造成在广大的检察队伍中，优秀的检察官失去晋升机会，同时也会在极大程度上打击检察官的工作积极性以及职业进取心。因此，为了防止上述情况进一步加重，在今后涉及司法改革时，必须要适当地提高司法辅助人员占比，切实减少检察官程序性、事务性工作的工作量，同时要对强行安插行政人员进入检察院领导班子的行为严肃地监管和处理。为了科学化检察官选拔工作，必须要在省一级检察院设立检察官遴选委员会，该委员会的一大重要职责就是提名检察官人选。其组成人员中检察业务专家、人大代表、政协委员、律师代表、法学学者代表等社会各界代表不低于50%。

在接下来的司法改革中，必须要采用一种主任检察官办案责任制的检察权运行机制，并以此来提高检察官独立办案的地位。该机制要求主任检察官在检察长授权范围内，依法独立行使检察执法办案权并对其决定负责。建立符合法律监督职能要求的执法办案基本组织，在主任检察官负责下依法行使检察权。然而，在主任检察官办案责任制改革试点中，检察院办案"行政化"色彩依旧显著，主任检察官主体地位不明、职权不清，检察官独立性弱的缺陷依然存在，检察院内部管理体制的高度行政化加剧司法的官僚化，主任检察官处于行政化体制的底层，其行使检察权实际上演变为对检察院各级领导们所作的行政决策的执行权[①]。最新一轮司法改革强调权责一致和保障依法独立行使职权。

3.检察官职务的免除

检察官如有下列情况，应依法提请免除该检察官职务：丧失中国国籍，调

[①] 江金权.大力建设高素质法治工作队伍[N].光明日报，2014-12-04（001）.

离本检察院，职务变动无须保留原职，考核后认为不称职，因身体健康原因无法继续履职，退休、辞职或者被辞退。检察官如果存在下列情况，应该依法对其免职或辞退：连续两年考核结果不称职，检察官拒绝检察院合理的人事调整，旷工或逾假不归超过 15 天，不履行检察官应尽的职责和义务且不知悔改，出现违纪、违法犯罪的行为。

4.检察官的任免程序

检察官于检察院就职。我国的检察院包括：最高人民检察院、地方各级人民检察院和其他专门检察院。地方各级人民检察院的构成如下：省、自治区、直辖市人民检察院；省、向治区、直辖市人民检察院分院，自治州和省辖市人民检察院；县、市、自治县和市辖区人民检察院。检察官的任免程序如表 5-6 所示。

表 5-6　我国检察官的任免程序

检察官	任免
最高检检察长	全国人大
最高检副检察长、检察委员会委员和检察员	最高检检察长提请全国人大常委会任免
地方各级人民检察院检察长	地方各级人大任免，并报上一级检察院提请全国人大批准
地方各级人民检察院副检察长、检察委员会委员和检察员	本院检察长提请本级人大常委会任免
在省、自治区内按地区设立的和在直辖市内设立的检察院分院检察长、副检察长、检察委员会和检察员	由省、自治区、直辖市人民检察院检察长提请本级人大常委会任免
助理检察员	本院检察长

根据司法改革，在检察业务中，检察院实行"员额检察官＋检察辅助人员"模式，助理检察员是否不再产生，尚待法律的明确规定。

军事检察院以及其他专门检察院的相关领导的任免，应由全国人大常委会另行规定。

若出现违反法律规定和程序被选举成为检察长的情况，上级检察院检察长有权提请该级人大常委会不批准。对检察官的任命若存在违反法律规定的行为，一经发现，应立即责令作出该项任命的相关单位撤销这项任命。上级检察院发现下级检察院检察官的任命有违反法律规定的条件的，应当责令下级检察院依法撤销该项任命，或者要求下级检察院依法提请同级人大常委会撤销该项任命。最高人民检察院和省、自治区、直辖市人民检察院检察长可以建议本级人大常委会撤换下级检察院检察长、副检察长和检察委员会委员。

5.检察官的考核

对检察官的考核，由所在检察院组织实施。检察院设检察官考评委员会，检察官考评委员会主任由本院检察长担任，对检察官的考核以检察工作实绩为重点，考核方式要以领导考核和群众考核相结合、平时和年度考核相结合，并且公正客观地予以考核。考核的具体内容应包括：检察工作的实绩，检察官的思想道德，检察工作业务水平，法学理论水平，检察官的工作态度和工作作风。检察官的奖励惩处、相关培训、免职辞退、等级调整和工资变动都以考核结果为依据。考核的结果要以正式的书面形式通知被考核检察官本人，被考核检察官对考核结果存在异议的，可以提出复议申请。

6.对检察官离任后的限制和其他限制性规定

担任检察官的同时，本人不可以兼任人大常委会成员，同时也不可以在行政、审判机关担任职务；在事业单位担任职务的不可以担任检察官，在职律师也不可以同时担任检察官。

从检察院离任后的两年内，离任的检察官不得在诉讼案件中担任代理人和辩护人身份。且离任后的任何时间里，都不得为其曾承办过的案件担任代理人或者辩护人。检察官的配偶和子女均不可以担任该检察官办理案件的代理人或者辩护人。

（三）检察官的等级

1.检察官的等级

在我国，检察官共分十二个级别，其中：最高检检察长为首席大检察官，大检察官、高级检察官、检察官依次为二级至十二级检察官。具体如表 5-7 所示。

表 5-7　我国检察官等级划分

等级	
首席大检察官	
大检察官	一级、二级
高级检察官	一级、二级、三级、四级
检察官	一级、二级、三级、四级、五级

我国检查官与法院等级划分具体如表 5-8 所示。

表 5-8　我国检察官与法院等级划分具体规定

	最高人民法院	高级人民法院	中级人民法院	基层人民法院
检察长	首席大检察官	二级大检察官	一级高级检察官至三级高级检察官	三级高级检察官至四级高级检察官
副检察长	一级大检察官至二级大检察官	一级高级检察官至三级高级检察官	二级高级检察官至四级高级检察官	四级高级检察官至一级检察官
检察委员会委员	二级大检察官至二级高级检察官	二级高级检察官至四级高级检察官	三级高级检察官至一级检察官	四级高级检察官至二级检察官
检察员	一级高级检察官至四级高级检察官	二级高级检察官至二级检察官	三级高级检察官至三级检察官	四级高级检察官至四级检察官
助理检察员	一级检察官至三级检察官	一级检察官至四级检察官	二级检察官至五级检察官	三级检察官至五级检察官

这里涉及的关于助理检察员的等级划分是根据《检察官法》作出的，但在检察院实际工作中，关于"助理检察员"是否保留尚待法律相关后续规定的出台才能明确。直辖市人民检察院分院、副省级市等人民检察院及其下属的区、县人民检察院检察官的等级，根据检察官职务配备规格参照上述相应规定确定。

2. 检察官等级的批准权限

评定检察官等级按照干部管理权限审核后依照下列规定的权限批准（见表 5-9）。

表 5-9　我国检察官不同等级的批准权限

检察官等级	批准人
一级大检察官、二级大检察官、一级高级检察官、二级高级检察官及最高人民检察院其他检察官的等级	最高人民检察院检察长
省、自治区、直辖市人民检察院及其下属人民检察院的三级高级检察官、四级高级检察官、一级检察官、二级检察官和省、自治区、直辖市人民检察院其他检察官的等级	省、自治区、直辖市人民检察院检察长
省、自治区、直辖市人民检察院分院，自治州、省辖市人民检察院及其下属人民检察院的三级检察官、四级检察官、五级检察官	省、自治区、直辖市人民检察院分院，自治州、省辖市人民检察院检察长

3.检察官等级的晋升

检察官职务提升时，对于其提升前的检察官等级低于提升后的检察官等级的最低一级的，该检察官的等级调整为此等级。年度考核结果是检察官晋升时的主要参考。晋升高级检察官时，必须要经过专门的培训。一级检察官以上等级的检察官晋级，实行选升，二级检察官以下等级的检察官等级晋级期限届满，经考核合格逐级晋升，在检察工作中有突出贡献的，可以提前晋升；考核不合格的应当延期晋升（见表5-10）。

表5-10　我国检察官等级的晋升规定

检察官	每晋升一级年限
五级至三级检察官	三年
三级至一级检察官	四年

检察官等级晋升的批准权限，与检察官等级评定的批准权限相同。检察官等级提前晋升的由最高人民检察院检察长批准。

（四）检察官等级的降低和取消

检察官被降职时，对于其原先的检察官等级要高于降职后职务等级的最高检察官等级的，应该调整为该等级。检察官违反纪律，可以依据有关规定降低其职位编制等级。此条对五级检察官不适用。降职后的检察官，其晋升期限应当重新计算。检察官等级随着检察官的免职及辞退一并取消。检察官等级降低、取消的批准权限与评定检察官等级的批准权限相同。

（五）检察官的义务和权利

1.检察官的义务

第一，检察官必须秉公执法，切不可徇私枉法，要以事实为根据，以法律为准绳，忠于法律是检察官的信仰，依法办事是检察官的职责。如果检察官自己都不遵守法律，甚至带头违反法律，那法律也就形同虚设了。在诉讼程序中，检察官要依法保障相关律师依法执业的权利，要尊重律师的辩护权，在诉讼的过程中，如果辩护律师有申诉、控告需求，检察官必须及时办理，严厉杜绝纠正妨碍、侵害律师权利的行为。要积极推动形成一种检察院与律师的良性互动关系。

第二，检察官要利用法律的手段，依法维护国家利益，自然人和其他法人、组织的利益不受侵犯。检察官本人更不得以任何手段侵害国家、相关人员、组织的合法权益。检察官因为玩忽职守，工作出现重大失误，且对当事人造成了巨大损失的，应当追究其责任。检察官要依法依规保障当事人和诉讼人的知情权、陈述权、辩护权、辩论权、申请权、申诉权，并为当事人提供申诉渠道。

第三，检察官必须要清正廉洁，忠于法律，爱岗敬业。由于检察工作具有特殊性，因此检察官就必须要以更高的职业要求来要求自己。检察官不得贪污受贿、徇私枉法、刑讯逼供，这是基本要求。检察官不得隐瞒证据或者伪造证据，不得无端拖延工作，延误办案，不得利用职权的便利，为自己或者他人谋取不正当利益，亦不可从事营利性的商业活动，不得私自与案件的当事人或其代理人、辩护人会面，不得收受案件当事人或其代理人、辩护人的宴请与礼品或有其他违法乱纪的行为。如果只有公正的法律，没有公正的检察官，"好经也会被歪嘴和尚念歪了"，司法公正也就无从谈起。

为确保在诉讼活动中公正地履行检察职能，检察官应遵守回避制度。检察官是本案件的当事人或者当事人的近亲属，检察官本人或本人的近亲属与本案件有利害关系，又或是曾经担任过本案的证人、鉴定人、辩护人、诉讼代理人中的任何一种，除此之外检察官本人同本案当事人存在可能影响案件公正的其他任何关系的，都应当回避，当事人及其法定代理人也有权要求他们回避。检察官接受案件当事人或其委托者的请客送礼，或是违反规定会见当事人及其委托的人的，当事人及其法定代理人有权要求他们回避。检察官的回避，由检察长决定；检察长的回避，由同级检察院检察委员会决定。检察官不能在回避决定作出前，停止对案件的侦查。

第四，自觉地接受法律和人民的监督。检察权就如同其他任何公权力一样，其行使都必须受到监督和制约。不对外公开的秘密司法是黑暗的司法，当然检察活动也不例外，所以只有将检察活动置于阳光之下，才能避免和防止权力被滥用，因此掌握着检察权的检察官就应当接受社会的监督。司法越是公开就越有公信力，自觉地接受监督实际上就是检察官的一种自我保护，所以如果执法司法信息公开的不及时，就容易导致无端猜测乃至出现各种谣言，给检察工作造成极大被动和损害。

2.检察官的权利

第一，任何行政机关、社会团体和个人都不得干涉检察官依法履行检察职责。然而，事实情况是在我国，检察官常常处于和法官类似的尴尬地位，在一定程度上受到党内、行政等公权力的干预，如在刑事案件中，常出现"公安机关做饭，检察院端饭，法院吃饭"的现象。由于许多地方一度出现公安局局长地位高于检察长和法院院长的情况，导致法院、检察院最终均听从于公安机关，检察官难以很好地履行监督和公诉职能，同样在检察院内部检察官还必须听命于上级。在辩论过程中，有时律师辩护滔滔不绝，出庭支持公诉的检察官仅有招架之功，这种情况的出现，其原因不在检察官水平，有时检察官本人内心就持和辩护律师相同的观点，只是在受到公权力干预下对被告人做出错误的指控，虽然如此，由于公权力的干预，法院有时最终会支持公诉意见导致冤假错案的出现。为解决司法地方化问题、防止司法行政化倾向，切实减少对司法活动的不当干扰，《领导干部干预司法活动、插手具体案件处理的记录、通报和责任追究规定》《司法机关内部人员过问案件的记录和责任追究规定》也适用于领导干部干预检察活动的情形。最高人民检察院《关于深化检察改革的意见（2013—2017 年工作规划）》（2015 年修订版）提出：推动省以下地方检察院人员统一管理改革。配合中央有关部门，建立省以下地方检察院检察官统一由省提名、管理并按法定程序任免的机制，建立省以下地方检察院政法专项编制统一管理制度。推动省以下地方检察院财物统一管理改革。配合中央有关部门，建立省以下地方检察院经费由省级政府财政部门统一管理机制。值得注意的是，在司法改革进程中，检察院独立性弱的情形尚未得到根本好转。在检察院内部，检察官履职模式与行政官大同小异，检察长、检察委员会、检察官的关系也未能理顺，这些制度缺陷对检察官严格公正司法形成严重掣肘。

第二，在非因法定事由和非经法定程序的前提下，检察官不可被免职、降职、辞退或者处分。涉及检察官的上述处分在没有法定事由和程序的情况下不得进行。

第三，检察官有依法获得报酬的权利，同时享受保险和福利待遇。根据检察工作特点，我国正在建立检察官独有的薪酬制度。

第四，检察官的人身安全、财产安全及住所安全受法律保护，检察官依法履职行为不受指控和法律追究，未经法定机构批准，不得拘留和逮捕。为保护检察官权益，应健全检察人员合法权益因履行职务受到侵害的保障救济机制和不实举报澄清机制。

第五，参加检察官业务培训。培训内容分别包括任职资格培训、领导素能培训、专项业务培训、岗位技能培训四大方面。任职资格培训由初任检察官培训、晋升高级检察官培训两方面构成。国家对检察官应当有计划地进行理论培训和业务培训，检察官有依法接受培训的权利和义务。

三、警察（公安）队伍

（一）警察的定义

警察属于公务员的范畴，其工作单位在公安机关、维护安全的安全机关以及关押罪犯的监狱，也可以在司法系统，如负责审判的法院、负责检察的检察院等。在工资以及福利制度方面，依据国家公务员进行，同时给予生活和工作上的保险以及补贴。辅警属于公安机关，并在各种情况下受公安机关的指派帮助警察执行任务，但是其不在警察所定义的范畴之内。通常情况下警察的工作范围包括涉及各行业的社会治安、交通运营上的管理与处理、各种案件的刑事侦查、边境防护、居民户籍事项处理、消防安全以及出入境事项的管理等。

警察的主要任务包括对社会治安秩序和国家安全进行维护，对公民的人身自由、人身安全以及合法财产进行保护，对违法犯罪活动进行惩治、制止和预防。国家安全涉及国家主权和领土完整，它是我国人民群众利益的根本保证，关系到社会稳定、经济繁荣。在国家所规定的范围内，为了保证我们整个社会和国家有良好的安全环境，警察有一定的权限通过合法的方式对社会进行干涉，甚至可以在合理范围内对不恰当的社会关系进行改善。警察的主要任务是依职权对警察事务进行干预、管理，主要用以调整一定范围的社会关系，使这种社会关系主体的行为符合国家制定的行为规范，并对危害人民群众利益的行为予以制裁。此外，警察还负有抵御外来侵略和颠覆的任务。警察和所在机关有义务在自己的权利和义务范围内，以协作的方式工作，保证国家有一个安全的环境，这对于警察和所在机关单位来说是需要放在第一位的义务。如果一个社会没有良好的社会治安秩序，就无法保持政权的稳定，公民和社会组织就没有安全感，经济的发展也难以得到保障。在我国，社会治安工作范围广、任务重、社会反映强烈。这就需要警察积极预防危害社会治安秩序的行为，依靠和教育群众，积极搞好社会综合治理。警察在面对破坏社会安全秩序的各种行为时，需要及时阻止行为的延续，对于已经发生的不恰当行为，需要在法律范围内对当事人进行处罚，与此同时，要发动群众的力量，营造全面的预防环境。

广义的警察包括中国人民武装警察，中国人民武装警察通常简称为武警，是担负国家赋予的安全保卫任务的部队，是一种武装力量，其受国务院、中央军事委员会双重领导。武警所负责的各项工作和职责范围主要有：在规定的范围内，在各种重要场合或活动下的安全保护工作、重要对象的安全保护任务；当社会出现动荡暴乱、恐怖分子等破坏公共秩序的情况时，按照指示通过各种方式对其进行压制，及时保障社会的合理秩序；对于涉及国家命脉的对象提供安全保护，包括最基本的水电基建、部分涉及国家安全的企业、保障基本信息安全的通信设施以及其他保障社会安全运营的基础设施；对需要帮助完成任务的各种司法机关、安全机关以及其他机关等，按照相关指示进行配合，包括但不限于罪犯或嫌疑人的抓获、运输等；对处于运输要地的桥等基础设施进行安全保护，保障其正常地通行。对每一个省的省会城市提供安全保障，同时对某些特殊或处于重要部署地位的地区提供安全保护；对于某些需要严格防卫的监狱等地区，在外部一定范围内提供安全保障环境；其他需要武警提供武装保护的情况。

通过公安部门与其他依照规定的相关部门的相互协调、合作任务，来为整个社会和国家提供安全保护和安全保障。涉及安全的部门依照相关规定，在一定范围内的工作中有权限按照规定进行相关调查、在特定情况下扣押拘留、按照流程和规定进行预先审查、根据指示对嫌疑人进行逮捕等。涉及国家层面的安全保卫工作的警察，其工作对象主要是：通过贿赂或其他利益渠道使涉及国家安全保卫岗位的人危害国家安全的；国内或国外的团体或个人，通过不正当的指派或财务支持来帮助他人破坏国家的安全环境的，如反对国家基本制度、企图反对政府、破坏国家统一等的行为；将涉及国家安全的相关重要信息，以偷盗、间谍等不正当方式获取的；与破坏国家安全的间谍的任务执行有密切相关关系的；涉及破坏国家安全环境的相关违法行为。《关于司法体制改革试点若干问题的框架意见》中明确，要进一步加强管理，保证国家安全，通过侦查员的措施对在司法体系中的工作岗位进行管理，同时要对其岗位作出必要的保障。

司法警察，属于警察的范畴，同时在其组织形式上行使编队的方式，在日常生活中有时也称之为法警。在法院工作岗位上的法警，其职责包括对司法审判工作的正常进行提供安全保障，对于影响法院工作正常进行的活动及时终止。法院之间存在着领导与被领导的关系，各法院都受最高院的指引，在有关警察的岗位上存在着上下级的关系，在下级法院的警察岗位，受到上级法院的警察岗位的指引。在法院工作的警察，其在管理制度上由所在部门调遣，同时，其所在工作单位的院长和上级单位的警察部门有权对其进行指派。对于工作岗位在法院体系的警察而言，其工作范围主要有：对被判为死刑的罪犯进行执行；在法院进行审判工作时，保证安全工作环境，并需要对相关人员进行安检确保安全；对审判结果进行执行，在特殊情况时，有权利实施强制性的手段；在需要对犯罪嫌疑人押解审判时，需要警察负责，并负责证人、鉴定人的牵引带领，在需要证据等相关材料传送时，同样由警察负责传送；警察负责应急的相关工作，以保证在有紧急情况出现时的及时应对；当需要采取必要的强制性手段时，由警察负责执行；相关规定中的其他责任。

在检察院相关工作单位工作的警察，其工作职责是在被赋予的权利范围内，对检察工作的正常进行提供安全保障，对于破坏正常工作的犯罪活动进行及时阻止。检察院之间存在着领导与被领导的关系，各检察院都受最高检的指引，在有关警察的岗位上存在着上下级的关系，在下级检察院的警察岗位，受到上级检察院的警察岗位的指引。对于工作岗位在检察院体系的警察而言，其工作范围主要有：如果某案件由检察院负责，同时其立案是由检察院来进行的，其案发现场应有检察院的警察负责保护；当检察院的工作范围内出现突发性的事件时，由警察负责及时参与；当嫌疑人或罪犯需要被运送、押解时，由警察负责；对于人民群众访问的地点，警察负责提供安全环境保障；传唤等非强制性措施、拘留等非强制性措施，由警察负责实施；警察需要负责法律文书等相关必要材料的传送；在死刑判决的执行、法庭正常工作时，警察负责保障在场工作人员的人身安全。

将特定的权利给予警察，是保障政治安全的重要条件。警察是政治与权利保障中的重要环节，通过各种规定范围内的强制性和非强制性的措施，来保障社会安全，但前提是警察被给予了特定的权利。警察所在的工作岗位是行政体系的组成部分，但其存在很大的特殊性，主要体现在其更加严格的实施措施。《关于司法体制改革试点若干问题的框架意见》明确，对在一线默默付出、辛勤工作的警察的福利待遇作出保障和补偿，不同类型的警察的管理水平要不断提升，如负责任务安排的警官、作为警察主力的警员、负责技术处理的警务等的管理。以公务员的岗位为依据，设定负责安全和检察等的公务员岗位，使工作岗位的薪资水平与工作类型相互符合。

（二）警察的工作职责

对于警察，其岗位的工作要依据相关规定，行使一定权利并履行相应的义务。警察是为社会无私奉献的岗位，同时存在着很大的生命安全风险，有很大的工作负荷量，所以根据相关规定，如果因执行任务或其他工作而导致身体残障，应当用同军人一样的补偿措施对待人民警察，给予其最优厚的补偿措施。我国安定的生活和稳定的社会秩序与民警忠实地履行职责是分不开的，我们享受节假日时，常可以看到民警仍坚守着岗位，遇到危险时，也常可以看到民警冲在前面。不可否认，警察队伍中还存在诸多令人不满的情形，但我们不应将对少数不良警察形象的认识上升到对警察整体形象的认识。

根据不同的标准，警察职责可以有不同的分类：

1.按照工作责任范围有专政职责和民主职责之分

对于负责专政职责的，按照规定其有权通过各种符合规定的手段对损害社会主义基本制度的分子进行压制。对于负责民主职责的，包括为社会提供安全的环境，以及保障大众的人身财产安全和权益，同时需要积极向大众讲授守法观念，动员大众与危害社会安全的罪犯进行对抗。

2.按照属性有司法性职责、社区服务性职责、治安行政职责以及武装性职责之分

对于司法性职责的，在法律规定的基本责任之外，还需要为司法工作的正常进行提供安全保障。对于各种违法行为的控制，是任重而道远的工作。当案件涉及刑事责任时，其调查、押运等各项任务，需要人民警察进行执行。刑罚

的执行多数也是由执行机关的民警具体负责。

　　当案件负责刑事责任时，警察需要按照规定流程对当事人的证明材料进行调查、获取，包括证明当事人违法程度的各种证明性物品。在特定情况下，警察可以依法将与嫌疑人相关的事物作为目标进行调查检验，并且可以对有藏匿嫌疑人及相关犯罪事实的证据的事物进行调查检验。如果在调查时出现与案件相关的重要物品及其他重要材料，由警察以及时进行封存等方式处理。在调查检验嫌疑人的过程中，如果出现犯罪嫌疑非常大的对象时，应提前扣押。如果在调查检验过程中，发现了有力的证明材料，需要通过预审的环节，来保证材料的准确性。案件调查时，警察可以通知嫌疑人、证人配合调查，也可以对重要证明材料先行保管，同时有权对嫌疑人进行扣留，如果出现逃逸的情形，警察需要及时申请通缉令。当遇到紧急等特殊情况时，警察有权借用社会上各种组织或个人的用品，包括但不限于出行设备、远程交流设备以及各种基础设施。但在任务结束时，需要物归原主，同时以使用费作为补偿，如果出现损失，需要按照合理的价格进行损坏补偿。同时，警察有权利执行法律规定的刑罚权利。

　　民警通过行使权利保障社会安全环境的工作被称为治安行政职责，致力于各方面行政管理的安全运营，维护社会安全，其工作范围主要有：维护社会治安环境、居民交通出行管理、居民人口户籍相关业务办理、国家边防安全维护、社会消防安全保护、各类人员出入境业务办理、居民潜在安全威胁器械或物品的使用管理、存在特殊性的行业的管理、网络安全环境的管理、各种社会性集体活动的安全保证、违法行为的及时阻止以及对各种妨碍治安安全的事故进行制止等。全国层次的社会安全保卫工作总体由公安部负责，县级以上的公安机关保障管辖范围内的社会安全保卫工作。当需要对破坏治安的行为进行惩罚时，由县级以上单位负责。

　　当各种社会团体或个人破坏社会安全环境时，公安部门有权通过法律规定的强制性手段进行惩罚。对社会安全环境造成较大影响时，警察有权利将当事人通过法律规定的强制性措施进行扣押。当破坏社会安全的当事人为精神障碍患者时，通过合理的方式对其进行行为上的控制。如果当事人需要特殊单位进行保护性看管的，需要上级部门的批准，同时上级部门的级别需要在县级以上，同时将状况告知当事人的看护人。在出示警察工作岗位证件后，其有权对嫌疑人进行现场调查。经过现场调查以后，存在以下状况的，警察有权把嫌疑人带回，经过相关人员的准许后，有权对其继续调查：嫌疑人身上的物品存在赃物时，有他人对其进行指控时，存在作案可能性时，嫌疑人对象很不明确时。对于民事行为导致损害他人安全或利益的破坏公共安全的行为，当事人双方经过协商后取得共识的，警察可以不执行惩罚，程度较为轻微的，警察有权参与解决。

为了保护公共安全环境，公安机关级别为县级以上的，有权在特定地带进行通行上的限制，对来往经过的乘客和交通工具进行检查。在特殊情况下，警察有权在特定地带限制交通出行。如果出现对社会安全环境破坏程度较大的情况时，警察有权对特定地点实施控制，但必须级别在县级以上的公安部门才有权力，同时需要上级公安部门与所在级别的政府部门的允许，方可实施。警察有权通过各种合法的强制性或非强制性措施，对在场人员进行疏散撤离，当出现拒绝离开的情形时，警察可以采取拘留等强制性手段清理现场。当案件涉及行政责任时，警察需要以特定情况为依据进行处置：如果案件触犯法律，同时按照法律，存在可以不进行惩罚的状况时，可以不对当事人进行惩罚；当案件触犯法律，同时确实需要进行惩罚的，应当以犯罪行为的严重性为依据进行惩罚；如果犯罪嫌疑人应该由特定场所进行再教育改造的，应进行相关判决；如果存在非正常途径获得的财产与物品时，需要追回。

通过武力对各种情况进行压制，保护社会安全环境的责任，被称为武装性职责。其所在岗位的工作范围主要有：对指定的对象提供武装性保护；对特定地点和设备提供武装性保护；当出现需要武力解决的情况时，通过武装力量进行压制；运输犯人时，提供武装保护；罪犯的死刑判决执行；特殊场所，比如关押犯人的监狱、审判工作的法院的武装性保护；在出现大规模暴动时，以武装力量进行镇压；在逮捕罪犯时，通过武装力量进行抓捕围剿，在需要提供安全环境时，以武装力量进行戒严等。在出现十分紧急的状况时，比如犯罪分子从监狱逃逸、拒绝逮捕等情况下，警察有权用警械等其他武装力量进行任务的执行。警察在法律允许的范围内，通过使用武器来阻止嫌疑人破坏社会安全环境，是十分必要的。

通过各种服务和实际行动，帮助基层群众解决各种生活难题的责任，被称为社区服务性职责，其工作范围主要有：社会公益和救助方面的职责，诸如向群众进行法治教育和安全知识教育、调解纠纷、预防灾害事故、抢险救灾、为群众排忧解难等。警察有积极参加抢险救灾和社会公益工作的职责，公安机关派出所分片负责某一个社区工作的警察，被社会昵称为片警，其工作重要内容之一就是社区服务。

依据《警察法》规定，从职责分工的角度，警察要担任以下职责：对违法犯罪行为进行防范和阻止，对治安秩序进行维护，对交通安全和秩序进行维护，对消防工作有序实施，对强制、刀具等危险品进行管制，对相关法律规定的行业进行合法管理，对重要人员和场所进行警卫，对集会相关活动进行管理，对户政、国籍等问题进行管理，对国家边境的治安进行管理，对罪犯进行刑罚的执行，对计算机系统进行保护，对其他机关、团体、组织的治安工作进行指导，法律规定的其他工作。

当面临紧急情况时，警察有权优先使用各种通行设备，同时如果遇到交通不便时，有权先行通过，但前提是需要通过相关证件表明警察身份。如果警察碰到突发性状况，但不在上班时间时，也需要积极参与状况的处理。

当警察被指派的任务指令存在不正确行为时，需要警察按照指示实施，同时警察有权表达自己的见解，但若其见解并没有获得认同时，警察需要坚决实施指示，但其责任由指派指示的领导承担。如果指示不是警察的工作内容，则其可以选择不实施，同时要进行相关汇报工作。

在警察履行任务时，社会上的群众和团体需要进行配合，这是我们的责任，但是影响警察工作的情况屡见不鲜。以交警为例，因查处交通违章，交警被咬事件经常见之于报道，这从一个侧面反映了警察队伍工作的艰辛。理所应当的是，大部分扰乱警察正常工作的当事人都依法得到了惩罚，部分因涉及破坏公共安全，给予其治安处罚，部分由于扰乱警察工作，给予其刑事处罚。与此同时，警察权力的使用必须合法，因此，对于尽职尽责的警务人员，需要做好生活保障工作。

毋庸讳言，少数不良警察的枉法被一些人视为全体警察的原罪，"警察叔叔"的形象在部分人眼里未必是公正力量的代表，其权威性已大打折扣。另外，随着法治建设的进步，公民对民警的期望也越来越高，然而，在个人权利意识增强的同时，少数人对民警的正当执法行为却被人嗤之以鼻，法制意识仍很薄弱。有些犯罪嫌疑人以打断警察正常的工作流程来逃脱惩罚，他们看待警察的工作常常抱有敌对的态度；一些社会媒体、舆论为了吸引眼球和轰动效应而夸大或者歪曲事实。这种现象导致一些民警存在"怕上访、怕纠缠、怕调查"的思想负担，自我角色定位模糊、缺乏职业认同感，工作消极倦怠甚至出现偏差。这不仅助长了违法人员对抗警察执法的气焰，而且将阻碍法治社会的建设，最终影响我们生产、生活的正常秩序，人身权利和财产权利难以得到保障。部分新闻工作者把正常工作受到扰乱的警察加以夸大，把警察描绘成打不还手的形象，这样的新闻将会严重影响警察的正常工作，激励犯罪分子，给警察带来不必要的身心上的压力。据报道，2015 年 8 月 28 日，一名驾驶人被邯郸市交警发现是酒驾后，与其母亲多次利用下跪、用生命作为要挟的途径，干扰警察的正常工作，并想要借此免除惩罚。警察为了保护当事人的人身安全，被逼下跪，劝说当事人案件的严重性，同时担心人们对警察造成不必要的误会。警察代表的是国家权威，如果我们的民警被迫需要通过以下跪执法的方式履行职责，法律的尊严受到践踏和侮辱，法治社会的建设只能是大打折扣，在我们的国土上发生如此事件，难道不应该引起我们足够的反思吗？然而很多时候我们已经见怪不怪了。法治应当是每个公民和组织都可以享有合法权益前提下的依法治国，权益受到损害可以请求国家予以保护，任何理由都不能成为其逃避惩罚的借口。法治国家的建设要求包括警察在内的执法者公正严明，同样应为包括警察在内的执法者依法履行职责提供国家的保护，社会在加强对警察执法进行监督的同时也应为其依法履行职责提供必要的社会环境，使执法者可以理直气壮地履行职责，而不是憋屈地通过下跪来执法。

（三）警察的条件

警察岗位的任职，需要通过考试审核进行筛选，并且优中选优，对于满足条件的人员再给予就职权利。作为警察，其需要满足：担任此职位必须为自愿性质的，是达到 18 周岁的人员，身心状况比较健康，没有违法犯罪经历，具备完善的工作能力和合格的道德水平。

如果要负责警察的统领岗位，需要满足的要求有：有专业警察学校训练的经历，并且成绩和考核符合标准；专业背景为与法学相关的专业；学习经历上，必须为专科或者之上的水平；曾担任过与法律相关的岗位；有团队领导经验。

警察职业化成为我国警察队伍建设的必然选择，对警察职业素养的要求也在不断提高。警察除了要具备警察本身所具备的基本要求外，还要有以专业性理论知识为基础的协同合作。在 2015 年，属于金融行业中的做空案件中，公安民警高调介入操纵证券交易犯罪线索的调查，证券业是包括警察在内的大多数人并不熟知的领域，而打击金融领域的犯罪要求相关警察具有较深厚的金融知识。

（四）警察的义务与纪律

警察要全心全意地为人民服务，同时要依靠人民群众的支持，把大众的意见当作重要指示，把始终为了大众的利益作为宗旨。因此担任警察的职务需要做到：

1. 依法履行职权

在执行任务的各种行动中，把法规及宪法当作标榜，各项活动中的指令始终遵守，把案件的真实状况当作标准，把法律当作警戒的红线，执行任务时坚持公平正义，处理各种事务时坚持人民的公道。要求其要把遵守法律作为前提，坚决不能让国家职权赋予的职权成为谋利的特权。警察岗位的特殊性要求我们把重要的工作内容视为机密，不得向任何人透露，拒绝参与法律不允许存在的团体，拒绝参与对抗政府的活动，拒绝传播破坏我国形象的话语。这是警察机关正确执法、完成警察任务的重要保证。

民警承担着诸多的职能，其权力也极易被滥用，依法履行职权显得尤为重要。2011 年山西岚县、盂县公安局违规拦车实施处罚或者收取费用被央视报道后，两县公安局局长和交警队长均因此被免职。在现实生活中，部分警察乱用权力，不但不尽职尽责完成工作，还严重损害了警察的形象。例如，东莞色情业曾一度泛滥，东莞在当时已成为全国知名的色情地，负责管理的警察不可能不知晓，实际上该地色情业被多次举报后也没人查处，这与不少警察充当色情业的保护伞有直接关系。2015 年，武长顺由于利益输送被严重惩罚，在此之前其身居高位但滥用职权。2015 年 9 月陕西省西安市公安局原副局长王长安因利用职务便利，为他人提供帮助、谋取利益，多次收受贿赂，违反法律法规，受到严重惩罚。另外一些不良警察出于急于立功、打击报复、贪图利益的缘由，导致出现对犯罪嫌疑人采用各种法律所不允许的方式进行审问、故意藏匿事实真相等滥用职权行为。作为执法人员，如果警察违法乱纪，同样会受到法律的制裁。由于警察在打击犯罪的第一线，是嫌疑人诱惑叛变的重要目标，当正义的信念不足时，就有可能由打击犯罪的人沦为罪犯，受到法律制裁。

2. 模范遵守社会公德

对每一个人来说，公德是日常中所必须培养和遵守的重要部分。警察通常是群众眼中公平正义的代表，所以其必须提高自己的公德素养，为广大人民群众做出榜样，在公众中树立良好的警察形象。《警察法》将社会公德这一道德规范上升为法律规范，警察必须模范遵守社会公德成为国家意志。

3. 礼貌待人，文明执勤

警察在工作时的穿着需要符合标准，同时要注意警察的职业标识或相关证明证件的装配，行为上要合理大方，形象上保持严肃的警察姿态。长期以来，警察在打击犯罪、维护人民安定生活中起着重要作用。"有困难，找警察"是社会对警察的真实评价。但不可否认，仍存在许多不足。在2013年央视的某新闻类节目中，有一个关于办事难的案例，当事人为了办护照证明，在家乡与北京之间来回跑。与此同时，办理人的工作态度极其恶劣，当事人每趟都需要去办新的证明，造成巨大不便，大半年过去了，护照还没办下来，该事件在社会上引起强烈反响。此事件的发生绝非偶然，暴露出少数民警以管理者自居，话难听、门难进、事难办，特权思想浓厚，能力素质低下，严重损害了民警在公众心目中的形象。

4. 尊重人民群众的风俗习惯

人口众多、版图宏大是我们国家的特点，并且我国是一个民族种类多样的国家，不同民族的生活习惯会有很大的不同。警察应当了解、熟悉当地的民俗风情和人文习惯，掌握相关法律、政策，具备较高的执法水平和政策水平，避免在工作中自觉或不自觉地做出有伤当地人民群众风俗习惯的事，从而保证工作的顺利开展。如果伤害了当地人民群众的风俗习惯，应及时道歉以取得对方谅解。

5. 警察在面临群众遭遇犯罪分子伤害的突发情况时，需要进行救助

人民群众在人身、财产遇到威胁，社会公平正义缺失的情况下，首先想

到的便是警察。在危难时刻，军人和警察是最能帮助我们渡过难关的，人们常常可以见到警察在危难时刻主动地予以救助，很好地履行着一个警察的应尽职责。例如，2014 年 3 月 1 日 21 时 20 分左右，在昆明火车站发生的暴力恐怖事件中，犯罪分子肆无忌惮地伤害人民，危急时刻，交警和派出所民警都挺身而出，当场击毙四人，但多名警察受伤。在这一过程中，为避免旅客遭受更大伤亡，民警张立元高喊"来砍我"以吸引暴徒的注意力，在其被砍伤后握住仅连着一些皮肉的食指，和战友继续追击暴徒。张立元以其实际行动赢得人们对一个警察的尊敬，事件发生后，许多市民自发前往医院看望慰问。

6. 当当事人之间存在纠纷时，需要提供适当的调解

警察作为执法者，在公民中享有较高的威望，当公民产生纠纷时，往往乐于找警察寻求解决。在实践中，由警察出面对纠纷双方及时进行法制教育，往往能圆满化解纠纷、消除矛盾，并能及时地发现可能引起矛盾激化的原因，防患于未然，取得较好效果。

7. 对公民的报警案件，应当及时查处

如果社会团体或个人的生命财产处于危险状况时，警察对公民的报案，要依据职权及时查处。

8. 警察的工作是在司法机关和大众的监督下进行的

警察所属单位的上下级之间存在检察与被检察的关系，如果下级单位工作出现不恰当的行为时，需要上级及时进行改正。同时应该设有检察体系，及时把握警察的工作是否符合法律的规定。与此同时，警察的工作会受到大众的监督。当公安的规定直接影响到广大群众的，需要发出公告。

（五）警衔

我国警察实行警衔制度，警衔制度适用于各警察机关建制内的在编在职的警务人员，包括公安机关、国家安全部门的警察，法院、检察院的司法警察。警察年龄到退休时，警衔不可以穿戴在身，但可以进行储存。如果警察更换岗位的，则不能继续保留他的警衔。当警察需要被加以警衔时，需要以其现在的工作岗位和能力表现以及处于此岗位的工作时间作为参考。如果警察的任职是来源于统考的，则可以以其担任的职位作为警衔颁发的依据。关于武警的警衔授予，则需要以相关的法律为标准进行。

1. 警衔等级的划分

通过警衔，可以直接显示出警察对应的身份，同时警衔也是一种荣誉的象征。对于同样的工作岗位等级，警衔较高的为上级。对于同样的警衔等级，工作岗位等级高的为上级。警衔分为很多等级，如果处于基础的工作岗位，则会加上"专业技术"的特别标识（见表5-11）。

表 5-11 警衔的等级

等级	
总警监、副总警监	
警监	一级、二级、三级
警督	一级、二级、三级
警司	一级、二级、三级
警员	一级、二级

如果警察涉及行政的工作岗位，则按表5-12所示的方式划分。

表 5-12 行政岗位的警衔

等级	警衔
部级正职	总警监
部级副职	副总警监
厅级正职	一级警监—二级警监
厅级副职	二级警监—三级警监
处级正职	三级警监—二级警督
处级副职	一级警督—三级警督
科级正职	一级警督—一级警司
科级副职	二级警督—二级警司
科员职	三级警督—三级警司
办事员职	一级警司—二级警员

如果警察涉及技术性的工作岗位，则按表5-13所示的方式划分。

表 5-13 技术职务的警衔

等级	警衔
高级专业技术职务	一级警监—二级警督
中级专业技术职务	一级警督—二级警司
初级专业技术职务	三级警督——一级警员

2. 警衔标志

在穿着上，黑色是主要的颜色，并且警衔需要放在肩部头部尖的肩章里。

当工作为执勤等情况时，需要硬质的肩章，当工作为训练等情况时，需要软质肩章（见表5-14）。

表5-14　技术职务的肩章标志式样

警衔	警衔标志
总警监	一枚银色橄榄枝环绕一周的国徽
副总警监	一枚银色橄榄枝环绕半周的国徽
一级警监	一枚银色橄榄枝和三枚银色四角星花
二级警监	一枚银色橄榄枝和二枚银色四角星花
三级警监	一枚银色橄榄枝和一枚银色四角星花
一级警督	二道银色横杠和三枚银色四角星花
二级警督	二道银色横杠和二枚银色四角星花
三级警督	二道银色横杠和一枚银色四角星花
一级警司	一道银色横杠和三枚银色四角星花
二级警司	一道银色横杠和二枚银色四角星花
三级警司	一道银色横杠和一枚银色四角星花
一级警员	二枚银色四角星花
二级警员	一枚银色四角星花

3. 警衔的首次授予

对于首次被授予警衔的警察，公安机关应依照表5-15所示的权限批准。

表5-15　警察警衔授予权限

警衔	批准授予人
总警监、副总警监、一级警监、二级警监	国务院总理
三级警监、警督	公安部部长
警司	省、自治区、直辖市公安厅（局）厅（局）长
警员	省、自治区、直辖市公安厅（局）政治部主任
公安部机关及其直属机构的警司、警员	公安部政治部主任

4. 调整与取消警衔

当警察的警衔要升级时，需要满足：对国家的法律严格遵守；品行优良，坚决维护公平正义；对自己的工作尽职尽责；如果工作时间符合条件，并且满足考核的，需要按照级别顺序进行警衔的升级。如果警衔升级的标准达不到时，应当延期晋升，在工作中有突出功绩的，可以提前晋升（见表5-16）。

表 5-16　警察晋级期限规定

人民警察	每晋升一级年限
二级警员至一级警司	三年
一级警司至一级警督	四年

如果警察担任职位的同时在院校学习，则学习时间也计入升级所统计的时间里。如果警察岗位等级上升后，他的警衔级别依然达不到此岗位最低警衔等级的，需要将其警衔升级至此岗位的最低警衔的级别。警司满足各种条件后可以升级为警督，之后可升级为警监。如果有需要提前升级的情况时，需要相关部门的领导进行审核批准。当由于各种情况降职时，如果警衔的级别超过了所在岗位的最高级别时，需要将警衔等级降低至工作岗位对应的最高级别。如果警察做法不符合警察纪律时，可通过降低警衔级别进行惩罚。如果警衔的级别降低后，升级的时长要从头开始计入。如果被所在单位开除，需要将警衔去除。

四、刑罚执行队伍

（一）法院

如果被判处死刑并需要立即执行，并涉及没收财产等刑事责任的判处，需要法院负责。

1. 死刑立即执行

死刑立即执行的程序包括：

其一，需要发放执行死刑的指令。如果由最高院负责的死刑需要立即执行的，需要院长批准指令。除最高院负责的之外，其他罪犯死刑的决定需要经最高院批复。对于死刑缓期的情况，可以进行减刑，但需要相关单位向高级人民法院报告批复。但缓刑时犯罪分子再次需要被处于死刑时，经最高院院长批复后执行。

其二，需要行刑前的审查工作。下级法院接到最高人民法院执行死刑的命令后，应当在 7 日以内交付执行。但是在执行前发现判决可能有错误的，或者在执行前罪犯揭发重大犯罪事实或者有其他重大立功表现，可能需要改判的，或者罪犯正在怀孕，应当停止执行，并且立即报告最高人民法院，由最高人民法院裁定。前两种停止执行的原因消失后，必须报请最高人民法院院长再签发执行死刑的命令，才能执行；由于罪犯怀孕而停止执行的，应当报请最高人民法院依法改判。

其三，临刑审查。死刑准备执行时，需要告知检察院监督。如果存在问题，需要中止死刑进程，上报最高院处理。负责死刑进行的法官，需要向犯人问清楚是否传达临行遗言，之后再进行死刑。执行时需要通过枪支、针剂等工具。对于死刑需要以特定方式公开，但是不可以示众。

其四，状况上报。在进行完毕之后，工作人员需要记录。执行单位需要把状况上报至最高院。

其五，告知罪犯亲信。在进行完毕后，所在单位需要告知罪犯的亲信。

2. 罚金的执行

要求罪犯提交规定数额的金钱的惩罚方式，称为罚金。其具体的执行是由法院来负责的，受到罚金惩罚的对象可以在规定时间内以一次或多次上交罚金，如果不及时上交，会受到强制性的缴纳处罚。如果没有上交全额罚金的能力，则当法院查出当事人有可上交的财产时，可进行追缴。当出现不可抗力的因素时，视情况减少罚金甚至不再要求缴纳。如果罪犯不但需要缴纳罚金，还需要进行民事赔偿的，需优先进行民事赔偿。

3. 没收财产的执行

当罪犯被判没收财产时，需要法院来负责执行，并且可与公安合作负责。在执行过程中，不可以将家属的财产进行没收，同时需要剩余罪犯家庭基本生存的金钱。如果需要被没收财产的罪犯，还涉及民事责任，则以民事责任为优先赔偿的对象。对于罪犯的债务，法院可通过收缴罪犯的财产进行归还。

（二）监狱

当犯罪嫌疑人的判决结果为有期或无期徒刑、死刑两年缓期的，关押犯罪嫌疑人的单位需要在收到指令后的一个月内把当事人押运到监狱。监狱属于我国刑罚罪犯的惩罚地点，其管理工作由司法部负责。在每个监狱会有狱长一人，并且在此工作的人员都是警察。武警对监狱提供安全的环境保障，检察院有权对监狱的工作进行检察。

监狱的警察依法开展管理监狱、执行刑罚、对罪犯进行教育改造等活动，受法律保护。监狱的警察应当严格遵守宪法和法律，忠于职守，秉公执法，严守纪律，清正廉洁。监狱的警察不得有下列行为：索要、收受、侵占罪犯及其亲属的财物，私放罪犯或者玩忽职守造成罪犯脱逃，刑讯逼供或者体罚、虐待罪犯，侮辱罪犯的人格、殴打或者纵容他人殴打罪犯，为谋取私利利用罪犯提供劳务、违反规定私自为罪犯传递信件或者物品，非法将监管罪犯的职权交予他人行使以及其他违法行为。监狱的警察有前述所列行为，构成犯罪的，依法追究刑事责任；尚未构成犯罪的，应当予以行政处分。

监狱的民警的职责主要有：

1. 收监与释放

罪犯与文件材料需要一起送至监狱。如果监狱未获得必需的材料时，不可以对犯人进行收入。如果材料缺失，则需要法院进行改正或补充。如果存在可能出现的错误，监狱不可以收入罪犯，对于满足各项要求的，才可以收入。收入罪犯时，需要进行身体检查，并且女性罪犯应由女性警察负责查验。如果出现违禁品，应当进行没收处理，如果出现非生活必需品，需要警察暂时储存。收入之后需要对罪犯进行身体检查，为其提供基本的生活环境。收入后需要告知罪犯亲信。对于有期徒刑到期的人员，需要发放证明书。

2. 对罪犯进行改造

在教育上，监狱始终坚持处分与改造结合，同时加以身体素质锻炼的理念。争取把罪犯转化为遵纪守法的好公民。与此同时，警察会从罪犯自身处罚，因材施教，对提升其素质水平提供很大帮助。另外，还会对未来参加工作的罪犯提供专业化的技能培训。并且会支持罪犯通过自学的方式提升自己，提供良好的学习设备，举办各种文化体育事项。此外，警察还会使用集体、个人协同等特殊方法对罪犯进行再教育。

如果需要通过劳动的方式进行教育，需要认清每个人员的身体状况，选择身体健全的人员加入，并产生劳动提高素养的成效，为出狱后的生活来源奠定基础。与此同时，进行劳动的人员应该有相应的薪水。

3. 申诉、控告、检举材料的转递和处理意见书的提交

如果有罪犯向警察提供举报，需要在规定时间内进行核实，或转交其他有关部门。判决进行时，出现指令可能存在问题或当事人上诉时，需要上报相关部门进行处置。与此同时，罪犯如果提出上诉、举报等，需要按时上交。

4. 暂予监外执行书面意见提出

当需要暂时在监狱外进行判决执行的，需要上报管理部门批准，此管理部门必须为省级单位。与此同时，要把处理结果告知相关司法部门。

5. 减刑建议、假释建议的提出

当有人员满足减免刑罚或者假释时，需要所在监狱上报法院，由其进行判决。

6. 警戒

在监狱外围有专门的界限，如果没有相关的批准，都不可以入内。如果犯罪嫌疑人越狱，需要立即进行抓捕，如果难度较大，可以告知公安，相互配合完成抓捕。犯罪嫌疑人在运输过程中企图反抗时，警察在法律规定范围内允许利用警械。特殊情况下，有权运用各种武器装备。

7. 通信、会见的保障

犯罪嫌疑人有权和外界进行沟通，但警察需要进行监督。如果信件中存在会影响犯罪分子监狱改造的，需要没收，警察无权检查犯罪分子上交至司法部门的信件。犯罪分子在监狱时，如果满足探望条件，可以让其和家属见面。对于犯罪分子收到的东西，需要进行查看审核。

8. 死亡通知与鉴定

如果有犯罪分子在监狱中死亡，需要当即告知其亲属以及相关司法单位，如果死亡原因是疾病，需要做出医疗上的死亡鉴定。

9. 奖惩管理

对于奖惩，要以对犯罪分子平日里的考核为参考进行。依据不同的状况，来进行物质或荣誉上的奖励。对于满足探亲标准的罪犯，允许其暂时回家。当犯罪分子扰乱警察正常工作时，需要依照规定进行惩罚。

10. 侦查

当犯罪分子在监狱里违反法律法规时，需要监狱对案件进行调查。在调查任务结束后，向检察院提交各种案件相关的材料以及意见书。

（三）未成年管教所

日常生活中我们所说的未成年犯管教所，从法律上来看属于监狱的范畴，同样属于涉及刑事案件的罪犯执行判决的场所。其收纳的是年龄不到十八周岁的罪犯，当有期徒刑的期限在三个月之上或无期徒刑时，由管教所负责。特殊的，在进入时年龄未到十八周岁，但在判决执行过程中到达，同时剩余期限不足两年时，仍由管教所负责。

在工作人员的安排上，管教所的警察岗位要多于普通监狱。在管教所工作的警察的学历必须在大学专科以上，并且专业要求上，法学、心理学等方向的专业需要在 40% 以上。为提供合理的教育环境，管教所的教育人员数量需要在犯罪分子数量的 4%，教育工作者的学历满足国家规定条件。管教所具有监狱的职责，同时作为专门收押未成年犯的监狱，未成年犯管教所的警察具有其特殊职责：

1. 收监和关押

未成年犯管教对未成年犯依据《监狱法》的规定执行收监，区分男犯、女犯并依据相关规则分别管理，规则包括刑期、犯罪类型等。如果存在少数民族较多的情况时，需要特定编排后加以特殊管理。要把未成年犯罪分子生活上的保证作为重点。

2. 教育改造

由于未成年罪犯的特殊性，其具有很强的可塑造性，并且自我控制力不足，行事不考虑结果。负责教育的警察需要通过处罚与教育统合的方式，把重新塑造作为目标，使其成为有素养和工作能力的遵纪守法的公民。对未成年的改造过程，需要把教育放在核心地位，以因材施教的方式进行。同时要保护其基本的法律规定的权利，保障其健康成长和充满阳光的生活环境。以思想道德修养上的教育为开端，是对未成年罪犯的重要改造部分。并且需要改变他们懒散的习惯，使其学习必要的技能，为就业打下基础。未成年犯管教所设立学习和文体活动场所，由从事管教工作的警察依据罪犯目前的文化水平，分别进行扫盲教育，有条件的还会进行高中教育，组织参加各类自学考试。还会依据就业需要，进行专业技能培训。

警察要根据未成年犯的案情、刑期、心理特点和改造表现进行有针对性的个别教育，实行教育转化责任制。对即将刑满的罪犯在就业、复学等方面给予指导，提供必要的技能培训。从事管教工作的警察所实施教育可以是课堂教育，也可以是辅助教育、鼓励，必要时给予辅导。从事管教工作的警察还可采取所内教育与社会教育相结合的方法教育未成年犯，民警聘请社会志愿者担任辅导员，争取社会力量参与教育帮助，共同做好教育改造工作。还会组织未成年犯到社会上参观或者参加公益活动，邀请社会各界人士及未成年犯的家人来所帮教。通过警察们的教育、感化，许多未成年犯成长为"金不换"的"回头浪子"。

3. 减刑和假释建议

如果未成年犯立功，并符合《监狱法》相关规定的情形的，未成年犯管教所应及时提出减刑建议。

4. 考核奖惩

警察采用日记载、周评议、月小结的方法对未成年犯进行日常考核，考核的结果应当作为对未成年犯奖惩的依据。

5. 离所管理

当未成年犯罪分子的服刑期满三分之一后，如果其在各方面良好，离开看守所后不会违法的，可以允许其暂时离开探访亲属。如果服刑时间已经达到判决要求，需要发放证明材料并给予释放。

（四）社区矫正机构

社区矫正是以非监禁的手段对犯罪嫌疑人进行惩罚，其形式是把犯罪嫌疑人放在社区，在相关部门的指导和影响下，对其进行改造。这种方式来自西方，2002 年，我国尝试实施，并向全国范围内推广，是使得刑罚体系更加完善的重要举措。这种方式不但使犯罪嫌疑人更多地参与社会，而且把握住了刑罚的根本性质，其与监狱和看守所一起成为刑罚体系的重要部分。

社区矫正的工作，由相关机构进行执行，司法体系中的行政机关对其工作进行领导与指挥。负责矫正的工作人员接受相关部门的监管，其监管主要由县级单位负责。监管单位需要通过会议、工作考核、公示等方式，激励矫正部分的高质量进行。

工作人员以及参与矫正的志愿者在其所在机构的安排下积极参与矫正。犯罪分子有关的工作和学习单位以及亲属等需要参与到工作中来。矫正机构需要利用各种社会力量对犯罪分子加以改造，以此来展现此项工作的本质。矫正工作更多地融入社会中，使得犯罪分子更好地接受改造。

对于计划使用此惩罚方式的犯罪嫌疑人，可由县级的相关单位进行评估调查，来分析犯罪分子对社区可能造成的各种影响。并且需要对犯罪嫌疑人的身份进行详细调查，包括家庭的具体情况、自身所处的社会关系、日常生活环境中群众的评价等，最后把总体调查报告上交至相关负责的单位。

负责矫正工作的岗位的工作内容包括：

1. 接受罪犯

当犯罪分子开始矫正前，需要通过相关单位进行登记业务的处理，同时会在三天之内通知其到特定机构开始矫正。如果犯罪分子并没有准时前往，则相关单位需要负责寻找，同时对决定单位进行必要的通报。

在犯罪分子报到以后，需要工作人员以宣读的方式告知其相关重要材料的内容，包括犯罪分子的判决书等文书、犯罪分子所拥有的规定范围内的权限、犯罪分子在基层接受改造的时长、工作人员以及工作范围、犯罪分子不遵守规定的惩罚措施等。此宣读告知阶段需要司法所的人员进行负责，而其他工作人员需要在场。

2. 建立与监督矫正小组

工作小组的设定需要尽快完成，其成员中的组长职位主要由司法所的工作岗位的成员来担任。小组的构成来源于工作和志愿人员以及犯罪分子工作学习单位的人员和亲属等。如果犯罪分子的性别为女，则工作人员中必须有女性。此外，小组需要签署责任书，以使各项任务更好地落实。矫正小组的任务有：第一，协助对社区矫正人员的教育和管理；第二，监督社区矫正人员的改造状况；第三，需要上报给相关单位犯罪分子阶段性的详细信息；第四，及时发现社区矫正人员的违规行为并汇报；第五，根据司法所需要，协助完成对社区矫正人员的其他社区矫正工作。司法所定期与矫正小组成员沟通联系，指导、督促他们按照矫正责任书的内容，协助司法所落实对社区矫正人员的监督、管理、帮助措施。发现矫正小组成员不认真履行义务、不能正常发挥作用的，要及时予以调整。

3. 矫正计划的安排

需要通过为犯罪分子制订矫正计划来更好地完成改造，通过对犯罪分子的各方面的考量，来制订专门的矫正计划，并随时依照改造的成效，对计划进行及时的变动。此外，需要为犯罪分子办理档案，主要有执行和工作档案两种，对改造工作的进程和各方面的信息及各种材料进行记录和保存。

4. 教育和改造

社区矫正机构需要组织教育活动，加强思想建设。通过对犯罪分子的实际了解，安排可以参与劳动的罪犯进行劳务，以此来更好地融入社会中，提高其各方面的素养，为以后步入社会大家庭奠定基础。

5. 日常管理

需要以犯罪分子的实际状况为参考，通过不同的个性化的方式来考察犯罪分子的个人状况。包括接受教育和参加社会实践的情况，并采用考核的方式对社区矫正人员进行分类，以此来调动其积极性。

6. 个别教育与心理辅导

应当以社区矫正人员的具体心理和行为特点为依据，为其提供针对性的教育。司法机关可根据情况，与相关部门和单位协作为社区矫正人员提供就业方面的培训和指导，为融入社会提供条件。

7. 保障社区矫正人员的合法权益

对于社区矫正工作人员反映的问题，司法工作人员需要严肃对待和处理，依法维护社区矫正人员的身心、财产安全，以及其他未被依法限制的权力。保障社区矫正人员的合法权益。

8. 对未成年罪犯的保护和教育

如果不到十八周岁的犯罪分子的判决结果为不到五年的有期徒刑，那么在进行矫正工作时主要需要通过教育的方式进行，并依照下列规定：①矫正小组内需要有对青少年的成长了解的人员；②将十八岁以上的罪犯分开进行改造；③对犯罪分子的个人信息进行保密处理；④及时催促其亲属的监护工作；⑤使用有助于青少年成长的管理方法；⑥与相关部门一同协助就学与就业；⑦教育和辅导方式要使用未成年易于接受的方式；⑧其他有助于其融入社会的方法。

9. 死亡通知

犯罪分子在社区进行改造时，如果不幸去世，相关单位需要向给予矫正决定的单位书面形式的通告。

10. 协助监督被剥夺政治权利罪犯

如果犯罪分子的判决结果中包含政治权利的剥夺，则在其社区改造时，应按时了解各方面的情况，对于各种为刑满就职作准备，其可以自愿决定是否加入。

11. 对适用禁止令人员的监督管理

司法行政机关要根据禁止令的具体内容，结合社区矫正人员的情况特点，制定执行方案，明确具体的监督管理措施，落实监督管理责任人，并根据需要及时予以调整。对于被禁止出入特定区域、场所，接触特定人的，司法行政机关要加强调查走访，及时了解社区矫正人员的活动情况；对于法院禁止令确定需经批准才能进入的特定区域或者场所，社区矫正人员确需进入的，县级司法行政机关应当根据具体情况进行审批，并告知检察院。发现社区矫正人员有违反监管规定或者禁止令情形的，司法行政机关应当及时派员调查核实情况，收集有关证明材料，作出书面决定，或者及时提请同级公安机关依法给予处罚。

12. 外出、居住地变更的审批

犯罪分子面临突发性状况急需前往其他地区的，不超过七日的情况，司法所负责，其他期限则需县级单位审核。

13. 减刑

犯罪分子满足减轻刑罚的条件时，需要相关部门提出后，加以有关材料，交至法院进行审核。

14. 应急处置机制

司法行政机关应当建立突发事件处置机制，社区矫正人员脱离监管的，司法所应当及时报告县级司法行政机关组织追查。发现社区矫正人员非正常死亡、实施犯罪、参与群体性事件的，应当立即与公安机关等有关部门协调联动、妥善处置，并将有关情况及时报告上级司法行政机关和有关部门。司法行政机关和公、检、法应建立协调联动机制，建立社区矫正人员的信息交换平台，实现社区矫正工作动态数据共享。确保对突发事件防范有力，处置迅速，应对有效。

15. 社区矫正期满工作

社区矫正期满前，司法所作出书面鉴定，并对其安置帮教提出建议。矫正期满，由司法所组织并按照规定程序公开进行解除社区矫正宣告，宣告由司法所工作人员主持。司法所应视不同情况，通知有关部门、村（居）委会、群众代表、社区矫正人员所在单位及其家庭成员或者监护人、保证人参加宣告。县级司法行政机关应当向社区矫正人员发放解除社区矫正证明书，并书面通知决定机关，同时抄送县级检察院和公安机关。暂予监外执行的社区矫正人员刑期届满的，由监狱、看守所依法为其办理刑满释放手续。

（五）看守所

对于判决结果为有期的，具体的判决结果执行前，如果结果不足一个季度的，需要看守所代为执行。如果当事人的判决结果是拘役，则需要距离最近的看守所负责。作为临时拘役和关押违法当事人的场所，看守所需要公安单位建立。当需要押运罪犯时，应该由武警提供安全保护，负责周边运输环境的安全，并且接受看守所的任务指派。

1. 收押

在对违法当事人进行收入时，需要警察将相关记录材料填报清楚，之后再将违法当事人带至拘留区域。在收入过程中，需要警察对违法当事人的全部手指的纹路进行录入，同时进行身体状况的检验。当违法当事人携带非必需物品时，需要其亲属拿走也可以让工作人员暂存。在违法当事人被收入之后，需要告知其亲属。在服刑时，需要给违法当事人合适的生活环境。如果出现违法当事人意外去世的状况时，需要即刻通知相关单位和亲属，并对其死亡原因进行调查。

2. 教育改造

需要为违法当事人提供合适的接受教育的条件，为其素质的提高奠定基础。可以通过集体、个人融合的方式进行，以违法当事人的违法类型和自身的素质水平为依据，作出针对每个人员的针对性教育。如果经济状况允许，可以为违法当事人建造相应的教育设备。此外，警察可以以当下热点为参考，为违法当事人提供启发性的教育氛围，还可以通过了解个人的特殊性，来因材施教。警察需要获得大众的支持和协助，帮助违法当事人进行学习改造，带领违法当事人融入社会的学习环境中去。以违法当事人的自身状况为依据，催促其及时养成自学的学习习惯。此外，需要提高整体文化氛围，带领违法当事人积极参与文化体育类的活动，为违法当事人的心理和生理改善提供好的氛围。另外，需要带领违法当事人加入劳动，锻炼其工作能力，为以后社会就职奠定基础。如果组织劳动，需要依据国家规定的时间限制，为违法当事人提供充足的休息时间，同时要给予适当的劳务酬劳。

3. 申诉、控告、检举材料的转递和意见书的提交

如果违法当事人对判决结果上诉，工作人员需要在规定时间内上交相应工作单位，违法当事人有权举报警察，同时需要建立有效的举报通道。在上交举报材料后，警察需要将进度及时告知违法当事人。工作人员在察觉判决结果存在问题时，需要上报相关单位进行审核。

4. 暂予监外执行书面意见的提出和收监

罪犯符合暂予监外执行条件，经书面申请，或者管教民警或者看守所医生提出书面意见的，看守所应当召开所务会研究，所务会应当有书面记录，并由与会人员签名。罪犯需要保外就医的，由罪犯或者罪犯家属提出保证人，保证人由看守所审查确定。对需要暂予监外执行的罪犯，县级看守所应当将有关材料报经所属公安机关审核同意后，报设区的市一级以上公安机关批准，设区的市一级以上看守所应当将有关材料报所属公安机关审批。看守所在报送审批材料的同时，应当将暂予监外执行审批表副本、相关证明、保外就医保证书等有关材料的复印件抄送检察院驻所检察室。看守所收到暂予监外执行决定书后办理罪犯出所手续。

暂予监外执行罪犯服刑地和居住地不在同一省级或者设区的市一级以上公安机关辖区，需要回居住地暂予监外执行的，服刑地的省级公安机关监管部门或者设区的市一级以上公安机关监管部门应当书面通知居住地的同级公安机关监管部门，由居住地的公安机关监管部门指定看守所接收罪犯档案，负责办理收监或者刑满释放等手续。看守所应当将暂予监外执行罪犯送交罪犯居住地，与县级司法行政机关办理交接手续。公安机关对暂予监外执行罪犯决定收监执行的，由罪犯居住地看守所将罪犯收监执行。

5. 提请减刑、假释

如果违法当事人满足减轻处罚的条件时，需要警察上报意见，由会议进行审核。会议的过程需要文字记录，最后需要进行签字。如果会议审核通过，需

要对结果进行公示。在公示放出后，出现警察存在不同意见的情形时，需要再次召开会议进行核实。在公示结束后，需要所长进行相关材料的签字，并进行公章的加印。

如果法院未决定进行减轻惩罚时，如果警察察觉违法当事人不满足必要要求的，需要将上报进行回撤。如果在法院决定进行减轻惩罚之后，警察察觉违法当事人不满足必要要求的，需要再次上报申请回撤。在减轻惩罚的判决资料下发后之后，需要违法当事人进行程序办理，同时要把证明材料交至违法当事人生活居住地点的相关单位。如果减轻惩罚的决定被取消的，需要及时收回违法当事人。

6. 会见、通信管理

当需要探亲时，违法当事人有权在看守所的指定场所与亲信见面，在获得相关工作人员同意后，允许增加见面时长。如果违法当事人的亲信无法前来探亲，在批准后，工作人员需要组织远程通话。如果中途出现了违规现象时，工作人员需要进行制止。

如果违法当事人需要与法律工作者见面，则在法律工作者申请后，警察需要对法律服务人员提交的材料进行核验，同时检查身份证明，在 48 小时之内进行处理。如果工作单位需违法当事人提供案件信息时，则需要经过允许后在看守所调查，警察需要工作人员的身份进行检查。警察需要违法当事人的信件查验，如果存在问题则需要进行扣押，警察无权查验违法当事人上交给上级部门的信件。

7. 临时出所的管理

如果因为各种案件或其他情况要求违法当事人离开看守所时，相关办事单位需要出示相应的公函证明，在经所审核后，即刻返回。如果在其他机关的要求下，需违法当事人前往其他地点时，同时机关单位有市级往上的公函时，需要所进行批复，同时准备必要材料。如果法院的案件审理要求违法当事人到场，同时各种材料齐全时，法院应进行批准。

如果出现一定要违法当事人到法院的，则需要相关出所的材料，前提是需要法院出具证明材料。如果违法当事人无法离开看守所，则法院可至看守所进行案件办理。

对于被拘留的违法当事人，如果要回乡探亲，则需要负责警察的批准，同时需要所长的查验。对于允许回乡探亲的，所负责证明材料的办理，同时必须遵纪守法。

如果违法当事人因办理结婚登记，要求亲自到场参与的，则需要所的领导同意。违法当事人的至亲生命垂危或去世时，可经派出所作出证明，并需要所领导同意。在被允许暂时离开的，违法当事人需要两位警察陪同。

8.考核与奖惩管理

对违法当事人的现实表现进行客观的评价，需要坚持正义的标准，负责民警进行评价结果的录入。此结果是对违法当事人进行奖罚的判断标准，负责的民警对违法当事人进行奖励的申请，是否能够落实需要相关领导的审核，对于记功的申请，需要通过会议进行商议决定。

如果违法当事人损坏了正常的工作秩序时，负责警察需要根据严重程度提出警告，同时有权向上级报告记过等惩罚的见解。如果违法当事人需要禁闭，则需要警察指派专门的帮教，当违法当事人确实已经悔过时，则需要向上级报告申请结束禁闭，经过审核后结束禁闭。如果违法当事人在服刑期间再次触犯法律时，或查出未判处的新的违法过往，则需要向相关部门及时上报。

9.释放

在违法当事人服役到期前一个月时，需要对其总体的表现进行评价，并发送到其户口所在地的相关部门。在判决完成之后，需要对违法当事人进行释放，并给予相关证明材料，同时将警察暂时保管的物品进行归还。

第二节　法治服务队伍

一、律师

（一）律师的含义

根据相关法律，获取了律师执业证书后，为他人提供法律服务的工作者，被称为律师。

在律师行业中，存在着不同的责任与分工，不管是何种律师，他们都作为我国法治队伍的构成元素。以工作的属性可分为两种律师，一种是专门从事此类工作的专职律师，另一种是兼顾其他职业的兼职律师。第一种律师主要是，在有在此行业工作的权利以后，以律师的职责为主要工作范围的工作者。第二种律师主要是，在有在此行业工作的权利以后，仍以其他工作为主，同时参加律师工作的工作者。在一些包括学校在内的教育和研究单位中，担任与法律相关的教师等岗位的，根据相关法律的要求，对于满足条件的，在其工作单位允许后，能够参加律师行业的工作。但是在公务员岗位的人员不被允许同时从事律师行业。

律师行业的从业人员的工作范围主要有：为民事行为或行政行为的审判过程提供法律服务；办理不涉及诉讼的各种法律业务；为他人提供法律咨询类的服务；为案件的调解提供法律服务；为涉及刑事和自诉的案件提供各种法律服务，并作为辩护人或者代理人办理法律业务；为他人编写各种法律材料，提供各种法律咨询服务；律师的工作范围不会因所在地区变化而变化，当非我国公民或团体需要雇佣律师时，他们必须雇佣我国的律师。在诉讼程序中，律师的介入具有对司法机关监督和当事人权益保护的双重功能。从本质上看，律师行业是一种以保护委托人法律规定的权利为主要工作内容的行业，对于律师来说，其所拥有的权利来源于委托人，如果他们的权利得到合理保护，则会使律师的职业效用发挥到最大，与此同时，会使委托人的利益得到最大限度的保护。只有律师的权利得到充分保护，法治国家的建设才能顺利进行。

（二）执业律师的条件

1. 执业律师的积极条件

执业律师的积极条件包括：第一，政治条件：拥护我国宪法。律师应该积极主动地维护宪法的尊严，只有拥护我国宪法，才能按照我国法律从事律师工作，才能保障我国的法律得以正确实施。第二，法学水平要求：一种情况，如果在法律职业资格考试中成绩合格，则具备此条件。另一情况，在没有法律职业资格考试之前，获得了司法考试的成绩合格证明或者是职业资格凭证的，同样可以证明具有较强的法学素质条件。对于律师这个特殊而又严格的行业，专业素质的水平决定着此行业的服务水平，律师行业高难度考试的门槛设置，对想要从事此行业的人员提供水平考核。目前，职业资格考试的题目是统一化的，考核结果需要司法部进行宣告。考核结果始终保持效力，对于通过考核的考生，其证明需相关单位进行发放。第三，实践经验：要求有 12 个月以上的律所工作经历。律师在执业前必须掌握必要的法律技巧，也避免因缺乏实际经验而导致当事人合法权益受到损害。第四，品德修养条件：品行良好。品行良好是对律师职业道德的最基本要求，如果律师不具备良好的品行，会导致当事人权益受到损害，法治秩序受到破坏。

当出现如下状况时，无法获得律师行业的执业证书：申请人不具备或被限制民事行为能力时；有过在公职工作经历并被开除的；有过律师或公证员从业证书并被取消的；曾经触犯过法律，并被判处惩罚的。

2. 律师执业的申请、律师执业证书的颁发、撤销和吊销

对于律师执业资格的申请，需要向司法行政部门上交申请，此部门必须为市级，在申请收到之后，需要把所有相关资料以及审核建议上交到省级司法行政部门，同时需要此部门决定能否批准资格的授予。对于允许资格授予的，需要发放证书至申请人；对于不允许资格授予的，需要把原因充分告知申请人。当申请人的学历为本科及以上时，如果工作岗位处于法律行业中的紧缺型部分，并且工作时长在 15 年以上的高级职称人员，在专业素质较高的条件下，有资格提出专职律师的申请，在相关部门审核通过后，被授予从业资格。

如果以非法的方式获取此证书的，包括利益输送、勒索等违法途径，或被授予从业资格的人员不满足相关法律所规定的条件，需要相关部门将其从业资格进行取消。

如果律师触犯了法律，并且涉及刑事责任时，或违背了其他法律对律师的严格规定的，经禁止从业到期后的 24 个月之内，再次违反需要禁止从业的法律时，或存在以下情况之中的一个并且造成后果严重时，需要相关部门对其执业资格证书进行注销处理：在不被法律所允许的状况下与包括法官等在内的工作人员见面，以及通过不合法的途径对案件的审判产生不良影响的；将非真实的材料或证据上交至相关法律部门的；收取对方当事人的贿赂或与其进行利益输送，和他人合伙蒙骗当事人，以此获得利益的；向包括法官等在内的司法工

作者输送利益或引诱案件当事人以贿赂的方式达成目的的；通过恶意传播非真实证据或引诱别人传播非真实证据，影响案件另一方获取真实证据的；对包括法院在内的司法部门的正常案件办理造成严重干扰的；传播不正当的论述的，包括污蔑他人、影响办案流程的论述；引诱当事人通过破坏社会安全环境的行为来企图解决纠纷的；将国家的机密恶意传播的。

（三）律师的权利和义务

1. 律师的权利

根据我国法律规定，律师的权利主要包括：

第一，律师具有独立的执业权，受国家法律保护，不受任何单位、个人非法干预。第二，律师在执业活动中的人身权利不受侵犯。律师在法庭上除发表危害国家安全、恶意诽谤他人、严重扰乱法庭秩序的言论外，发表的代理、辩护意见不受法律追究。第三，律师担任诉讼代理人、辩护人或者仲裁代理人的，有查阅、摘抄、复制本案的案卷材料，向有关单位和个人调查的权利。受委托的律师根据案情的需要，可以申请检察院、法院收集、调取证据或者申请法院通知证人出庭作证。律师担任辩护人的，有权持律师执业证书、律师事务所证明和委托书或者法律援助公函，依照刑事诉讼法的规定会见在押或者被监视居住的犯罪嫌疑人、被告人。辩护律师会见犯罪嫌疑人、被告人时不被监听。第四，律师担任诉讼代理人、辩护人或者仲裁代理人的，在庭审时经法官或仲裁员的许可，有权向当事人、证人、鉴定人发问；有权申请通知新的证人到庭作证；有权申请调取新的证据；有权对当庭宣读证人证言、鉴定意见、勘验等证据提出异议；有权申请重新鉴定或者重新勘验。律师辩论或者辩护的权利依法受到保障。第五，委托事项违法、委托人利用律师提供的服务从事违法活动或者委托人故意隐瞒与案件有关的重要事实的，律师有权拒绝辩护或者代理。第六，律师在执行业务过程中，对法官、检察官、警察、仲裁员侵犯国家、集体和公民合法权益的行为，有揭发检举和控告的权利。第七，法律法规所规定的律师享有的其他权利。如因案情复杂、开庭时间过急、出庭准备时间不足，律师有向法庭申请延期审理的权限；辩护律师在侦查期间可以为犯罪嫌疑人提供法律帮助；代理申诉、控告；申请变更强制措施；向侦查机关了解犯罪嫌疑人涉嫌的罪名和案件的有关情况，提出意见。检察院审查批准逮捕犯罪嫌疑人、被告人时，辩护律师有权提出意见。

本轮司法改革把保障律师权利摆到重要位置，推动政法机关完善相关政策措施。2015 年 7 月《关于依法保障律师执业权利的规定》，细化了保障律师各项执业权利的具体措施，例如，律师进入法院参与诉讼确需安检的，应当与出庭履行职务的检察人员同等对待。

正义不仅要实现，而且还应以人们看得见的方式实现。律师、法官、检察官都是经过专门的法学教育，具有相同的法学知识背景。在正义得到实现的法律程序中，法官、检察官、律师都是追求和实现正义的不可或缺的力量。程序正义被视为"看得见的正义"，在传统观念中过多强调专政，"重实体，轻程序"观念极为盛行，但是，程序正义与实体正义具有同等意义的价值目标，程序正义的理念是在实体正义的基础上发展而来，并成为实质正义的保障。程序正义要求在重视裁判结果公正的同时，还要确保法律实施过程的公正性。依程序正义要求，辩护律师应当充分获得提出证据、发表辩护或代理意见的机会，律师人格尊严和自主意志应得到尊重。法官则应当持中立的态度和地位，应给予各方参与者以平等参与的机会，对各方的利益予以同等的尊重和关注。法官应当通过庭审在双方提供的证据、主张、辩论观点基础上做出理性裁判。如果没有正义的程序，结果的正义是不可靠的，在通常情况下也是不可能的。

律师一般不在体制内，来自体制内的压力较小，但在司法结构上，相对于法官、检察官、警察等其他法律人来说，由于律师手中并不掌握公权力，其权利受到公权力侵害的可能性更大。律师职业就是维护当事人利益的职业，从这个角度来说律师都是维权律师。然而当以法律为饭碗的律师自身的权利都不能得到保护时，他还能保护谁的利益呢？程序正义得不到保障，往往导致判决结果的不正义。法治发展至今，律师会见、阅卷、质证、发问、调查取证、辩论难的问题并未得到根本解决，有时律师人身权利还会受到侵害，政府或司法机关不喜欢的刑辩律师存在被抓捕的可能。律师对某些敏感案件不敢接手，接手了也不敢为当事人据理力争，担心律师执照能否保得住，就算不被抓，执照没了，饭碗也就没了，这些不能不说是法律的悲哀。其原因在于掌握公权力的人或机关出于自身利益或偏见、歧视而打压律师，要解决这一问题，除了相关人员素质有待提高外，有的须待体制完善才能加以解决。在一些地区，辩护权得不到保障，辩护律师自身权益受到公权力侵害的情形也时常被曝光。律师在少数公检法工作人员的眼里成了捣乱者，律师有时也因此不得不将法官、检察官、警察这些掌握公权力的人统统作为对手，时刻提防权利被他们侵害。在"李庄案"的审判过程中，辩护律师的阅卷权、会见权、调查权等权利无法正常行使，辩护律师因重庆警方羁押下的多名辩方证人无法出庭作证而无法证实证言，辩方关于庭审回避和异地审理的要求统统被驳回，重庆有关方面要求辩护律师"讲政治、顾大局、守纪律""不纠缠细节"，这一事件还波及其他地区，出现律师界"警示教育"运动，值得庆幸的是许多法律学人强烈提出异议，律师界许多人为此进行了不懈抗争。对于中国法治来说，"李庄案"无疑成为一个标志性事件。

此外，律师行使权利，通过强调程序正义来维护实质正义，使社会的法治思维获得了新的角度，有利于公民的实体权益保护，推动社会更加公正。同为法律人的法官、检察官、警察也会犯错，并不是天然的正义代表者，律师的存在可以促使他们对事实保持警觉，对法律保持敬畏。律师权利的维护，有利于司法机关、行政机关依法行使职权，防止权力滥用，对法治国家的建设有十分重要的意义。

2. 律师的义务

根据我国法律的相关规定，律师在执业过程中，应当担负以下义务：

第一，律师应当忠于宪法、法律，恪守律师职业道德和执业纪律，不得参加法律所禁止的机构、组织或者社会团体。律师执业时应诚实守信、勤勉尽责，如果律师不能注重职业修养，不能自觉遵守法律、法规、社会公德、律师协会行业规范及职业道德的行为，不仅影响律师行业声誉，而且影响公众对法治的信仰、对社会公平正义的信心。现实生活中，存有少数律师违背职业道德的行为。例如，2015 年 4 月 12 日，一名律师在网上发了一封《北京女律师给全国媒体及律协的求援书》，该律师称自己 4 月 2 日在通州法院两次遭法官和法警的殴打，将其腰部和眼睛打伤，一时间，舆论哗然。而录像显示，该律师闯入有"当事人止步"标识的法官办公区，无理取闹，而调查结果表明这只是因案件审判结果对其不利而对法官和法警诬陷。该律师的行为显然违背基本的职业道德，损害了律师形象。

在正常的执业阶段，律师工作者不被允许借以非律师的身份去经营法律相关的工作，并且只被允许就职于一个事务所。如果律师同时是人大常委会的组成成员之一的，则不能作为律师为委托人进行诉讼或者辩护。作为维护正义的行业，律师必须通过将优质的法律服务提供给委托人，来保护委托人的法律规定的权利和利益。作为社会正义的代表之一，必须注意各种不良行为可能导致的社会反响，防止出现损坏此行业工作人员形象的问题。

第二，如果当事人的委托业务办理后，在没有适当的原因时不可以对委托人提出的辩护或者代理请求表示拒绝，也不可以通过不合理的途径结束委托关系。在没有协商的前提下，不可以自主转移当事人的委托，代理业务也不能超越规定的范围。同一个律师结束某一委托以后，不可以继续与同一案件中的另一方建立委托关系。律师无权以个人的方式与当事人办理委托关系，同时也不能向当事人索要钱财或好处。不可以通过法律来企图占有纠纷的权益。不可以收取来自另一方当事人的利益输送，同时禁止与另一方当事人甚至是他人合谋对我方当事人的利益造成破坏。不可以与我方当事人协商把正在纠纷的物品贩卖给本人。不可以指使别人企图购买处于纠纷的物品。

律师不得妨碍国家司法机关、行政机关依法行使职权。律师和法治专门队伍的职业存在天然联系，决定了两者之间不可能完全隔离，但二者之间也不应存在不正当交往和利益输送。在许多法官犯罪案件中，人们会发现同案中常常有一些律师构成犯罪，法官案发，律师也随之案发。这些律师或违反规定会见法官、检察官、仲裁员以及其他有关工作人员，通过行贿、介绍贿赂或者指使、诱导当事人行贿等不正当方式影响法官、检察官、仲裁员以及其他有关工作人员依法办理案件，或提供虚假证据或者威胁、利诱他人提供虚假证据，妨碍对方当事人合法取得证据。在最高人民法院原副院长黄松有、奚晓明案件中，都有不良律师参与其中。可悲的是，一些律师通过不正当手段赢得有利于自己的裁判结果的同时，还在高声叫骂着"司法腐败"，殊不知他们自己就是司法腐败的参与者。

禁止律师引诱我方委托人企图通过破坏社会安全环境等违法的方式逃避纠纷，禁止破坏包括法院在内的司法机关工作的运行。禁止任何人通过损坏或造假证明材料来协助违法犯罪分子，禁止诱导证明人通过非真实证据来破坏正常的审判工作。在对另一方当事人以及其他所有人员提出质疑时，其表达的问题需要与实际相联系，不可以使用诱导、损害人格等方法。

第三，律师作为会涉及别人隐私的行业，在了解到部分企业、个人的机密信息时，禁止随意传播。如果当事人表示不想他人知道自己的信息时，需要自觉进行保密。然而，当遇到包括委托人在内的人员企图破坏国家或社会安全，以及损坏他人合法权益的违法行为时不能保密，而需要及时上报有关部门。

对于经常在律师的岗位上出现的事件，此次改革侧重对从业资格的管理进行补充，从而使此行业的从业资格问题加以正规化。比如经过补充的《律师执业管理办法》中明确，律师作为社会正义的维护者，要逐步通过引导的方式来帮助委托人正确处理法律问题。

3. 律师的回避

如果律师办理的委托业务和当事人产生各种经济冲突时，则不可以继续接受此业务，并且要及时先行进行回避。存在如下状况时，禁止继续与委托人保持或接受其委托：某律师在同一案件中同时与两方办理委托关系；在同一家律所工作的律师，分别为同一个涉及刑事责任的案件的双方的委托人，如果确实在此地点无法找到另一家律所，或经过案件双方了解情况后允许的不明令禁止；律师提供法律服务时，如果对方当事人的委托律师与自己存在亲属关系的；在涉及民事或行政行为的案件中，产生纠纷的双方当事人的委托律师来自同一家律所的；以前任职机关单位工作岗位时负责处理的事务，在入职律师后再次参与此事务的；当处理非诉讼业务时，存在利益冲突的双方委托律师来自同一律所时，但对于这两个当事人一同办理委托关系的状况除外；先前建立的委托结束之后，某律师在此案件的办理中与对方建立委托的；其他可以被认为需要回避的状况。

当存在如下状况的，律师需要在通知当事人后进行回避，如果当事人允许律师继续进行办理的情况不需要回避：在涉及民事行为的案件中，对方是所在律所的同事的；某律所和当事人之间有法律上的业务关系，但在此案件中并没有寻求此律所的法律服务，相反对方与此律所建立了委托关系的；在涉及刑事责任的案件中，与犯罪分子建立了委托关系，但对方当事人是同事的亲属的；当委托结束的一年之内，某律师与先前当事人存在利益冲突的人员建立委托关系的；其他可以被认为需要回避的状况。

当以上的状况确实发生时，需要及时将会导致的影响详述给当事人，并最终需要当事人来自行判断能否设定委托。如果其认为需要设定委托时，需要当事人在知情同意书上签字，用于证明其确实对这种利益冲突产生的影响心中了解，同时证明委托人允许和此律师办理法律委托。当当事人了解清楚情况后并在相关材料上签字的，律师需要对当事人的各种信息进行保护。禁止传播，禁止将相关信息告知对方的委托律师。

（四）诉讼中的律师和非讼案中的律师

1.民事诉讼中的律师

在涉及民事行为的案件中，律师能够承接需要法律服务的人员的委托来保护其法律规定的应有权利，为雇主提供相应的法律服务时，需要用被代理人的称号行事，来参与到案件的办理过程中，同时相应的判决都需要委托人负责。在涉及民事行为的案件中，可以雇佣一名或两名律师来帮助案件的办理。在涉及民事行为的案件判定时，在各个审查环节以及各个程序中都需要律师的参与。在执行程序时，律师单单是表示帮助委托人进行已经下发的法院裁定结果以及其他需要执行的其他材料。如果由律师来帮助办理涉及民事行为的案件，则要以带有当事人的签章的相关法律材料为证明。如果当事人在国外，则其证明材料的递交需要所在国家的领事馆的证明材料。在涉及民事行为的案件中，律师的工作内容可分为两种：一种被称为一般代理，另一种被称为特别授权代理。当事人只把普通权力授权于律师，包括一般诉讼的权利、一般仲裁的权利等，这种授权被称为一般代理。一般来说，这种情况下被给予的诉讼的权利不能触碰到实体权利，例如对各种证明材料的征集、在开庭时参与审判、浏览此案的有关文件、各种意见的上报等。将触碰到实体权利的权限给予律师的被称为特别授权代理。在下列情形下，需要特别授权才能参与办理：对案件进行反向诉讼以及上诉的权利，作为当事人的代表为当事人代为处理各类诉讼请求，通过协商与对方达成一致性的和解。在涉及民事行为的各类案件中，律师可在被给予的权利范围之内操作，禁止超出权利范围，在法律上，律师本质上是从属性的，而不是有诉讼权利的单位。当作为民事案件的法律服务者为当事人代理时，具备某种程度上的独立性。律师不但具备被委托人给予的权利，还具有职业本身的权利。包括对案件的案卷进行查阅、通过各种方式获取证据等。律师作为一种高尚的职业，不应受到代理人的影响触犯法律，而应成为法律的守护者，把法律作为标准。

律师承办业务，由律师事务所统一接受委托，并且需要进行书面形式的合同签署，此外，需要办理委托的人员向律师递交授权材料。如果是特别授权的情形，则需要将各种需要授权的方面一一列出。在律师作为代理人后，需要采用各种法律规定范围内的方法，来对案件的方方面面进行了解。通常情况下，涉及民事行为的案件里，对提出的支持自己的观点和反对对方的观点都需要拿出相关证明材料。对于委托人而言，如何获取以及获取何种材料是很难把握的，需要通过律师提供的法律服务来搜集需要的证明材料，这是其保护自身合法权益的有效保障。在庭审中，律师运用其较高的法律业务水平和语言表达能力，来保护我方当事人的合法权益，并对他人提出的错误观点进行法律角度的反驳。

2. 行政诉讼中的律师

行政诉讼中，当事人、法定代理人可以委托一名至两名律师代为诉讼。当事人委托律师担任行政诉讼代理人，应当向法院提交由委托人签名或者盖章的授权委托书。律师担任行政诉讼法律事务代理人的，应当在受委托的权限内，维护委托人的合法权益。行政诉讼是以做出行政行为的行政机关或者法律、法规、规章授权的组织为被告的诉讼，律师除可以担任原告代理人外，还可以接受作为被告的行政机关或组织的委托，担任被告的代理律师。行政诉讼中代理律师的权利与民事诉讼中代理律师的权利基本相同，如查阅、复制本案有关材料的权利，质证权、辩论权等。不过由于行政法律关系中的权利义务只受法律关系调整。"当事人并无自由处分权，《行政诉讼法》第六十条第一款规定："人民法院审理行政案件，不适用调解。但是，行政赔偿、补偿以及行政机关行使法律、法规规定的自由裁量权的案件可以调解。"因此，除行政赔偿、补偿以及行政机关行使法律、法规规定的自由裁量权的案件外，无论是原告还是被告的律师代理人均无调解权。

如果律师作为被告，即做出行政行为的行政机关或者法律、法规、规章授权的组织的诉讼代理人，其诉讼权利限制较多。第一，起诉权和反诉权的限制。做出行政行为的行政机关或者法律、法规、规章授权的组织在行政诉讼中只能是被告，故律师担任其代理人并无起诉权。在行政诉讼提起时行政机关或者法律、法规、规章授权的组织的行政行为已经做出，再提起反诉则收集证据的权利被限制。《行政诉讼法》第三十五条明确规定："在诉讼过程中，被告及其诉讼代理人不得自行向原告、第三人和证人收集证据。"在行政诉讼提起时，行政行为已经做出，其行政行为应当是依据已经收集的证据做出，而非事后补充。证据事实和法律依据便是做出行政行为的行政机关或组织的诉讼依据，为保护原告合法权益，法律不再赋予其在行政诉讼提起后自行收集证据的权利。

3.刑事诉讼中的律师

刑事辩护制度是司法民主、保障人权以及社会文明的重要标志，对于维护犯罪嫌疑人、被告人合法权益，提高办案质量，加强法治国家的建设具有重要意义。辩护权是宪法赋予的神圣人权。《宪法》第一百二十五条规定："……被告人有权获得辩护。"这一宪法原则是辩护制度的基石。辩护权，是法律赋予犯罪嫌疑人、被告在整个诉讼过程中，为进行辩护活动而规定的一系列诉讼权利，是犯罪嫌疑人、被告独有的不可侵犯的权利。《刑事诉讼法》第十四条也明确规定："人民法院、人民检察院和公安机关应当保障犯罪嫌疑人、被告人和其他诉讼参与人依法享有的辩护权和其他诉讼权利。"刑事诉讼中，犯罪嫌疑人、被告可以委托一名至两名律师作为辩护人。但依法被剥夺、限制人身自由的人，不得担任辩护人。

律师辩护在整个辩护制度中处于极为重要的地位，成为辩护人中的核心力量，在刑事辩护中发挥着主导作用。在所有辩护人中，律师的辩护具有不可比拟的优势。律师作为提供法律服务的执业人员，不仅掌握了较系统的法律专业知识，而且有丰富的辩护经验，能够有效地从事辩护活动，切实维护犯罪嫌疑人、被告人的合法权益。辩护律师享有比其他辩护人更为广泛的诉讼权利，这为充分发挥辩护作用提供了更有利的条件。同时，律师有严格的组织纪律，受职业道德约束，这是辩护律师尽职尽责、充分发挥辩护作用的重要保证。

由于刑事辩护业务是律师的重要业务，传统上相当多的律师曾以刑事辩护为主要业务，受传统观念影响，律师一度被认为是"替坏人说话"。这种观点错在以下几个方面：首先，曾经存在有罪推定的传统做法，社会上一般认为被侦查机关立案侦查或者被提起公诉的人，就是罪犯，就是坏人。但是被立案侦查或者被提起公诉的人，未必最终就被认定为罪犯，其中有一些人并未实施犯罪行为。在法治国家中，应采取的是无罪推定原则，一个人在未被法院生效判决定有罪前，不应视为罪犯。这虽然可能导致部分嫌疑人逃脱刑事制裁，但并非律师的过错，原因在于证据不足而无法认定犯罪事实或者法官对法律的理解上存在偏差，律师并无权判定有罪无罪。辩护律师的辩护观点通过影响侦查机关、公诉机关和审判机关，可以使一些无辜的人免受牢狱之灾。其次，即使是被法院生效判决认定为犯罪的人，也未必在道德评判上就是"坏人"，特别是一些过失犯罪的罪犯。再次，犯罪嫌疑人、被告人是好人还是坏人只是基于社会评判和道德评价，而非法律问题。刑事诉讼上无须对被告人是好人或坏人进行判断，而只对其是否构成犯罪以及是否应承担刑事责任作出法律界定。在刑事诉讼中当事人可以获得法律专业人士的帮助，是一种法律制度设计，律师成为辩护人或代理人"接受委托或指定，为当事人提供法律帮助"，即使被社会评判为"坏人"的犯罪嫌疑人也有权获得律师的法律帮助。律师辩护不是为犯罪嫌疑人或被告人的"坏"说话，而是因他是"人"而说话。最后，即使犯罪嫌疑人、被告人最终被定罪，被称为罪犯，其应有的合法权益同样应受到法律的保护。即使严重破坏法治、严重侵害辩护律师合法权益的犯罪分子，在刑事审判中也应尽可能有辩护律师为其辩护，以维护其合法权益。

律师辩护权基于委托和指派而产生。一是来自当事人的委托。处于侦查的阶段时，违法当事人只可以向律师提出作为其辩护人的委托。违法当事人从被审问或被使用强制性手段开始，就可以聘用律师作为自己的辩护人。违法当事人处于被关押的情况时，需要聘请律师为其进行辩护的，包括法院等在内的相关部门必须尽快传递其请求。在律师承办违法当事人的案件后，需要按时通知正在进行案件处理的部门。二是来自法律援助部门的安排。违法当事人如果由于财务上的问题或其他方面的问题无法聘请律师时，可以提交申请至法律援助部门。当其满足法律援助的要求时，则会安排律师作为当事人的辩护人，并为其提供适当的法律服务。违法当事人为身体残障人员，或为丧失部分行为能力的精神病患者时，如果无法聘请辩护人，则相关部门需告知法律援助机构为其安排合适的律师来提供法律服务和辩护。如果违法当事人有被判为死刑或无期徒刑的可能性，却没聘请律师为其进行辩护时，则相关部门需告知法律援助机构为其安排合适的律师来提供法律服务和辩护。当违法当事人未满18周岁，且未聘请律师为其进行辩护时，则相关部门需告知法律援助机构为其安排合适的律师来提供法律服务和辩护。当被告人没聘请律师时，则相关部门需告知法律援助机构为其安排合适的律师来提供法律服务和代理诉讼。法律援助的内容被广泛使用，在相关法律中明确提到：一是可以根据需要来建立关于法律援助的律师轮流换岗机制，使值班律师直接处于法院的办案现场，这样可以立即为当事人提供法律服务。二是可以将法律援助方面的花销计入政府的预算之中，同时提升案件办理时法律援助的补贴，并按时发放。

在涉及刑事行为的诉讼中，作为合格的律师需要把握下列几种关系问题：第一，把握律师与违法当事人之间的关系。对于律师而言，其各种权限来自委托人的授予。涉及刑事案件的诉讼时，律师具备的为当事人辩护的权利，是以违法当事人为依托的，当事人有权利不接受已经办理委托关系的律师作为案件的辩护人。在律师决定进行委托以后，如果没有合适的理由时，则不可以不进行辩护工作。如果律师有辩护的权利，要代替当事人进行上诉时，则要以被告人的允许为前提。同时律师是刑事案件诉讼过程的合理参办者，带有移动的独立性特征。涉及刑事行为的案件中，律师是为当事人提供法律服务的辩护人，而不是代言人，当事人没有权利让委托的律师完全以自己的想法来辩护。作为辩护人的律师，其义务是以法律规定和证据为依据，作出当事人无罪或无刑事责任等的提议，坚决保护违法当事人的法律规定的权益。

《刑事诉讼法》第四十六条规定："辩护律师对在执业活动中知悉的委托人的有关情况和信息，有权予以保密。但是，辩护律师在执业活动中知悉委托人或者其他人，准备或者正在实施危害国家安全、公共安全以及严重危害他人人身安全的犯罪的，应当及时告知司法机关。"依据该条，辩护律师对犯罪嫌疑人、被告人已经实施的犯罪、准备或者正在实施危害他人财产安全的犯罪或者并不严重危害他人人身安全的犯罪并无检举揭发的义务，而是具有保密的义务。一般公民都对犯罪行为具有检举揭发的义务而辩护律师没有，这是由于律师特殊的职业道德要求所致。一方面，如果犯罪嫌疑人、被告人将违法犯罪行为告知辩护律师，而辩护律师又应检举揭发，无疑和律师职责相悖，陷辩护律师于两难境地。另一方面，如果律师有检举揭发的义务，犯罪嫌疑人、被告人也不敢将其行为告知辩护律师，辩护律师无法知悉真实情况，就失去了对事实认定和法律适用的正确判断，难以完成辩护工作。但是已经发生的犯罪事实，其造成的危害结果已经发生，辩护律师不予检举不会导致新的危害。辩护律师能做的只是劝导犯罪嫌疑人、被告人主动交代或者中止犯罪行为，能不能接受劝导则要取决于当事人的想法。但当律师所接受的委托事务涉嫌违反法律法规，或当事人将重要信息和状况进行藏匿时，律师可以不再为其提供辩护服务。当委托人的行为企图破坏社会和国家的安全的，甚至对别人人身伤害造成极大伤害时，律师作为法律的维护者，需要尽快向相关司法部门检举，以免产生不良社会影响。

第二，律师与进行侦查工作的人员之间的关系。处于侦查的阶段时，律师有权为当事人进行法律上的服务；与负责侦查的机关进行沟通来考察当事人所违反的法律以及其他相关的状况，同时可以向其提出见解；向有关部门提出更换强制性措施的请求；代为提出申诉或者控告；负责侦查工作的人员的工作内容侧重点，是通过查找各种证据来证明当事人有无犯罪或罪行轻重。虽与律师工作所重视的内容不一样，但都包含搜寻可以证明当事人无罪证据的内容，不需要遵守以证据为依据的前提，同时以法律法规作为标准。侦查阶段结束之前，如果律师有其他请求，负责侦查工作的单位需要对其建议进行记录，并考虑是否采纳。当律师有书面形式的建议时，需要进行附卷处理。当司法机关下发逮捕指令时，需要参考当事人律师的见解，如果其有请求，则需要进行参考。当司法机关下发逮捕的对象为未满十八周岁的人员时，需要参考律师的建议。当公安部门的前期侦查工作结束，并准备转交至检察院时，需要把转交情况通知律师。当律师察觉负责侦查的单位或工作人员的行为涉嫌违反法律时，则需要向所在单位提出申诉。

第三，辩护律师和公诉人的关系。公诉人和辩护律师二者之间是控、辩双方的对立统一。事不辩不清、理不辩不明。辩护律师和公诉人具有高度统一的法律背景和价值观念，二者在庭审中充分对抗和交流，使法官做出公正的结论。检察官是作为国家法律的代表来进行公诉的，与负责辩护的律师具有相同的诉讼权，他们负责自己的工作，不能对对方造成不必要的干预。控告方与辩护方始终遵守把事实情况当作证据，把法律法规当作标准的原则。以开庭的形式使双方观点更加明确，使得违法犯罪行为不会被遗漏，无罪人员不会被错判；以法律去捍卫双方当事人的合法权益。检察官负责将控告人的控诉材料进行提出，被告人律师则将对保护合法权益的证据提出，同时以被告人需要负的责任为主题，以证据材料为依据进行辩论。被告人律师通过证据和法律规定来保护当事人，绝不是与法律规定相背与检察官迎合。检察官和被告人律师分工明确，使检察官成为公正的判决者。

第四，辩护律师和自诉人及其代理律师的关系。辩护律师和自诉人及其代理律师二者之间是控、辩双方的对立统一。自诉人及其代理律师作为控方，自诉案件中被告人有罪的举证责任由自诉人承担。而辩护律师则有提出有利于被告人的材料和意见的权利。

第五，辩护律师和法官的关系。辩护律师作为被告人的辩护人，法官作为法庭的主持人，二者互相配合、互相制约，力求以事实为根据，以法律为准绳，作出公平合理的判决或裁定。辩护律师应当尊重和服从法官和法庭纪律，向法官提供有利于犯罪嫌疑人的材料和意见，律师通过在法庭上展示自己的说服力从而影响法官的判断。法官也应充分保障辩护律师的辩护权，重视律师所提出的材料和意见，正确的予以采纳，错误的有权不予采纳。被告人的辩护律师负责辩护，法官负责审判。在开庭过程中，法官可以对被告人律师不遵守工作纪律的活动进行阻止，当被告人律师察觉法庭存在不合法的活动时，也可以提出，甚至可以控告。被告人的律师负责辩护时，可以提出自己对于案件的建议，法官需要尊重律师的辩护工作。如果法院作出判决后，准备逮捕未满十八周岁的当事人时，需要考虑当事人律师所提出的建议。最高院在审核判处死刑的案件时，律师有权提出请求，最高院需要考虑其提出的建议。在对当事人的判决没有生效时，如果律师发现可能存在问题，在委托人允许后可以进行上诉，对于已经生效的判决，也可以进行申诉。

4.非讼案件中的律师

非讼案件，是指无争议的法律事务或有争议、纠纷不通过诉讼途径解决，而是在当事人之间，通过调解、仲裁等方式解决的相关法律问题。随着经济的快速发展，律师特别是经济发达地区律师的非诉讼法律事务数量剧增。律师代理非诉讼法律事务，有利于预防纠纷，减少诉讼，也有利于纠纷全面、迅速、合理解决，有利于维护社会的稳定，满足经济发展的需求。律师在非诉讼法律事务中接受当事人委托、办理非诉讼法律事务已经成为社会发展的一种趋势。律师代理非诉讼法律事务几乎涉及公民、法人或其他组织从事经济活动的各个领域。但律师代理非诉讼法律事务偏重于经济活动，而代理执行遗嘱，代理当事人办理共同财产分割等民间非诉讼法律事务却没有充分发展。

每个团体或个人可通过委托律师为其进行法律服务，来保护自身的合法权益，在法律允许的范围内行事。如果律师的工作是法律顾问，则需要为委托方提出恰当的建议，也需要进行相关法律材料的编写，参加与委托人相关的法律事务的办理，保护委托人法律规定范围内的合法权益，也有权参与诉讼事务的办理。每个社会团体或个人能够委托律师来帮助办理非诉讼业务，包括为委托人的事务提出建议、编写法律文书、合同内容的核查、参加委托人的谈判事项、代表当事人进行工商业务的办理等。委托人能够委托律师帮助解决产生纠纷的诉讼事项，解决方式包括协助调解、申请仲裁等多种途径。

（五）社会律师、公职律师和公司律师

1. 社会律师

社会律师就是在律师事务所执业，依靠为全社会的当事人提供法律服务，并收取法律服务费，依法纳税及缴费后形成个人合法收入的律师。我们通常所讲的律师一般就是指社会律师。

2. 公职律师

公职律师，是指具有我国律师资格或法律职业资格，现供职于县（区）级以上政府及其各职能部门或行使政府职能的部门，经核准执业，专职办理本级政府或部门法律事务的律师。公职律师日益成为政府依法决策、依法行政的重要力量。2002 年我国开始试点公职律师工作，公职律师的资质管理和业务指导由司法行政机关负责，并接受律师协会的行业管理，公职律师可以成为律师协会会员，也可以参加律师职称评定，但公职律师的人事和组织关系仍由所在单位管理。公职律师执业一年以上可以转为社会律师，公职律师申请转为社会律师时，按变更执业机构的程序进行，担任公职律师的经历计入执业年限。

公职律师的执业活动受《律师法》的调整，公职律师执业应取得公职律师执业证，在执业过程中享有与社会律师同等的法律地位，享有依法调查取证、查阅案件材料等执业权利，加入律师协会享有会员权利，可以参加律师职称评定。但公职律师须接受所在地司法行政机关的业务指导和监督、不得从事有偿法律服务、不得在律师事务所和法律服务所兼职、不得以律师身份办理本级政府或部门以外的诉讼与非诉讼案件。

在具备公职律师试点条件的单位的工作人员，符合下列条件的，可申领公职律师证。第一，具有我国律师资格或法律职业资格。第二，品行良好。第三，系县（区）级以上政府及其各职能部门的现职公务员或行使政府职能部门的现职工作人员。第四，在本单位专职从事法律事务工作一年以上。第五，所在单位同意其担任公职律师。

公职律师的职责通常包括：为本级政府或部门的行政决策提供法律咨询意见和法律建议；按本级政府或部门的要求，参与本级政府或部门规范性文件的起草、审议和修改工作；受本级政府或部门的委托调查和处理具体的法律事务，代理本级政府或部门参加诉讼、仲裁活动；经所在单位同意，接受法律援助中心指派为受援人提供法律援助，以及负责本级政府或部门其他应由公职律师承担的工作。

3.公司律师

公司律师是律师行业中的新兴职位，在 2002 年开始试点，其工作内容主要是为所在公司提供各种法律服务。从属性上来看，公司律师属于企业的内部职员岗位，他们的薪水以及人事管理等都归所在公司负责，与此同时，由于公司律师属于律师行业，因此司法机关有权对其进行指导，公司律师也有权参加律师行业协会，有权进行行业的职称认定。如果需要转变为普通律师，则需要办理相关程序，按照规定进行证件的换取，公司律师的在职期间，工作年限可以计入律师执业时长，公司律师同样有权进行搜取证据、查看相关材料，可以加入律师协会享有会员权利、参加律师职称评定、直接转换为社会律师。但公司律师须接受所在地司法行政机关的业务指导和监督，不得从事有偿法律服务，不得在律师事务所和法律服务所兼职，不得以律师身份办理本公司以外的诉讼与非诉讼案件。公司律师应参加律师年检注册，办理年检注册时，公司律师应提交年度工作总结、所在单位出具的证明其专职从事法律事务工作的材料等。参加律师协会组织的培训和执业纪律教育活动。

公司律师的人选应具备以下条件：具有我国律师资格或司法部颁发的法律职业资格，在企业内部专职从事法律事务工作，所在公司同意。

公司律师的工作范围主要有：对所在公司的章程进行查看，并提出建议；对所在公司的合同进行查验；向公司的业务运营提出合法建议；帮助编写法律文书等相关材料；帮助办理公司的谈判、诉讼等事项；当所在公司出现可能违法的活动时，有义务提出意见。

二、公证员

（一）公证员的含义

公证主要是指公证机构以社会团体或个人以及法人的申请为依据，通过合理的法律规定的章程来验证或核实具有法律上的效力的民事行为以及相关的证据材料等的合法性和准确真实性。对具有法律上的效力的民事行为以及相关的证据材料等的合法性和准确真实性的核准，可以明确案件双方当事人所负有的权利和责任，对保证法治国家和法治社会作出重要贡献，与此同时，还可以促进社会公平正义、和谐稳定，提升群众的法律素养。公证过程的合理运营，使得各社会团体、个人以及法人得到错误行为的指正，同时能够使他们改变民事法律关系，使得我国的相关法律得以高质量正确实行，将不符合事实的各种证据加以剥离，在一定程度上阻止了违法行为的延续，使得各社会团体、个人以及法人的权利和利益得到合法保护。公证可以减少各种可能造成重大违法行为的隐患，激励案件的当事人按照法律的规定对约定负责，从而降低社会纠纷情况发生的频率。公证书存在法律上的证据效力，如果案件双方存在争议，此证明可以使法院更好地处理争议问题。公正程序本质上是负责此项工作的机构依法实施证据证明的过程。通常情况下，公证证明在法律上的作用效力是在其他地方证明之上的。有相关法律条文明确提出，部门事务不经过公证是没有作用的。在设定遗嘱的时候，包括自行书写、代为书写、音频或者语言上的形式，都在经过公证之后的遗嘱的效力之下。如果设立遗嘱的人员存在不止一份的遗嘱，并且遗嘱之间存在矛盾时，如果之中有经过公证的遗嘱，则以此为案件的证据。如果不存在经过公证的遗嘱，则将最后一个作为证据。对经过公证的具有法律上的效力的民事行为以及相关的证据材料等，需要被用于案件的审理过程，并作为判决的重要依据。对经公证的以给付为内容并载明债务人愿意接受强制执行承诺的债权文书，债务人不履行或者履行不适当的，债权人可以依法向有管辖权的法院申请执行，受申请的法院应当执行。但公证机构依法赋予强制执行效力的债权文书确有错误的，法院则会裁定不予执行，并将裁定书送达双方当事人和公证机构。当事人、公证事项的利害关系人认为公证书有错误的，有权向出具该公证书的公证机构提出复查。公证书的内容违法或者与事实不符的，公证机构应当撤销该公证书并予以公告，该公证书自始无效，公证书有其他错误的，公证机构应当予以更正。当事人、利害关系人对公证书的内容有争议的，可以就该争议向法院提起民事诉讼。

（二）公证机构

公证机构是依法设立，不以营利为目的，依法独立行使公证职能、承担民事责任的证明机构。公证处既非行政机关，也非司法机关，而是法定的国家证明机构。公证机构办理公证，任何单位和个人不得非法干预，其合法权益不受侵犯。在我国，公证机构统称公证处。公证业的自律性组织为公证协会，依据章程开展活动，对公证机构、公证员的执业活动进行监督。司法行政部门依法对公证机构、公证员和公证协会进行监督、指导。公证机构的执业区域，由省、自治区、直辖市司法行政机关在办理该公证机构设立或者变更审批时予以核定，公证机构应当在核定的执业区域内受理公证业务。公证机构办理公证，应当遵守法律，坚持客观、公正的原则，遵守公证执业规范和执业纪律。公证机构应当建立业务、财务、资产等管理制度，对公证员的执业行为进行监督，建立执业过错责任追究制度。公证机构应当参加公证执业责任保险。设立公证机构，应当有自己的名称和固定的场所，有两名以上公证员和开展公证业务所必需的资金。设立公证机构，由所在地的司法行政部门报省、自治区、直辖市政府司法行政部门按照规定程序批准后，颁发公证机构执业证书。

根据自然人、法人或者其他组织的申请，公证机构办理下列公证事项：合同，继承，委托，声明、赠予、遗嘱，财产分割，招标投标、拍卖，婚姻状况、亲属关系、收养关系，出生、生存、死亡、身份、经历、学历、学位、职务、职称、有无违法犯罪记录，公司章程，保全证据，文书上的签名、印鉴、日期，文书的副本、影印本与原本相符以及自然人、法人或者其他组织自愿申请办理的其他公证事项。法律、行政法规规定应当公证的事项，有关自然人、法人或者其他组织应当向公证机构申请办理公证。根据自然人、法人或者其他组织的申请，公证机构可以办理下列事务：法律、行政法规规定由公证机构登记的事务，提存，保管遗嘱、遗产或者其他与公证事项有关的财产、物品、文书，代写与公证事项有关的法律事务文书以及提供公证法律咨询。公证机构受理公证申请后，应当按照规定向当事人收取公证费。公证办结后，经核定的公证费与预收数额不一致的，应当办理退还或者补收手续。

（三）公证员的条件

担任公证员，应当具备下列条件：（1）国籍条件：具有中华人民共和国国籍。（2）年龄条件：年龄25周岁以上65周岁以下。（3）行为能力条件：具有完全民事行为能力，并非无民事行为能力人或者限制民事行为能力人。（4）品质条件：公道正派，遵纪守法，品行良好。因故意犯罪或者职务过失犯罪受过刑事处罚的人、被开除公职的人，被吊销公证员、律师执业证书的人不得担任公证员。（5）法学专业条件：通过国家统一法律职业资格考试取得法律职业资格。（6）经验条件：在公证机构实习二年以上或者具有三年以上其他法律职业经历，并在公证机构实习一年以上，经考核合格。

从事法学教学、研究工作，具有高级职称的人员或者具有本科以上学历，从事审判、检察、法制工作、法律服务满十年的公务员、律师，年龄25周岁以上65周岁以下具有中华人民共和国国籍，公道正派、遵纪守法、品行良好，已经离开原工作岗位的，经考核合格，可以担任公证员。

（四）公证员的权利和义务

1.公证员的权利

根据我国法律的相关规定，公证员享有以下权利：

在公证员正常工作时，任何主体没有权利加以扰乱，他们的工作严格被法律所保障；公证员非因法定事由和非经法定程序，不被免职或者处罚；当需要开设证明时，公证员有权利编写证明，同时在上面签字，当业务不满足各项条件时，公证员可以拒绝编写证明；公证员作为一种为社会作奉献的岗位，需要发放其相应的薪水，并给予合理的福利补贴，与此同时，可以主动辞职，或者对不公平的事项进行上诉；在公证员岗位工作的人员，有权选择是否加入相关的岗位培训活动，在加入培训时，所在单位需要保证其生活条件；公证员享有与公证业务相应的审核权。公证员在办理公证业务过程中，根据不同公证事项的办证规则，有权审查当事人的人数和身份以及申请办理该项公证的资格及相应的权利，当事人的意思表示的真实性、申请公证的文书的内容的完备性和含义清晰性，签名和印鉴是否齐全，还有权审查当事人提供的证明材料是否真实、合法、充分以及申请公证的事项是否真实、合法。在审查中，对申请公证的事项的真实性、合法性有疑义的，认为当事人的情况说明或者提供的证明材料不充分、不完备或者有疑义的，可以要求当事人作出说明或者补充证明材料。对申请公证的事项以及当事人提供的证明材料，按照有关办证规则需要核实或者对其有疑义的，有权进行核实，或者委托异地公证机构代为核实。有关单位或者个人应当依法予以协助。公证员有权通过询问当事人、公证事项的利害关系人、证人，向有关单位或者个人了解相关情况或者核实、收集相关书证、物证、视听资料等证明材料，现场勘验核实、委托专业机构或者专业人员鉴定、检验检测、翻译等方式核实公证事项的有关情况以及证明材料。

2.公证员的义务

根据我国法律的相关规定，公证员需担负以下义务，不得违反：

第一，公证员作为法律体系的重要环节，必须始终坚持以法律为基本守则，坚守高尚的职业道德，以公平正义作为工作的尺度，对工作尽职尽责。处在公证员岗位上的工作人员不可以在两个以上的公证单位或有薪资的单位工作。当公证办理对象为自己的亲信或者与自己及亲信有利益冲突的，在公证办理的时候需要提前回避，不能参与办理，需要所在单位安排其他公证员进行办理。公证员作为法律工作者，不可以擅自开出证明或为不满足条件的事务办理证明，不能将公费或其他公共财产占为私有，不可以破坏公证书的完整性，禁止从事法律明确禁止的公证员的违法行为。第二，要求公证员参加相关司法单位举办的培训活动，公证员参与的专业业务训练必须在40小时以上。第三，需要公证员参加地方以及全国的行业协会。第四，对于工作岗位涉及的秘密需要进行保守。在此岗位难免会涉及众多行业秘密或隐私，因此必须严格要求加以保守。

三、仲裁员

（一）仲裁员的含义

我国专门规定仲裁的法律主要有：《仲裁法》《劳动争议调解仲裁法》《农村土地承包经营纠纷调解仲裁法》。一般所说的仲裁是指《仲裁法》规定的仲裁，本书所称仲裁也是指这一含义上的仲裁。本书所称仲裁委员会、仲裁庭的依据即《仲裁法》，另外，使用劳动人事争议仲裁、农村土地承包经营纠纷仲裁以便与仲裁相区别。

所谓仲裁，是指纠纷当事人根据协议，自愿将该纠纷提交非司法机关的第三者居中审理，并作出具有法律约束力裁决的一种纠纷解决办法或制度。仲裁是人类社会发展到一定阶段的产物，它是从因公民生活和生产实践需要而自发产生的一种纯民间的自救方法发展而来的，为国家所承认的解决争议的法律制度。依据《仲裁法》规定的仲裁案件限制于民商事纠纷案件，平等主体的公民、法人和其他组织之间发生的合同纠纷和其他财产权益纠纷可以依据《仲裁法》仲裁，但是婚姻、收养、监护、扶养、继承纠纷，以及依法应当由行政机关处理的行政争议不能适用仲裁。劳动人事争议、农村土地承包经营纠纷不能依《仲裁法》仲裁。

（二）仲裁委员会和仲裁员

1. 仲裁委员会

仲裁委员会是负责开展日常仲裁业务，负责组织、管理和监督具体仲裁案件的仲裁程序的机构。仲裁委员会可以在直辖市和省、自治区政府所在地的市设立，也可以根据需要在其他设区的市设立，不按行政区划层层设立。依法可以设立仲裁委员会的市只能组建一个统一的仲裁委员会，不得按照不同专业设立专业仲裁委员会或者专业仲裁庭。国务院 1995 年《重新组建仲裁机构方案》规定新组建的仲裁委员会的名称应当规范，一律在仲裁委员会之前冠以仲裁委员会所在市的地名（地名＋仲裁委员会），仲裁委员会的组成人员由院校、科研机构、国家机关等方面的专家和有实际工作经验的人员担任。仲裁委员会的组成人员可以是仲裁员，也可以不是仲裁员。

仲裁委员会独立于行政机关，与行政机关没有隶属关系。仲裁委员会之间也没有隶属关系。仲裁委员会由所在市的政府组织有关部门和商会统一组建。设立仲裁委员会，应当经省、自治区、直辖市的司法行政部门登记。仲裁委员会应当具备的条件包括：有自己的名称、住所和章程、有必要的财产、有该委员会的组成人员和聘任的仲裁员。

2. 仲裁员

仲裁员是指在仲裁案件中对当事人之间的合同纠纷和其他财产权益纠纷进行评判，并作出裁决的居中裁判者。仲裁员与法官虽有相近之处，但二者实际有着本质区别。法官是经国家立法机关任命并在各级法院工作的国家公务员，而仲裁员则不是一种专门职业，而是受仲裁委员会聘任的兼职人员。法官的审判权来源于国家的司法权力，而仲裁员的管辖权只是来源于当事人仲裁协议的约定。

仲裁员名单由仲裁委员会主任会议提出，经仲裁委员会会议审议通过后，由仲裁委员会聘任，发给聘书。仲裁员的聘任期为三年，期满可以继续聘任。仲裁委员会按照不同专业设仲裁员名册。

仲裁员在仲裁中处于独立的地位。仲裁员依法独立仲裁，在仲裁案件时应当处于中立的地位，不受行政机关、社会团体和个人的干涉。仲裁员独立于当事人，不代表任何当事人的利益，由仲裁员组成的仲裁庭处于中立的第三方的立场进行仲裁。仲裁员独立于仲裁机构，仲裁员和仲裁委员会及其主任、副主任和委员之间不存在上下级关系，仲裁委员会对仲裁员的管理有助于仲裁质量的保证，但不应对案件的实体性问题进行干预。仲裁庭的各仲裁员之间相互独立，仲裁庭的每个仲裁员都应当独立地对案件进行分析、判断，提出自己的意见，仲裁庭中对裁决持不同意见的仲裁员有权要求将其意见记入笔录，并有权决定是否在裁决书上签名。

四、基层法律服务工作者和人民调解员

（一）基层法律服务工作者

基层法律服务工作者旧称"乡镇法律工作者"，是指符合规定的执业条件，经核准执业登记，领取《基层法律服务工作者执业证》，在基层法律服务所中

执业，为社会提供法律服务的人员。司法行政机关依照规定对基层法律服务工作者进行管理和指导。

基层法律服务是具有中国特色的、与社会对法律服务的需要相适应的一种法律服务的特定形式，它是整个社会法律服务的一部分。基层法律服务工作者为特定的服务对象，即主要是本行政区划内的基层机关、企事业单位和公民，为他们在特定的业务范围内提供法律服务。基层法律服务工作者是基层法律服务工作的主力军，其职责是依据司法部规定的业务范围和执业要求，开展法律服务，维护当事人的合法权益，维护法律的正确实施，促进社会稳定、经济发展和法制建设。其业务范围主要包括：担任法律顾问，代理民事、经济、行政诉讼、代理非诉讼法律事务，主持调解纠纷，解答法律咨询，代写法律事务文书等。

1. 法律服务工作者的执业资格

法律服务工作者执业资格取得的途径有两种：第一种途径是申请。具备律师资格、公证员资格或者企业法律顾问资格的人员，可以申请从事基层法律服务工作者。第二种途径是考试或考核。拥护宪法，遵守法律，有选举权和被选举权、具有高中或者中等专业以上的学历、品行良好、身体健康的人，可以经考试取得基层法律服务工作者执业资格。全国基层法律服务工作者执业资格考试，由司法部统一组织，省级司法行政机关负责承办。基层法律服务工作者执业资格考试合格的标准，由司法部确定，考试合格的人员，由省级司法行政机关负责确认。

2. 基层法律服务工作者的执业登记

基层法律服务工作者执业应当办理执业登记，取得《基层法律服务工作者执业证》。基层法律服务工作者执业登记由省级司法行政机关或者经其授权的下一级司法行政机关负责。专职基层法律服务工作者执业登记：取得基层法律服务工作者执业资格或者具备律师资格、公证员资格或者企业法律顾问资格的人员，在基层法律服务所实习满 6 个月并且被该所鉴定合格的，基层法律服务所决定聘用，同时在申请执业登记时拥护宪法，遵守法律，有选举权和被选举权、品行良好且身体健康的，可以申请基层法律服务工作者执业登记，领取《基层法律服务工作者执业证》。申请执业登记前从事过律师、公证和企业法律顾问工作，审判、检察业务工作，司法行政业务工作和其他法律业务工作 2 年以上的，可以不经实习，直接申请执业登记。申请基层法律服务工作者执业登记的人员有下列情形之一的，司法行政机关应当作出不准予执业登记的决定：因故意犯罪受过刑事处罚的，被开除公职的，无民事行为能力或者限制民事行为能力的，曾被基层法律服务所给予开除处分的，曾被吊销律师执业证书或者受到停止执业处罚期限未满的，具有律师或者公证员资格并已在律师事务所或者公证机构执业的。

兼职基层法律服务工作者执业登记。取得基层法律服务工作者执业资格或者具备律师资格、公证员资格或者企业法律顾问资格，在教育科研部门工作、乡镇企业工作或者务农的人员，经基层法律服务所聘用，可以兼职从事基层法律服务工作。基层法律服务所聘用兼职基层法律服务工作者的人数，不得超过专职基层法律服务工作者的人数。基层法律服务所主任，除应具备基层法律服务工作者执业资格外，还应当有 2 年以上从事基层法律服务工作或者基层司法行政工作的经历。基层法律服务所主任，应当经基层法律服务所民主推荐或者乡镇政府、街道办事处提名，由县级司法行政机关根据实际情况实行委任或者聘任。基层法律服务工作者遇有下列情形之一的，由所在地的县级司法行政机关收回其《基层法律服务工作者执业证》，报请执业登记机关予以执业注销：因调离、辞职而停止执业的；因被辞退、开除而停止执业的；因所在的基层法律服务所停办而停止执业的；因其他原因停止执业的。

（二）人民调解员

在大众推举中产生，通过引导群众来化解矛盾的职业被称为人民调解员。主要岗位包括调解员与行业委员会委员。通过建设高质量的社会纠纷调解化解团体，可以将调解的效用最大化。通过协商引导的方式，将群众之间的矛盾化解，达成较为合理的协商结果。目前我国发展方式逐渐转变，经济与社会的发展存在错位现象，对于各种各样的群众争论，无法制定统一的法律标准，负责调解的工作人员就是在这种环境服务社会，解决群众之间争论，有助于及时、灵活地解决矛盾。

此职业包括的特点有：首先，人民性。此职业的工作人员是通过广大群众推举而就职的，同时被推举人比较了解我国相关法律知识的背景，工作内容是解决群众的内部矛盾，旨在减少人民群众之间的纠纷，使得群众之间更加和谐，为社会的平稳运营提供保障。其次，规范性。此行业的任务是以法律规定为框架，严格按照流程来处理各种争论状况。问题的解决要以事实为根据，在法律允许的框架下进行，以法律法规为行为红线。此行业的工作人员必须听从相关司法部门以及法院的指示。最后，民主性。争论双方在自愿接受的前提下，才可以进行调解工作，并且双方的权利需要得到保护。在进行调解工作时，要有理有据，通过不断地开导，使得争论消除。如果需要，可以安排专业知识背景的人员、亲信或者近邻加入调解工作中来，通过协商使得争论双方达成共识，从而化解矛盾。

人民调解员由人民调解委员会委员和人民调解委员会聘任的人员担任，其产生有两种方式：第一种是推荐，即人民调解委员会委员推举产生。人民调解委员会由委员 3～9 人组成，且应当有女性成员，委员会设主任一人，也可以设副主任若干人，多民族居住的地区人民调解委员会应当有人数较少民族的成员。村委会、居委会的人民调解委员会委员由村民会议或者村民代表会议、居民会议推选产生，企事业单位设立的人民调解委员会委员由职工大会、职工代表大会或者工会组织推选产生。人民调解委员会委员每届任期三年，可以连选连任。第二种是聘任，人民调解委员会委员以外的人民调解员由人民调解委员会委员聘任。人民调解可以通过法治的手段调解民间纠纷，减少诉讼负担，维护和促进社会和谐稳定。人民调解要取得好的效果关键在于人民调解员，然而我国人民调解员特别是农村的人民调解员人才缺乏。要充分发挥人民调解的作用，有必要考虑更多地吸收大学生村官、退休公务员、退休法官、退休检察官等优秀人才进入队伍。

第三节　法治人才后备队伍

在高度专业化的法律领域，既需要法治专门队伍、法律服务队伍，也需要法治人才后备队伍。法治人才后备队伍主要依靠法学高等教育的有效供给。过去，中国是一个法学教育资源贫乏的国家。改革开放以来，与法治建设的整体格局相一致，中国基本实现了由法学教育资源贫国向法学教育资源大国的转变。现在，随着政治经济社会的发展，中国必须实现第二步跨越：由法学教育资源大国向法学教育资源强国过渡。高校是法学教育资源的集散地，为满足第二步跨越的需要，必须真正建立起具有中国特色的法学专业人才培养机制。

一、我国法学专业人才的培养机制

（一）我国法治人才培养体系

自我国实行改革开放的政策之后，尤其是在 21 世纪开始，在各种发展的政策推动之下，我们的高等院校法学人才培养，形成了以学位的培养为重点、其他教育为重要补充，理论上的在校培养与职业发展教育链接的法学专业教育模式，为社会供给了很多的高水平专业化的人才。目前已经大致形成了四位一体的管理模式，主要包括宏观层面的管理、司法部门的行业指导、教育行业的协会自律管理、法学院的自主管理。从学历上看，不但包括学历法学理论的高等院校学士学位人才培养，还包括带着专业化性质的硕士学位人才培养，以及法律专业的继续教育。高等法学教育坚持专业教育与通识教育并重、大众化教育兼顾精英教育理念，初步形成了法学教育、司法教育及法律职业教育之间的良性互动关系，培养造就了大批具有法律人格、法律知识和法律职业技能的专门人才。

大学法学教育是法治中国建设的重要推动力量。大学法学教育和法学院历来被各国视为法治人才培养的重要组成部分。法学教育的作用之所以如此重大在于其自身的功能。法学教育能够创新知识结构以及改造社会观念，它能够促进一个国家整体法治思想和法治观念的形成与发展，影响一个国家整体的意识形态和文化氛围，对一个国家法律制度的发展和完善起着重要作用。法学教育的现实目的是培养法治人才，建设法律职业共同体，而其最终目的还是要实现国家治理的法治化，为国家的可持续发展提供法律保障。同时，法学教育亦与一个国家的立法、司法、执法并肩而行，并为其提供理论指导和法治人才输送。高校法律院系是培养法治人才的主要基地，我国大学在招生人数、向国家和社会输送法治人才方面形成了相当规模，在一定程度上适应了法治建设的需要。

有相关资料显示，在 1977 年时，我国设有法学相关专业的高等院校仅仅 3

个，仅仅有 223 位学子。截至 2013 年，我国的法学相关专业学生有 13 万，在读本科生有 60 万人，300 多个高等院校有研究生学位，每年的学生需求量为 3 万多人，在校的学生数量达到了 10 万多人，其中超过 40 个院校及研究机构有收取攻读博士学位的条件，每年招收的研究生规模为 3500 多人，在校学生有 1.4 万多。大学除了面向社会招录学生将其培育成专业法学人才外，还通过特定法律职业背景的专业性学位教育培养高层次的法律实践专门人才，如通过法律硕士学位教育，培育出针对律师、检察官等以及其他很多行业和部门的人才。此外，实务部门和行业还分别通过职业培训，如法官培训、检察官培训、律师培训等，使法治人才在思想品质、业务水平等方面不断得到提升。

（二）法律学位

法律专业的毕业生，可按所修毕之课程获得相应法律学位。我国法律学位包括法学学士、法律硕士或法学硕士、法学博士。我国法学硕士、博士专业中又包括（二级学科）：法学理论、法律史、宪法学与行政法学、刑法学、民商法学（含劳动法学、社会保障法学）、诉讼法学、经济法学、环境与资源保护法学、国际法学（含国际公法、国际私法、国际经济法）、军事法学。此外，在中国，除了法学类学科以外，马克思主义理论、政治学、社会学、公安学、民族学也可授予法学学位。

（三）高素质的教师队伍

不管哪个行业，教育培训都起着非常重要的作用，法学专业也是同样的，高等院校的法学专业人才培养对我国的法治队伍建设起着重要作用，是基础性工作。因此法学专业人才培养的教育队伍是法治工作队伍建设的基础，同时培育出高水平的法学专业教师是教育队伍建设的必要部分。高水平的教师是我国创新法治人才机制的重要基础，并且他们本身就是法治中国建设的法治人才，他们也承担着未来法律行业人才的培育任务，这些教师的水平及素质代表着未来法律行业工作者的水平及素质，高水平的高等院校法学专业教师是人才培育的重要前提条件。

1. 加强师德建设

加强师德建设对于建设高素质法学师资队伍具有重要意义，教人学问，以德范人，是每个法学教师的职责，多数法科学生毕业后都会从事法律职业，其职业品格的形成与其法学教师的品德有不可分割的关系。

2.建设法学双师型师资队伍

双师型的授课方式，具体而言是教师不仅仅在法学理论的讲授上比较擅长，而且在法律实践能力上也比较擅长，可以给予学生理论和实践上的全面指导，帮助学生全面发展，更好地衔接毕业后工作岗位的需求，因此，双师型的授课方式建设有助于帮助高等院校法学专业人才的培养，尤其是专业实践能力的提升。从目前来看，许多高等院校的法学教师人数逐渐增加，不过理论与实践两个方面能力都很强的教师是存在很大缺口的。对于这种教学队伍的培育，可采取"走出去"的方式，通过改变限制，使得教师不仅仅可以在学校内上课，还可以去有关法律部门挂职，包括司法部门、律师事务所等等，使高等院校教师有足够的实践经验。与此相对应，还可以建设"请进来"的模式，高等院校之间可以以合作交流的方式，共商共建更加专业的教师队伍以及课程体系，还可以设定实践基地共同使用。按照学校的需求，邀请合适的法学专业高层次人才作为兼职教师，由此带来的实践可以使庞杂的理论知识更容易被学生接受。

3.法学专家教师队伍建设

创新型法制人才培养机制要以高素质教师队伍的建设培养为核心。法学专业不像理工类专业，需要大量实验室、器材以支持其理论研究和实践，但是法学专业需要新的思想注入才能保持活力，这些新的思想可以是本土原创也可以是外来，同时要加大对于法学专业的资金投入，使法学院有能力、有实力鼓励法学骨干教师的学习、研究工作，提高专业水平和教学能力。

4.注重法学教师的继续教育和培训

法学教师的继续教育能够促进其知识结构的更新，对于提高其个人创新能力具有重要作用，相应地，也能够提升法学师资队伍的整体水平。同时重视对于法学教师教学技能的培训，尤其是青年法学教师，完善岗前培训制度，提高岗前培训质量，切实提升法学教师教学专业化水平。

二、创新法治后备人才培养机制的关键环节

1.法学理论教育与实践的衔接

法学专业有自身的特殊性，它不但理论性很强，而且也具有很强的实践

性，各种法律人才直接服务于法治建设中的各个环节，很多应用型的人才已经成为当今法治社会中不能缺少的构成要素之一。法学作为一个很严谨的学科，培育出的法律人才也是十分严谨的。一个具有高水平、高素质的专业化法律人才，在拥有坚实法学理论基础的同时，还需要有把法学理论转化并运用到实际中的能力，只有这样的法律专业人才，才可以在法律事务的办理中发挥重要作用。以法律的手段解决各种社会纠纷，在各种实践的能力中，还包括与各行各业的人高效沟通交流的能力、对现实社会生活更加敏锐的洞察能力、强大的逻辑思维能力、高效的口头和文字表述能力、与时俱进的思想创新能力等。其中，与各行各业的人能够高效沟通的能力尤为重要。沟通是法律专业人才在法律服务时必须做的，因为无论是在司法体系还是服务行业，沟通是理清业务脉络的前提，在沟通了解后才能更好地进行法律服务，法律专业人才只有具备了良好的沟通能力，才可以发挥自身的专业背景，将理论知识转化为服务于他人的实践。灵活有效的沟通可以使得各种法律事务高效解决。法律专业人才要有对现实社会生活敏锐洞察的能力，因为法律纠纷产生于现实生活中，强大的洞察力可以使法律人才更加清晰地了解法律事务背后的逻辑关系，更好地理解各项法律事务。法律专业人才必须具备强大的逻辑思维能力，因为每件法律事务背后都有自身的人物或事件之间的逻辑关系，强大的逻辑思维可以帮助法律人才理清法律事务，从而帮助当事人。法律人还必须具备高效的口头和文字表述能力，口头表述能力是法律人才高效沟通的基础，高效的文字表述能力是法律人才的另一重要能力之一，在法律事务的处理过程中，必须起草大量的法律材料，包括法律文书、各项证明材料等，这就要求法律人才必须具备此项能力。法律人才也需要具备与时俱进的创新能力，因为创新是时代的主流，法律行业和法学人才也需要创新，才可以跟上时代的步伐。

与此同时，与我国当前的法治国家建设的新形势、新要求相比较，在法学专业化人才的培养机制方面还有需要尽快处理应对的问题。当前在培养人才方面，我国的法学理论体系、学科体系以及课程体系建设虽然逐渐地完善，但还是存在着很多不足之处。具体而言，当下法学的院校与法治的实务部门之间的协同培养还不够恰当，法学人才的培养与司法考试、法律职业的衔接上不够紧密，从数量上来看，很多学校的法学人才招生的人数是呈现上升趋势的，不过很多毕业生的社会实践能力在很大程度上是满足不了很多法律事务部门的需求的，并且还存在着很大的差距，这就为法律人才的就业问题产生很大的困扰，同时还会加剧人才竞争，也不利于法律事务部门的人才吸纳和衔接工作的进行。从整体上来看，法学专业化人才的培养在知行能否合一的问题上还需要有很大的进步，这是我国法学教育事业所必须面对的问题，这就需要对法学专业化人才的培养方式和模式进行改进和优化，同时对课程体系进行适当的改变，对授课的方法和途径进行优化，对法学的实践化教学更加重视，从而提高高等法学教育的质量，培养高水平专业化的法律人才。法学专业人才的培养需要与法律职业的岗位有进一步的深度化衔接，使法律专业毕业生在毕业之后足以胜任各种各样的法律职业的需求，坚持厚基础、宽口径，使法学专业的学生在法律职业伦理和技能上得到更加专业的培养和训练，使得学生可以使用在学校所学的法律知识和其他学科知识方法对法律实际问题进行解决，使高等院校的法学教育更加具有活力。与此同时，高等院校的法学专业人才的培养模式需要与法治队伍的现实需求高度对接，以法律行业的职业教育的总体目标为基础，把握人才培养的总体规格，进而使法律专业化人才培养模式的类型化得以实现。目前来看，我国高等院校的法学专业对实务教育越来越重视，但是，仅仅以高等院校的力量为依托是难以实现的，因此必须由国家来对实务教育的保障体系进行建设，以提高法学教育的质量。

2. 注重法学复合型人才的培养

在当下这个社会中，卓越的法学专业化人才不仅仅需要坚实的理论基础，还需要大量的社会科学和自然科学作为知识背景，因为专业的法律型人才在工作岗位上会面对各行各界的人，法律事务中所涉及的知识面是非常庞大的，提前了解各行各业的基本概况对将来的法律事务办理具有很大的帮助，更容易尽快理清案件和所处的环境，因此复合型法治人才在法治国家建设中的作用十分重要。法学具有很强的专业性，系统的教育是必要的，但是法学教育不仅要重视教授法学知识，而且也要注重法学专业知识与其他非法学专业知识的贯通，因为法学专业的功能只有在应用法律知识并结合其他知识的基础上才能将复杂的社会问题予以解决。法学是一个人文学科，其研究对象是人和人之间的关系。如果不了解、不研究人和社会，是不可能成为一个好的法治人才的。人是处在社会之中的，在法律事务的办理中，首先就是需要理清当事人之间的关系，人由于所处行业和岗位的不同，会产生不同的法律关系，因此了解人所处的大行业，对人的关系的理清更加有帮助，是法律专业化人才工作岗位上的重要基础。同时，当其面对陌生的专业领域特别是涉及自然科学时，对于法律知识的应用可能无从下手，这时对于其他专业知识的了解就更显重要。当然，法学知识与其他专业知识的贯通不能是盲目的，不能简单地理解为各种专业知识的堆砌，也不是简单地给法学专业学生开设多种其他专业知识的课程，毕竟法学专业学生的能力和精力是有限的，倒是可以采用鼓励的方法让学有余力的学生根据喜好，学习了解其他专业的知识。同时鼓励法学专业学生读取其他学科学位，也鼓励其他学科的学生读取法学学科学位，对于自身学习法律专业的学生而言，如果学习了其他学科的专业知识，结合实际加以理解后，在以后的职业选择上会有很大的优势，同时在毕业后的工作岗位上，更容易胜任。如果恰好所处工作岗位为此学科，将会在潜移默化之中进步更快，更加了解所处行业中需要什么样的法律专业人才。在每个行业都在飞速发展的背景下，法律服务如何跟上时代和行业的步伐是每个法学人才都需要考虑的问题，不但司法体系需要大量的法学人才，各行各界也都需要法律人才，为行业提供优质的法律服务是每个法律行业人才努力的方向，但是律师作为法律人才在无法完全了解服务行业的知识的情况下，掌握所在行业的知识背景是最好的提升服务的方式，这样在法律服务时才可以充分发挥自身的专业性，做到法律服务与行业发展同步，做到与时俱进。

3. 建立高校法学教育资源的共享机制

从更加全面的角度来看，法学专业的教育呈现不完整、零碎化的问题，是我国法学教育需要加以重视的问题，这种问题有很多种不同的形式，比如法学专业的资源分布不是特别的集中，而是被分散到很多方面，正是此问题导致此专业的声望大大降低，不利于法学教育的更好发展。在我国的高等教育事业中，法学专业具有特殊性，不但具有很强的专业性，而且需要高水平的教学，这种特殊性就要求法学专业的资源更加的整体化，但目前的法学教育资源的状况正好相反，是一种零碎化的状态。在我国的法学专业中，零碎化的状态会导致很多严重的结果，主要包括：第一，零碎化的专业教育资源分布状态，使得每个学校的法学专业呈现出中小的体量。具体而言，很多高校都设立了法律相关的专业或者学院，这就使得这些学校的法学教育体系不完善，有全面但是体量小、体量大但是实力比较弱的特点。美国与我国的法学教育资源分布相对应，他们的法学专业院系体量并不大，但共享机制下的教育资源（比如，很多高水平教授的访问讲座的开设）使得美国的教育水平处于全球的前列。第二，零碎化的专业教育资源分布状态，使得每个学校的教师数量与学生数量之比存在较大的区别。目前，这种零碎化的资源分布状态会使许多学校的师生比大大偏离于最合适的范围，无法将此作为判断每个学校教育质量的依据。同时零碎化的资源分布状态将使得学子们对求知的愿望大大降低，非常不利于法学人才的培养。第三，零碎化的专业教育资源分布状态，会使得教师对知识的传授变得低效率，这是最为直接的影响。在每个高等教育的工作岗位管理体系下，优秀教师的教学对象受到很大的限制，教师无法在高校之间自由交流，广大学子只能在自己的学校接受教师授课，没有学校之间的高度自由交流，就会使优秀的法学人才无法快速提高自己的专业水平，从而造成难以突破的教育屏障。并且，在人民当家作主的时代，随着法治社会的普及，无论是中央还是地方政府，都在以加速增长的模式修改各种法律条文，使得法律体系一步步更加完善，可是在教师课程量有限的条件下，课程内容很容易与当下法律条文不完全匹配，经常会出现教师教授完课程后，与课程相对应的法律条文紧接着被删减，造成不完全匹配甚至严重偏差的情况。如果仔细考虑可以发现，不止一方面的原因造成此后果，其中的一个重要因素就是授课教师的知识面不够全面，缺乏即时更新。

针对这些情形，不但需要国家和其所属的教育管理部门的全局调控，还需要法律意识的普及以及较高水平的市场经济发展，还要依托于全国的各个高等院校积极施行各种切实举措，只有全面地依靠各方有关部门和单位以及个人的广泛参与，这些问题才可以得以解决。对于这种法学高等教育零碎化的问题，基本包括以下途径：第一，主要是针对政府，以政府为主导人，对各个高校的法律专业在一定合理的框架内重新组合。此解决方法虽然包含较多的非客观因素在内，甚至会违背高校自主意见，不过相对其他方法会更加高效，便于全国法学教育事业的蓬勃发展。第二，主要是针对市场，具体来说是通过市场的机制对部分教育资源进行筛选。此途径的优势是满足我国的经济发展方向，即更加地自由化，不过也会破坏资源，部分学子的权益无法全部保障，同时当下的经济体制未达到可以较好完成的水平。第三，主要是针对各个高等院校，是指通过每个高等教育院校的合作交流，自行权衡发展，也为当下较为合理的方法和对策。法学专业学生的培养，需要教师具备足够的知识背景，同时要在较大的教育资源体量下，才足够实现培养法学高素质学生的任务。但也不意味着在我们所处的社会环境逐渐丰富多彩化时，零碎化的资源分布需要变得非常集中，也不会成为大统一的老道路。在这里我们是为了使人们重视，我们需要零碎化和集中的权衡，在权衡之中实现适中化，所以这也会成为大家严谨面对的事情。把零碎化的法学专业的资源分配把握在较为适中的范围和框架下，会成为每个高等教育学校所面对和追求的目标。在这种处理方式下，就会使每个教师需要实现的教学量比较合理，培育的法学学子数量比较合理，从而使法学专业教育资源零碎化的问题得到最合理的解决。在此，我们归纳出这里面的核心为实现法学专业的资源共享化。并且，需要先建立这种共享化的意识，作为实现共享化的基本一步。

首先，用于培养学生的法学教育资源属于有特殊性的资源，同时也是属于市场的。它属于市场资源，实际情况下，越来越多的人需要更高水平的教育，会与高水平教育的有限性产生冲突，最终会使得法学专业的教育资源变得更加缺乏。所以，正是这种特殊的稀缺性特征，会使此专业的资源可以实现交换。从而，可以归纳出法学专业的资源包含很多特殊性，主要包括：第一，法学专业教育资源具有比较特殊的配置方式。在相对稀缺的背景下，就会出现怎样分配和使用更加有效率的问题。一直以来是以配置的主体为依据，配置的途径包括最基本的两种方式：一是通过市场的机制对资源进行配置，也就是以市场作为分配主体的方式；二是通过政府的政策对资源进行配置，也就是以政府作为分配主体，通过宏观经济政策实现资源的配置。在很多情况下，是将市场作为配置的主要方式，而政府仅仅起到辅助的作用。在此我们归纳，首先，在法学专业的教育资源分配中，不可以是一种途径，需要变为政府与市场相互配合、相互补充的方式。如果分配的途径是唯一的政府或市场为主体，则将导致法学专业的教育没有充分的活跃度和秩序性。其次，法学专业的教育资源具有特殊的存在形式。也就是说其依托于高等教育院校而存在，所以需要将高等教育院校的资源分配功能给予发挥。最后，用于培养学生的法学教育资源属于整合而成的一种资源。如果需要形成法学教育资源的共享化，则需要把这种资源视为一个整体。目前，许多高等院校开设法律相关学科，直接导致了教师的数量相对不均匀，同时在学校与学校之间不存在共享化的资源，会使得法学专业的资源出现损失。所以，将共享化的法学专业资源建立起来，会使得每个高等院校对资源的独占得以从根本上打破，使教育资源得到共享。当前法学专业在教学上的一个问题，是把法律相关从业视为重点，就会使得学习与实践的关系变得分散。所以，需要将法学专业教育资源的共享化作为重要目标（主要有三个部分：不同的学校、专业、理论与实践），将法学专业学子所需要的知识资源获取变得灵活化，把法学专业的教学视为连续的合并行为。

4. 开拓法学教育的国际视野

在经济全球化的背景下，各个国家的经济快速发展，经济水平飞速提高，与之伴随的各个国家之间的合作也越来越多，其中经济合作是非常重要的合作之一，在以不同文化为背景的国家中，人们之间的相互交流和学习也慢慢变多，但国家之间的纠纷也随之产生，这是避免不了的一个问题。在经济全球化的今天，要与时俱进，则必须适应这种全球化的发展，也必须将国家对外开放的政策作为考虑的重要因素。因此，我们必须培养出大量拥有国际视野以及比较了解国际规则的专业化、高水平的法律人才，为国家法律事务的正常参与提供保障，也为维护国家利益作出重要贡献，这也是当下法学专业人才教育所急需解决的问题。国际法学人才具有很高的专业水准，通俗来讲就是他们不但需要对自己国家的法律规则十分精通，还要求对国家法律规则十分了解，与此同时，还要有非常高水平的语言交流能力，在实际的国际事务办理中可以清晰准确地理解对方的意思，同时还可以最好地表达自己的意见和想法，为国际事务办理增加一份保障。但是从目前来看，我们国家的法学专业教育有比较多的缺陷，比如，在很多高等教育院校中，法学专业的学生无法拥有高水平的英语能力，很大的原因在于学校的教育培养上不够重视这个方面，最终会使得在我们国家培养出的法学专业的人才的视野范围仅仅局限在我们一个国家之内，从而忽视了国际上的法律环境。在当下，国家化的法学人才需求大于供给，面临着很大的人才缺口，这也促使了法学专业的教育在各大高等院校中变得更加国际化、更加注重全球法律环境的改变，这是我们国家高等院校面临国际化趋势所作出的重要改变，但这种改变目前不够充分，需要各大高校互相交流学习，在互相促进中实现整体水平的国际化发展，培养出更加高水平、国际化的法学人才。法学专业人才的培养更加国际化，是在全球经济大发展、大融合的背景下产生的，所以在全球范围内，很多国家都开始转变法学专业人才的培养模式和方向，来适应和顺应全球的趋势，逐步将有关法学专业人才的培养课程变得更加具有国际水平，使之逐步实现国际化，同时调整教师的授课方法，将法学专业学生的职业技能作为培养的重点。许多国家对法律专业人才培养的途径改变和制度调整，是非常值得我们国家学习和借鉴的，为我国的法学专业改革和法学专业资源配置更加合理带来了很大的启示。在今后，我们国家的法学专业人才的培养，需要更加重视视野的开拓，尤其是国际视野的开拓，从而为我国法律人才储备奠定重要基础。

第六章　专业化法治工作队伍建设现状与问题分析

第一节　我国法治工作队伍的建设现状分析

中国法治社会建设的关键在于打造一支正规的、职业的、专业的法治工作队伍。新时代以来，我国法治工作队伍的建设开启了新篇章，队伍的工作理念和工作方式都进一步升华，不断提高政治素质，提升业务能力。总体来说，我国的法治队伍建设又上了一个新台阶，但是还远远不能满足我国全面依法治国的总目标。

一、立法队伍中专业性法治人才数量不足

目前只有各级人民代表大会有立法权，但是存在的主要问题为专门从事立法的工作人员很少，现有的立法工作队伍知识储备较低，立法理念较为陈旧，不符合新时代的发展。具体来看包括以下两个方面。

（1）立法队伍力量不足。立法对于新赋予地方立法权的政府来说是一项全新工作，由于没有经验，也是一个巨大的挑战。在十八届四中全会上，新修订的立法法顺利通过，各地都在进行立法队伍的建设，但由于立法专业人员编制过于匮乏，导致队伍建设遇到很大的障碍，专业立法人员严重不足。

（2）具有丰富立法经验的人员缺乏。立法工作具有较强的专业性，立法人员除拥有过硬的专业技术之外，强烈的政治觉悟和丰富的立法经验也是必不可少的。虽然设区城市的地方立法权范围比较窄，仅涵盖城市建设与管理、环境保护、历史文化保护等，但对立法者的要求非常高[1]。现存在的问题是，现有的立法人员大部分都没有法学专业背景，虽然部分人员拥有法律专业背

---

[1] 姜茹茹.如何充分认识"坚持建设德才兼备的高素质法治工作队伍"[J].党课参考，2021（1）：108-117.

景，但由于没有进行过实践，对于立法工作的经验较少，难以完成整个立法项目的工作。

二、执法队伍整体业务水平有待提高

执法机关要严格执法。习近平指出："行政机关是法律法规实施的重要主体。要率先严格执法，维护公共利益、人民权益和社会秩序。"[①] 我国法治的建设自进入新时代以来，执法队伍不断壮大，执法人员获得了大量法律素养。虽然大有改观，但在实际执法过程中，有些执法机关仍不依法执法、执法不严、执法不公平。针对以上问题，提出以下建议：

（1）提高执法人员法治观念。现存在一些执法人员做不到依法行政和规范执法，在实际工作中，执法人员凭借自己的权利随意执法，不公正执法。归根结底是一些执法人员法治观念不强，置法律于不顾，应该加强教育，培养法治思维，提高法治观念。

（2）充实执法人员专业知识。部分行政执法人员缺乏法律知识，普遍存在着对法律法规不熟悉或不能很好地理解立法意图等问题，造成乱作为、不作为的现象。尤其是一些"临时聘用人员""协警"等滥用职权乱执法现象严重。

三、司法队伍职业基本素养有待完善

司法是国家司法机关及其司法人员，依据法定职权和法定程序依据法律处理案件的专门活动。司法承担着解决纠纷、处理矛盾、维护社会稳定的重大任务，承担着法律实施和促进社会公平正义的使命。因此，司法队伍的职业道德和素养就显得极为重要。

1. 司法人员素质需要提高

执法的公正与否取决于司法人员的政治修养和岗位道德，是关乎社会公平正义的重要问题。目前，一些司法人员的政治修养和岗位道德低下，这导致了司法腐败和司法不公的问题。比如办不公案、钱案、人情案、关系案等，有的甚至以殴打等暴力手段执法，甚至充当犯罪势力的"保护伞"。

2. 司法队伍不足

司法关系到立法和执法的质量，在法治体系中发挥着重要作用。但是，当

---

① 徐汉明. 习近平社会治理法治思想研究 [J]. 法学杂志，2017，38（10）：1-27.

前我国司法力量严重不足，尤其是基层司法力量严重不足。首先，基层司法人员不足。当前，基层法院、检察院人员不足的问题尤为突出。其次，法官、检察官的流失，导致司法人员的短缺。

当前，我国司法制度的管理模式与公务员制度相似，没有体现司法机关的专业特色，不利于高素质司法队伍建设，导致司法人员辞职。尤其是在经济发达地区，法官、检察官的调动或辞职更为严重。另外，办案合格人员严重短缺。在基层法院，人员鱼龙复杂，缺乏专业培训，符合办案要求的专业人员很少，案件多，给办案人员带来很大压力。

四、法律服务队伍建设滞后于社会需求

以律师为主体的法律服务队伍对于全面推进依法治国起到了中流砥柱的作用，其专注于保障公民权益，解决社会法律纠纷，促进社会和谐稳定。我国进入新时代以来，以律师为主体的法律服务队伍，政治思想觉悟不断提高，服务意识不断增强，但整体素质有待提高，专业化分工不够细化，国际法律服务能力不足，具体体现在以下两个方面。

（1）律师缺乏自律能力。有的律师对自己所取得的社会地位不太满意，认为没有获得公平的社会地位，个别律师还缺乏基本的执业规范，过分追求个人利益，以致失去法律公正。有些人甚至以拉帮结派的方式收案办事，严重影响了司法的公正性。

（2）缺乏国际律师人才。新时代以来，国际间的联系越来越紧密，涉外法律服务业发展迅速，服务领域不断扩张，服务队伍持续扩大，服务质量大幅提高。但是，目前国际法律服务工作还存在着一些急需解决的问题，尤其是我国法律服务工作者对国际上的一些法律法规了解不够，处理涉外法律事务的高素质人才匮乏。

第二节　法治工作队伍建设的内在问题

新中国成立以来，中国法治队伍专业化建设的道路曲折，改革开放后，它在马克思主义经典理论的指导下摸索前进并逐渐成熟，逐步形成了一条立足于

具体历史实践的具有中国特色的发展道路。党的十八大以来，我国进入新的历史起点，进入全面转型升级的历史发展阶段，各领域都处于全面深化改革的关键时期。在此背景下，法治队伍专业化建设面临的问题也是"硬骨头"。面对这样的新时代条件，我们对法治队伍专业化建设的分析研究，不仅要立足于历史维度，更要立足于回顾法治队伍专业化建设的历史实践，还要以实际为准。考虑实践背后更深层次的挑战。增强问题意识、坚持问题导向，是习近平新时代"治国理政"的鲜明特色。因此，要提高新时代法治队伍的专业化水平，必须找出实践背后的问题，解决实践中的问题。开展法治队伍专业化建设。通过对马克思主义经典理论和我国法治队伍专业化建设理论与实践的梳理总结，主要探讨法治队伍专业化建设的内在问题和外在障碍，进而进行梳理。有针对性地学习习近平总书记在新时代推进国家治理能力现代化、深化法治体制改革方面的理论成果。

一、法学教育无法适应法治队伍专业化建设的需求

马克思、恩格斯、列宁在关于法治团队建设的理论中，都包含着对法治劳动者的职业精神和专业知识的要求。特别是新中国成立以来，在我国具体的法治实践中，尤其是在法治团队的建设中，对法律人员的职业素质和专业知识提出了不同的要求，这一切都必须以法律教育为基础。没有良好的法律教育，就没有"合格的法律人才"[①]。因此，要开展法治队专业化建设，必须以良好的法学教育为前提，否则不能选拔法律人才。20 世纪 80 年代初期，法学教育的发展为我国的法治建设作出了重要贡献。本科以上学历的法院系统上升到51.6%，本科以上学历的检察系统的比例上升到 62%。我国的法制教育虽然取得了很大的成果，但是必须冷静地看待，也存在着一些急于求成的现实问题。新时代正在走向现代化。法治团队的专业化是现代化建设的重要组成部分，而当前法学教育培养的法律人才并不能够适应法治队伍专业化的需求，法学教育一直存在着理论与实践"脱节"的问题，学生离开学校，进入工作岗位，进行法律实践活动，就"把学校里学的东西全还给了老师"，或发出"学的东西没

---

① 曹文泽 . 司法体制改革背景下高校法治人才培养机制的创新 [J]. 法学，2017（7）：3-10.

什么用"之类的抱怨①，无法做到理论与实践相结合，这也是基层法治队伍专业化水平下降的原因。本书从以下三个方面分析法学教育的现状。

第一，传统的法学教育在培养模式上无法满足法治队伍专业化建设的需要。在传统的法律教育中，往往把传授法律专业理论知识作为主要内容，整个教学过程以传授理论知识为主，而传授知识的形式大多是传统的补习，而实践较少，无法把理论应用于实践。尽管教学过程中也有案例教学，但还没有形成固定的模式，也远不能满足法治实践的需要。在传统法律教育中，考查形式也普遍仅限于单一形式的期末考试，单纯地考查学生对理论知识的掌握程度，而在专业知识的具体运用方面，考查的比例很小。此外，法律专业的学生必须通过法治考试才能真正进入法治队伍。现在，虽然中国的法治考试制度还不能完全适应法治队伍的专业化建设，但随着改革的深入，这一制度也越来越注重对法律专业学生的法律素养以及法律适用、事实认定等方面的实际操作能力的考核。法律专业学生在传统法律教育背景下，远远不能满足法治队伍专业化建设的需要，面对日益注重实战能力的法治考试，也有些力不从心。受过系统的法律教育后，大多数人仍然不能满足法治队伍专业化的需要，对此，我们不禁要反思当前的传统法学教育模式是否具备培养高素质法律专业人才的能力。

第二，必须加强传统法律教育中的实践环节。法制队伍的专业化建设要求法学教育培养既能掌握法律专业理论知识，又能具有实战经验的高素质法律人才。但实际上，中国大学培养出来的法律专业学生，往往只是纸上谈兵，没有经过任何实习训练，不具备良好的法律职业思维和实践能力。法科学生进入法治队伍后，也只能通过任职前的短期培训积累一些经验，但这些经验不足以应付复杂的法治工作②。这很大程度上是由于法学实习制度不够完善，未能发挥应有的作用。尽管中国的大部分法律院校都在结业要求中规定了实习经历的内容，但由于管理机制的不完善，这一环节的作用还没有显现出来。

第三，一些法学学生在实习中应付了事，发挥不了实际作用，甚至有的学生还直接通过各种关系，多渠道、多层次地想方设法在实习鉴定表格上盖上

---

① 付子堂. 探索政法高校法治人才培养新机制 [J]. 中国高校社会科学，2017（4）：12-16.
② 黄进. 完善法学学科体系，创新涉外法治人才培养机制 [J]. 国际法研究，2020（3）：7-10.

"实习单位"的印章，或直接找亲朋好友签字盖章。另外，法科学生在进入实习单位之后，往往仅能够参与卷宗整理甚至是端茶倒水的工作，依旧不能够得到相应锻炼。实习机制的不完善直接导致了法科学生在毕业后缺乏相应的法律职业能力，不能够适应法治队伍专业化建设的需求。综上所述，急需提升高校对实习的监督跟进方式，促进实践性教学方法的改进与完善。

二、法治队伍的人员选任制度有待完善

当前，中国法治队伍选任制度主要存在以下几个方面的问题：第一，法治队伍初选条件过于宽泛；第二，法治队伍缺乏专门的选任机构和选任模式；第三，法治队伍选任渠道不畅。这并非一时之功，而是在长期建设法治队伍的过程中逐步形成的。通过对法治队伍专业化建设的历史实践的梳理，我们不难看出，除了"文化大革命"时期外，从革命根据地时期到改革开放以后，中国对法治队伍专业化建设方面都非常重视，以各种形式吸收和培养了一大批致力于社会主义法制建设的法律人才，中国的法治建设也取得了辉煌的成就。但在深化法治体制改革、着力推进法治现代化的新时期，中国已经形成了规模庞大的法律团队。当前法律团队的专业化应该是重点，而不是一味追求团队规模，要适应新时代的发展需要，注重团队素质[1]。为了达到这个目标，我们首先要搞清楚问题所在。评委的选拔条件过于宽泛，选拔条件不够严格。对于新任法官和检察官，在学历和专业方面，我国现行的《法官法》也有类似规定，即法官和检察官的任职资格必须至少相当于法学学士或法学学士学位。这一规定没有明确高校的具体类型，也没有限制非法学生进入法治行列。目前，我国的高等教育机构，包括自学考试、函授教育等高等教育机构，都不是全日制普通大学，但具有与全日制普通大学同等的法定职业资格。只要取得法律职业资格就可以参加法治考试，再通过公务员考试，进入法官、检察官，成为法治队伍的一员。然而，这些非全日制高等教育一方面缺乏法学教育应有的系统理论知识的培养，另一方面又只注重知识的传授，缺乏去法学思维和其他法律专业学生应有的综合素质的培养，教学内容和教学模式不能完全适应法治队伍建设的需要。如果是非法学专业本科但有法律专业知识的人进入法治队伍，这类学生虽

---

[1] 李彬，宋剑. 河北省高素质专业化法治队伍建设研究 [J]. 合作经济与科技，2020（8）：186-188.

然受过法学教育，但其理论知识储备还没有达到系统要求，与受过系统法学教育的法科学生相比，其法律专业素质还存在很大差距。这样的人员进入法治队伍，直接影响法治队伍的专业化建设，增加了建设难度，减缓了法治队伍专业化建设的进程。从年龄来看，一般情况下，法律专业毕业生毕业后可通过选拔进入法治队伍，这一阶段学生的年龄一般在 24 岁左右，而在我国现行的《法官法》和《监察法》中，年满 23 岁，可以担任法官和检察官。这样的人很年轻。作为法治下的劳动者，他们经常面临各种社会矛盾。作为一名法治人员，面对的往往是各类社会矛盾，如果没有丰富的人生阅历，对社会的各方面、各层次没有深刻的洞察，要完成审判等法治任务存在很大困难。同时，缺乏专门的法治人员选任机构与选任模式。我国现行的法官、检察官选任制度近年来是依法治国、深化法治体制改革的新措施，在各方面都取得了很大突破。但是，由于这个制度还没有形成完全全面普及的规范，地方法院和检察院在实际改革过程中面临着需要进一步改善的问题。

第一，现有的选拔条件不够严格，其设计目标是以优中选优、专业化人才选拔为导向，最后形成的专业化人才队伍也直接决定了中国法治人才的专业化水平。若选择条件不合理，则凸显不出设计选择制度的意义所在。目前在各地进行的试点实践表明，一个普遍现象是满足遴选条件的法治人员太多，而几乎所有法治人员都希望通过遴选渠道进入员额。但是，参与整个甄选过程必然会耗费一部分精力，这在一定程度上会影响到法院、检察院日常工作的开展，造成这种后果的主要原因是具体甄选条件中关于担任审判、检察或取得法律职务的年限等条件规定得太短。

第二，评选委员会不合理。关于遴选委员会的选址，《关于司法体制改革若干问题的框架意见》（以下简称《框架意见》）明确规定，省级法官、检察官遴选委员会设在省级。这样，就有可能"从以往的法院、检察院自行决定，跳出法院、检察院的视野，从'外部'选拔代理人员，其构成多样，公信力强"。选举结果和选拔精英队伍建设起到了很大的作用[①]，使我国在法官和检察官的选拔上迈出了一大步。此外，虽然《框架意见》提出在司法部设立分支机构，但

---

① 蒋银华.多元一体化：法治人才培养的实现机制——基于改革开放 40 年法学教育的经验总结 [J].广州大学学报（社会科学版），2020，19（1）：88-102.

省级单位没有明确省级分支机构的设立地点，遴选机构的人员来源也非常有限，一般来自地方法院、检察院、律师事务所和高等院校，仍然具有本地化的色彩。但从选任机构多元化的角度来看，选任制度的设计实际上是在很大程度上增加了选任机构人员构成多元化的设计，但就具体构成而言，各地选任试点一般只有一名律师代表，从"选任"的角度来看，仍存在较明显的不匹配。

第三，选择规划设计不够合理。选任工作应建立在对下级法院、检察院司法队伍有充分认识的基础上。未能准确掌握各机关的基本情况，一方面会大大降低整个遴选程序的效率，另一方面也会影响整个遴选程序设计的针对性，因此，各地的试点工作仍需加强。另外，选择的时机也需要更多的理性。甄选是多面性的，法治机构既要面向法治机构内部进行甄选，又要面向法治机构外部进行公开甄选，其他国家机关也要面向公务员群体进行公开甄选，中国的法治机构管理本身也是参照公务员管理模式。因此，如果甄选时间安排得不科学、不合理，就会增加参与甄选的基层法治工作者的备考压力，甚至出现因无力考试而放弃甄选的情况，也会产生一些问题，如影响到日常工作的开展，甚至影响到优秀人才的选拔。实践中确实存在各种选任时间间隔过短的问题，因此，对选任时间的选择应进一步科学合理化。我国的选任制度尚处于探索阶段，各种问题将在各地的具体实践中日益显现，只有重视这些问题，才能更快地形成可供推广的选任模式，逐步实现中国法治队伍的专业化建设。法治人员选任没有明确的渠道。从选任对象来看，中国早期法治人才来源比较广泛，主要有三个来源：一是通过公务员考试进入法官，二是从军队调到法院工作，三是部门间调动。前两者都不能保证法官的职业化水平，这对我国法官的职业化水平有着长期的影响。目前，法治人才选拔主要通过法治考试和公务员考试，对军队干部转入法治队伍的要求越来越高。我国法治队伍整体专业化水平的提升正在显现成效，但这仍会放缓法治队伍专业化建设的进程。

当前，中国正处在全面深化改革的进程中，按照中央提出的重大改革要先行先试的要求，中国已分别在东、中、西三个选择试点城市进行了法治人员分类管理深化改革。通过一系列探索和研究，各试点地区也相继成立了法官、检察官选任委员会，并根据具体法治实践，制定了章程规定，出台了各种法官、检察官选任办法。但是，试验地区毕竟还是少数，而且在试验过程中还暴露出一些有争议的问题，如选择委员会成员的方式、选择的具体标准，以及选择制度如何与其他现行制度衔接等。为此，中国应加快建立法治专门人才选拔制度的进程，并结合目前的试点工作，尽快形成可复制、可推广的经验，通过选拔制度来选拔法治专业人才。

三、法治队伍管理制度不够健全合理

纵观中国法治队伍专业化建设的轨迹，自革命根据地时代以来，法治人员管理模式一直按照行政人事管理模式进行。至今为止，法官一直被定位为一般公务员，但是管理模式也和一般公务员有很大的不同，这给现行法治的实行带来了很多弊病。法院、检察院均由行政级别的管理人员负责。行政职位有限时，任命法官和检察官，在内部解决团队待遇问题。从事党的事务、秘书、后勤等行政工作的人也可以成为法官和检察官。不仅是从事审判和检察工作的人能获得法官和检察官的身份，不从事审判和检察官工作的人也能获得法官的身份。实际上，即使从事审判或检察工作，也可以获得法官或检察官的身份①。他们离开了审判和检察，进入了行政，这也带来了一些有经验的优秀法官和检察官的流出。

此外，实行与普通公务员基本相同的管理模式导致难以形成法治人员职业共同体。在官本位的评价标准下，法官、检察官往往很难从案件办理过程中获得成就感，很难建立起作为一名法官、检察官应该有的职业荣誉感与责任感，这也导致了整体法治队伍的不稳定性，进而影响法治队伍专业化建设的进程。另外，由于参照普通公务员的管理模式，法治人员的职业保障存在问题。比如中国现行的《法官法》中虽然明确规定了法官的级别，但是在具体法治实践中，法官的级别往往会被忽视，取代其并得到关注的则是法官的行政级别，一个法官在行政级别上是科级还是处级往往会得到更多的关注，严重地忽略了法官的专业级别。法官级别与行政级别的同时存在且偏重于行政级别使得中国一直以来未形成法官独立的工资序列，加之参照公务员管理的管理模式，法官工资也与行政人员无多大差别，甚至有时候法官的工资、

---

① 顾华详 . 论比较法学研究与"一带一路"国际法治 [J]. 湖南财政经济学院学报，2019，35（5）：44-61.

待遇还不如普通公务员。这不仅不会吸引更多的法律专门人才进入法治队伍中，反而还会导致在编优秀法律人才的流失，这样的现状对于我国的法律队伍建设造成了很大的障碍。相比一些法治相对发达的西方国家来讲，中国法治人员的职业保障力度需要进一步加强。比如，在美国，尽管普通公务员的工资可能比中产阶级的工资高得多，但如果能成为一名出色的法官，他们的薪水会比普通公务员高很多。美国新法官的月薪可达 1 万美元，资深法官的月薪可能会比新法官高 1 至 2 倍。随着资历的增加，法官的薪水会更高，由此可见，美国的法官的工资待遇是相当高的。在日本也是如此，法官的月薪通常是其他普通工人的两倍甚至更多。并且可以发现法治较发达的国家更注重法律工作者的职业保障，其基本工资极高，这样的高薪制度可以吸引大量专业化法律人才积极参与法治建设。而相对的中国的低薪制以及参照行政人员管理模式来决定法官、检察官的薪资待遇，并不能够达到吸引人才的作用，甚至会导致人才流失，影响整个法治队伍的稳定性，进而影响中国法治队伍专业化建设的进程。

四、法治队伍的人员编制配置不科学

随着时代的进步和社会的发展，如果我国的法治队伍建设制度一直保持不变的话会落后，新时代的法治队专业化也不例外。现在，中国的法律团队分布不一，专职的案件负责人很少。如果停留在旧的配置模式，只会减缓法治队伍的专业化建设。现在，在法治建设的实践中，并不是所有拥有法官、检察官职称的人都在处理法律案件，甚至在一线工作中，或多或少都有法律案件以外的工作。部分法官、检察官直接离开法律案件的岗位，主要去从事组织建设、人事管理、法治事务、政策研究、行政事务、请愿接待、党建和政治工作建设、纪检监察等工作。还有一些法官和检察官应该做的不仅是解决重要的法律案件，并且还兼任其他部门的行政法官。在保证法律案件质量的同时，也兼任主管部门的监督管理。一些法官在处理案件时，必须考虑下级法院的职业指导。这大大增加了法官的职务负担。即使是没有行政工作的法官、检察官也可能无法集中于法律案件。法院有其他相关工作需要时，他们也会进入其他工作。例如，他们需要协助解决法律案件。有时会根据法院的安排来处理一些法律案件，这大大增加了法官处理案件的压力。另外，一些基层法官、检察官由于年龄的关系，不再从事具体案件的工作，退居第二线，但其职务名称并没有被取消，而是占据了一部分职位。法官和检察官的人数是"包容性"的关系，真正能在现场工作的检察官比拥有法官、检察官职称的检察官少得多。除了法官和检察官以外，官员和检察官升职的机会也会影响整体素质的提高。

基于此，对于现在具体实践中的问题，需要合理决定法官、检察官的配置，进入定员的法官、检察官需要认真致力于案件的处理。在法治工作人员的安排上，增长速度太慢，大大落后于中国的法治进程。在中国越来越注重依法治国的社会大背景下，人们的法制观念也越来越强，加上中国经济的飞速发展，各类纷繁复杂的纠纷日益增加，这直接导致了中国法治机关要办理的案件数量成倍增加①。但是，长期以来中国在法治机关机构编制方面并没有形成科学合理的规划机制，编制增加速度与案件数量增速相比相差太大。另外，目前具体的编制规划也未及时地根据当地的经济发展水平、案件数量的增速来确定具体的法治人员编制，即使要增加编制，在确定增加编制的依据与原则方面，也缺乏对各地编制的定性定量分析②。目前，中国法院、检察院的编制是在原计划经济体制下户籍人口分布的基础上建立的，法治实践中涉及外来人口的法律案件越来越多。因此，在这种情况下，法官、检察官，特别是基层法官、检察官，面对巨大法律案件数量的压力，要缓和这些压力，只能从法治机关的人员配置中得到。合理配置法治机关的人员，特别是基层法治机构的人员配置需要适应现在的法治业务的发展。

五、法治权运行机制行政化倾向严重

梳理我国法治专业化建设的理论与实践的历史，不难看出行政的色彩一直伴随着我国的法治专业化建设。从革命根据地时期到改革开放前，法治建设首先注重的是政治素质而不是职业素质，职业素质的不专业化是中国法律能力现代化面临的主要问题之一。尽管"五五"《改革纲要》明确提出"去行政化"

---

① 刘同君. 新时代卓越法治人才培养的三个基本问题 [J]. 法学，2019（10）：137-148.

② 彭东昱. 依法保障法官检察官队伍正规化专业化职业化建设 [J]. 中国人大，2019（9）：22-23.

是法院改革的首要任务，但我国法治运行机制仍带有行政管理色彩，法院仍趋向于"去行政化"，但很难做到无法完全"去行政化"。行政处理具体案件具有一定的局限性和非专业性，这主要源于中国的长期报告制度。具体而言，在具体的案件审理过程中，法官在作出最终裁判之前往往都要"层层汇报"，最终都要由庭长或者是院长来统一合议庭审理或者独任审理的处理意见，并在此基础上最终形成裁判文书。这种长期存在的审批式的法治权运行机制使得审判行政色彩浓厚，也在一定程度上极大地浪费着法治资源。比如这种"层层汇报"的模式①，一方面使得庭长、院长需要拿出一定时间来进行案件审批，而真正由庭长、院长审理的案件也因此减少，未充分发挥庭长、院长作为资深法官的作用；另一方面，为方便汇报，法官会在案件审理的基础上形成审理报告，本来案件审理压力就大，这又在无形之中占用了法官审理案件的时间，也极大地影响了案件审理的效率。除此之外，由于层层审批，案件最终裁判的形成并非一人决定，这也使得案件责任主体不够明晰，并且这也极大地影响了法官依法独立审理案件，甚至在审批的过程中滋生法治腐败的现象。党管干部的原则对组织管理有着深远的影响。法律工作者的选拔与一般政府工作人员的选拔没有太大区别。一般的程序是先提名再选择。经同级党的部门审查批准，具有法定提名权或者法定提名权的机构向同级党的部门提出建议。一般情况下，权力机关仅是依据候选人提交的材料以及法院、检察院提供的考察材料作决定。除此之外，通常情况下法治人员的选任都是等额的，在这种情况下，增加了法治机关在选任过程中的行政化色彩，这样的选任程序偏离了法治人员选的专业化要求，因此也在现实操作中出现了基本条件不符合普通法官要求的人却成为法院院长或高级法官的现象。法治工作往往是一个包含理解法律、解释法律、适用法律等各个环节的过程，它要求法官、检察官能够在理解法律的基础上结合实际社会生活，通过长期积累的判断力来解决社会矛盾，化解纠纷，所以不应该以选任政府官员的方式来选任法治人员，而应该根据法治职业的特点形成独特的标准。因此，法治建设不能仅仅依靠政府官员的选择，而必须根据法治职业的特点建立独特的标准。

---

① 廖永安，段明. 中国法学教育的供给侧改革 [J]. 湖南社会科学，2017（4）：53-60.

第三节　法治工作队伍建设的外在障碍

一、影响法治队伍专业化建设的历史因素

封建社会中，中国的法治长期附属于行政管理，没有独立的法治机构和能够独立审判的法治人员。裁判由行政长官行使，皇帝作为最高的行政长官，掌握最后的裁判权，地方的法制由地方的行政长官行使，法治与行政不分，这一传统一直延续到清代[①]。这一独特的法文化与法司行不分的传统，极大地影响了中国法治体系的发展，使中国法治体系自始至终在专业化法治队伍建设上处于落后地位，导致法治队伍中的各种制度如选任制度都出现了缺位。正因如此，中国的法治建设在相当长的一段时间里一直没有得到重视[②]，发展速度也极为缓慢。改革开放后，这一状况才逐渐得到改善，法治建设也逐渐提上议事日程，但封建制度下形成的法治文化传统对法治建设的影响过于深远。为改变我国法治人才专业化水平偏低、法治人才选拔机制不合理的现状，必须打破传统的体制模式，逐步实现法治人才的专业化选拔。

此外，中国特有的文化传统缺乏法律精神的营养，特有的法律文化中包含着"情大于法"的思想。这种观念在传统的古代人情化社会中非常盛行。这是中国至今还存在着许多"人情案"和"关系案"的深层文化原因[③]。受其影响，在具体判决过程中还夹杂着一些"情理"因素，这也大大降低了中国法治者专业化水平。在现在的社会，虽然"情"的成分变少了，但仍有一部分法官和检察官需要面对这方面的压力。而且，中国的法治工作者参照公务员管理模式，这个负担会有所增加。在案件审理过程中，法官、检察官对法治的信念不强，直接影响案件质量，对推进法治队伍专业化建设没有帮助。

---

① 梅哲，王志. 创新法治人才培养机制 [J]. 红旗文稿，2017（5）：30-32.

② 徐凤英. 新形势下加强法治工作队伍建设的思考 [J]. 山东工会论坛，2017，23（3）：72-76.

③ 谭永旭. 法治工作队伍决不能缺"钙"——关于当前法治工作队伍思想政治建设状态的一线调查 [J]. 人民论坛，2015（12）：66-67.

二、影响法治队伍专业化建设的地区差异

第一，中国东部、中部和西部人才缺口较大，人才短缺是造成西部法治队伍专业化建设相对落后的一个重要原因；在法学教育资源方面，由于西部地区经济文化发展水平差异较大，法律本科毕业生的数量远低于东部地区，法律硕士、博士研究生的数量更是少之又少。在人才流动方面，东部和中部地区的法律人才更多地选择到经济发达地区就业，西部地区高校所培养的法律人才也会有一部分到东部和中部地区去，以寻求更好的发展环境。尽管目前国家出台了一系列政策鼓励优秀人才到西部工作，但是仍然无法从根本上解决西部人才短缺的问题。在法治考试视角下，由于法律教育资源等的不同，导致了法治考试结果的巨大差异。中国政府还通过放宽注册学历条件等举措，在充分考虑地区差异的基础上，大力支持西部地区法治队伍建设，不同地区法治考试的差异性在一定程度上反映了中国法治队伍专业化建设的差异。

第二，中国地域广阔，各地区在经济社会发展程度、人口数和案件数上有很大的差距。依法进行行政队伍的整顿、管理方式的选择等都需要根据该地区的实际情况，形成适合该地区法治建设的独特形式，从而决定了本地区法治建设的程度。但是，在法制建设的实际推进过程中，有无视地域差异性的想法。一些经济发达地区各种纠纷的矛盾日益复杂，法律案件的数量逐年增加。在一些经济发展较为缓慢的地区，案件复杂度较低，案件较少。如果不能充分考虑地域差异，就会产生"多案件少人"的矛盾。人案矛盾存在的根本原因在于，在推进法制的过程中，不能充分考虑区域差异性，或者说即使考虑到，也不能和经济社会的高速发展同步。

第四节　新时期法治工作队伍建设的新要求

依法行政的工作队伍是建设中国特色社会主义法律体系和社会主义法治国家的重要力量，是全面推进依法治国的有力保障。《决定》表述的观点是，要造就一支高素质的法律人才队伍，加强法律援助队伍建设，造就一支政治立场坚

定、具有扎实的理论基础、具有较高的法律素质的法律人才队伍①。法治工作组主要由三部分组成：法律工作队伍（包括立法队伍、执法队伍、法治队伍），法律服务队伍（包括律师、公证员、基层法律服务工作者、仲裁员、人民调解员等），法学教育研究队伍。法律工作人员的理想信念、职业道德、专业知识和专业能力，决定着法律工作的质量和水平，包括立法、执法、司法、法律服务等，要全面推进法治建设，加强法律队伍建设，对法律人才培养提出新要求。

一、法治专业人才的理想信念要求

根据《决定》的要求，一支高素质的法律队伍首先要有坚定的理想信念，无论是立法者、立法者、司法人员、法律服务提供者、法律教育者还是研究者，都要贯彻社会主义基本价值观和法治理念，尊重党的事业、人民利益、宪法和法律的至高无上，在培养法律人才的过程中，要以理想教育和信仰为首要任务，高举中国特色社会主义旗帜，以马克思主义法律思想和理论为指导，以中国特色社会主义法治为指导，社会主义核心价值体系与中国特色法治理论的有机结合贯穿于法律人才培养的全过程，为法律人才的培养提供了坚实的理想和凭证保障。

二、法治专业人才的职业素质要求

《决定》对国家职业法治队伍提出了"正规化、专业化、专业化"的要求，需要不断提高职业素质和水平，从提高律师专业素质、完善执业保障机制的角度出发，同时，要加强对法治公司的管理，充分发挥律师协会的自律作用，规范律师执业行为，督促律师严格遵守个人道德和职业道德，严格执行违法违规处罚制度，对于法律教师队伍，提出了"政治立场坚定、理论水平高、熟悉中国国情"的要求②。而且，《决定》还要求完善法律职业准入制度，健全国家统一法律职业资格考试制度，建立法律职业人员统一职前培训制度。法治专业队

---

① 徐凤英. 新形势下加强法治工作队伍建设的思考 [J]. 山东工会论坛，2017，23（3）：72-76.

② 蔡蓉英. 建设高素质法治工作队伍的理论探讨——以湖南省法治建设经验为例 [J]. 湖南警察学院学报，2016，28（3）：74-79.

伍的"正规化、专业化、职业化"是法治工作对于从业人员的基本要求，是由法律职业的基本特点以及法治工作在国家和社会生活中承担的重要职能与所处的重要地位决定的。推进法治专门队伍的"正规化、专业化、职业化"，提高法治专业队伍的职业素养和专业水平，要求在法治人才的培养过程中实现法学教育与法律职业之间的深度衔接：一方面，接受专业法学教育应当成为法律职业的准入门槛。只有系统的专业法学教育，方能保证法治专门队伍在理想信念、职业伦理、专业知识、思维方式与职业技能方面达到要求。另一方面，法律职业人才应当成为法学教育的培养目标。要将法学教育定位于法律职业教育，在法治人才培养过程中将法律职业伦理教育、法律职业技能教育与法学理论知识教育相结合，面向全面推进依法治国的现实需求实际设计人才培养方案，培养法律职业人才。同时，要实现高校与法治实务部门的协同育人，将法治实务部门丰富的法治实践教学的资源纳入法治人才培养过程中，强化法治实践教学，保障高素质法律职业人才培养目标的实现。

三、法治工作队伍的综合素质要求

《决定》强调："全面推进依法治国，必须增强法律工作者的思想政治素质业务能力和职业道德。"[1] 这实际上是对法治工作队伍的综合素质从三个方面提出了明确要求，可堪大用、能负重任的高素质的法治人才，必须兼具较高的思想政治素质、较强的业务工作能力与较高的职业道德水平。为适应法律队伍建设对法律人才整体素质的要求，必须坚持法律人才培养，以德育为基础。要进一步加强法律人才的通识教育，拓宽法律人才的知识面，培养学生的公德意识，培养学生的人文情怀，培养学生的道德修养，着力培养行为端正、道德修养优良、文化底蕴丰富、实践能力强、社会良知强烈的法律队伍人才。

---

① 李娜. 检察官队伍专业化研究 [J]. 法制与社会，2015（36）：297-298.

第七章　高素质专业化法治工作队伍
建设的内涵与结构要素

第一节　法治工作队伍概念的提出与基本含义

法治工作队伍具有立法、执法和司法的责任，相应地其主要包含了立法、行政执法以及司法三大队伍。立法队伍主要集中立法机关，行政执法队伍则分散于各行政机关，如法制局（办）、税务、食品药品安全、工商质检、公共卫生、安全生产、文化旅游、资源环境、农林水利、交通运输、城乡建设、海洋渔业等部门，司法队伍则主要在法院、检察院等部门。法治专门队伍通过制定法律和运用法律于现实生活，对法治国家的建设起着至关重要的作用。法律是治国之重器，行政执法队伍、司法队伍执法的依据是法律，而且是良法[①]。因此，立法队伍制定出良法是产生良好的执法效果的前提。大量的法律执行是由行政执法队伍进行的，如行政复议由法制局（办）进行，公司、合伙等企业的登记、反不正当竞争、质量监管由工商质检机关进行，税收则由税务机关负责。

一、法治工作队伍的概念源头

在党的十八届四中全会中提出全面依法治国的概念，同时习近平总书记强调，要打造一支"德才兼备"的法治工作队伍。这支队伍不仅要具备夯实的专业知识、坚定的思想意识、较强的工作能力，更重要的是要忠于祖国和人民，

[①] 莫亦翔.新时代加强我区法治工作队伍建设的几点思考[J].当代广西，2019（15）：26-27.

为社会主义法治建设在组织和人才方面提供重要保障。

二、法治工作队伍的基本含义

在党的十八届四中全会上，习近平总书记已经明确指出："全面推进依法治国，必须大力提高法治工作队伍思想政治素质、业务工作能力、职业道德水准，着力建设一支忠于党、忠于国家、忠于人民、忠于法律的社会主义法治工作队伍，为加快建设社会主义法治国家提供强有力的组织和人才保障。"由此可见，我国的法治工作队伍主要有立法、执法、司法三支队伍共同组成。

三、法治工作队伍的总体要求

根据习近平总书记关于法制工作队伍建设的相关指示精神，立法、执法、司法队伍的建设皆是我国法治工作队伍建设必不可少的一部分，对法治体制的完善皆具有重要意义。从立法的角度来看，其主要的职能是为社会的正常运转，保障国家、公民合法利益而制定相关规定。因此，从事立法的相关工作人员必须具备坚定的政治立场，能够集思广益，尊重社会各阶层的核心利益，使得相关法律法规能够得到社会和人民群众的认可。从执法的层面来看，从事执法工作的工作人员的主要职能是将相关法律法规合理地应用到实践中去，一方面，确保相关法律能够切实有效地发挥其应有的作用，捍卫法律的权威。另一方面，依据相关法律切实的保障每一位公民的合法权益，维护好社会的公平正义。从司法的层面来看，从事司法的工作人员要从根本上维护好法律的绝对权威，在熟练掌握相关法律条文的基础上，秉公执法、端稳天平，牢牢地守住维护社会公平正义的最后一道防线。因此，在推进依法治国的进程中，不同的法治工作队伍要不断提升自身本领，坚定政治信念，同时各部门之间应相互配合，共同推动我国法治工作队伍的发展。

第二节　高素质专业化法治工作队伍建设的时代内涵

从狭义上讲，专门的法制工作队伍主要包含了从事立法工作、执法工作以及司法工作的人员，相关对应的部门分别为人大和政府、行政机关以及司法机关。从广义上来说，我国的法制工作队伍包含的人员主要有立法、执法、司法、法律服务、涉外法律服务、法学教育以及法学研究等部门和领域的人员，是我国中国社会主义法治体系的重要组成部分，同时也是从事法学教育以及研究的重要人力资本。全面依法治国、建设中国特色社会主义法治体系必须紧紧地依靠高素质的法制队伍建设。高素质的法治工作队伍建设要紧紧地依托于法治教育，通过加强教育保障法治领域人才的有效输送，奠定教育在法治工作队伍建设中的基础性和决定性作用。2018 年 8 月 24 日，习近平总书记在中央全面依法治国委员会第一次会议上提出："要加强法治工作队伍建设和法治人才培养，更好发挥法学教育基础性、先导性作用，确保立法、执法、司法工作者信念过硬、政治过硬、责任过硬、能力过硬、作风过硬。"[①] 习近平总书记的重要讲话精神为法治工作队伍建设指明了方向，提供了根本遵循。

提高我国法治工作队伍的建设和水平，不仅仅是实现法治国家的重要保障，同时也是我国推进依法治国的重要根基，对社会经济的平稳发展、依法行政以及提高工作对高质量具有重要意义。

按照党的十八届四中全会精神，一支高素质的法治工作队伍，不仅仅需要具备夯实的法律知识储备和坚定的政治思想意识，同时也要严格遵守相关纪律，敢于拼搏，开拓创新，有为社会主义法治国家建设奉献一切的牺牲精神。现阶段，我国法治工作队伍的建设要求的主要目标为培养从事立法、执法、司法、法学教育研究等各方面与法律相关事务的人才，以维护法律权威，保障社会公平，维护好国家和人民群众的核心利益，进而推进全面依法治国为目标。这为我国法治体制的完善、全面发挥法律应有作用提供重要保障，为法治国家和法治社会建设提供重要的人力资源保障。

根据以往的研究，高素质的法制工作队伍需要做到以下几点要求：第一，思想过硬。法制工作队伍必须以中国特色社会主义理论为指导，坚持党中央的领导，坚持捍卫法律的绝对权威，始终以公平正义为工作核心，具备为法治国家建设而奉献一切的牺牲精神。第二，本领过硬。法治工作队伍应不断学习提高，紧跟社会发展，提高自身的专业水平，更好地服务于法律，服务于人民。第三，班子过硬。法治工作队伍应该是具有凝聚力和战斗力的，因此应通过相

---

① 江金权. 大力建设高素质法治工作队伍 [N]. 光明日报，2014-12-04（001）.

关培训，重点提高各级领导的领导水平和执政能力，以提高整个工作队伍的能力。第四，作风过硬。法治工作队伍建设必须坚持自我审查和自我监督，在实施法律赋予的职权之前应保证自身严格遵守法律、客观公正、无贪无腐，始终保持廉洁奉公的工作态度。

第三节　新时期高素质专业化法治工作队伍建设的结构要素

习近平指出："进行司法体制改革，完善社会主义司法制度是推进国家治理体系和治理能力现代化的重要举措。"[1] 实现国家治理能力现代化需要在社会中不同领域同时采取相应措施，而法治工作队伍建设以及专业化发展是进行现代化建设的重要基础。法治工作队伍建设是法治体制改革以及法治领域现代化的重要推手，实现法治工作队伍现代化建设必须要认清现阶段所存在的问题的阻碍，进而根据相应的问题和阻碍去探索解决措施，不断完善工作队伍，以实现法治工作队伍建设的专业化。与此同时，由于制度性和基础性的措施和方法主要是解决法治工作队伍建设的根本性问题，能够为法治工作队伍建设提供有力保障，同时也能体现法治建设的现代化，因此，在众多进行法治体制改革的路径和方法中作出选择时，应重点关注路径和方法的制度性和基础性。

中国特色社会主义进入新时代，全面提升国家治理者的综合素质和工作的方式方法是国家治理体系现代化的重要体现，因此要想提升国家治理能力必须以治理者为核心，即提升法治工作队伍的专业化水平。首先，应该明确一支专业化的执法队伍应该具备哪些基本的专业素质和要求。其次，在此基础上确定执法队伍的建设目标，保障在实施相关政策、选择相应的培训时能够做到有的放矢，保障执法队伍中的每一个个体都具有明确的提升目标。最后，应以马克思主义以及中国特色社会主义理论关于法治队伍专业化建设的相关理论为基础，注重提升法治工作人员在法律专业素质、证据识别能力、纠纷解决技术、庭审驾驭技术等方面的技术水平，以全面提升法治工作队伍的专业化建设。

---

[1] 杨蕾歆.基于公共人力资源管理视角的重庆市法治专门人才队伍建设研究 [D].重庆：重庆大学，2016.

一、法律专业素质

法律专业素质对法治人员的专业化水平起着至关重要的作用，其不仅包括了理论素养，更包括了思维素养甚至实践经验等多方面，上述的诸多内容皆为一名合格的法治人员所必须具备的素养。

从理论素养的角度来看，其水平的提高必须依托于完整的、系统的法学理论。就法官而言，其核心的职责就是充分利用各种法律依据解决社会中的各类纠纷，在各类纠纷中包含了多个领域，而每一领域都有相应的法律条文。因此，法官要想公平、公正地解决社会中的各类纠纷，必须具备充分的法律理论和法律知识。如果对相关法律的理解不透彻、掌握不熟练，在处理错综复杂的法律关系时很难"对症下药"，找到适合本案件或者为本案件提供法律支撑的法律条文。与此同时，在掌握相关法学理论的同时，还需要掌握基本的法律规范及其立法原意，在此基础上能够帮助法律人员在处理案件时灵活运用各种法律条文。

从思维素养的角度来看，法治工作人员在处理案件和运用法律条文的过程中，必须具备一个完整、严谨的论证过程，以确保法律条文能够为案件的处理提供夯实的支撑，因此法律从业人员必须具备严谨的思维逻辑。法治人员可以从以下两方面进行思维逻辑的自我提升：一方面系统地学习理论知识，具备完整的理论基础；另一方面，在实践中不断总结、吸收经验，逐步提升逻辑思维。

从实践经验的角度来看，其是在将所掌握的法律理论应用于具体案件的过程中，经过不断的总结而逐渐积累起来的，体现了法律从业人员将理论应用到实践的能力和归纳总结能力。经过在实践中对经验的不断总结可以大大提升今后在处理相似案件时的工作效率，同时也可以充分地保障案件的处理质量和水平。这种在实践中获得的经验和能力不仅包括了法律规范在实践中的运用、法律方法在某类案件的适用性、基于法律对事实的判断能力，同时也包括了法律辩论的知识和经验、处理突发事件的应变能力以及与当事人的沟通能力等诸多方面[①]。

---

① 徐凤英. 新形势下加强法治工作队伍建设的思考 [J]. 山东工会论坛，2017，23（3）：72-76.

二、证据识别能力

在办理案件的过程中，法官需要对各方的举证、质证进行验证和判断，同时也应主动去发现、收集、判断证据，为案件的办理提供相应支撑。因此，专业化的法官在办案的过程中必须具备较高水平的证据识别能力。具体来讲，证据识别能力主要体现在法官为办理案件时能够将琐碎的、原始的证据，按照事物发展的一般规律进行排列、重组，将不同的证据视为一个相互联系的整体中的不同个体，进而对案发过程进行不断的合理推演，构建出符合正常逻辑思维且符合现实情况的动态画面，以探索出不同证据之间的内在联系，无限接近甚至还原出案件的真实情况。所有案件的处理必须依托于相关的法律条文，秉承公平、公正的原则，在案件的处理过程中，所有的价值判断以及相关处理必须有足够的证据支撑。因此，法律从业人员所具备的证据识别能力是获得完整证据链并作出相应正确的价值判断的重要基础，对维护社会的公平正义具有重要意义。

三、纠纷解决技术

纠纷解决技术是法官在案件处理过程中所具备的重要能力之一，能够最大限度地化解矛盾，促进案件双方达成和解。在具体的案件中，尤其是基层发生的一些案件，法律工作人员面临的不仅仅是法律问题，还会面临众多的非法律问题。非法律问题和法律问题同样需要妥善处理，一旦问题没有进行合理解决，将会对案件的审理产生较大的影响，甚至会进一步加剧案件的严重程度。因此，法律从业人员必须在掌握相关法律理论的基础上，加强对纠纷解决技术的学习。只有这样法律工作人员在办理案件找不到相关法律条文支撑时，才能够根据当事人的诉求、矛盾以及利益纷争等，使用恰当的纠纷解决技术去调节双方矛盾，降低双方的冲突程度。在矛盾及相关利益的纷争中，涉事双方往往较为激动，此时处于非理性的状态，无法客观地面对矛盾，以此可能会产生肢体冲突等突发状况，这就要求办案人员必须具备在突发事件中冷静处理问题的能力，及时、客观、公正、合理地作出一系列的反应，最大限度地化解双方矛盾冲突。在全面依法治国的大背景下，要想实现公平正义，在基层的法律工作人员应该将纠纷解决技术作为一项必须掌握的能力。

四、庭审驾驭技术

法官的庭审驾驭技术直接影响到案件办理的效率，其主要为法官的案件办理过程中是否能够按照预定的计划进行，是否能够实现案件办理的目的，该项能力是对法官综合素质的一种考量。庭审驾驭技术不仅需要我们上文所提到的法律理论掌握程度、纠纷解决技术作为基础，而且法官要在整个案件的办理过程中处于主动层面，能够引导案件双方按照合理的程序进行自身合法利益的辩护。庭审驾驭技术在复杂的案件审理过程中体现的越加明显。与此同时，法官应该根据对案件的了解程度、对相关证据的掌握，对庭审过程中可能会出现的突发事件进行预测，并给出相应的解决措施，确保庭审的顺利进行也是法官的庭审驾驭技术的一种体现。

第四节　高素质专业化法治工作队伍建设的现实意义

我国在新的时代背景下，法治体系需要不断完善，其中法治工作队伍的建设是其中最重要的一环。2014 年《中共中央关于全面推进依法治国若干重大问题的决定》中明确提出："全面推进依法治国，必须大力提高法治工作队伍的思想政治素质、业务工作能力、职业道德水准，着力建设一支忠于党、忠于国家、忠于人民、忠于法律的社会主义法治工作队伍，为加快建设社会主义法治国家提供有力的组织和人才保障。"① 该项决定体现了我国法治工作队伍建设的重要性，同时也为我国法治工作队伍的建设提供了相关指导。法治工作队伍建设是我国全面依法治国的重要人力资本，也是提升我国依法治国能力的重要基础。在该项决定中重点阐述了我国在现阶段加强法治工作队伍建设的路径，为我国法治工作队伍建设明确了方向，并提出了相关方法论的指导。

法治工作队伍建设要坚持"德才兼备"的原则，以马克思主义以及中国特

---

① 陈俊丽. 加强法治工作队伍建设全面推进依法治国 [J]. 实践（党的教育版），2015（7）：26-27.

色社会主义理论相关法治理论为基础。在现阶段，培养一支具有较高水平的法治工作队伍，以利于更好地维护社会稳定，保障国家和人民群众的核心利益不受侵犯。在党的十八届四中全会上，习近平总书记强调："全面推进依法治国，建设一支德才兼备的高素质法治队伍至关重要。"[①] 法治工作人员是将相关法律应用到实践中去的具体操作者，也是具体案件审理的参与者，提高法治工作人员的能力，有利于相关法律的顺利实施，进一步实现社会公平，为社会主义建设提供法律上的保障。

一、法治队伍建设是国家治理体系与治理能力现代化的需要

在党的十八届三中全会上，我国提出了全面深化改革总目标，继续完善和发展中国特色社会主义制度以及逐步推进国家治理体系和治理能力的现代化。因此，要想实现国家治理体系和治理能力现代化，必须要以国家治理的法治化为基础，国家要形成完善的法治体系，国家的管理者要坚持依法治国的思想。法治具有权威、强制、稳定和连续的特质，法律面前所有人的权利和义务是相同的，因此维护法律的权威不仅能够促进社会的和谐稳定，而且能够更好地维护社会的公平正义。而实行全面依法治国中，法律体系的完善、实施以及对国家管理者的监督都需要相关的工作人员完成。因此，必须具备一支高水平的法律工作队伍为其提供人力保障，确保依法治国的顺利实施。法治工作队伍建设水平的高低包括了思想政治素质、业务熟练程度、道德水平等多种要素。因此，加强法律工作队伍建设必须全面考虑法治工作人员的综合素质，确保工作人员绝对地维护法律权威，严格、公正执法，为国家治理能力的提升提供人才支撑。

二、法治队伍建设是实现国家良法善治的保证

"良法是善治之前提"，立法是法治之基础[②]。要想形成一套适合我国国情的完善的法律体系，必须有一系列的现代法律为基础，因此需要高水平的立法队伍作为支撑，以提高我国法治建设的质量，发挥法治在社会主义建设中的作

[①] 王为华. 着力建设一支德才兼备的高素质法治工作队伍 [J]. 理论学习，2014（12）：59-63.
[②] 廖永安，刘浅哲. 创新法治人才培养机制造就高素质法治工作队伍 [N]. 湖南日报，2020-09-01（007）.

用。而法治即为在现有的法律基础之上，充分确保法律权威，最大限度地维护社会的公平正义，保障法律工作的相关行为不脱离法律框架，切实地去解决社会中的各类矛盾，使公民的人权得到充分的尊重和保障，维护好广大人民的根本利益，推动国家发展。在新的时代发展背景下，我国的法治建设在不断完善，从国家层面来看，对政治清明、社会公正的追求愈加迫切，从广大人民的角度来看，对人民主体地位的保障、自身合法利益的维护、矛盾纠纷的解决等诸多诉求都需要更加完善的法律条文为保障。与此同时，时代的不断发展同样需要更高水平和质量的法律与其进行配合。因此，以新的时代发展背景为基础，要想实现科学立法、完善法律体系，满足社会中不同主体的诉求，需要打造一支专业素质过硬、职业道德极高的立法队伍。只有抓住法治人才，以科学性、适用性、前瞻性和引领性为立法准则，才能使得我国的相关法律条文与时俱进，满足社会发展需求，保障依法治国实现良性运转和可持续发展。

三、法治队伍建设是不断完善执法能力的基础条件

队伍优则法良，队伍强则善治。完善的法律体系建设需要一支专业化的立法队伍，同样要想确保法律的顺利实施，将相关法律法规应用到具体的案件之中，发挥法律应有的作用，还需要打造一支专业水平过硬的执法队伍。由此可见，完善社会主义法治建设，推动依法治国，人才是重要的保障，不仅需要立法人才的支撑，在具体实施的过程中还需要执法人才的支撑。因此，对法律工作人员的要求不仅是掌握相关法律知识，更重要的是综合素质的提升，通过对法律工作人员的培训，推动其职业技能的提升，包括了对相关法律条文的灵活运用，对案件的客观评判能力以及以"平民化"的语言对相关法律条文进行解释的能力。这些对法治工作人员的要求在《决定》中皆有体现。近些年来，尤其是在党的十八届四中全会后，我国更加重视对法治工作队伍的建设，经过了一系列的努力，现阶段我国法律从业人员的整体素质大大提升，执法能力和水平取得了进一步的提升，但是与我国依法治国的总体目标仍存在一定的差距，一些有悖于法律的事情依然存在，例如：执法工作人员法律服务意识不足、对相关法律条文理解不到位、相关行为有悖于法律精神，这样不仅没有维护好人民群众的利益，更破坏了依法治国取得的一系列成果。因此，要想从根本上杜

绝此类事件的发生，必须对法治工作队伍严格要求，建立健全长期考核机制，选拔优秀人员，逐步提升执法队伍的整体实力。

四、法治队伍建设是深化法治体制改革的组织保障

2015 年中共中央办公厅、国务院办公厅印发的《关于贯彻落实党的十八届四中全会决定进一步深化法治体制和社会体制改革的实施方案》中明确提出："随着依法治国的全面推进，随着人民群众法治需求的日益增长，相应地需要调整和改革我国法治体制，完善法治管理体制和法治权力的运行机制，建设公正、高效、权威的社会主义法治制度，增强法治的公信力和有效性。"这为我国全面进行法治体制改革，进一步推进依法治国提出了新的任务和要求。因此，在全面深化法治体制改革的进程中，需要一支较高水平的法治工作队伍提供组织上的保障，不仅要确保相关权利的实施符合相关机制，而且要进一步地保障人权，保障法律领域的公平性和公正性。根据上文中的实施方案所提出的要求，在我国新的发展形势背景下，法治工作队伍建设要符合社会发展趋势，明确在新的形势下法治工作队伍建设的新要求和新任务，坚持"创新、协调、绿色、开放、共享"五大发展理念。因此，应坚持政治自信，坚定不移地维护人民群众的主体地位，不断提升法治工作人员的政治素质和业务能力，使法治工作队伍建设保持常态化，以为全面推进依法治国在组织和人才等方面提供切实有效的保障。

五、法治队伍建设是立足中国法治实践的重要安排

法治工作队伍建设既要坚持以马克思主义相关法制思想为指导，吸收借鉴国内外先进的经验和法治精神。同时，又要以中国特色社会主义法治思想为核心，走出一条具有中国特色的法治道路。法律在根本上反映了统治阶级的愿望和相关利益诉求，而现代教育是为统治阶级输送人才的一条重要途径。因此，在现代教育中，尤其是法学相关专业的教育，要立足于我国现阶段的发展国情，根据社会需要因材施教，培养出社会所需要的人才。在马克思的相关理论中，着重突出了人的重要性，其认为"现实中的人"即为实践中的人，只有每个人通过自身的发展实现其在社会发展中的独特作用，才能促进社会的发展，

因此，在我国法治社会的建设过程中，要牢牢把握住法治工作队伍建设。马克思主义追求的根本价值目标是实现人的自由而全面的发展，而习近平总书记对法治工作队伍建设的总体要求为"德才兼备"，这正是根据我国国情，对马克思主义法治思想的进一步发展，完全契合马克思主义的根本价值目标。

六、法治队伍建设关乎全面依法治国与社会主义法治国家建设

社会的发展以及国家和人民群众的核心利益的维护需要相关法律法规为其提供保障。因此，必须要全面推进依法治国、推动国家长治久安和社会的不断发展。法治工作队伍是全面推进依法治国、建设社会主义法治国家的具体实施者和实践者，为我国法治工作的顺利实施提供夯实的人才保障。法治工作队伍不仅在立法的过程中发挥着重要作用，在公正执法、保障法律落实等诸多方面同样扮演着重要角色。在立法的过程中，法律工作人员要具备夯实的法律知识储备、坚定的政治意识，集思广益，征求广大人民群众的意见，凝聚社会各阶层共识，才能让法律的制定得到人民群众的认可，才能不断完善法律法规，使其适合社会发展。在执法的过程中，执法人员要把相应的法律法规应用到实践当中去，发挥法律应有的价值，在这个过程中，就需要提高每一位执法者的法律素养和能力，包括对具体法律的理解、贯彻执行能力等诸多方面，只有这样才能从根本上维护好社会公平正义，维护法律权威。法律是对"现实的人"的最基本的要求，这就决定了法治是维护社会公平、保障人民利益的最后一道防线。法律工作者是推动社会主义法治建设的重要力量，因此要坚持建设"德才兼备"的法治工作队伍，切实保障法治工作队伍建设符合我国国情，适应新形势下的发展，保证法治工作队伍的正确政治方向和人民立场。

第八章　国外法治专业化人才培养模式及启示

第一节　美国法治专业化人才建设情况

美国法学教育是许多国家法学教育改革所借鉴的对象，无论是在规模上还是在质量上都远超其他国家。

一、美国法学教育体系及其特点

美国法学院一般提供三种法学学位，即法律职业博士（Juris Doctor，简称J. D. ）、法学硕士（Master of Laws，简称 LLM. ）和法律科学博士（Doctor of Juris prudence/Doctor of Judicial Science，简称 S. J. D/J. SD. ）[①]。上述三种学位并不存在严格的等级制，而是服务于各种不同人才培养需求的项目。

（一）主要的法学教育体系

1. 法律职业博士（J. D. ）

美国法学院在历史上曾颁发法学学士（Bachelor of Laws，简称 LL. B）学位。但自 1960 年起，法学院开始以 J. D. 来取代 LL. B。J. D. 的建立标志着美国大学本科后法律教育制度的确立，要进入法学院特别是由全美律师公会认证的法学院攻读 J. D. ，必须事先取得某一学士学位，否则没有资格注册入学。J. D. 教育学制三年，一般要求完成 90 个学分，其三年制严格的初级法律学历教育被认为等同于研究生水平，因此 J. D. 是一种研究生层次或第二学位的教育。

J. D. 教育同时也是一种职业教育，其培养目标是培养未来的职业法律人和法律实践工作者，比如律师、法官、检察官等，而非法学研究人员。J. D. 是美

[①] 杜焕芳. 涉外法治专业人才培养的顶层设计及实现路径 [J]. 中国大学教学，2020（6）：22-30.

国法律学制中的初级法律学位，取得 J. D. 是法学专业学生成为法律工作者的必要条件。我国法律硕士学位的设置在某种程度上就是借鉴了美国的 J. D. 教育。

2. 法学硕士（LLM.）

法学硕士学制一年，一般要求完成 24 个学分，本土申请者必须事先取得 J. D.，而外国申请者则需在其本国取得法学本科以上学位或法律职业资格。LLM. 通常会提供某些特定专业学科的高级课程，这些专业性较强的课程大部分都是专门为有兴趣从事专业领域的律师或学生提供的，如知识产权 LLM. 课程、税法 LLM 课程等，其中最普遍的是税法方向。由于其学制和申请门槛等因素的影响，目前美国攻读 LLM. 的本土学生并没有很多，更多是外国留学生。

3. 法律科学博士（SJ. D. /J. SD.）

S. J. D. /J. S. D. 是一种学术学位，专注于纯法学理论研究工作，通常为 2 ～ 20 年学制。各个学校录取 S. J. D. /J. SD. 学生，一般都会要求其已获得 LL.M 学位。进入 SJ. D. /J. S. D. 学位课程以后，至少需要一年在校时间以及完成一篇可发表的博士论文。然而，S. J. D. /J. S. D. 学位并不是美国法学院任教的硬性要求，所以，该学位并没有很多人耗费精力去攻读，这就导致了有的法学院每年只招收一两个学生。

（二）美国法学教育的特点

1. 本科后法学教育

本科后法学教育是美国法学教育与其他各国法学教育较为显著的区别之一。美国确立本科后法学教育制度主要有以下三大原因：第一，法律是一个厚重且博大的专业，唯有足够的社会阅历方可有能力窥得其中奥秘；第二，律师于国民安定、社会发展有重大关系，因此法律教育的起点相对其他学科来说也是比较高的；第三，给法学教育提供更好更高的平台对法律专业本身的发展有重要意义[①]。

2. 以社会需求为基础

一方面，美国法学教育在人才选拔、教学、师资、就业考核等各个方面坚持社会需求的基本原则，将法学教育融入社会需求，确保了培养的人才的实

---

① 李继辉. 国外高校法治教育的借鉴与启示 [J]. 科教文汇（上旬刊），2015（10）：6-7.

用性。另一方面，大量的应用型人才反映了现实生活中迫切需要解决的理论问题，保证了美国法律理论的前沿性和实用性，形成了理论与实践的良性循环。

3. 职业教育特征明显

美国的法学教育和训练最早源于学徒制（apprenticeship），即学生在律师事务所通过实际工作进行学习。之后，法学教育正式进入大学，但法学教育的职业性继续保留下来，即法学教育的目标是培养合格的律师，使学生在毕业之后能立刻处理法律实务。正因如此，美国的法学教育多注重各种律师技能的培养和训练，即便有学术理论教学内容的补充，也是以培养学生"像律师一样思考"为目的[①]。这一教育特点最终为美国带来了一批杰出的政治领袖，对美国的法治建设进程起到了极大的推动作用。

4. 高度自治、行业自律的法学教育质量保证体系

美国没有严格操控法学教育的政府主管机构，保证法律职业者道德和业务素质主要依托非官方的行业协会全美律师公会（American Bar Associ-ation，简称 ABA）、全美法学院协会（Association of American Law School，简称 AALS）、全美法律图书馆馆员协会（Association of American Law Library，简称 AALL）、诊所式法学教育协会（Clinical Legal Education Association，简称 CLEA）。

理解这样一种高度自治、行业自律的法律教育质量保证体系的前提是了解美国法律职业的结构。美国实行统一的法律职业体系，检察官是国家雇用的政府律师，法官通常是从具有多年从业经验、丰富实践经验、品行端正的律师中选拔出来的，并由相应的法律职业管理机构推荐。因此，美国法律职业资格考试实际上是律师资格考试制度[②]。在美国，大多数州的律师考试委员会都规定，只有获得 ABA 认可的法学院的法学博士学位的毕业生才有资格参加考试。这样，以法学院为主体的法制教育就与法学专业资格系统地联系起来，从而形成了以包括 ABA 在内的非官方行业协会为依托的现行法制教育质量保证体系。

ABA 于 1878 年建立，其协会下设立了法律教育常务委员会（Standing

---

① 杜东，王珊珊 . 国外青少年法治教育的启示 [J]. 中国共青团，2015（3）：61-62.

② 李继辉 . 国外高校法治教育的借鉴与启示 [J]. 科教文汇（上旬刊），2015（10）：6-7.

Committeeon Legal Education），该委员会主要负责认证开办法学院的大学，对法学院的各项设施及教育标准都进行了严格的规定，规定对学院内各个方面和细节都制定了极其详细的标准，甚至对图书馆的具体藏书内容以及获得学位必须完成的课时量都作出了具体要求。据最新统计，截止到2011年10月，已有200所法学院通过了ABA的认证。

目前，全美只有纽约州和加利福尼亚州这两个国际化程度较高的州有律师资格考试报名，而这两个州还存在着许多未经ABA认可的法学院。比如：在加利福尼亚州，没有通过或无须ABA认证的学校可在加利福尼亚律师资格考官委员会的律师协会（State Bar of California's Committee of Bar Examiners）进行认证，但这些学校的毕业生仅可在加利福尼亚州参加律师资格考试。一旦通过考试后，许多其他州也允许他们从事律师职业，前提条件是必须具备在加利福尼亚州一定的从业年限。此外，加利福尼亚也是第一个允许远程法学教育毕业生参加律师资格考试的州，尽管ABA或其他律师协会一般不对网络院校进行认证。

二、美国法学人才培养模式

（一）以职业为导向的教学目标

美国法学教育的基本目标是：要求学生"像律师那样去思考"，即使学生被要求学习特定某个州的法律或今后在特定某个州工作，但绝大多数美国法学院学生并不注重对法典、法条的记忆。美国法律教育的目的是提高学生的推理能力，即如何分析事实和法律，并就特定问题形成论据；如何识别支持法律的政策以及如何清晰表达法律思想[1]。因此，美国法学教育把重点放在推理及口头与文字的表达上。其原因在于：第一，在美国，律师往往需要为客户提供多种服务，比如分析当事人的经济利益和各种风险、提供各种法律咨询等，仅掌握某一方面的法律知识是不够的。律师不仅需要知道如何使用相关法律，还需分析当事人的利益将受到何种影响，通过各种计划安排来满足当事人需求，并最大限度地为当事人增加利益和机会，这都需要律师具备创造性的思维。法律推

---

[1] 廖天虎.美国法学教育现状及其借鉴[J].乐山师范学院学报，2020，35（7）：39-47.

理及法律思想表达的学习恰恰训练了律师作为一个顾问所必须具备的素质。第二，在特定情况下，当事人会有起草特殊的法律文书的需求。这时，律师必须做一名技能娴熟的法律翻译者，把当事人的想法用法律语言表达，不仅要做到准确地反映当事人的想法，同时也要符合法律要求。

ABA 有关教学目标的具体标准如下：

（1）学校需制订教学计划，为学生今后进入法律行业、有效负责地从事法律工作、解决当前或未来可能出现的法律问题打好基础。

（2）法学院制订的教学计划可侧重于法律职业的某一特定方面。

（3）学校需保证所有学生都能够享受学校的教学资源、课外项目以及其他的教学资源。如：学生是否有足够多的机会与教师和同学进行互动，参加诸如学术期刊和竞赛团队之类的课外活动项目，参加诸如系列讲座、短期访问学者之类的特殊项目，并从中获益。

（4）学校需保证最近五年的毕业生中有 75% 以上参加了律师资格考试，或者最近三年的毕业生中有 75% 以上参加并通过律师资格考试。学校每年都需上报律师资格考试通过率，并保证每年的通过率不低于 70%。

（5）在最近三年或五年中，学校的年均律师资格考试一次性通过率不可低于同区域其他院校平均水平的 15% 以上。

（二）强调法学实践能力的课程设置

美国法学院的课程设置主要以 J. D. 为中心。法学院很少开设专门面向 LL. M. 项目的课程，因此 LL. M. 学生多与 J. D. 学生一起听课。当然，有些选修课程的内容很专业，选课者基本都是 LL. M. 的学生，但这属于"自然选择"的结果，并非专门为 LL. M. 开设的课程①。

根据 J. D. 的三年制学制，美国法学院的课程分为基础课（foundation curriculum）和高级课（upper class）两大类。通常一年级课程均为基础课（必修课），二、三年级开设大量的高级课（选修课）。其中，基础课通常包括：

（1）民事诉讼法（联邦民事诉讼规则）；

---

① 杜承铭，柯静嘉. 论涉外法治人才国际化培养模式之创新 [J]. 现代大学教育，2017（1）：85-92.

（2）宪法（美国宪法）；

（3）合同法（统一商业法典和美国合同法重述〈二〉）；

（4）刑法（普通法和标准刑法典）；

（5）物权法（普通法和物权法重述〈二〉）；

（6）侵权法（普通法和侵权法重述〈二〉）；

（7）法律研究（法律图书馆、Lexis Nexis&Westlaw 等资源的使用）；

（8）法律文书写作（包括客观分析、有说服力的分析，以及法律引文）。

这些基础课旨在向学生简单介绍法学研究概况，并非所有经 ABA 认证的法学院都会在第一年开设这些课程。例如，许多学校直到二、三年级才开设宪法课程或刑法课程。大多数学校还另设证据学，但很少在一年级开设。部分学校会将法律研究和法律文书写作整合成一门"律师技能"课程，该课程可能还包括口头辩论的环节[①]。在完成第一年学业后，法学专业的学生通常可自由选择具体的法律研究领域，如行政法、经济法、国际法、海事法、知识产权法或税法。

此外，ABA 同时要求法学专业学生参加有关职业责任的道德规范课程。道德规范课程通常作为高级课程，安排在二年级开设。开设此门课程的主要目的是提高法学专业学生的自律能力，因为当年的"水门事件"严重损害了律师职业的公众形象。2004 年起，为确保学生的研究写作技巧，ABA 又要求法学专业学生必须至少修读一门写作技巧方面的课程，或独立完成一个学习研究项目。

根据 ABA 的具体认证标准，学校应要求每位学生修读下述相关课程：

（1）实体法；

（2）法律分析与推理、法律研究、问题解决与言语交流；

（3）法律文书写作，每年至少有一次严格的法律文书写作经历；

（4）有效、负责地参与律师工作所需要的其他专业技能；

（5）法律行业及从业者的历史、目标、结构、价值观、规则和责任。

根据 ABA 的具体认证标准，学校还应为学生提供以下机会：

（1）为学生提供在真实环境中进行实践的机会，鼓励学生在实践的基础上

---

① 廖天虎 . 美国法学教育现状及其借鉴 [J]. 乐山师范学院学报，2020，35（7）：39-47.

对其经历、法律行业的价值观、责任和其自身的能力发展自省自查，并分析评定学生的能力和潜质；

（2）为学生提供参与公益活动的机会；

（3）为学生提供参与研讨会、研究调查、小课堂或团队合作的机会。

上述标准可具体阐述为：

（1）法律文书写作教学的评定依据：要求学生完成的写作项目的数量与质量；指导教师对学生写作作品的个别指导的机会；学生参与写作项目形成的作品数量；写作课教师的评价形式。

（2）法学院必须利用所有可利用资源，积极开展律师责任职业技能指导。其他职业技能指导应包括：审判、出庭辩护、争端解决途径、法律咨询、访谈、协商、问题解决、事实调查、法律工作的组织管理、写作。

（3）学校可通过多种途径开展专业技能指导，如要求学生修读多门涉及专业技能的课程。指导教师须对每个学生的技能表现进行评价。

（4）法学院可通过法律诊所等途径为学生创造实践机会，但 ABA 对此不做强制性要求，学院不必为每一位学生提供实习实践机会，也不强制要求每一位学生都参加此类实践。

（5）法学院在相关课程中须引入一定数量的法官和从业律师。

（6）法学院必须定期对所授课程进行审查，以确保毕业生将来能够有效地、负责地参与法律工作。

（7）鼓励所有法学院通过创新方式为学生创造参与各类公益活动的实质性机会。此类公益活动需至少向个人或组织提供有意义的法律服务，当然，非法律类的志愿者活动也应纳入法学院的整体教学项目中。对于法律类志愿服务没有确切的技能掌握要求标准。至今，绝大多数法学院对公益活动并不授予学分，但 ABA 并不反对其开展可授予学分的法律类公益活动。

（三）重视分析应用的教学方法

大多数法律课程对理论学说讲述较少，更多的是侧重于如何分析法律问题、解读案件、提炼事实以及法律的应用。美国法学教育则更加侧重技巧学习，而非法律学习。与此同时，许多学校非常重视法律实践教育，例如，威斯康星大学法学院和美国马里兰大学法学院都以优秀的实践项目在众多法学院中独树一帜。

　　然而，美国顶级法学院也存在着对理论的重视多于实践的现象。原因如下：第一，这类学校培养的人才大部分都是从事律师教育培训的法学学者；第二，这类学校的教授本身对法学理论和改革方面有着浓厚的兴趣，因为他们本身并不是实践者；第三，这类学校通常拥有最具声望的专业学术期刊，同时学校也非常鼓励学生发表文章、参与奖学金竞争。

　　但不管怎样，早期所采用的让学生被动接受教授结论的授课方式已逐步被案例教学法、法律诊所、学生编辑期刊等深具美国特色的教学模式所替代。在案例教学法中，所运用到的案例都是通过精心选取的，大多是判例，这样的学习模式与中国学生学习法律法规类似；足够的资金、优秀的师资力量和宽松的制度则是法律诊所要具备的基本条件；学生编辑则是以学术自治、学生主导的形式为主。

　　1. 案例教学法

　　在美国，大多数法学院的法学教育是以哈佛大学法学院的克里斯多佛·哥伦布·兰德尔和詹姆斯·巴尔·埃姆斯在 18 世纪 70 年代提出的法学教育标准为基础的。传统的案例教学法就是，教授在课堂上就某个审判案例组织辩论，并将之收入每门课程的"编判案集"（casebook）；教授并不讲课，而是使用苏格拉底法，即随意地指定一名学生，询问其是否同意对某一案件的观点，然后通过连续发问找出学生论点中的逻辑漏洞。考试则通常检查学生对某一虚拟案例的解读以及如何将法学原理应用于案件的能力，最后以论文形式完成。这一过程旨在训练学生的推理能力，从而正确地解读理论、法条和范例。

　　从最初的兰德尔式案例教学法发展至今，案例教学法在美国已有了很多新的变化和特点：现在的案例教学方法实际上是一种实用的教学模式。通常，教授会要求学生在上课前阅读相关案例，总结基本的法律概念，然后在判决中间探索法官的原则基础，为课堂教学做准备。在教学过程中，通过问答，师生之间、学生与学生之间的辩论和互动，加深学生对基本理论和规律的理解，使他们具有基本的实践能力[①]。

---

① 杜承铭，戴激涛. 整合式创新：多元法治人才分类培养的实践与探索——基于财经类院校法治人才培养的考察 [J]. 中国大学教学，2016（10）：31-36，87.

此外，案例教学法开始寻求与其他教学法的互为融合和补充，除了判例教学外，在教学中引入一定比例的课堂教授，形成理论教授与案例分析相结合、具有美国特色的法学教育模式。

2. 法律诊所式教学

美国是法律诊所的发源地。在美国 J. D. 学位的教学计划中，考虑到法律是一门实用性强、适用性强的学科，如果没有实际的教学联系，学生很难将课堂上学到的知识运用到实践中，从而形成理论基础。与实践脱节并不能达到法律教育的目的，也不能反映出法律教育的价值。因此，增加了一个更实用的选修课程——"法律诊所"，以弥补原班级理论教学与法律实践之间的脱节。

1929 年，南加利福尼亚大学开设了第一个法律援助诊所。之后，法律现实主义者弗兰克呼吁每个法学院组建法律诊所，由经验丰富的法学教授全职指导。1968 年，福特基金会投入 1200 万美元资助法学院将"法律诊所"作为课程设置的一部分，法律诊所正式进入法学院的课程安排，学生在律师指导下接触真实客户，并获得相应学分[①]。

法律诊所与法律援助从一开始就相辅相成、连接紧密。一方面，大多数法律诊所的案件来自法律援助案件，因为法律诊所可以提供免费或廉价的法律服务。另一方面，法律诊所已成为大学生提供法律援助的重要平台。因此，法律诊所的设立旨在为经济窘迫的民众提供法律援助的同时，为学生创造法律实践的机会。

从项目设计上来讲，美国的法律诊所反映了法律公共服务和法律实践教学的完美结合。法律诊所教育通常采取"三层金字塔"的形式。金字塔的底部是面向一年级学生的律师实践课程，所有一年级学生都必须参加；金字塔的第二层是针对二年级学生的模拟课程，在这些课程中，二年级学生可以实践并提高他们在第一年学到的技能；金字塔的最高层是现场诊所和法律实践理论研讨会，这是三年级学生选择的最高水平的法律诊所教育[②]。

从人员结构来讲，美国的法律诊所教育以学生为本。法律诊所中学生是提

---

① 王允武. 法治人才培养机制创新与法学教育协同推进——以改进民汉双语法治人才培养机制为视角 [J]. 西南民族大学学报（人文社科版），2016，37（1）：98-104.

② 李继辉. 国外高校法治教育的借鉴与启示 [J]. 科教文汇（上旬刊），2015（10）：6-7.

供法律服务的主体，而教学人员和执业律师负责指导学生。

从教学内容来讲，法律诊所的实践内容非常丰富，涉及的知识跨学科、多方面。以耶鲁大学为例，其实践教学内容与要求主要有：

（1）为父母及儿童辩护。在此课程中，每周的教学和指导课都安排学生处理案例（平均每周达到10～20个小时）。学习有特殊教育背景的父母和儿童，就虐待、归属犯罪等参与案件的审理过程。

（2）为无能力人辩护。学生在导师的指导下代表当事人与州和市的机构进行谈判，管理庭审中的事务或在庭审诉讼程序中确保当事人的教育权、医疗、自由和其他利益。

（3）社区法律服务。学生通过接触避难所、施汤所和医护所，给无家可归的感染艾滋病的人们提供广泛的法律援助。

（4）移民法律服务。本课程专门学习如何在寻求政治避难和卷入将驱逐出境的案件程序中进行辩护。

（5）法律援助。使用课程教学、现场实践和模拟训练的方式在法律帮助的一般范围内为穷人提供服务。

（6）监狱法律服务。学生为联邦和州监狱内的犯人提供法律帮助。

（7）审判实习。本课程介绍民事和刑事案例中的辩护技能和道德。学生在模拟法庭中扮演律师。

此外，美国的法律诊所教育不仅建立了多元化的筹资渠道，而且还形成了有效的激励机制。在某些学校中，通过诊所提供法律援助服务甚至已经成为学生获得学位的必要条件之一。诊所课程已正式列入教学计划，诊所教师与其他法律教师一视同仁，受到广泛尊重。为了鼓励更多的法学院学生在学习期间积极参与法律援助，法学院将设立特殊奖学金。一些州政府还根据法学院提供的长期法律诊所援助学生名单，提供了适当降低学生贷款利率的优惠政策。政府的这种积极态度有效地促进了大学法律援助的可持续发展，极大地鼓舞了法学院的学生，他们对法律援助的热情也很高。

3. 其他教学法

一是成为法学期刊会员或编辑（以学生年级或写作比赛获奖成绩为选拔依据）。法学院的学生若能成为法学期刊的会员或编辑是很重要的，原因有三：

第一，会员是学术能力强的重要指标，因为只有写作能力强的学生才能成为法学期刊的会员或编辑；第二，用人单位在录用新人时也会将其作为招录考虑因素之一；第三，在法学期刊工作能使学生获得更多发表法学论文的机会。

二是获得模拟法庭会员或模拟法庭奖（以学生的口头和书面辩论为选拔依据）。成功的模拟法庭可以培养学生的口头表达能力，同时为学生提供法学期刊无法提供的法学实务培训。用人单位，特别是公诉人办公室，对参与模拟法庭和相关活动的学生尤其青睐。

三是获得模拟审判会员和模拟审判奖（以审判辩论技能为选拔依据）。模拟审判会员可以培养学生优秀的审判能力和真实的审判技巧。用人单位尤其是诉讼相关的单位对参与模拟审判的学生十分青睐。

三、美国法治人才培养的师资力量

1. 教师的任教资格

美国法学院的教师都是从最优秀的毕业生中招聘而来的。法学教师基本都获得过 LLM. 以上学位，部分获得 S. J. D. 学位。法学教师需在学历、教学或实践经验、教学效果、学术研究与写作这几方面展现出高度的竞争力。

此外，教授又分为全职教授和兼职教授，达到一定年限及学术水平的全职教授可任终身教授。全职教授在学年中应将所有时间用于教学、科研工作，不可兼任其他工作；其工作之外的活动仅作为学术兴趣或为提高能力、为法律行业及公众服务而为，且不应与其教授职责相冲突。若某位全职教授在另一所法学院承担额外的全职教授教学任务，则该教师在两个学院均不被视为全职教授。兼职教师往往是临时聘用的，大多是具备法律实践经验的律师、法官、检察官和政府官员等。

2. 全职教师的规模

学校应配备足够数量的全职教师，以达到规定的教学目标和教学效果。全职教师的具体数量取决于：（1）学生数以及学生能够单独咨询教师的机会比例；（2）教学项目的性质和范围；（3）确保教师能够较好地完成教学目标，有足够的时间和精力完成学术研究，进行学院管理建设，并服务于法律行业和公众等。

3. 学生 / 教师比

ABA 在计算学生 / 教师比时，将全职教师视为教师保有量，若将 1 个全职教师视为 1 个单位，则"额外的教师资源"在计算时应算作小于 1 个单位，不可高于全职教师的 20%。

"额外的教师资源"的计算标准如下：

（1）带有行政职务的全职教师：0.5 个单位；

（2）非全职的实践课程指导教师和法律文书指导老师：0.7 个单位；

（3）授课的助理教师、荣誉教师、授课的非全职行政人员、授课的图书馆馆员和来自学校其他部门的教师：0.2 个单位。

根据 ABA 的标准，法学院的学生 / 教师比应低于 20∶1，然而具体审核还得以最终的教学效果为依据，但若学生 / 教师比高于 30∶1，则直接视作该法学院没通过认证标准。若介于 20∶1 和 30∶1 之间，审查时则需将教师资源的教学效果，如教学质量、研讨会的数量、学生与教师的联系、考试评分、学术成果、公共服务等考虑在内。

4. 全职教师的责任

ABA 规定，法学院需就全职教师的教学、学术和服务责任以及校外的专业活动进行明文规定。

（1）教学责任包括承担课程讲授、备课、提供咨询服务、参与学术建议活动、创造师生发表言论并互相交流意见；

（2）学术研究以及学术研究诚信行为，包括合理利用学生助理研究员、承认他人的成果、能够了解其专业研究领域的最新发展动态；

（3）全职教师对学校的责任包括接受学院的管理和领导；

（4）全职教师对法律职业的责任包括与律师协会和司法部合作，以促进法律行业的发展；

（5）全职教师对公众的责任包括参与公益活动；

（6）法学院应定期对教师的行为进行评价，审查其是否履行了义务和责任。

通过以上几方面，美国法学院的师资水平得到了充分保障，再加之社会待遇的高度吸引、恰当的竞争机制等因素，美国法学院教师一直保持着较高的教学和学术水平。

5. 多元化的学业考核

在大多数学校，课程成绩主要取决于一次或两次考试结果，通常考试以论文形式进行，部分教授可能部分或全部采用多项选择题的形式。法律研究和写作课程除期末考试外，还要求学生完成若干主要项目，期末考试多为论文形式。大多数学校通过成绩分布曲线对学生进行等级评定。

ABA 有关学业考核的具体标准如下：

（1）法学院应制定并坚持良好的学术标准，对优等生评选标准及学生毕业条件进行明文规定；

（2）法学院应从学期伊始便定期对学生的学业进展和成绩进行监督，应通过各种方式对学生学业进行评价，诸如题量、难度合适的考试、论文、项目或对学生在法律活动中的表现进行评估；

（3）对于明显无法完成学业的学生，学院应作出相关处理，终止其在学校的学习，以免此类学生继续攻读产生负面影响，对学生构成经济剥削或对其他学生的教学产生不利影响；

（4）法学院应向学生提供学术建议（包括帮助学生根据其个人目标制订相关的学习计划），并有效地将学业标准、毕业要求和选课指南告知学生；

（5）法学院应向学生提供学业上的必要帮助，以保证所有学生均能顺利完成学业并成为一名合格的律师。学院应制订一套正式的学业支持计划，并定期进行更新维护。

6. 严格的教学时间安排

ABA 对于教学时间安排的具体标准如下：

（1）法学院每个教学年不得少于 130 天。在此期间，课程须定期讲授，总时间不得少于 8 个月。学院须在 130 天以外，为学生的阅读、考试、休息安排充足的时间。通常，一学年会被均分为上下两个学期，每学期至少有 13 个教学周，但 ABA 不反对学院采取非传统形式上的学期制，如四学期制、三学期制和小学期制。此外，法学院不得为了达到 130 个教学日的标准而每周安排多

于 5 天的课程;

（2）法学院须至少要求学生在校成功修完 58000 分钟的教学时间方可毕业，特殊情况除外。学生的日常出勤时间须不低于 45000 分钟;

（3）法学院须要求学生上课规律、准时;

（4）学生若每周有 12 小时的学时量，则其每周的课外兼职时间不得超过 20 个小时。

7. 图书馆资源和信息资源

图书馆资源在支持法学院的教学、学术、研究和服务方面发挥着重要作用，但前提是需要图书馆与教师、学生和行政人员保持直接和畅通的沟通。ABA 对图书馆资源和信息资源的具体标准如下:

（1）图书馆应拥有足够的行政自主权，能够指导法学图书馆的发展，并控制其资源的使用;

（2）图书馆馆长应与法学院教师相互探讨咨询，制定图书馆政策;

（3）应制定图书馆馆长和学院院长负责人员的选聘政策、图书馆服务的相关规定以及藏书的发展和维护计划;

（4）法学院应预留一部分预算给图书馆，并以相同方式进行制定和管理;

（5）图书馆应能满足学生的课程和科研需求。支持教师和学院的教学、学术、研究和服务目的。

四、对美国法学教育的反思

美国目前已经形成了非常完整的法学人才培养体系，该体系具有体系化、专业化、科学化的特点，但美国社会对法学教育也存在着诸多批评，在诸多学者看来，苏格拉底法已被废弃，法学院课堂如今已很少组织相关的辩论。此外，在实际生活中，由于美国法学院教师的职业发展主要取决于学术出版及同行审查，因此，他们没有必要完全被学生的需求牵着鼻子走。现如今，已经很少有学校将教师的教学能力和课堂讲课经验作为评价教师能力的指标。同时有批评家指出，美国的法学教育成本已超出了很多下层民众的承受范围。另外，现在的法学教育在很大程度上也限制了毕业生的就业选择，很多毕业生只能为大公司工作以支付其贷款和信用卡债务。还有批评者指责法学院的运行过于商业化，只着眼于规模扩张和声誉，而并没有真正做到以学生和社会为中心。

第二节　英国法治专业化人才建设情况

英国法学教育的特点是快且更注重实际。由于苏格兰和北爱尔兰的法治体制以及法学教育体系与英国其他地区（即英格兰和威尔士地区）有较大区别，故本章所介绍的英国法学教育内容仅指英格兰和威尔士地区的法学教育。

一、英国法学教育体系及其主要特征

1.“学术＋职业培训”两阶段法学教育体系

一是学术基础阶段。这一阶段学制三年，由高等院校承担，主要教授法律的内涵及功能。满足毕业条件后，可直接获得法学学士（LL. B）学位。其法律核心课程通常包括：合同法、信用法、房地产法、公法（宪法和行政法）、民事侵权法、英国普通法和平衡法；选修课量较大，主要包括：劳动法、家庭法、继承法、公司法、犯罪学、国家安全法、冲突法、比较法学、法学理论、法律史学、法社会学等。各大学往往设有多个法学院，所开设的课程各有侧重。比如伦敦大学共有 5 个法律系，其中亚非学院法律系开设的课程侧重亚非国家的法律问题。二是职业培训阶段。这一阶段为期一年，在此阶段，学生可选择往法律顾问或律师方向发展。律师职业课程（BVC）较多注重辩护技巧的培养（口头与书面），而为法律顾问设置的法律实践课程（LPC）则增加了其他诸如客户采访及财会方面的内容。这两类培训课程都注重从实践中学习，并且要求学生完成各种律师行业新手所需要完成的各类任务。

在三年的学位课程和一年的培训项目结束后，学生则准备好进入法律界。通过 BVC 课程的可立刻获得“高级律师”的头衔，通过 LPC 课程的学生则必须等到培训合同期满之后方可获得“法律顾问”头衔。

虽然从理论上来讲，将法学教育的理论部分和实践部分区分开来并不难，但诸如法学研究能力等技巧必须在学术阶段进行教授。此外，很多在职业训练阶段的技巧（如文件草拟）也需要学术阶段扎实的法学理论基础。而且就目前情况看来，只有50%不到的法学专业学生在结束学术阶段后继续就读职业培训阶段。这是因为法学教育在英国被视为很好的通识教育，很多法学专业的学生最终在商业、财会、银行和保险行业工作，甚至有些参加了职业课程的学生最终也未必选择律师职业①。

此外，在英国非法学专业的大学生可以通过参加"法律文凭"的转换项目圆他们的"律师梦"，在完成转换项目之后，即可继续参加为期一年的职业培训。因此，英国很多律师其实都是学习文学、历史、经济或其他专业出身的，很多大型律师事务所的雇员中也有将近一半是非法学专业的毕业生。尽管这些学生缺乏法学方面的正式训练，但是用人单位更注重的是学校的品质，而非学生的第一学位。

2. 英国法学教育的主要特点

（1）高度的用人单位参与度

英国的本科法学教育是为了使学生具备用人单位所需要的知识和技能。所以在整个本科法学教学项目的设计中，用人单位充分参与其中，涉及课程的教授、评价、对学生的督察，特别是学生在工作环境中相关表现的追踪监测。

（2）教育持续性

法学本科教育作为学生终身教育的一部分，为学生接受更高层教育提供机会、通道和必备的知识技能与学习能力。

（3）职业导向性

本科法学教育力图使学生掌握能适应日后工作的知识和技能。就业能力是英国本科法学教育的重要培养目标之一，所以，英国对教学计划、课程内容的设计等均具有指导性意义。

（4）多方合作度

① 郭永园，张云飞. 参照与超越：生态法治建设的国外经验与中国构建 [J]. 环境保护，2019，47（1）：57-62.

本科法学教育讲求各方的相互合作，包括高校、用人单位、专业机构、区域发展协会等之间建立相互合作关系，多方之间共同着手制定具体的人才培养目标。

二、英国高等教育资质框架及学科基准体系

1.QAA 框架简介

资质框架和学科基准始于英国。1919 年，英国建立大学拨款委员会（UGC），为政府向大学划拨教育经费提出合理化建议，对政府教育经费划拨进行控制。1965 年开始，英国实行双重高教控制机制，一方面依靠校外考官体系（External Examiner System）以保证学位授予质量；另一方面则从有学位授予权的大学聘请相关专家，组成全国学位授予委员会（CNAA），负责监督其他无学位授予权的院校的学位授予，以保证此类高校的教学质量[①]。1983—1986 年在雷诺兹教授的领导下，进行了第一次学术标准评估，开始在大学推行外部质量保证制度。1990 年，大学校长委员会（CVCP）设立学术监控部（Academic Audit Unit，简称 AAU）开展对院校的评估，对大学质量保证制度的运行情况实施监控。之后，主要由高等教育基金委员会（HEFC）和高等教育质量委员会（HEQC）两大机构负责，其中，HEFC 负责评估高等院校学科水平的学术质量和科学研究水平，HEQC 负责评估高等院校水平的学术质量和标准。由于两者的评估水平不同，结果也不尽相同，给社会区别高等教育质量带来了困难，也出现了学校也必须同时应对两种评估的超负荷现象。

1996 年，英国为了规划高等教育的未来发展，成立了以政府教育顾问迪林爵士为首的高等教育调查委员会，用以指导英国未来 20 年的高等教育。1997 年 7 月，高等教育调查委员会向国会递交了《迪林报告 XD Earing Report》（以下简称《报告》），认为英国有必要建立一个统一的学历资格框架，以确定各级各类学校的学历、学位、职业资格证书的统一鉴别标准，对所有的文凭资格提出"基本标准"，以保障高等教育的质量。《报告》建议采取外部考官制度、高校定期评估制度等[②]。1997 年，英国成立高教质量保证机构（Quality Assurance

---

① 李红玲 . 当代大学生法治思维培育研究 [D]. 哈尔滨：哈尔滨师范大学，2019.

② 刘建宁 . 中国特色社会主义法治文化建设研究 [D]. 兰州：兰州大学，2018.

Agencyin Higher Education，QAA)。作为非政府的第三方机构，其主要任务是评估英国高等院校的整体教育质量和水平，以及学科教学的质量和标准，以提高公众对质量的信任和高等教育质量及其判断标准。QAA 制定的一系列规章制度不仅决定了英国教育的质量和标准，而且有效地规范和管理了英国的高等教育；通过了解和比较欧洲乃至全球的高教人才培养标准，帮助高校不断更新维护学术标准。QAA 的成立也结束了 HEFC 和 HEQC 分治的局面，为英国的高等教育提供了整体性的教学质量保障。

从1997年至2011年，英国做了大量的工作，合称学术基础结构（Academic Infrastructure)，其主要由四个要素构成，即高等教育资质框架（Frame Works for Higher Education Qualifications)、学科基准声明（Subject Benchmark Statements)、高等教育学术质量和标准规范（Code of Practice for the Assurance of Academic Quality and Standard Sinhigher Education)、项目规范（Program Specifications)[1]。其中高等教育学术质量和标准规范涉及质量管理，其他三个文件则为高等教育机构设定标准提供了参考。学术基础设施是所有高等教育机构通过国家的统一要求来设置，描述和确保高等教育质量和标准的一系列共同起点，指导和确保学术水平是基本政策。2011年后，英国将其高教质量保证体系由"学术基础结构"更改为"英国高等教育质量规范"（UK Quality Code for Higher Education)。

三、英国高等教育质量规范和 QAA 标准的影响力

1.英国高等教育质量规范

为了争取和保持优势地位，提高教育质量和标准，完善教育质量保证体系，争取更高的信誉，QAA 与高校一起开发了新的人才培养标准体系，替代原本分散多头的体系，使人才培养有了统一衡量和评价标准，其标准体系的核心规范乃"英国高等教育质量规范"（UK Quality Code for Higher Education)，规定了所有英国高等教育服务提供者所需要达到的要求，设定了高教领域学位、荣誉、奖项和课程的学术标准以及教育质量。该质量规范也是 QAA 进行学术

---

① 孙曙光 . 治理理论视阈下我国公立大学内部制度研究 [D]. 长春：吉林大学，2017.

评估时的主要参考资料。质量规范（Quality Code）分为学术标准（Academic Standards）、学术质量（Academic Quality）、高校信息（Information about Higher Education Provision）。此质量规范在各大高等院校、教育机构中进行实践和改进。其中学术标准又分为国家、学科及项目三个层次，分别是学术资质框架、学科基准和项目规范；而学科基准以高等教育学术资质框架为基础，是学术资质框架在学科层次上的体现；同时又成为项目规范和学术质量制定的指导方针，是英国教育质量标准的基本依据。质量规范组成结构具体如表 8-1 所示。

表 8-1　英国高等教育质量规范组成结构

质量规范 Quality Code	学术标准（Academic Standards）（人才培养环节）	国家层面（national level）	学术资质框架（Qualification Framework）
		学科层面（subject level）	学科基准（Subject Benchmark）
		项目层面（program level）	项目规范（Program Specification）
	学术质量（Academic Quality）（学校管理环节）		
	高校信息（Information about Higher Education Provision）（信息公开环节）		

（1）学术标准（Academic Standards）是指学生完成某一课程或获得某项学术成就（譬如获得某个学位）所必须达到的最基础的学业水平。其主要特征在于该标准是入门级标准，各个学校都一样，不会有所区别。学术标准又分为全国标准（National Level）、学科标准（Subject Level）、项目标准（Program Level）。

（2）学术质量（Academic Quality）是指学生在学习过程中如何得到学校的支持：比如学校提供给学生适当而有效的教学、支持、评价和学习资源等。

（3）高校信息（Information about High Education Provision）主要是指高校应向公众提供哪些有效、有用、可靠的信息。

2.QAA 标准的影响力

目前，英国全国范围内凡是涉及授予学位的高校都将"质量规范"视作重要参考。凡是经 QAA 评估审查的高教机构都必须签署协议，承诺遵守"质量规范"。

值得注意的是，QAA、国家高等教育拨款委员会及英国政府并不会发布英国大学的排名。我们所熟识的英国大学排名是英国媒体和社会群体自发组织的行为。他们基于的数据主要有四个来源：高等教育统计局（HESA）、质量保证局（QAA），国家高等教育拨款委员会和高等教育机构本身。评分项目包括教学质量、研究质量、就业率、师生比率、辍学率等 7 个项目。其中，大学教学质量排名表主要基于 QAA 发布的学科评估结果。因此，从 1997 年至今，学科评估在英国大学教学质量评价体系中仍然占有重要地位，其结果对各所大学产生了深远的影响。英国公开大学在大学教学质量的单项排名中也位居前十名，并受到了英国社会和国际教育界的广泛关注和好评。

四、学术标准、学术质量和高校信息——以法学院为例

1. 学术标准

（1）国家层面的学术标准——学术资质框架（Qualification Framework）

国家层面的学术标准主要由两部分组成：英格兰、威尔士和北爱尔兰高等教育资质框架（FHEQ）与苏格兰高等教育资质框架（FQHEIS）。资质框架从国家层面对高等教育中各个层次的学历和学位标准进行了界定，使人们对学历和学位所应具有的性质和水平有了更加清楚的了解。

（2）学科层面的学术标准——学科基准（Subject Benchmark Statements）

学科基准被用于三个方面：一是在国家学位资格框架下，根据学科水平为某些学科制定国家认可的基本学术标准和质量标准。二是在设计新专业时成为大学的校外参考指南。三是为学生、家长、教师、基金会、专业协会以及雇主和其他利益相关者提供用于高等院校校外审核的外部参考指数。

部分法学院并不满足制定毕业生的最低要求，表 8-2 描述了模范生的相关标准。但该基准并不妨碍法学院设定自身的相关标准，但法学院设定的标准不应低于全国最低标准。该基准主要描述获得学位的学生应达到的学习结果，并没有对学习模式或学习方法作出规定。

表 8-2 法学专业学科基准

核心能力	纯法律专业	法律与其他学科混合学位专业	兼/辅修法律学位专业	法律实用技能型专业
知识	（1）学生应完整掌握法学理论，熟悉法律制度和程序；（2）掌握扩展至核心内容以外的所有原理和价值观；（3）深入了解部分专业领域的知识；（4）能够提出对法律运行的专业理解。	（1）学生应完整掌握法学理论，熟悉法律制度和程序；（2）掌握核心的原理和价值观；（3）进行小部分深入研究；（4）能够提出对法律运行的专业理解，也能够提出不同的观点。	（1）学生应准确掌握与之专业相关的特定领域的规则和法律系统；（2）准确地陈述规则；（3）不强制要求在法律领域进行深入研究；（4）将法律视作一种数据资源；若与其研究领域相关，可从外部视角来提出法律解决方案。	（1）学生应全面掌握与专业实践相关的规则和原理；（2）准确了解大量的实质性和程序性知识；（3）掌握多领域的实践和程序的详细知识；（4）将法律视作一系列的技术规则和程序予以掌握。
应用与问题解决	将知识应用于相关的学说争议；遇到问题，将其视作展现对学说和理论难点熟悉度的机会，对未解决的争议提出个人见解；能够在一系列的法学领域展现应用上述知识和技能的水平。	能够将知识应用于与学说争议有关的相对标准的情况；遇到问题，将其视作展现对学说和理论难点掌握基本熟悉度的机会，对未解决的争议提出个人见解。	将知识应用于简单情况；遇到问题，通过已学规则对情况进行分类，并采取正确的解决方法。	能够在复杂的技术环境内将法学知识和程序整合到一起；遇到问题，从大量相似事实中确认相关法学和程序问题（可能需要采用法律诊所的形式）。
资源与研究	能够确认并使用相关的主要法学资源和期刊；能够确认当期辩论，并在准确报告的同时参与辩论。	在指导下，能够确认并使用相关的主要法学资源，并对其进行补充；能够在有限的法学领域内进行独立研究。	能够利用次要资源（教科书），并有效地用来确认相关的法律规则。	能够通过大量的专业文献和信息存取系统独立准确地找出解决复杂问题的技术解决方案；在清楚定义的框架内开展研究工作。
专业性	能够遵守与陈述、引用、切题以及学术剽窃有关的法律学术惯例。	能够遵守与陈述、引用、切题以及学术剽窃有关的法律学术惯例。	能够遵守与剽窃及陈述有关的法律学术惯例。	熟悉在标准情况下的合适的法学专业解决办法（假设案件辩论会、客户面谈等）；能够遵守基本的专业陈述标准。
分析与整合	能够确认政策和学说重要性方面的问题；能够清晰地进行学说整合，并对原理问题进行总结。	能够确认政策和学说重要性方面的问题；能够清晰地进行学说整合，并对基础原理问题进行总结。	能够确认已学法律的主要特征；能够对次要资源的材料进行条理分明的总结。	能够确认技术问题，并整合新材料。

核心能力	纯法律专业	法律与其他学科混合学位专业	兼/辅修法律学位专业	法律实用技能型专业
评价与批判	能够独立就法律学说一致性和其他已经教授的法律理论观点做出评价；能够通过处理问题或改变材料使用方法创造新的解决方案。	能够独立就核心内容框架内的法律学说一致性和其他学科的原理观点作出评价；能够通过处理问题或改变材料使用方法创造出新的解决方案。	能够通过自身的学科背景给出合理的批判，并提出新的问题解决方案。	能够就学说和实践一致性作出评价；能够从顾客的角度出发提出可供选择的方案；能够通过处理问题或改变材料使用方法创造出新的解决方案。
自主性	能够在已学习的领域内，在有限的指导下独立计划并处理任务；能够确认自己所拥有的资源；能够对学习进行自我反省；能够寻求并利用反馈。	能够在已学习的领域内，在有限的指导下独立计划并处理任务；能够确认自己所拥有的资源；能够对学习进行自我反省；能够寻求并利用反馈。	在具有高度指导性的框架内工作，主动性强，能够对学习进行自我反省，能够寻求并利用反馈。	能够在已学习的领域内，在有限的指导下独立计划并处理复杂任务；能够确认自己所拥有的资源；能够对学习进行自我反省；能够寻求并利用反馈。
沟通与读写	能够专业地参与学术辩论；能够运用一系列格式来制作专业材料；能够正确使用法学术语书写流利复杂的文章；能够阅读一系列复杂的法学作品，并准确总结出其论点。	能够专业地参与学术辩论；能够运用一系列格式来制作专业材料；能够正确使用法学术语书写流利复杂的文章；能够阅读一系列复杂的法学作品，并准确总结出其论点。	遵守专业的学术标准；能够清晰、准确地陈述知识；能够基本正确地使用基础法学术语书写流利复杂的文章；能够阅读一些基本法学作品，并准确总结出其论点。	能够运用一系列专业陈述技巧（口头或书面）来陈述知识；能够正确使用法学术语书写流利复杂的文章；能够阅读一系列复杂的法学作品，并准确总结出其论点。

在某些院校，学生可以通过获得足够的法律课程学分，在教学报告、学生档案等记录的活动参与中展现关键技能来表明已经达到相关标准要求。其他院校也可以在特定的模块中加入关键技能的测试评价。部分学习结果，譬如团队合作能力，甚至可能需要通过学生参与课外活动展现出来，学生可以向学校提供足够的证明材料。学校也可以设计论文或项目模块检查学生的研究能力或自主学习能力。但不管怎样，学校都得建立相关机制，从而证明该校的毕业生已经达到了每个领域的最低标准要求。外部考官会询问各个院校的相关机制，并对其作出评价。

2. 学术质量

资质框架中的学术质量关注学生获得的学习机会在何种程度上帮助他们获

得学位。QAA 质量规范对高校如何保证向学生提供合适有效的教学、评价和学习资源进行了规定，并规定高校提供的学习机会应受到监控，并且高校应考虑如何持续地进行提高。学术质量与学术标准的区别在于关注点不同，学术标准侧重学校培养的学生应达到何种标准；而学术质量则侧重为保证学术标准，学校能为学生提供何种支持。学术质量的控制主要从项目设计与审批、招生教学、帮助学生发展并取得成绩、学生参与度、学生评价及对先前学习结果的鉴定、外部考官、项目监督及评价、学生申诉及投诉、与其他相关方合作的管理规定、研究型学位这 10 个方面着手。

3. 高校信息

QAA 资质框架规定了高校应提供有效、有用、可靠的信息。因为公众对高校的信心依赖于公众对高校所取得成就的了解。有关信息公开方面的指标共有 7 条：

指标 1：高校提供有关其愿景、价值观和总战略的公开信息。

指标 2：高校应公开项目申请、项目招生录取的流程。

指标 3：高校应向学生提供相关信息，帮助他们在理解学术环境的基础上对他们希望学习的项目和需要获得的支持进行选择。

指标 4：学生在项目一开始到最终结束应知晓有关项目学习的相关信息。

指标 5：高校应设定学校对学生的期望值以及学生可从高校处获得什么。

指标 6：当学生结束项目学习后，高校应向学生提供详细的成绩记录，以证明学生在学术项目中取得的成绩。

指标 7：高校应建立管理学术标准、质量保证及加强的框架，并提供支持执行此框架的数据和信息；根据正式协议将所有合作活动按照类别进行记录。

五、对英国法学教育的反思

学界对于该基准也存在一些争议，主要观点有：

第一，基准铺平了高等教育国家课程的道路，降低了学术界的自治。学界认为，基准变相地设定国家课程的参数，脱离了个体教师，降低了学术界的自治。不同的院系会有不同的力量，高教领域未必需要国家课程，未必需要基准带来的一致性。资质框架和学科基准忽视了多样性、复杂性和变化性，将教育统一化、官僚化。

第二，基准会导致学术界的另一场竞赛。部分学者认为制定资质框架和学科基准是一个不错的开始。绝大多数学科都有了学科基准后，我们可以保证所有的教育项目的有效性。基准可以成为教育质量保障的重要工具，它完善整个教育体系，减少了教育过程中的错误、偏差和失真。基准会引发学术界的一场竞赛。

第三，分门别类发展学科基准过于模糊。教育成果是不容易测量的，尽管被称作基准，但目前的基准内容是一些不确定的原则，尤其是学科基准，对学科进行界定原本就是非常困难的事情，即便是各学科专家聚到一起，可能也无法确定所谓的学科边界。在倡导学科交叉研究的今天，会发展出很多新学科，这可能是一门学科，也可能是一门多元学科。教育本身就是各种东西的混合体，且在不断变革。用基准来限定学科，可能永远无法达成一致。

第三节　日本法治专业化人才建设情况

法学部和法科大学院是日本两大并存的法学教育机构，也是日本主要的法学教育体系。其中法学部属于本科层次的法学教育，以传授法律知识和培养法律素养为主要目的；法科大学院则属于硕士研究生层次的法学教育，以法律职业教育为目的。自 2003 年政府设立第一批法科大学院以来，日本的法学教育进入了新的发展阶段。

一、日本法学人才培养体系形成的历史背景

日本传统的法学教育主要针对本科生，旨在提供通识教育，而并非培养从业律师的专业化教育。很多日本大学下设法学部，提供四年制的本科教学，并授予法学学士学位。目前约有 90 所大学的法学部能够授予法学学士学位，29 所大学提供法学学士相关的课程。东京大学本科法学专业的师资力量构成了日本法学体系的基石，从这里走出了一大批政府精英以及法律、金融和商业领域

的领头羊[①]。

在日本的法学本科教育中，法学专业教育在全部教育中的比重相对较少。四年制大学的法学教育总学分是 142 分，但专业教育学分为 76 分，仅占全部学分的 60% 左右。此外，日本法学教育的课程结构将法律、政治和公共管理的诸多内容都整合到一起，因而绝大多数毕业生并不认为自己掌握了多少法律知识。有些学生既要学公法，又要学政治学，还得准备全国或地方性公务员考试；也有学生学习"基础法"和其他相关法律，为律师资格考试而准备。而绝大多数学生则是喜欢什么就学什么，因为绝大多数用人单位在面试毕业生时，并不注重学生在大学里究竟学了什么。学生只需掌握法律概论即可，并不要求必须达到一定水平。每年日本约有 4000 人获得法学学士学位，小部分立志成为律师的法学专业学生参加全国律师资格考试；而剩下的学生则在毕业后直接进入社会，成为白领。

正是这种培养"通才"的法学本科教育观，导致社会对更精更专的法律"专才"的需求[②]。日本在很长一段时间内受政府影响，一直严格控制体制内律师的数量，美国律师数量几乎是日本的 20 倍。日本几乎不存在律师私营行业，也几乎不向普通民众提供律师服务。除了小部分本科法学专业毕业生外，日本的律师执业资格考试几乎将其他人拦在了门槛外。少有毕业生会报名参加律师执业资格考试，而报名者中能通过的更是寥寥无几。"二战"后日本的律师执业资格考试通过率一直在 2% 到 3% 之间浮动，几乎没有较大变化。而以美国伊利诺伊州为例，其律师执业资格考试通过率则高达 70% 左右。

这种法学教育模式带来了很多影响。首先，在日本民间很难获得法律服务，日本人不喜欢诉讼的特点也许可以归咎为在日本很难找到一位律师。此外，绝大多数律师都分布在大城市，郊区的居民基本无法享受法律服务或征询法律意见。

从 20 世纪 80 年代后期开始，日本的法学教育体系遭到各方压力，谋求改革。首先，日本最高法院和司法部希望增加法官和检察官的数量；其次，大宗

---

① 谷昭民. 论法律外交 [D]. 长春：吉林大学，2015.

② 付子堂，张善根. 地方法治建设及其评估机制探析 [J]. 中国社会科学，2014（11）：123-143，207.

买卖交易在法治领域遭遇瓶颈，经济衰退带来了更多的商业纠纷。迫于这些压力，从 2003 年开始，日本法学教育开始经历大变革，主要借鉴学习美国经验，创立了一大批美国式的法科大学院，目标是为商业、政府和其他领域培养更多的专业律师。法科大学院授予类似 J. D. 的学位，通常为三年学制，不要求申请者获得法律学位。已获得法学学士学位的申请者的学制可缩减为两年。

在这一体系下，一方面，法科大学院蓬勃发展。2003 年，日本文部科学省（MEXT）发布了第一批提供三年制研究生教育的法科大学院名单。2004 年 5 月，68 所大学设立的法科大学院开始正式运作，校方和相关政府部门对新的学位体系及课程结构进行了开发和审核。另一方面，各大学的法学部开始调整其发展方向：（1）法学院的教育被视为法学院的预科教育阶段。同时，为满足社会的各种需求，提供适合其他职业的法律教育，例如公司法律事务和公务员；（2）提供更多基础和广义的普通法教育，课程主要来自历史、哲学、社会学和比较法等，广泛涉及法律的内容，以进一步提高学生的法律常识。

与此同时，律师执业资格考试通过率也开始提高，年均通过人数已由先前的每年 500 人提升至如今的每年 1000 人，但考试的评判标准仍是设定一个人数上限，只允许高分考生通过；而不是像美国那样设定评价标准，只要考生达到评价标准即可通过。通过了律师执业资格考试后，在日本高级法院的监督下会开展为期两年的培训课程，未来的律师们会集中受训，然后被分配至各个工作岗位。

二、日本法学人才培养模式

1. "学科群"模式的课程设置

法科大学院的人才培养目标是对法学专业学生进行法律理论知识和实务技能教育，将学生培养为法律职业人员。因此，与法学部有所不同，法科大学院侧重于培养学生掌握从事法律职业所必需的知识和应用能力，教学内容不仅要求学生掌握具体的法学理论，而且强调对实践能力的提高。尤其是受美国法学教育的影响，日本法学教育也引入了大量的法律诊所课程，以提高学生的实践能力。

根据 2006 年文部科学省令第 16 号的规定，法科大学院的标准课程设置为

3 年（法学未习者课程）。学生需修完全部课程获得 93 学分以上方可毕业、获取法务博士学位和具有参加司法考试的资格。

法科大学院的课程设置采取学科群模式，虽没有统一固定格式，但为了帮助学生通过律师执业资格考试，学校会设定一系列必修课，主要包括：（1）基本法律科目群课程。包括：宪法、行政法、商法、民事诉讼法、刑法、刑事诉讼法等基本法律学科。（2）实务基础学科群课程。包括：与法律事务有直接关系的实践性课程，如模拟裁判、法律诊所等。（3）基础法学、邻接科目群课程。包括：法律交叉学科、比较法学等内容。（4）尖端、扩展科目群课程。包括：新型法律学科等科目。

2. 教学方法

当代日本法律和司法系统受到法国和德国法律传统的巨大影响，其法学教育也不例外。在本科教学阶段，绝大多数课程均采用讲座形式，教授通常希望学生能将他们所授内容逐字逐句地记录下来，但学生的学习积极性并不高，既不愿记笔记，也不愿意购买或阅读教材。为了激发学生的学习兴趣，绝大多数学校在开设大班化教学的同时，也提供小班化教学和研讨会，但是效果不甚理想。事实证明，学生更愿意参加校园活动，并不怎么把本科教学当回事。

而法科大学院则将苏格拉底问答法视作圣经，采取小班化教学（少于 50 名学生），强调师生对话，试图鼓励学生参与到这样一种亲密无间的师生关系中来。同时由于日本法律遵循民法传统，强调法律知识、法条、案例和理论知识的重要性，也开设部分讲座类型课程。但目前日本的法学教育还没有形成培养学生自主学习能力的意识，师生都认为课堂应该涵盖所有的教学重点，因而，从这个角度来看，讲座的方式反而比引导学生自我思考和分析来得更快、更简单。

3. 师资力量紧缺

法科大学院与法学部在师资力量方面主要有两大区别：第一，较低的学生 / 教师比；第二，师资来源。法科大学院的学生 / 教师比达到 10：1，公立大学的法学部平均的学生 / 教师比是 15：1；而在私立本科法学教育项目中约是 60：1，甚至在某些过度招生的学校，其学生 / 教师比达到了 100：1。

根据日本文部科学省告示，法科大学院的教师中至少有 20% 必须是法律从业者，当然本科法学教育也会引入法律从业者，但数量有限。有部分法官在退休之前离开政府，选择走学术道路。在部分院校，法律从业者开设的讲座或研讨会可以激发学生从事法律行业的兴趣，并最终选择参加律师职业资格考试。在历史悠久的院校，已经成为法律从业者的校友还会辅导准备报考律师职业资格考试的学生，其目的是促进学生对法律实践操作的理解，例如法律解释、法律推理、法律程序、证据使用、法庭辩护等。

4. 法学教育认证机构

日本各大学的法学部和法科大学院均需经过日本文部科学省（MEXT）的审批方可设立。通常，MEXT 只对高等教育机构的建立初始阶段进行监管，要求学院上报诸如注册学生数、学生就业情况和机构的财务报表等相关数据即可。然而，MEXT 对法科大学院的监管有所区别，相对而言侧重于"人"的评价。MEXT 会指派一系列的专业律师、法官和有兴趣的法律从业人员对申请材料进行评价，并对法科大学院进行实地考察。

目前，MEXT 还未建立具体审查和监督标准，但是，所有高等教育机构每七年都需接受授权机构的评审。由 MEXT 授权的两大法科大学院的认证机构分别是国家学术学位、大学评价机构（NIAD）和日本律师协会法律基金会（JLF）。

三、变革中的日本法学本科教育

第一，许多法学部的招生规模受教师数量所限开始缩减。与原本的教师规模相比，约有 1/3 甚至 1/2 的教师离开法学部，转投法科大学院。好在部分教师既在法科大学院授课，又给本科生授课，因而法学部专业教师的规模没有大量缩水。但为了将学生／教师比控制在合适的范围内以保证学生的学业成绩，招生人数必须减少。

第二，法学课程中的基础课程变少了。在一些规模较大的院校，法学课程的可选择性可能比以前更大，但在一些规模较小的院校，法学课程数量已经降到最低，而政治学方面的课程数量反倒有所上升。

第三，比学生数和课程变化更重要的是法学教育目的的变化。本科法学教育不再是培养学生通向法律职业的直接途径。在日本决定建立法制化社会、提高公民法律意识的政策引导下，高等院校的教育宗旨也改变为"将学生培养为具备良好法律意识的好公民"。

第四，院校对诉讼法相关课程的重视度降低。学生只需知道法律程序的整个流程，不再学习民事诉讼法繁杂的细节。很多课程都在"法律情境"下进行授课，以帮助学生从政策决定的大环境下来看待法律决定。

不管怎样，法学本科教育的内容和方式不可避免会发生改变。将研究生阶段的法学院作为法学专业教育的根本性转变已经给本科法学教育带来了深刻影响，主要体现在以下方面：

第一，本科法学项目将会被作为文科项目进行教授，从而鼓励更多的公民积极参与民主法治社会建设。

第二，法学本科专业将被迫与政治学、经济学和其他社会科学类课程进行竞争，因为法学本科专业毕业生几乎已不可能直接进入法律行业。

第三，本科法学专业教师必须将重点转移到如何理解和解释法条、司法决定和法律改革的社会和政治意义，而非简单地"解释"法律。

第四，法科大学院正在开展的引入法律从业者充实师资队伍的做法经验被借鉴到本科生教育中，力求把"活生生"的法律介绍给学生，而并非只是"白纸黑字"的法条。

第四节　德国法治专业化人才建设情况

德国法学教育目前被分为两个阶段：在法学院修读法学课程，学制至少四年；必修实践训练，至少为期两年。每个阶段结束时都会有一次内容涵盖整个法学范畴的国家资格考试。完成第一阶段学习后，就可参加第一次国家资格考试，通过后即可在政府、公司等相关行业从事与法律相关的工作。但若要真正进入法律行业，则需继续去法院、检察院、律所或其他执法机关进行实习，通过两年的必修实践后可参加第二次国家资格考试，考试通过后方可从事专业工作。对于法学专业学生来说，两次国家级考试才是真正的毕业考试。成功通过两次国家考试后的律师被称为法官助理或律师助理，从理论上讲，有资格担任包括法官在内的各种不同的法律职业。

一、德国法学教育体系及其特征

1. 法学教育历史发展背景

要了解德国法学教育的特性，必须先了解其历史发展背景。在 14 世纪，第一批德国大学开始教授法律，诸如布拉格大学（建立于 1348 年）、维也纳大学（建立于 1365 年）、海德尔堡大学（建立于 1368 年）和科隆大学（建立于 1388 年），教授内容主要是罗马法律系统及其在古典主义时期的发展。罗马法律的广泛传播形成了普通法。

由于学校经常拒绝教授不成体系的地方法，才引入了两阶段教育模式，并一直沿用至今。也就是说，学生先在学校里学习理论知识，然而在地方接受特殊训练获得实践知识。在这种教育模式下，随着现代欧洲国家的发展，律师的地位达到了前所未有的高度，尤其在德国，律师成了政府管理方面最重要的专家。之所以给法学教育设立标准的另一个原因是因为德国是一个法治国家。而法治国家需对民事和刑事公正进行独立判断，因而，国家决定对法学教育进行严格管理。每位法理学家和律师都必须对国家绝对忠心，目的是在所有法学家心中建立同一性。因此，只有法律理论基础教育任务被留在了学校。德国于 20 世纪初形成了两次国家资格考试。德国联邦法明文规定："完成法学学习、通过第一次和第二次国家资格考试的方可获得法律行业从业资格。"[①] 之后，法学教育体系几乎未再变化。

2. 法学教育体系的特点

（1）宽进严出、逐级淘汰

不像在其他国家必须具备本科学位或通过统一入学考试方可攻读法学专业，在德国，完成 13 年的中小学教育后，学生无须参加入学考试，即可直接选择心仪的学校，进入法学院学习。法学院学费免费，且通常只有在法学院已招满学生、保证学生能够在其他学校就读的情况下才可拒绝学生申请。简单的入学要求加上律师的稳定收入和较高地位使得很多学生都会选择走这条路，但"宽进严出"的教育政策往往让很多学生中途放弃。据统计，在第一次国家资

---

① 刘建宁. 中国特色社会主义法治文化建设研究 [D]. 兰州：兰州大学，2018.

格考试之前，至少有 20% 的学生会转专业或辍学。

（2）漫长的学习年限

根据德国相关法律，大学法学专业学制通常为 4 年（即 8 个学期），而事实上平均学习年限为 5 ～ 7 年（即 10 到 14 个学期），但德国法学院对毕业年限没有限制。德国法学院分为冬季学期（即 10 月到第二年 3 月）和夏季学期（即 4 月到 9 月），其中从 3 月份到 4 月中旬、7 月中旬到 10 月中旬没有讲座课程，学生在此期间需要撰写论文或者参与实习。两次国家资格考试也通常要耗费学生一年的时间进行考前准备。因此，即使一切顺利，法学专业学生一般要等到27.28 岁才能正式从事法律工作，其年限远高于欧洲其他国家。

（3）受联邦法律严格控制

德国法学教育受联邦法律和各州法律的严格约束与控制。除了位于汉堡的私立布斯瑞思法学院（成立于 20 世纪 90 年代）外，所有的法学院都属于国有大学，受国家法律管理，并且依靠国家财政拨款维持。即便德国宪法明文规定，国家不可干预学术和科研自由，但法学学者和法律从业人员几乎对德国法学教育没有任何影响力。整个法学教育的框架由联邦法设立，法学教育几乎都被标准化了，与美国相比，法学院的名气在学生择校时基本不起什么作用。直到最近，法学学者和法律从业人员的影响力才有见长。2002 年的法学教育改革将国家级考试的 30% 改为由法学院组织，其余 70% 仍然由司法部组织，考试委员会由法律从业人员和大学教授组成[1]。尽管改革并未大刀阔斧，法学教育体系基本维持原貌，但法学教师和律师在法学教育界的地位得到了巩固和提高。

二、德国法学人才培养模式

1. 受联邦法律严格控制的课程设置

尽管事实上法学毕业生中只有极小部分可以成为律师，但德国法学教育的目标仍是培养掌握各个领域法学知识的法学通才，为当一名法官作好准备。因此，学生必须了解刑法、刑诉法、私法（合同法、物权法、婚姻法、继承法、民事诉讼法、商法等）、公法（宪法、人权法、行政法、行政诉讼法、欧盟法

---

[1] 李继辉. 国外高校法治教育的借鉴与启示 [J]. 科教文汇（上旬刊），2015（10）: 6-7.

等）以及所谓的基础法学课程（法律史、罗马法、法哲学、法律社会学、法学方法论等）。

德国法学教育框架由德国联邦法规定设立。根据德国联邦法，法学本科教育需完成的总学分为170个学分（不包括选修课），必须包含以下必修课：民法、刑法、公法、诉讼法、欧盟法、法学研究方法、法哲学、法律史和社会基础；对选修课则不作明确规定，只简述其教学目标。因此，法学院对必修课并没有自主决定权，更多的只能在选修课方面做文章。学校通常会针对法学专业学生提供经济学、商学、管理学方面的选修课。自第三学年开始，学生就必须选择一门科目进行专攻（比如刑法、婚姻继承法、劳动法、行政法、商法、欧洲和国际法、税法、法学历史、知识产权等）。此外，学校要求学生以讲座或语言课的形式学习一门外语；须完成至少3个月的实践训练，否则没有资格参加国家资格考试。

2. 偏于传统的教学方法

德国法学教育的主要形式仍是传统的讲座或教授/助教的单向授课。但是，目前很多教师在课堂上通过提问的方式尽量使学生参与到课堂中来。在规模较大的法学院里，关于民法、刑法和公法的大型讲座甚至有200～600个学生听课，因此，学生和教授几乎没有交流的机会。此类讲座还会要求学生对一系列假定事实、成文法、法律原理和案例给出法律意见，草拟法律报告。除了讲座，法学院会以研讨会和学习小组的形式，让学生共同协作完成同一个课题，此类教学形式对学生的要求较高。研讨会规模通常在5～30人左右，要求学生在30分钟内对其论文作出简要陈述。这些研讨会为学生创造了更多参加学术和科研讨论的机会。部分优秀的学生为了获取更多与教授进行学术交流的机会，往往不止加入一个研讨会。

由于德国法学教学目标是培养学生成为一名合格的法官，因此，所有的教学重点都放在教育学生作出公平公正的决定，并从法官的角度来处理事务。法学专业学生通常没有从反方观点看问题的经历，只有部分选修课可能会采纳一些新的教学方法，训练学生从辩护律师的角度来处理问题。当然，德国法学教育同时也会强调所谓的关键技能：譬如冲突处理、辩护方法、仲裁、说服能力等软技术，但是并没有教授此类技能的必修课程。

3. 频繁、密集的学业考核

考试在大学期间也是必不可少的。在大学四年期间，学生必须参加 12 次笔试，完成 6 次辅修和主修的练习课。每次成功完成练习课后，学生会得到证书，这也是参加第一次国家资格考试的准考证。不仅如此，从 20 世纪 90 年代起还要求学生参加中期考试。在前四个学期中，学生必须通过三场分别关于民法、刑法和公法的笔试及一场关于法律的历史、社会、哲学基础的选修课笔试（例如罗马法、德国法律历史、法律哲学或是教会法）。若学生未能通过此项中期考试，则不能继续进行法律学习。

2002 年的小改革使选修课的考试形式也在发生变化：选修课考试被纳入国家资格考试体系中，并由学校独立负责选修课部分的笔试和口试。一方面，这一改革提供了就某一课题进行集中教学的新机会；另一方面，专业细化可能会成为日后废除统一资格考试的第一步。

4. 严格的师资选拔

在德国，若要在法学以外的其他学科任教，必须取得博士学位，但法律博士学位并不是必需的。通常法学教师需从助教的职位开始，在教授的监督下进行授课，并辅助教授进行相关研究。同时也可以致力于自己的课题。助教最多可以在大学待 6 年。若候选人依靠杰出的成绩获得博士学位，并获得教授认可，便可开始为获得大学讲师资格而努力；若成功出版两本书，且学术成果被法学院认可，便可成功获得讲师资格，拥有无须任何监督进行教学的权利。

教授在德国是属于终身制的，当教授职位出现空缺时，由教授委员会考查候选人并决定教授人选。德国的教授分两种：层次较高的教授拥有对办公、图书馆、秘书、助理和预算的自主决定权；层次较低的教授虽然在称呼上没有什么区别，但没有私人秘书或助教，且只可掌握金额较少的预算。

此外，德国少有法律从业人员在大学工作，这也就导致了法学教师普遍只专注于教学和研究，缺乏实践经验，永远生活在"象牙塔"中。

5. 二阶段实践训练

第一次国家资格考试标志着大学法学教育的结束、第二阶段实践培训的开始。所有成功通过第一次国家资格考试的学生均可参加实践培训。德国相关法律对实践培训的框架结构和具体要求作出了规定，要求实践指导在若干个阶段中进行，分别包括：（1）民事法庭；（2）刑事法庭；（3）公诉人办公室；（4）管理机构；（5）法律事务所。在另一个附加阶段中，学生可自由选择法律职业，在法院、议会、政府部门、公司、国际组织、教堂或其他机构再次进行训练。

每个阶段都必须完成一篇相关的法律文书，并接受各自指派的监督者的监督。在 2002 年改革之前，实践训练几乎不注重诸如谈判、出庭辩护、法律咨询之类的律师技巧，但现在这些技能训练开始得到越来越多的重视。实践训练期间还要求学员参加庭审，担任公诉人或律师。学员还需参加学习团队，讨论法律实践问题。学员在每个阶段和每个学习团队中的表现均由监督者进行评价。由于 60% ~ 70% 的年轻律师在毕业后以辩护律师为起点开始法律事业，因此，在法院、公诉人办公室和政府部门的实践时间通常持续 3 个月，而在律师事务所的实践时间则持续 9 个月。

6. 两次国家资格考试

第一次国家资格考试可以说是大学法学教育的综合期末考试，覆盖了大学期间需掌握的所有知识，由笔试和口试两部分组成：学生需参加 7 ~ 11 场笔试，每一门考试都由一个教授和一个法律从业人员进行评估；口试部分占总分的 30%，考试时间为 4 ~ 6 小时，通常由两名教授和两名法律从业人员（通常是担任考试委员会成员的法官）来评价 4 个学生。国家资格考试的要求极高，其首次通过率为 70%，只有 10% 达到平均水平以上。整个考试约持续 6 个月，且只允许重考一次。第二次国家资格考试标志着大学法学教育的结束。与第一次考试相比，第二次考试旨在测试实践技巧，考试委员会全部由法律从业人员专门组成。考试要求依旧非常严格，只有 15% 的考生达到平均水平。考试的结果直接影响考生的事业发展。在通过第二次考试后，考生即成为助理法官。助理法官有资格从事任何法律职业，包括法官在内。

除了上文所说的两大阶段外，德国暂时没有其他可成为律师的途径，国家资格考试的重要性可见一斑。因此，50% ~ 90% 的学生都会自费参加私人考前培训班，专门为国家级考试准备，这在德国已经成为一种惯例。一方面，学费的付出对学生形成一种约束，确保了良好的课堂出勤率；另一方面，考前培训班的培训内容和方式比法学院的课程更有针对性。当然，法学院也已意识到学生的此类需求，尽可能地开设特殊的考前辅导课，帮助学生顺利通过考试。

三、对德国法学教育的反思

第一，对德国法学教育批评最多的是其过长的学习年限，年轻的德国律师在开始事业时都已经接近 30 岁。政治家们将其视为一个问题，原因很简单：免费的大学学习和之后的实践培训花费了大量的政府公共基金。但是，学者们则认为，经过系统、综合的理论学习和实践训练，30 岁开始从业的德国律师并不逊色于其他国家诸如英国 22 岁或 24 岁开始从业的律师，反而由于基础扎实，德国律师可以更迅速地通晓法律的新领域。

第二，过于广泛的教学内容，学生必须掌握涵盖所有法律领域的知识。有批评者质疑，要求一名公司律师具备刑法和婚姻法经验，或让一名公诉人详细学习物权法是否有意义。但也有学者反驳认为，基础扎实方有可能在今后改变职业方向，也能对其他律师的工作有更详尽的了解。

第三，考试要求太高，范围过大。8 ～ 11 次的笔试和口试覆盖了大学学习的所有内容。不过尽管难度非常大，但事实再次证明了这是一个让精英脱颖而出的公平途径。

第四，学生数量过多，大学正在削减的国家财政拨款中挣扎。学生的数量在过去 30 年间翻了番，而教职员的数量和财政下拨金额都没有增加。以慕尼黑大学法学院为例，其学生 / 教师比约是 4000 学生：30 教授：55 助教，且 4000 名学生不包括将法学作为辅修专业的其他专业的学生。全职教授一学期每周需完成 9 个小时的教学工作量（冬季学期从 10 月中旬开始到次年 2 月止，夏季学期从 4 月中旬开始到 7 月止），助教每星期需完成 5 小时的教学工作量。大学讲座和讨论课经常被成百上千的学生挤爆，对教学质量形成了极大挑战。

第五节　澳大利亚法治专业化人才建设情况

经过 150 余年的发展，澳大利亚法学教育形成了完善的体系，与美国和英国相比，具有更加灵活、多元化和国际化的特点。

一、澳大利亚的法学教育体系

1. 法学本科教育

目前，澳大利亚法学院提供三种学制的本科教育：（1）针对已获得非法学学士学位申请人的法学学士项目，学制3年（在职6年），满足相关要求后，可授予法学学士学位（LLB.）；（2）普通法学学士学位，学制4年，满足相关毕业要求后，可授予法学学士学位（LLR）；（3）双学位制，即法学+另一专业的双本科学位学习，通常学制至少要5年以上（在职10年），其中艺术/法学、商学/法学、理学/法学的组合是目前最常见的组合。

除了进大学接受法学教育外，新南威尔士法律职业准入委员会对符合条件的申请者（即通过委员会的17门法学必修课和3门法学选修课考试）颁发文凭。这些课程由悉尼大学法学衍生委员会开设，主要针对无法参加大学课程、接受全日制法学教育的学生群体。很多澳大利亚大学通过外部项目或远程教育项目提供法学教育，以满足更多学生的需求。

获得法律学士学位的毕业生可以直接获得所在州/地区的律师的基本资格，具有律师工作经验是进入法官、检察官和政治体系的唯一途径。但部分法学院正考虑采用研究生教育模式，比如墨尔本大学法学院已经取消了本科法学学位项目，用硕士法学学士学位项目予以取代。

2. 法学研究生教育

法学院本科学习阶段进修并未涵盖的学习领域的思想内容和知识起因于法律教育和工作的复杂性、专业性以及社会新型行业的发展，所以澳大利亚有多种类型、涵盖多类需求的法学研究生教育项目。

法学硕士分为两类：（1）课程法学硕士（Master of Laws），包含为某一特定领域设置的法学类学位，诸如公司法硕士（Master of Corporate Law）、税法硕士（Master of Taxation）、环境与地方政府法硕士（Master of Environmenta land Local Government Law）、劳动法与劳资关系硕士（Master of Labor Lawand Relations）、环境法硕士（Master of Environment Law）、卫生法硕士（Master of Health Law）、犯罪学硕士（Master of Criminology）、行政法与政策硕士（Master of Administrative Lawand Policy）、纠纷调处硕士（Master of Dispute Resolution）、自然资源法硕士（Master of Natural Resources Law）、商业法硕士（Master of Business Law）、比较

法硕士（Master of Comparative Law）。即便在只授予法学硕士（LL. M. ）的法学院，通常也特别标明其攻读方向，毕业证书上往往含有以下字样："法学硕士，主攻……"，或者其他类似措辞。（2）研究型法学硕士（Master of laws by research，简称 LLM. byresearch）。

法学博士也分为两类：法律科学博士（Doctor of Juridical Science，简称 SJ. D. ）和哲学博士（Doctor of Philosophy in law，简称 PKD. inlaw）。

二、澳大利亚法学教育人才培养模式

1964 年，联邦政府发布了《马丁报告》，建议将澳大利亚的法学教育分为三个阶段进行：

（1）在大学中进行学术理论学习；

（2）包含理论和职业内容的实践性培训；

（3）进入法律行业后的继续法学教育。

此建议在澳大利亚获得了广泛支持，正是受此报告影响，在澳大利亚只要获得法学学士学位即可获得法律行业执业资格。《马丁报告》还认为法学教育的范畴应更为宽广和自由，以往对法律从业者的培训不应再成为法学教育的唯一目的。学生不仅应承担律师或法律从业者的职责，还应当具备批判性和审视性，承担更多的社会责任[①]。

从人才培养模式上来讲，澳大利亚与英美在司法体系上有很多相似之处，法律从业者对于大学文凭没有严格的要求，大部分法律从业者在法律相关领域经过较长时间的学徒经历之后即可获得从业资格。即便是获得大学本科学位的毕业生，能否进入法律界也完全取决于实践中的学徒学习过程。当时开设的大学法律课程通常为实践类课程，所教授的许多科目几乎没有任何抽象或分析性的内容。彼时的大学几乎没有全职的学术人员，教学依赖法律领域的兼职教师。

自 20 世纪 60 年代以来，因循大学法学教育应进行学术理论教育并为日后进入法律行业打好基础这一新思路，澳大利亚的法学课程逐渐转变成具有实质性、理论性、分析性和批判性的实体。法学院开设的课程数目大有增加。早期

---

① 李继辉 . 国外高校法治教育的借鉴与启示 [J]. 科教文汇（上旬刊），2015（10）：6-7.

的法学院学生几乎没有什么选择，所开设课程基本都是必修的"核心"课程。20 世纪 70 年代，澳大利亚法学院院长联席会议建议限制必修课程数量，增加学生的选课范围。到 1970 年年底，课程数量最多的两所大学是莫纳什大学和新南威尔士大学。每所学校为法学院学生提供 60 多种选修课程以及研究论文写作。但在理论性、分析性课程数量大幅提高的情况下，通常导致"学徒"时间不满①。近年来，出于对平衡单纯的学术理论学习和实践学习的考虑，澳大利亚引入了各种实践类的法律培训课程，作为对学徒制的选择、替代或补充。

目前，澳大利亚大学根据自身的特色教学法和教师研究方向，向学生提供一系列的法学课程。若想进入律师职业的门槛，法学专业本科毕业生应至少完成 11 门必修课：（1）刑法；（2）民法；（3）合同法；（4）物权法；（5）公司法；（6）行政法；（7）宪法；（8）衡平法；（9）民事诉讼法；（10）证据学；（11）职业操守。必修核心课程占总课程的 40% ～ 75%，具体比例因校而异。

此外，作为进入律师职业的必修课程之一的法学实践培训如今也已被整合进入若干大学的本科法学项目中，旨在培养学生的知识、技能和价值观，主要通过以下 10 个方面开展：（1）道德规范和职业责任；（2）律师技巧；（3）问题解决；（4）工作管理和商业技巧；（5）信托和办公室财会；（6）民事诉讼；（7）商业和公司实践；（8）物权法实践；（9）行政法实践、刑法实践或婚姻法实践；（10）消费者法、雇佣和工业关系、计划和环境法或遗嘱及不动产。部分法学院开设"法律诊所"课程，安排学生加入社区法律中心，为弱势群体提供法律援助，让学生有机会与顾客直接交流接触。同时受社区法律中心的法律从业者和法学院的教师的监督。

澳大利亚大学通常情况下会使用形成性评价和总结性评价相结合的方式，来评价学生的学习成果是否达到获得法学学位的要求，这其中包括了作业和课堂的参与度，以及学期末考试。而实践法学培训课程的评价形式通常包括书面考试、模拟法律事务处理、口头考试和团队项目。

澳大利亚课程法学硕士实行的是课程学分制，必须修完 8 门课程（5 门必修、3 门自选）后才能够达到毕业要求，选课比例通常是 10∶1 ～ 20∶1。以目前情况来看，我国绝大部分前往澳大利亚的留学生攻读的是课程法学硕士

① 杨超 . 大学生法制教育价值取向变革研究 [D]. 上海：上海大学，2017.

学位。以新南威尔士大学为例，该校法学硕士学生可以在下列专业领域中选择其一作为自己的主修科目：（1）刑事司法；（2）传媒、通讯和信息技术法；（3）公司法；（4）商法和税法；（5）国际法；（6）亚太法；（7）比较法。表8-3 为新南威尔士大学法学研究生的课程设置。

表 8-3　新南威尔士大学法学研究生项目课程设置简介

专业领域	相关课程
刑事司法	公民自由与法 社区矫正制度 犯罪预防政策 证据中的有关问题 少年司法 治安 当代社会的刑罚判刑：法律、政策与实践"新"检察官
传媒、通讯和信息技术法	资料监察与信息隐私法 计算机技术在法律中的应用（A）：数据库 超文本和通信 相关科技知识 计算机技术在法律中的应用（B）：在知识基础上的应用电子通信法：内容及其控制电子通信法：传输制度/系统 信息技术法：知识产权法中的有关问题 传媒与法：诽谤 传媒与法：禁止出版物
公司法、商法和税法	资本收益税 商务合同：履行、违约和终止 银行法与金融法 商事诉讼：公司债务清偿 公司控制交易：派生/继受规则国际税收 中华人民共和国的国际贸易与投资法集体投资规则 证券交易条例税务诉讼
国际法	高等国际法问题国际法的历史与理论欧盟：经济与贸易法欧盟：制度与法制国际商事仲裁国际组织：海洋法使用武力的法律规则国际争端的和平解决
亚太法	伊斯兰法 日本法 印度的法律与宗教印度商贸的法律方面 太平洋诸岛国法制东南亚的个人身份法日本的贸易和投资法中华人民共和国的国际贸易与投资法
比较法	培养学生对于比较法和/或非自己本科结业所在地的其他司法辖权下的法制、法律和文化的精熟理解的课程

三、澳大利亚法学人才培养指导方针

在澳大利亚，有关律师行业准入资格的指导方针主要由法律准入咨询委员会（LACC）制定，委员会成员由各州际法院的司法官员组成，受法学学者和法律从业人员领导。LACC 的学术资质要求和实践法学培训要求是澳大利亚法学教育的指导方针。

1.学术资质要求

LACC 已确定了 11 门法学专业学生须较好地理解并掌握的课程，分别包括：刑法、民法、合同法、物权法、公司法、行政法、宪法、衡平法、民事诉讼法、证据学和职业操守，这是法学本科毕业生的必修课。

2.法学实践培训要求

法学专业学生需参加实践法学培训课程或项目，具备一系列的价值观和实践能力，并达到以下标准：

（1）价值观——律师如何使用法律来达到顾客的目标，具体包括：

①道德和职业责任。入门级律师应在与顾客、法庭、社区和其他律师互动交流的过程中注重职业道德，展现职业责任和专业素质。其相关义务责任包括保密义务、维持竞争力、诚信、不误导法庭、不干涉司法公正。

②律师技巧。入门级律师应在口头沟通、法律交流、辩护、谈判和争端解决、信函书写以及司法撰稿等方面展现出应有技能。

③问题解决能力。入门级律师应该能够调查和分析事实和法律，提供法律咨询并解决法律问题。该能力标准主要用于分析事实、分析司法和实际案件、分析法律、解释法律规定、提供法律咨询和通过法律手段解决问题。

④工作管理和商业技能。入门级律师应能够管理工作量、工作习惯和工作行为，从而保证能够及时地以最低成本解决顾客的问题。这一能力标准可以使其保持好的工作习惯，从而保证不因律师的过失而给顾客带来损失。

⑤信托和办公室财会。入门级律师应较好地掌握基础信托和会计知识，了解其重要性，从而依据法律法规的相关要求，记录相关的信托或财会。

（2）法律实践技能——律师需要做什么来达到顾客的目标，具体包括：

①民事诉讼实践。入门级律师应能够在初审案件中进行民事诉讼。这一能

力标准应用于法庭的初审民事诉讼，即通过协商、调解、仲裁、诉讼和专家鉴定等方式解决争端。

②商业和公司实践。入门级律师应具备处理商业交易的能力，诸如小宗交易的销售或购买，应有能力通过公司、信贷或合伙企业等实体建立标准商业结构，并就公司的财务、风险和责任义务给出基本建议。

③物权法实践。入门级律师应具备转让、租借、抵押不动产的能力。律师应有能力对和土地使用有关的法律问题给出基本建议。其余的七项法律实践被分为两类。实践法律培训必须包含每一类中的一项。具体选择哪一项可视学生的职业发展倾向而定，如表 8-4 所示。

表8-4　七项法律实践

A 类	B 类
行政法实践刑法实践	
婚姻法实践	消费者法实践雇佣及工业关系实践计划及环境法实践遗嘱及不动产策划

（3）法律实践——法律实践的核心内容

澳大利亚通过此律师准入资格标准保证法学毕业生质量。同时根据国际认可的澳大利亚资质框架（AQF）对各大法学院进行认证。其认证标准包括教学质量、奖学金、管理、课程、图书馆资源、教师数量等几方面；认证通过后，必须接受每五年一次的审计。

四、澳大利亚法学双学位制教育

1. 法学双学位制简介

在澳大利亚，学生可由几种途径入读法学院。一些学生已经获得了非法学本科学士学位，则可入读法学院，经过三年全日制学习获得法学学士学位。不过，大部分澳大利亚法学院要求学生在学习法学的同时还应学习另一门学科，除非之前已获此类学位。澳大利亚绝大多数法学专业学生都攻读这种双学位制法律科目（Combined Law Program）。

目前，71% 的在册学生修读五年制的混合学位课程，法学可与诸如人文、力学、商学、经济学、社会科学、传媒研究、应用金融、亚洲研究、新闻、旅游、传播和信息技术等专业同时攻读。其中最热门的混合学位要属法律 / 商科、法律 / 经济、法律 / 金融学位。这种混合通常使毕业生可以同时获得会计师和律师的资格，这意味着一种平稳的赚钱方式。同时，这种学位搭配也是培养业务精英的绝佳方法。第二受欢迎的是比较传统的人文和法律、社会科学和法学学位。

以新南威尔士大学为例，共提供 17 种典型的澳大利亚式法学双学位课程，分别包括：法学与建筑学学士、艺术理论学士、人文学士、人文学士（亚洲研究）、商学学士（会计）、商学学士（金融）、商学学士（营销）、商学学士（产业关系）、商学学士（信息系统）、商学学士（国际商务）、经济学士、民用工程学士、环境工程学士、法理学学士、科学学士、社会科学学士、社会工作学士。

2.法学双学位教育的特点

在澳大利亚，法学作为高等教育中的一个领域，之所以得以流行而广受欢迎，主要是因为满足了对于法学双学位体制的要求。法学双学位制不仅可以实现更完整的知识结构，同时也可以为学生在更广阔的就业领域内提供更为有效的职业准备。

第一，澳大利亚的高等教育机构很清楚，大学教育的目的不仅仅是开阔心智、修炼品性、培养公民意识，而且还必须高度重视学生对于职业训练的要求。而法学双学位制很好地拓展了学生未来职业生涯的选择空间和灵活性。一个知识面较宽的学位不仅有较好的就业机会，而且随着法律专业知识在各个行业内的地位日趋重要，这种学位和知识的复合可以为毕业生在就业和日后的事业发展中带来更多的优势。

第二，法学双学位课程具有一个不可忽视的优点，即学生所学课程虽然分属两个性质截然不同的学科，但同时攻读却有助于学生理解另一学科。同时，学科之间的整合也是当今非常有效的一种学习和研究工具。

第三，法学双学位课程可节约大量时间。在美国，修读四年制的本科课程之后，再申请进入法学院进行三年制的学习，最终拿到法学学位需要 7 年，而澳大利亚仅需 5 年就可以拿到两个学位。

第四，法学双学位制使学生将特定领域的学科专业特长转化为潜在的专业职业专长。学生发现将基础法律课程与另一科目同时连读的效果，比单科逐门学习要高得多，其他科目亦然。

第六节　国外法治专业化人才培养的启示

法学教育的基本职能和根本目的是培养符合国家和社会需要的法律人才。为适应全球化大趋势，应对社会经济发展中出现的新形势和新问题，世界各国积极探索、互为借鉴、自我创新，推出了一系列改革法学培粹式的举措：诸如日本的"法科大学院"、欧盟的"博洛尼亚进程"，崛起中的中国更不例外。

我国法学教育尚存在巨大的改进空间，在迅速城镇化、全球化、国际化、法治化的背景下，我国迫切需要建立一种新型的适合社会发展需要的培养多元化、复合型、外向型、高素质法律人才的法学教育模式。由于国情和教育体制不同，直接采用发达国家的法学教育模式，势必存在制度性障碍。因此，需要借鉴国外经验，对我国法学教育模式进行改造。

一、法律人才培养目标

所谓培养目标是指"根据一定的教育目的和约束条件，对教育活动的预期结果，即学生的预期发展状态所作的规定"[①]。作为人才培养模式中的一个核心概念，培养目标对教育活动起到指导、调节、控制、评估的作用，是评价教育质量最基本的价值标准。培养目标受教育价值观和教学理念的影响。各国法学教育的培养目标所反映的是该国历史、传统文化和时代背景以及法的基本价值观等。因此，与其说法学教育具有单一性，还不如说法学教育具有多样性。

培训目标可以分为国家，学校和专业培训目标。国家级本科教育培训目标是宏观培训目标，即根据国家的教育目标、教育政策、社会需求和本科教育特点规定了本科教育人才的基本规格和质量标准。学校水平的本科教育培训目标是中观性的培训目标，它是基于国家水平的本科教育培训目标的基本规范和质

---

① 孟鹏涛. 中国高校法治教育问题研究 [D]. 长春：吉林大学，2017.

量标准、学校学科的性质及其在大学中的地位（水平）、整个高等教育系统中的层次、所在经济区域、办学传统和条件等制定的，反映了学校一级本科教育培训目标，并提出了进一步的规范和质量标准，这是国家本科教育培训目标的进一步具体化。专业水平的本科教育培训目标是微观水平的培训目标。它应基于国家素质教育和培训目标的年龄要求和质量标准，以及教育培训目标的一般规格，质量标准和专业性质。

当今世界主要国家的法学教育模式有：

（1）美国——非法学本科教育（四年）+ 法学研究生教育（三年制 J. D.）；

（2）英国——本科学术阶段学习（三年）+ 职业培训（一年）；

（3）澳大利亚——非法学申请人的法学学士学位（三年）/ 普通法学学士学位（四年）/ 法学 + 其他学科的双学位（五年）；

（4）日本——本科教育（法学部四年）+ 研究生教育（法科大学院两年）/ 非法学本科教育（四年）+ 研究生教育（法科大学院三年）；

（5）德国——大学理论学习（四年）+ 第一次国家资格考试 + 职业实践培训（两年）+ 第二次国家资格考试。

美国基础法学教育是以获得非法学学士学位者为教育对象的。《耶鲁报告》指出："学院式的本科教育与职业性较明显的专业训练在教育目的上存在较大差异，应分别实施，专业教育应在专门的医学、神学及法学院中进行。"[1] 因此，法学教育得到了不同于普通学科的特殊待遇，J. D. 制度的确立本身就反映了美国法学教育的务实性。德国属于大陆法系，以成文法为特征，法律研究注重学科体系的构建。英国大学教育在于人格养成，而德国大学教育在于学术养成。因此，德国法学教育带有浓重的学术味，法学院的教学目的是为法律科学研究提供理论基础，法律从业资格训练则应在大学毕业后进行。澳大利亚是联邦制普通法国家，全澳 1/3 以上具有法学学士学位的毕业生没有进入律师界，其本科教育目标在于使学生获得高层次的素质教育和职业基础教育，因此设立混合双学位专业，使人才培养更趋复合型。

---

① 刘建宁. 中国特色社会主义法治文化建设研究 [D]. 兰州：兰州大学，2018.

二、法学课程设置

根据不同类型的培养目标，对国外法学课程设置分三个类别来进行分析：

表 8-5　各国法学课程设置

分类	必修课设置	选修课设置	实践课程设置
美国模式	民事诉讼法 宪法 合同法 刑法 物权法 侵权法 法律研究 法律文书写作	可自由选择具体的法律研究领域，或是行政法、经济法、国际法、海事法、知识产权法、税法。	法律诊所、法学期刊会员或编辑、模拟法庭会员或模拟法庭奖、模拟审判会员和模拟审判奖。
德国模式	刑法 刑诉法 私法（合同法、物权法、婚姻法、继承法、民事诉讼法、商法等） 公法（宪法、人权法、行政法、行政诉讼法、欧盟法等） 基础法学课程（诸如法学历史、罗马法、法律哲学、法律社会学、法学方法论）	可选择一门科目进行专攻（比如刑法、婚姻继承法、劳动法、行政法、商法、欧洲和国际法、税法、法学历史、知识产权等。	法律实践在大学毕业后进行。
澳大利亚模式	刑法 民法 合同法 物权法 公司法 行政法 宪法 衡平法 民事诉讼法 证据学和职业操守		法律实践课程应包含： （1）道德规范和职业责任；（2）律师技巧；（3）问题解决；（4）工作管理和商业技巧；（5）信托和办公室财会；（6）民事诉讼；（7）商业和公司实践；（8）物权法实践；（9）行政法实践、刑法实践或婚姻法实践；（10）消费者法、雇佣和工业关系、计划和环境法或遗嘱及不动产。

三、法学教学方法

1. 法律诊所

"诊所式"法学教育产生于美国法学院，主要适用于攻读 J. D. 学位的学生。

法律诊所的出现，是美国法学界对法学教育实践性不懈追求的一种结果①。在诊所教师的指导下，培养学生的法律实践能力，增进学生对法律的深刻理解，缩小大学法律教育与法律专业技能之间的距离，培养学生的职业道德，对学生进行法律培训和法律实践技能的基础知识培训。法律诊所主要有以下特点：

（1）法律诊所的学生资格。参与法律援助的学生专业知识的掌握程度需达到一定水平，一般只允许二年级和三年级的学生参与。

（2）法律诊所的教师配备。教师资源获得途径广泛，可以是学校的全职教师，也可以是在法律从业领域工作的法官、检察官、警官、律师等。法律诊所的主体是学生，教师主要起监督指导的作用。

（3）法律诊所的课时和学分。美国律师协会在法学院的认可标准中，鼓励学校通过法律诊所等形式为学生提供实践和参加公益活动的机会，一些公益活动也可以算作学分。

（4）法学教育与公益活动的有效结合。法律诊所一定程度上有效地促进了高校法律援助事业的迅速发展，让学生参与法律援助事业的热情高涨。

（5）多元化资金筹集渠道。福特基金会曾投入 1200 万美元资助美国法学院将法律门诊作为课程设置的一部分，旨在为经济窘迫的民众提供法律援助的同时，为学生进行法律实践创造机会。

美国的法学院采用了不同的方法来建立不同形式的法律诊所教育。在相互学习中，法律诊所教育发展迅速。经过多年的发展，美国法律教育界普遍认为，最有效的方法是综合诊所教育，即将法律诊所教育与课堂知识相结合，同时学习理论知识，通过法律诊所教育及时进行实践②。具体来说，法学院在教授课程的同时开展了一系列实践活动。在学习法律知识的过程中，学生学习了大量的律师专业技能；学生通过法律诊所的实践测试并回顾了在课堂上学到的知识。

2. 案例教学法

案例教学法仍是美国法学教育教学方法的主流。通过对虚拟案例的解读，

---

① 王胜坤 . 立法前评估制度研究 [D]. 广州：华南理工大学，2019.

② 巩瑞波 . 构建与超越：现代化中国方案研究 [D]. 长春：吉林大学，2018.

以及如何将法学原理应用于案件的能力，最后以论文形式完成。但正如其他学者对案例教学法所批判的一样，案例教学法只是培养学生法律思维能力和法律实践能力的一种方法，它不能为学生提供以下必要的法律实践素养：排除分析能力以外的法律实践技能，如事实调查、计划、文件起草、研究、法院战略和对策、辩护；人际关系技巧，包括访谈、咨询、谈判、沟通和共情；法律职业道德和社会责任；当前的实体法知识。因此，案例教学法更适合法学院新生的教学，而不适合高年级学生。

第九章 高素质专业化法治工作队伍
建设的机制创新

第一节 我国法治专业人才高等教育的主要问题

一、法学专业低水平重复建设难以保障教学质量

我国法学专业办学资历尚浅，国家缺乏法学办学的整体规划，法学办学时各高校之间竞争激烈。在进行人才培养时，各办学目标太过于雷同，特色不够鲜明，在专业建设时，一直在照搬前人的老旧经验，几位教师、几本教材就开始了办学，导致法学专业办学层次和质量参差不齐、管理混乱。"大跃进"式的发展导致资源相对紧缺，跟不上法学教育发展需要，尤其是法学师资队伍不是一朝一夕就可以迅速培养的。法学院系师资紧缺，法学院校的师生比例不协调的问题凸显[①]。这种一哄而上的办学模式，导致教学质量无法保证，整体上还处于粗放型培养状态，主要教学形式以大班为主，教学方式也侧重理论，专业开办效果不佳，严重背离最初的专业设置初衷。法学专业开办的基本目标是培养出符合国家要求的专业法律人才，然而不仅基本目标没有达成，反倒是浪费了大量的人力资源。不仅没有平衡好法学专业毕业生的供给和需求，并且使这种结构性失衡更加严重，最终影响了整个法学教育环境及其在招聘市场中的专业认可度。

---

① 虞浔. 1997 年以来中国司法体制和工作机制改革进程中上海的实践与探索 [D]. 上海：华东政法大学，2013.

二、人才培养规格和手段单一无法满足多样化需求

法治社会对法律服务有着多样化的要求，这就需要高校对法科学生提供多样化、有针对性的培养。受传统高等教育影响，法学高等教育的人才培养规格依照教育部专业目录的要求，培养人才的目标大致相同。在对人才进行培养时，培养模式简单、手段单一，设置的主干核心课程也多有重叠，缺乏多样性；教学内容陈旧，教学方法单一。目前，多数法学院校采取了"法律工匠"式的人才培养模式，为的就是增添学习内容的多样性，增强法律人才的专业性，培养多样化全面发展的法律人才。尤其是在国家司法考试和国家公务员考试持续火热的情况下，可以说应试教育是我国法学教育的主流。法学教育集中于知识理论传授，缺乏职业道德教育，教学模式仍以教材为中心，导致法学教育与法律实践脱节，法治精神没有得到进一步凸显，人文内涵没有得到进一步深化。在教学内容上，法学基础理论和法学的教学实践不相匹配，甚至有的法学教学要落后于法学实践的要求。在教学方法上，长期使用大班教学和硬塞式教育模式，主要学习方式是教师灌输给同学，学生缺乏自主学习意识。在进行考核时，考核模式依然是传统的书面考核模式，尤其是最终考试及毕业论文等，并不能反映学生对知识的掌握情况及自我提升的能力，容易使得学生在学习时过于看重成绩，没有侧重培养自身的全面综合能力，最终培养出来的人才能力侧重相同，人才区分度低，无法满足社会各个领域对法律人才的多样化需求。当前，社会受教育程度普遍增高，在此基础上，要想向社会输送高质量人才，就需要法学培养的人才有特色、有专长。不仅是要体现在学习方面，更要体现在综合素质的方方面面，只有这样才能应对当前的社会需要。因此，现有的教学机制已经不能满足社会的需要，急需改革。

三、人才结构性过剩凸显高端涉外法律人才不足

目前法律人才呈现结构性过剩，最直接的反映就是法学毕业生就业难与社会需要的高素质法律人才无法满足的矛盾。虽然法学专业学生已经供过于求，但还是有很多用人单位找不到合适的人才，凸显了人才过剩和紧缺的矛盾："过剩"其实质是低层次、低水平、不合格法律人才过剩；"紧缺"其实意味着大批量法学学生不缺，但是高质量、能满足用人单位要求的学生很稀缺。从

学校的角度来讲，学生学习认真程度不够，大学学习氛围不强，学生自觉性不高，因此知识学习不扎实。而法律行业又是对专业要求很严格的行业，因此法学专业学生需要扎实的基本功，在此基础上，突出自身优势，发展专业特色，才能成为高端法律人才。从市场的角度来说，社会需要的人才是高学历、高素质、专业化的人才。通常情况下，律师事务所、政府法律人才多半都需要名校毕业，这样才能使客户对其专业能力比较认可。但目前开设法律专业的学校参差不齐，学校专业不受市场认可，学校培养出的人才得不到正规工作途径。此外，从专业的角度来讲，多数学校所设置的学科培养体系雷同，没有特殊性，培养出来的学生量产严重，没有发挥各自的优势、突出自己的专业化特质。只有两方面都结合起来，才能缓解当前法学专业人才供过于求的局面。从 2005 年开始，法学专业接连 6 年被评选为"十大最难就业的专业"之一。全国法律院系总共 600 多所，其中师资薄弱的法律院系培养出来的学生法律专业性不强，这类学生的市场需求不高，已经供过于求，大量毕业生找不到工作，就业率较其他专业低，但英语熟练、掌握基本经济理论、懂软件会操作、法律专业知识熟练的全方面人才较少，法律市场所缺的正是这种全方位多方面发展的人才。相关国际组织中我国的法律工作人员也不占优势，因此我国在处理国际争端时，还都需要聘请国外的律师进行办理。2006 年开始，国资委央企法律顾问开始在全球范围内招聘。推进法治建设、建设法治国家战略目标提出后，政府、企业、事业单位各个人才招聘单位急需大量多方面多角度发展的法律专业人才，法学人才培养模式急需改革和创新，以培养应用型、复合型、高端涉外法律人才。

四、法学高等院校与职业部门协同育人机制不够完善

法学学科实践性很强，需要大量的实践训练，使培养出的法律人才能够运用法律解决日常生活中遇到的各种各样的问题。这需要法学教育结合学科特点，开设实践课程，采取多种形式加大实践技能培养，但实践教学一直是法学教育中较为薄弱的环节，虽然毕业实习在一定程度上弥补了不足，但毕业实习安排的时间过晚，一般放在大学最后一个学期，容易变成一个流程性的实习，不具实践意义。大量学生在这个阶段要考研、准备司法考试及各种职业资格考

试，注意力无法集中在实习上，然而这种情况并没有引起学校和学生的真正重视。同时，实习时间极其有限，这种断裂式的实习方式很难让学生体验完整的法律实践流程。另外，各高校在实践环节的指导也是有欠缺的。许多高校为提高毕业率和就业率，通常会采取不管不顾的方式，放任学生找工作、考证、考研，使学生缺乏真正有效的实践训练。再者，实践形式大多相似且单一，模拟法庭、法律诊所等还仅在少数法学院校开展，多数院校并不具备相应的条件或师资。

法学教育的问题不仅表现在实践方面，更体现为法学院学生就业方向与社会需求明显错位。法学院学生找工作会面临所学专业知识与单位用人要求相差甚远的情况。各企业单位反映，许多法学毕业生具备的理论知识在实际过程中可应用性不强，法学整体教育需要各有关部门进行统筹和引导，学生缺乏行业具体实践，实践要求并没有体现在法学院学生的人才培养过程中。学校没有输出有针对性的、符合社会需求的人才队伍，导致法律专门人才、高端人才稀缺，形成了社会需求得不到补给、社会资源却严重浪费的不良循环。行业对法律教育的支持和参与度亟待提高。

五、社会主义法治理念教育与职业伦理教育有待加强

当前，我国建立了较为健全的法律体系，基本已经完成了有法可依的构想。但司法系统内人员腐败、办案过程中司法不公正的事情经常发生。建设社会主义法治国家必须让广大人民群众信仰法治、法律工作者坚守法治。在奉"法"为真的现代社会，道德理想国虽未顷刻覆灭，却也呈现分裂式微之疲态。众神喧嚣，群魔乱舞，任何秉持道德旗帜的话语与说辞都显得虚软乏味——法律与道德的界限，从表面看似乎已然泾渭分明，大有水火不容之势。一时间，"法律的归法律，道德的归道德"，蔚为风潮。法律从业者不断寻求逻辑自洽、规则严谨、表述完美、效力惊人的"法"，对道德话语嗤之以鼻，对关乎己身的伦理训诫也懒得理会。法律职业伦理危机已经成为法治建设的重大障碍。因此，要提高公民的司法意识，普及法律知识，提高法律工作者的职业道德，维护法律的公平正义。作为政法队伍的储备人才，法学学生更是需要用社会主义法治理念武装头脑。法律职业伦理课程在全国法学类高校当中得到广泛开设，

这既是在新形势下履行师资培训的职责，也是希望通过广泛交流针对"法学专业核心课程"调整方案进行研究与探索。

通过法律职业伦理教育，使受教育者自主领悟法律知识背后的法律价值，将其内化为自身的世界观、价值观、人生观和思维方式，进而为实现法律的人权、正义、秩序、效率、自由价值搭建一座理想的天梯。通过法律职业伦理教育，增进受教育者的法律实践能力，变被动学习为主动学习，将法律的知识和理念真正吸收、内化为人格要素与精神养分，全面提升发现问题、分析问题和解决问题的能力。教育部将持续深入实施卓越法律人才教育培养计划，为了完善课程设计和师资队伍建设，处理好法学教育当中知识教学和实践教学的关系，需要在交流过程中进行有针对性的尝试与研讨。目前法学教育以课堂教学为主，重视法律知识和法律理论的学习，对学生法治理念、法律精神和职业道德的培养重视不够。虽然社会主义法治理念教育已经进入课程和教材，但是由于考核的难度，教育效果打了折扣。部分教师自身也需要加强法治理念教育才能言传身教。这就导致学生掌握了法学基本知识，却缺乏职业道德和职业伦理教育，对法律工作的重要性和职业责任感认识较浅。法学教育还需与法律实践相结合，在进行司法实践的同时，增强学生的法律职业道德，使法学专业的毕业生既能拥有良好的职业道德，又具有较强的专业技能。

第二节　高素质法治专业人才培养标准体系建设

在质量标准建设领域，国外的发展是较快的，尤其是美国、英国等国家在专业认证、专业评估等方面有丰富的研究和长期的实践。与之相比，我国专业标准研究和实践相对比较缓慢。但我国对专业标准的关注正越来越多，工程领域和医学领域专业标准的初步施行已成为我国高等教育专业标准的先驱，为卓越工程师计划、卓越医师计划提供了质量保证。而法学是一门具备较强职业性和专业性的学科，这一特点决定了法学教育领域的专业标准急需尽快建立，培养新时代符合中国国情的高素质、专业化的法治人才。

一、专业标准是提升法学教育质量的基础保障

通常，在高等教育质量保障系统和评价系统较为健全的国家，其教育评价标准一般分为国家层面、地区层面、学校层面、专业层面等，往往国家标准给出的是最基础的标准，而地区标准和学校标准则可根据各自实际情况在国家标准的基础上提出更高要求。各级标准又可细分为：普通标准、优秀标准、卓越标准等。20 世纪初，美国逐渐产生了对专业标准认识的萌芽，强调根据专业的知识性、真实性和实践性，将从事专业工作的要求作为专业的标准，但并没有将这些标准与高等教育教学和人才培养工作相结合。到 20 世纪 50 年代，又开始强调从事职业需要一定的专业资格和职业道德，故专业标准在医学、工程等职业领域发展较快。直到 20 世纪 80 年代，随着人们对专业标准的认识不断深入，美国形成了较为成熟的理论，将专业标准与高校相挂钩。

从 21 世纪开始，国际教育已经逐渐开始往专业化教育方向发展，如何提升教育质量已经成为重要议题。尤其是近些年，在各个发达国家中，这个趋势更加明显，欧美等国家在对高等教育进行改革时已经颇有成绩。现在的时代已经不再是以量为主的时代，而是以质为中心的时代，不少国家教育改革的主要内容已经把重点放在了教育质量标准的制定上，专业教育标准得到了各国专业人士的广泛关注，并且关注热度逐渐升高。专业教育质量标准可具体归纳为以下几种基本功能：

第一，有效对绩效进行问责，将专业教育质量标准作为一种专业的检测、评价工具，对专业教育进行审查。通过对专业教育进行评估，来检测教育水平是否达到了要求，是否实现了教学目的，从而担负起高等教育绩效问责的责任，以应对社会对法学教育质量的诉求和关切。"基于标准"的教育改革最终可以实现"结果导向"的绩效问责，形成"标准—监测—问责"的三位一体的问责体系，从而达到提高教育质量的目标。

第二，满足高校人才培养作为入职前准备的需求，实现专业教育与职业需求的对接。从专业标准的发展历程看，具备成熟专业特点的学科门类，譬如医学、工程学、教育学、法学等，其专业标准在各个国家出现的时间相对较早，发展也较为成熟，这与其学科所代表的职业属性有较大关系。制定专业标准

时，要结合用人需求，有些职业专业性很强，因此专业标准需要加快制定，要结合各行业要求，有针对性地进行标准制定。从这个角度来说，制定教育标准有助于加强学校内的专业教育和工作岗位需求的衔接，从而形成新型的产教结合、理论与实践对接的现代高等教育体系。

第三，作为教育活动中的"一般等价物"，推进各国间教育服务和人才的输出、输入。标准的制定可规范成品（即毕业生）的质量，也可规范产品的生产过程（即教育活动的开展过程），使教育服务成为一种可输入和输出的商品，在教育系统中将各类教育服务进行交流互换、共同进步，也可以把各个教育服务结合起来，跨系统、跨区域加强联结。欧盟已通过制定标准在高等教育一体化进程中迈出了重要的一步，其在《教育结构调整计划》中构建了从学科角度出发针对欧盟各学校的标准体系，在推进高等教育一体化时，重点培养学生的能力，体现学习结果。从学位结构、课程规划、学习结果和能力等方面以统一的能力标准为基础，制定欧洲的学位资质框架。

可见，专业教育质量标准是一国非常重要的教育制度之一，是对专业教育活动的统一标准。一定程度上来讲，是否建立教育界专业的质量标准，标志着一个国家或地区教育体系是否成熟、是否具体完善。而一个行业具体发展是否成熟、该行业教育培育水平如何也依赖于国家专业教育质量标准的确定。

1. 标准类型

标准是指统一对一些重复出现的事物含义和概念作规定，基于理论和实践经验得到的综合结果，在有关方面达成统一，然后经由主管部门批准，确定统一的发布形式，以此来作为行业或事物发展应遵循的基本准则。

专业教育标准按一定的客观要求分类可以分为专业学术内容、教育管理、教学者等方面的标准。学术内容标准主要针对学业的标准制定，如英国 QAA 高等教育资质框架和学科基准体系，详细规定了毕业生在知识、应用和问题解决、资源科研等其他关键核心能力领域达到优秀、良好和通过不同等级所能展现的表现。专业教育管理标准，即明确学校应该提供什么教学条件和如何管理开展教学活动。如美国 ABA 法学院认证标准，从组织与行政、教学目标、课程设置、师资力量、学业考核、教学时间安排、图书馆资源和信息资源这几方面对法学院进行评估认证；又如 ISO9000 系列标准在高等教育服务领域的应用，从学校的管理职责测量分析与改进等多个方面，进行综合评价。教育提供者专业标准，即明确教师和教学管理人员应该做到什么、具备何种资质。如美国制定的《学校领导者标准》（1996），由多个标准组成，并且具体设置了 122 个指标，包含 3 个维度；再如我国的《校长专业标准》、各国的《教师专业标准》等。

根据教育活动过程分类的专业教育标准包括：

（1）确定教育质量框架，以用来指导标准的方向定义。即根据教育的投入、过程、产出，从这三个角度来定义教育质量。2004 年 9 月，联合国教科文组织召开第 47 届国际教育大会上，提出要对教育质量进行评估，可以从 3 个方面入手，包含投入、过程和产出。这是一个非常专业的框架结构，该模式行之有效，在对教育质量结果进行评估时尤为重要（主要针对学业成就方面）。

（2）教育质量标准体系，重视学生的学业成就。经济合作与发展组织的国际学生评价项目（PISA）和国际教育成就评价协会的科学素养监测报告（TIMSS）用于对学业成绩进行探测；该教育发展指标体系的测度维度主要分为 4 个方面，分别是从教育的背景、投入、过程、产出来进行测度和分析，并且在这 4 个维度上，对质和量都有相对应的高要求，尤其是在教育产出的测算中，尤其重视教育指标质量的情况。

（3）教育教学质量标准注重结果情况。各个国家国情不同、国民综合素质不同，国家教学综合水平也不同，因此各个国家采用的评价体系也不一致。但总的来说，相比较于发展中国家，发达国家的教育体系搭建更为完善，因此注重教育结果产出，通过考查学生的综合素质质量来判断是否达到了各行各业人才引进的需求，是否有助于学生升学或者就业，是否具备了学生踏出校园、走入社会、适应社会的全方面能力。

（4）搭建教育教学质量标准框架时要注重这个过程，同时也要注重取得的结果成绩。比如欧盟在检测时，就对教学教育质量提出了新观念，构建了教育教学质量检测指标体系，该指标体系一共包含了 4 个方面，选取的指标有 16 项。从基础学科领域来看，主要有数学、语文、英语、科学、学习方式等 7 个指标；参与高等教育情况等 3 个指标；教育监测主要通过对学校教育进行评价和父母参与程度 2 个指标；教育资源利用主要包括计算机拥有的学生数、教师培训等 4 个指标。

2.各国"教育标准运动"主要配套举措

从质和量的角度出发，提升教育教学质量、检测教育实施情况、规范教师教学专业行为、完善教育教学评价体系、依法对教育行业进行管理已成为各国统一的行为举措模式。

（1）以国家角度制定规范性的教育质量标准

现如今国际上很多国家和地区都已经开始实施标准的教育体制改革，从顶层对教育质量进行宏观把控。从这几年来看，联合国教科文组织与其他国际组织对教育行业实施了很多教育规范性行为，并希望各国都能努力开展对专业化教育指标体系的建设，专业化教育指标体系需要符合国际定义、达到国际统一标准，例如《欧盟学校教育质量报——16 项质量指标》就是欧盟制定的对其成员国教育教学发展进行评价的重要规章制度，另外，英国也对其教育学科基准体系进行了进一步加强。

（2）构建专业化的教育教学成就监测系统

专业化的教育教学成就监测系统指的是监测部门不定期对国内各界各阶段学生进行抽样检测，主要在于测评学生在各个主要学科中的学习水平，查漏补缺，及时发现学生学习中遇到的问题，有助于国家从宏观角度对教育教学情况进行调控，从而逐步提高国家的整体教育教学水平。

（3）制定并实施专业化的国家课程标准

教育体制改革中一个非常重要的环节就是要设定好法学专业的标准的课程体系，这是整个教育变革的地基性质的存在，是整个改革过程中的核心部位，是系统的起点和归宿。应对各个学校课程设置进行监控，帮助学校合理计划开设的课程以及落实该课程教育。

（4）实施教师专业标准

在国际上发展较为迅速、经济较为活跃的国家和地区，教师的教学水平和专业水平越来越受到各行各业的重视。各领域人才引进的前提是学校输出了高质量的人才，而高质量人才的培养离不开教师的专业化水平，因此，制定教师专业标准，有助于从教育体系的根本上提升学生专业学习能力。

（5）制定切实有效的绩效拨款制度

要将绩效拨款作为经常性经费拨款中的一个重要的缓解，该举动这几年来在发达国家中越来越普遍存在。绩效拨款是指依据学校教育水平和学校教学管理水平等来进行拨款的方式，办学水平越高、教育水平越高的学校能得到相应的政府拨款越多。该拨款制度有助于激励学校开展教学水平改革，提升办学水平、教学管理水平等，对整个国家教育系统的发展起着重要的推动作用，其激励作用要远超经费本身的物资消耗，利大于弊。

3. 启示

国际上在如何提高教育教学质量的问题上认知比较一致，要坚持以教育标准为指导，逐步提高总体教育教学水平。教育质量的标准要以结果为导向，要达到可以应用的目的，着力于提高教育质量，该结构已经成为各国提升教育质量的普遍认知。国际社会提升教育质量的普遍做法为构建教育质量标准、开展教育质量评估、规范教师教学专业水平、出台政策保障。

一是以法律意识为主导构建教育质量标准规范制度。制定标准的教育质量规范制度标志着一个国家教育体制的完善，能够体现一个国家教育体系是否系统、是否合理。不仅体现了教育水平机制是否完善，而且也能体现一国教育整体水平和教育国际化水平能力。现阶段，各个国家都在通过出台相关政策、制定法律法规对教育标准制度进行完善。因此，我国也有必要通过法律手段来为教育质量标准建设保驾护航。二是构建全面的教育质量标准体系。教育标准是多元的、全方位的、多层次的。从内容上来讲，教育质量标准是对学业水平的应用情况，包括学习的态度以及知识的应用能力；从过程上来讲，教育质量标准包括教学过程和教学结果；从评估的角度来讲，既包含了微观方面的评估，又包含了宏观方面的评估。教育质量标准体系的构建必须全面、科学并切合我国实际。三是在对国家教育质量标准进行标准化评估时需要遵循一般模式，国外发达国家在该方面较为成熟，其评估程序主要包含以下几个方面：（1）一个机构原则。该机构旨在进行教育标准质量协调，并制定教育质量标准的流程和方法。（2）步骤和方法要以国家协调机构给出的为准。学校在开展教育活动时要以此为准则，经常开展教育自评，并向有关部门进行结果汇报。（3）校内自评。除外在大环境的约束外，学校内部也应定期进行校内自评，汇集学校教师、管理人员、毕业人员和在校人员多方面的意见。（4）一份报告。这份报告需要包含各级评估的结果，根据该结果进行教育质量的完善。这一套完整的评估程序在标准建立之后需要同步建立。四是确定教育标准评估主体。目前，国际上进行教育标准评估的主体主要包含三个方面：第一个方面，设立专门的委员会或机构；第二个方面，要将教育保准评估作为一个个项目，由政府委托大学等科研机构进行评估；第三个方面，由教育部相关部门进行直接负责，不经过周转。采用哪种模式进行评估需要根据各国不同教育情况来进行选择。

二、分类化的法治人才培养标准体系

我国法学教育体系正在逐步形成、发展并走向完善。为了培养出一批真正能推进国家法治进程的高素质法治人才，各方进行了大量的改革与创新，但这些实践方案的运行效果如何，采取这些措施后的人才培养质量如何，则需要有目标可依、有标准可评，这也就决定了构建高素质法治人才培养体系的必要性和重要性。我国虽然已开始在法学教育领域探索人才培养标准的构建，但从总体方面来看，仍然处于变革的初期。《国家中长期教育改革和发展规划纲要（2010-2020 年）》文件明确指出："树立科学的质量观，把促进人的全面发展、适应社会需要作为衡量教育质量的根本标准。"要实行素质教育，全面加强社会、整个国家的素质教育水平，不能只是单纯地学会学校里的专业学科知识，还要提升一个学生的综合能力，培养一个全面化发展的法制人才，要有针对地进行培养，适应中国新时代建设，不能千篇一律，要在完成法制工作的同时，提出自己的新观点，加强法治建设。和相关部门一起制定统一的标准制度，从学位设置上来说，包括一级学科博士、硕士学位和专业学位。呼吁各个行业制定各行业相关的规章制度，可以参考国家法定的制度设定，因地制宜，有针对性地根据自身情况制定相应的人才培养方案[①]。国家政策屡屡提到质量标准建设问题，显示了国家对这项工作的重视。同时，学术界和公众对高等教育质量标准也有了越来越多的关注，学术界对高等教育质量标准的研究成果明显增多，高校领导层对质量标准的重视度增强，社会对大学排名、评估关注度更广，由此说来，我国高等教育已经迈入了一个新的发展阶段，开始以"质量为核心，以标准为抓手"。

事实上，我国法学专业标准体系已经初具雏形，逐渐形成了适应我国的标准，主要包括专业教学质量国家标准、专业教学质量地方标准（以下简称"国

---

① 徐晓，申汪洋. 新时代法律硕士就业创业课程质量提升研究——以应用型卓越法治人才培养为视角切入 [J]. 湖北广播电视大学学报，2020，40（5）：51-58.

家标准和地方标准"），以及专业教学质量院校标准（以下简称"院校标准"）；在学历上，教育质量标准分为专科阶段、本科阶段、硕士阶段和博士阶段。

国家标准、地方标准和院校标准分别对应宏观、中观和微观层面的标准。

第一，从宏观角度来讲，国家标准是地基式的存在，是地方和院校制定相应标准的参照物，也是国家进行相应的教学质量评估时的重要依据。

第二，作为中观层面的标准，地方标准是从服务地方经济文化发展角度制定的某专业人才培养必须达到的基本质量要求，从而形成对该区域内从事该专业人才培养服务的教育组织的指导。

第三，从微观角度来讲，一个学校的标准是各个学校根据自身情况和要求以及学生的综合水平来制定的符合本院校的制度，要求人才培养必须达到这个标准，不仅是在学科设置、专业设置上有基本要求，也体现在对该学校是否具有清晰的认知、是否符合该校学生应当发展出的水平。一方面，院校标准可以实现分类化培养和分类化管理；另一方面，院校标准也可为学生和用人单位在选择就读院校或选拔毕业生时提供一定的依据，作出科学、合适的选择。

三、法学院法学专业院校国家标准

目前负责法学类专业教学质量国家标准的推进的主要单位是教育部教学指导委员会。该委员会是一个专业的专业组织，由教育部领导构成，是一个非常态的学术机构，由教育部进行委托，对高等院校的教学提供评估、指导、咨询等服务。其中，法学学科的指导委员会是教育部专业教学指导委员会针对法学类专业进行服务的。

2013 年 10 月，专业教学指导委员会的重要议题之一就是讨论《法学专业类教学质量国家标准》（讨论稿），并就该标准提出自己的意见和改进措施。2014 年 4 月，教育部高教司召开工作会议，会议主要针对的是高等院校本科阶段的专业学习设置，会议围绕学科不同的教学情况、实施情况以及所取得的成就作总结，相互之间进行交流，并对下一步的工作做了部署。教育部高教司司长提出，教指委目前工作的中心就是要加快国家质量标准的制定，加快转变政府职能，加强监管力度，做到放权和监管相结合①。他同时指出，包括法学类专

---

① 董娟，李俐娇. 论习近平法治人才培养观 [J]. 哈尔滨学院学报，2019，40（7）：1-7.

业教学指导委员会在内的五个"教指委","国家标准"的研制工作成果显著。

2014年10月，教育部高等学校法学类专业教学指导委员会召开会议，会议主要讨论的内容是"法学类专业教学质量国家标准"，各参会者踊跃提出自己的观点，就法学专业的教学培养目标、教师专业知识水平、教学客观条件以及质量保障体系等开展了激烈的讨论，讨论内容深入，角度全面，并得到了最终的一致结论。作为彻落实十八届四中全会精神，促进法学学科快速向前发展、内涵发展的重要举措，法学类专业教学指导委员将对国家标准进行统一的制定和完善，明确国家标准要求，围绕针对性的原则，结合不同情况进行标准制定与完善。

四、法学类专业教学教育质量评价地方标准

除了教育部卓越法律人才的教育教学规划以外，地方教育主管部门也在积极努力构建地方范围的卓越法律人才培养的相关标准。

2011年12月，上海市教育委员会成立了"卓越法学教育"专家工作组，由上海高校法学教育专家组成，承担上海市开展"卓越法学教育"的有关研究、规划、指导和实施工作。以此为契机，在上海市教委的指导下，专家工作组研讨了工作方案，要求建立培养上海卓越法律人才体系。2012年6月，《关于实施上海卓越法学教育计划的若干意见》（沪教委高〔2012〕46号）从五大方面进行提议，主要包括工作组织实施、强调工作重点、完善政策方针、提出主要任务、法律保障，《上海卓越法律人才培养通用标准》为文件附件。该通用标准针对上海卓越法律人才培养，着重于卓越法律人才的内在修养，有针对性地对上海法制人才进行了提议，确定了卓越人才的通用标准，主要包括三个方面：注重法学基础、专业素质和法学职业实践[①]。该标准也可以作为法学专业标准建设的分支，为法学专业标准化建设提供借鉴和思路。

上述标准由上海市教育委员会发布，具有权威性。可以说，参与上海卓越法学教育计划的高校都需要制定标准和培养不低于通用标准的法律人才。由此可见，通用标准是上海卓越法律人才的最低要求，学校标准的制定应当不低于通用标准，但是需要有针对性地结合自身学校情况进行制定。通用标准其实是

---

① 何志鹏．卓越法治人才培养的实践解读 [J]．中国大学教学，2019（6）：27-33．

对人才培养的规格要求，也是对毕业生的要求。该标准侧重考查在经过卓越法学教育计划高校的培养后，毕业生是否具备这些能力和素养。在对学生的要求方面，从基础素养、专业素质和职业素养三个维度提出要求，基本涵盖了卓越法律人才需具备的主要素养。因此，该标准对上海高校的人才培养目标有一定的指导作用，高校可以根据自身情况进行再调整。但由于其通用性，该标准对毕业生的要求不够具体，尤其是法律职业能力的表述可以进一步详细，以便能够更好地检验卓越法律人才的培养效果。

五、法学类专业教学质量院校标准

法学类专业教学教育质量院校标准的制定首先要满足的就是各行各业的要求，人民群众要接受高质、多元的教育。院校标准要有区分度，要发展出各自的特色，这种特色应该体现在教学培养的创造性上。各行各业的要求不同，各级组织的要求也不同，在制定教育标准时，各高校应该结合各个地域的差异，以及院校之间的差异，有针对性地进行人才培养的定位，突出各自的办学优势，发展各学校的办学特色，百家争鸣，促进中国教育体系的多样化发展。结合当地经济水平和行业人才需要，从积极情况出发，建立与社会实践相结合的标准制度。结合各行各业人才空缺制定出满足本校人才培养目标定位和优势针对性的教育质量标准。

六、引入第三方外部评价的全方位评价体系

人才培养标准作为教育评价标准的一部分，一般来说，在没有外部参与的情况下，很难保证其标准的制定系统科学，也很难保证能够得出客观、公正的自我评价。在教育评估发展得较为成熟的国家，其教育评价体系均有第三方外部评价主体。譬如美国，其认证主体是美国律师协会这样的专业团体，而英国的认证主体则是高等教育评估委员会这样的准政府机构，从而可以保证评价结果的相对客观、公正[①]。实践证明，类似于法律职业共同体的第三方团体在法治社会和法学教育的发展进程中发挥了不可小觑的作用。法律职业共同体的缺失会导致法学教育、法学人才培养目标及人才培养标准的设定与法律职业要求相

---

① 蒋新苗. 加快构建中国特色法学人才体系 [J]. 中国大学教学，2017（5）：32-37，41.

脱节，在教育过程中缺乏应有的法律职业素养培养理念。我国的法学教育鲜有第三方或者社会力量的参与，这无疑是专业标准建设中缺失了重要主体，也是我国法学教育目前所面临的问题。法学教育界有必要积极开展相关研究，力争理顺类似法律职业共同体这样的第三方团体与法学专业教育之间的良性有序互动关系，并在实践领域开展相关探索。

第三节　特色化高素质法治专业化人才培养模式创新

法制人才培养的模型应该与法制社会人才需求结合起来，在进行法治专业教育时，基于社会法制人才缺口进行培养模式的创新。教育部实行的"卓越法律人才教育培养计划"实际上是与中央政法委联合发布的，各高校可以根据此计划，基于三个类型的人才培养，着力于法治工作队伍建设需求，将基础打牢，突出重点，进行特色化建设，促进法治人才培养模式的创新①。

一、人才培养的标准和要求类型化

坚持分类培养，从明确培养人才过程中应该遵循的标准出发，根据《教育部中央政法委员会关于实施卓越法律人才教育培养计划的若干意见》，要结合市场的需要，避免培养学生的单一性，加强综合法律职业人才的培养，培养应用型的人才，加强与工作应用相结合，培养学生法律事务的专业化应用技能，提高学生运用法学专业知识的能力，提高学生结合其他学科知识统筹规划解决实际问题的能力；培养适应全球化的专业化高素质人才，促进法学学生了解国际事务，培养国际思维习惯，打造顶层事业，积极参与涉外法律实践，实现跨越式法律发展建设。培养学生吃苦耐劳的精神，加强宏观法律视野，促进国家各个地区的法制建设。

根据不同地方的人才培养政策和需求导向不同，很多地方有针对性地设置了多元化的招生方案和培养方案，开始探索法学人才培养的创新模式。本书在梳理文献和对具有典型特点的高校进行调研的基础上，初步归类得出了以下几种人才培养的创新模式：

---

① 何勤华. 全面推进依法治国视野下的法学教育改革 [J]. 中国高等教育，2015（6）：14-17.

1. 探索"连读式"法律人才培养模式

为了应对法学教学培养模式多样性不强，偏理论轻应用，多元化、知识全面的法律职业人才缺口过大的情况，一些法学院校开始探索实施"本硕一贯制"人才培养机制，代表性较强的有"六年级法学教育模式改革"，该培养机制是中国政法大学于2008年开始实施的①；"三三制法科特班"由上海交通大学创办，"卓越法律人才培养实验班"由华东政法大学负责创办等，主要是为了达成培养学生学习专业化高素质的法律知识以及了解工作中需要的法律专业技能的目标。

2. 探索"联动式"法律人才培养模式

为了培养能够参与国际规则制定、在国际纠纷和贸易争端中维护国家和中方利益、胜任国际法律事务的高端涉外法律人才，一些高校通过加强与国内外教育机构的合作，实现学术交流和资源共享来创新法律人才培养模式。主要形式有：（1）探索全面多元化的培养模式，结合国际先进经验，培养国际视野。加强与国外高校有关法律人才的互换合作，加强境内学生到国外交流学习，互换学习经验，创办各种合作办学模式，例如"3+1""2+2"或"1+3"等。（2）加强与国际的交流合作。加强与其他国家地区学校的交流合作，共同进行学术研究、进行学术研究调研工作、进行短期培训并考查培训结果。（3）完善国内外学生学分互认机制，打破国际化发展的障碍。

3. 探索"定制式"法律人才培养模式

由于我国目前法学教育的现状是整体情况不明朗、执法效率低，因此各高校开始寻求新的教学方式，培养多元化应用型人才，与用人单位根据用人需要协调培养过程、促进教学水平的提高；加强和其他政府司法部门的紧密合作，采取卓越法律人才培养基地和实务部门业务实习相结合的方法，目的在于培养出结合我国经济发展现状，法律知识体系全面、系统、专业，于基层进行法律实践，具备法律实践应用能力，贯彻法治国家方针的多元化法律专业人才。

二、教学方式和教学手段的多元化

一些高校已意识到需加强新型教育教学观念，加强学生的学习主要地位，

---

① 贾宇. 坚持社会主义法治道路创新卓越法律人才培养 [J]. 中国高等教育，2015（6）：18-21.

重视学生自主学习的能力，加强对教学的服务，培养高素质法学人才。传统的教学方式主要是教师在上面讲，学生在下面听，这样的教学模式下，学生摄取知识的效率甚低，容易走神，教学时间严重被浪费，因此现在开始采用新式的教学方式，通过教师与学生的互动，加强学生的教学参与情况，通过提问、模拟法庭等增加上课的趣味性，让学生爱上学习，自主学习法律知识。另外，加强学生的实践能力，提升学生法律创造性思维，从被动地听讲变成主动地学习，从内心深处认识到，学习是学给自己的，不是用来应付教师的，教师通过与学生的互动教学，也能更好地理解学生们的学习需求，促进教学效率的提升[①]。教师通过讲课将自身的法律教学体系教给学生，传授自己的学习经验，启发、引导学生以中立和客观的角度作出判断并拿出解决问题的方案。

1. 试点小班化教学

小班化教学是最易呈现启发式、互动式和亲历式教学手段成果的形式。在培养高素质法律职业人才的道路上，小班化试点教学是一种新的渠道方式，主要是采用小班教学进行案例分析、学生间进行课业的互动讨论，或者是采用模拟法庭的方式进行法律教学实践。所以，必须确保法学本科学生留出空余时间进行小班的课程教学，并在课上进行小组法律案例讨论。相对于大班教学的课程，小班教学通常只有十几个人，学生和教师上课平等地进行讨论，并针对具体案例进行辩论和分析。

2. 推广案例研习课

要制定严谨的法学必修课设置规范，学生在进行课业学习选择时，要有学校的引导，选择最适合自己的、最能学到知识的必修课程。引进外国先进经验，进行大学案例教学，针对部分实践性较强的课程除必要的课上学习外还要设置案例研习课。案例选取标准应该遵循真实性、代表性。在学生进行课外学习时，充分培养其知识应用能力，以及带来一定的启发性和疑难性。在课堂中引入典型案例，可以激发学生的讨论热情，能够在互相输出观点的同时加深对法律思维的培养，提升学生将理论知识有效地结合实际问题的能力，锻炼学生实践解决法律争端事件的能力；所选取的典型案例能够使得学生了解现实生活

---

① 邓世豹.超越司法中心主义——面向全面实施依法治国的法治人才培养[J].法学评论，2016，34（4）：34-40.

中可能会出现的现实问题，有效地实现理论和现实的结合；面对复杂多变的案例，增强学生的讨论热度，增加对案例分析的研究角度，开拓思维。

3. 尝试新型教学方法

讨论式教学作为一种新的研究教学方式，注重学生的课堂参与程度，增加讨论的观点角度，与教师一同探讨问题，处在同一个阶级下，勇敢表达自己，是一种新型的教学体系。现代教育体系指出，教学是教与学的结合，要学生积极参与进来，教师教授学问，学生也要努力汲取，根据教师提供的教学方法，结合自身的能力以及学习情况，找到属于自己的学习方法，提升自身的学习水平。讨论式教学就是基于此而衍生出来的，通过学生之间对问题的讨论，培养学生的自主创新意识，形成了新型的学习方法，全面提高了剖析案例、提出观点，讨论问题、解决问题的能力。

4. 探索远程信息化教学新形式

教师除了黑板教学外，还可以利用现代化仪器，更新教学手段，达到更好的教学效果。可以通过新的方式了解国内外新闻事实，获得一手资料。网络是最快、最经济的了解外界的方式。基于此进行教学实践，可以使得教学更鲜活，更贴近生活，并且能够提高学生的学习热情，增加课堂上学习的知识量，同时因了解方式主要是通过手机电脑，可以节省教学时间，促进教学效率的提高。除此之外，还可以利用网络给学生布置教学任务，给学生提供讨论的平台，进行教学资料的收集等。许多法学院校都陆续建设了远程同步录播教室，进一步通过信息化手段丰富授课方式，成功实现了远程同步授课。

三、课程体系与课程结构的完善补充

法学课程的特点是既有鲜明的理论性、又有较强的应用性，其教学目标不仅是培养学生具有扎实的法律专业理论和较强的法律实践能力，同时还应具备较高的法律专业素质和思想品质道德素养、职业素养，使学生能够在学习理论知识的同时，知法、守法，培养浓厚的法律意识，坚持党的领导，要心怀大格局，不能只注重眼前的一点得失，要开阔眼界，着眼于国际大舞台，促进法律知识体系建设，成为法律知识丰富的多元化人才。

1. 构建和完善社会主义法治理论课程体系

在培养法治人才时，要坚定理想信念教育，坚持中国特色社会主义，坚持马克思主义，有机地结合法治理念和核心主义价值观，在各个环节培养法律意识，着眼于大局，培养法治思想，坚持党的领导，以人民利益为先。在法律课程设置时，要将中国特色社会主义理论与学科教学需要相结合，推动社会主义法治建设，根据具体的情况进行相应的补充，不能只是进行传统机械的学习，要学有所长，学习新观点新知识，充实自己的法学思维体系，培养自己的法学综合素养，成为新时代法治建设的后备力量。

2. 夯实法学基本理论课程体系

法学基本理论课是法学专业教育的基础，使法学的内在逻辑性得到的深刻验证，是教学规律演变的必经之路。在进行法律实践之前，培养扎实的理论基础，会大大增加后续法律实践的效率，对法律实践具有重大的现实意义。因此在教学实践时，要重视基本理论课建设。首先，应精炼核心课程体系。在专业课程设置上，要全面、有针对性地进行设置，要包含多个方面，其中有基础知识的培养、综合素质的锻炼、专业知识的学习、法律知识的运用、法律教学实践的参与等，要将法律学习与法律实践结合起来，高效地完成学业任务，通过课程专业的设置来达到这个目标，根据国家培养目标要求，结合各学校法学院学生的学习能力，合理地设置课程，目前，通过一次一次的调整，核心课程的设立主要包含了16门，通过这16门的课程学习可以大大地增加学生的法律专业知识，锻炼学生的法学思维。16门核心课程用来培养法学专业学生扎实的法律知识，培养法学学生的法律思维，构建高效的法学必修教学体系，促进法学专业学生专业知识学习的全面深入和理论用于实践的综合应用能力，突出法学专业学生"厚基础、宽口径"的特点。在此基础上，拓展专业模块课，结合法学专业不同方向，除了本专业的知识要学，更要积极了解其他模块的课程知识，提升学生的综合素质水平，增加法学院学生的综合能力，以免今后在进入社会实践时，遇到其他领域的专业问题无从下手，不知道该如何解决。从专业知识的底层开始避免这类问题的发生[①]；对国际金融法律方向的学生开设"法与经济学""会计学""社会学"等其他与法学有相关的课程，结合多种类型，培养法学学生的专业思维与专业能力。

---

① 廖永安，段明. 中国法学教育的供给侧改革 [J]. 湖南社会科学，2017（4）：53-60.

3.优化实务、实践类课程建设

法律实践教学是法学教育的一个延伸，具有十分重要的意义，主要体现在两个方面：一方面是进行法学实践是检验法学教育接受情况的一个有力的方式。俗话说实践出真知，只有通过实践，才能知道所学的法学知识有没有被高效吸收。另一个方面，通过法学教学实践，可以考查学生是否具有胜任司法岗位的能力，以及愿不愿意在这条路上走下去。在实践实务课程建设方面，各法学院校都开展了各种形式的探索和创新。

（1）优化实务课程体系，推动实务课程建设与改革。一是实践课程体系化。拓展培养渠道，打通学院、专业壁垒，充分利用校内不同专业的优质课程、师资、基地及其他资源进行协同创新，形成观摩课和案例研习课、教授研讨课、实验实训课和法律职业实务课等多样化的实践课程体系。通过实践课程建设，集成现代教学内容；开设与社会紧密联系的课程，满足学生知识更新、实践能力提升的需求；将社会调查、创新实验、法律宣传、法律援助、专业见习、竞赛训练和实践系列讲座课程化，增加实践类课程的学分至总学分的15%左右，部分应用性强的专业（方向）增加至更高，为学生实践能力提高奠定基础①。二是实务课程精品化。为提高课程教学效果，可以将一些课程进行细化，比如实务类的课程，如将"律师实务"课程进行细化为三门课程等，并且对每一门细化后的课程进行有针对性的教学，并配备上所需要的建设措施，包括编写教学大纲、配备专门的行业骨干授课团队等，增加课程的吸引力和实战性。三是阶梯式培养个性化。在学生进行学习的整个学习阶段都要有机地结合司法实践。同时，实践类教材系列化，组织教师编写出版实验教材、实训指导书、案例教程等系列实践实务类教材，实现实践教学的学术化。模拟、仿真训练多样化，开设系列模拟、仿真训练项目，形成融理论类课程、实验课程、专业模拟与仿真训练、专业职业实训四位一体的教学模式。

（2）建立与用人单位协同育人长效机制。一是培养法学知识扎实、法律知识应用能力强并且法律职业道德观念高尚的多元化法律职业人才。二是积极拓展校外实践教学资源，打造"双师型"教师团队，除了聘请专业的法律教师进行理论讲解外，还需要从各政府单位邀请有实战经验的人员来进行讲解。三是灵活

---

① 廖永安，段明.中国法学教育的供给侧改革 [J].湖南社会科学，2017（4）：53-60.

开展毕业生实习。出台配套保障措施，建立健全相应的质量保障机制，切实提高实习质量。包括增加实习补贴、建立以学院实习巡视为主的体系、提高实习效果等。可以将学生实习工作作为一种考核项目，对学生进行毕业考核，看学生通过四年的法学学习生活后能否胜任司法专业的工作，另外，也可以看看学生是否想将该行业作为自己一生发展的追求。大数据显示，大部分本科生毕业后所参与的工作均与自己本科阶段的学习无关，学校教授的知识只够我们在学习期间考试使用，在真正工作阶段，发现与工作要求相差甚远，因此很多学生最后选择的岗位都并非所学专业。增加法学学生实践环节，可以在进入社会之前、在未来行业选择时就选择一个适合又喜欢的工作岗位，减少毕业后换工作的时间成本。

（3）要加强与国外各高校的交流合作，提供海外实习机会，不定期请各国法学教授到学校进行学术交流。在听学术交流讲座时，学生的思维也会开阔很多。不能仅仅拘束于国内的教育，要增加国际视野，了解国际目前的发展形势，了解国际办学模式和专业人才培养要求。学生对自身也应当有所要求，充分利用好学校提供的一次次机会，珍惜交流的机会，培养自己的国际视野，了解世界上先进的办学理念，提高对自身的要求。针对我国法学院尚不具备完善的法律职业体验教育环境、兼具理论知识和实践经验的高水平师资也较为缺乏的现状，完善涉外法律专业培养体系。

（4）以竞赛项目和大学生科研创新项目带动法学实践教育。主要是以赛促建，增强学生专业技能及综合素质。通过举办常规化比赛或组织学生参加高水平竞赛，比如全国大学生模拟法庭竞赛等，让学生的法学专业知识得到有效的实践，通过和别人的比拼，发现自身学习的薄弱之处。另外还可以鼓励学生通过竞赛发现更多志同道合的人，鼓励学生学习他人的优点和长处，提升自己的学习能力。俗话说得好，听君一席话，胜读十年书。不能仅仅局限于书本的学习，也应加强与外界的交流，了解别人的学习模式，看看别人的法学思维体系。走出教室，走出校园，营造良好的课外实践氛围，让学生通过参加实战化比赛，进行专业知识、逻辑思维、口头表达、文书写作等方面的基本功训练，提高自己专业学习的效果①。同时，加大学生法律援助与科研创业项目、学生社

---

① 谢伟.论从卓越法律人才到卓越法治人才培养的转变 [J]. 社会科学家，2019（10）：116-
120.

会实践能力培养项目支持力度。

4.优化课程结构，构建促进学生发展的课程体系

加强复合型知识课程体系建设，促进法学与多个学科的融合，开设法律与金融、新闻、统计等各学科交叉得到的专题选修课程。加大通识课程的建设力度，着力培育法律人才良好的人文素养和深厚的文化底蕴。在不同的业务方向中设置凸显业务特色的实务类课程。加强国际化课程体系建设，引进国外原版教材，培养学生的外语能力。在处理涉外事务时，交流的基础就是要语言流利，要想处理涉外事务，语言是一个要求的大关，只有交流无障碍了，才能进行法律咨询、谈判等，因此要培养学生的外语能力，加强外语的学习与实践。使涉外法律人才具备咨询、谈判等法律工作语言，通过外语来了解新的国际动向，以及处理事务的时候运用外语与相关人进行交流，因此要引起学生们对外语的重视。

四、以教材建设为载体推进人才培养

教材建设是各个高校进行教育深化改革、提升各个学校教学质量、巩固研究成果、培养高素质、多元化人才的重要根基。近些年来，我国法治建设发展迅速，但是要以坚持改革开放促发展，实现教材建设和教学改革的有机结合。这样才能以未来需求为导向，努力拼搏，扎实学习，多参加实习、比赛之类，多磨炼。

1.推进中国特色社会主义法治理论进教材

法学教材是法律新生刚开始接触法律的指引路灯，起着至关重要的作用，应该引起足够的重视。党的十八届四中全会对法学相关书籍和教材的编制提出了新的要求，并对法学专业学科设置提出了新的见解。要积极跟随党的领导，加强法学基础学科建设，培养新时代中国法治人才，通过各种方式和措施，从根本上打造法学专业学生的专业化水平，培养法学学生扎实的专业功底。从教师参考用书和学生参考用书入手，加强法学专业底层知识建设。建设主要基架为教师参考用书，另外还有下发的学生的指导资料、学生的课本等作为补充，从纸质化媒体到计算机类载体，预期得到的结果是能供学生体现思考性和可读性。这些教材的重点是培养学生的问题意识，学会将理论联系到实际，语言阐述生动形象，形式丰富多样，能够有效地解答学生们所关心的热点问题和难点

问题，有效地将马克思主义理论教育应用到具体实践当中，使得高校法律专业人才的思想水平得到进一步提升，坚持中国共产党的领导，充分提升自己的法律思维，养成属于自己的法律学习体系。

2. 增强法学教材对法学实践教育的回应

法学实践教育正得到教育界相关部门和人士越来越多的重视，鼓励教师教学从司法实践中总结法学专业学生应掌握的法学知识，提高学生的实务实践能力。然而，我们的教材建设尚未跟上法学实践教育大发展的步伐，法学实践与理论教育严重脱节，法律实践应用中需要用到的很多知识没有被编写进教材当中，目前的法学教育教学、课程设置依然存在理论性较强的问题，部分实务实践类课程教材不合适，学生始终一知半解，不能全面细致深入地了解该方面知识。因此，法学教材的编写一定要紧紧地和司法职业需求联系起来，紧跟历史潮流，及时应对现实生活中的法学实践新需求，更新法学教育体系，在进行法学方案编写的时候，要重点关注教材改革在提升学生理解能力和操作能力方面的作用，在教材建设中进一步突出实践教学的地位。同时开展对法学实务实践类课程专用教材的开发和建设的研究，将操作实务提示或指引作为教材的重点内容，根据法律实践项目的不同内容和程序，研究更多的法学教材编写体例和编写形式。

3. 推动法学教材的配套化和数字化建设

这些年来，国内经济形势突飞猛进，教学方式也有了翻天覆地的变化。教学形式不再单一且枯燥，开始引进各种教学新形式，学生参与度更高，学习更加自主，学习的时候幸福度也更高。形式变得愈发多样化，多媒体、数字化，通过多媒体，法学院专业教师可以给学生们展示包括PPT在内的多种教学资料，形式多样，有声音做辅助，学生们听得更加认真。因此，在做好法学基本教材建设的基础上，要关注如何更好、更高效地编写教材和辅助的参考资料；加强计算机教学辅助软件的平台建设，加快现代化教学改革，与现代科技结合起来，更好地达到法学领域高效教学的目的。

4. 兼顾法学教材与选拔考试类教材的衔接

司法考试和研究生考试已经成为我国法学人才选拔机制中的一个极其重要的环节，各高校法学学院必须高度重视，其对法学教育的影响不断显现。统一司法考试制度在某种程度上实现了法学教育和法律职业之间的衔接[①]，也让我们开始对法学教材编写进行反思，该如何编写重理论、重应用的法学教材成了教学行业的难点。此外，司法考试在一定程度上也是对高校人才培养质量的一次检验。因此，法学教育必须考虑与司法考试、研究生考试等法学人才选拔考试的衔接，那么法学教材的编写也必然要考虑兼顾这方面内容，以期为学生提供更多的帮助和指导。

五、高素质师资队伍的梯队建设

要想培养出多元化的法治人才，最根本上需要高水平师资。教师是我们学习的指路明灯，一位好的教师，能够启发学生、引起学生对学习的兴趣；一名专业化的教师在传授标准的课业知识的同时，也能够将自己的学习思路传授给法学院同学；一位热爱法学的教师，能够在教学之余，以自己对法学的热情影响到同学们，提升同学们对法学的学习兴趣。好的教师犹如航海的灯塔，能够在我们初期进行学习时，为我们指明前进的道路和方向。

1. 构建分层次、系统化的中青年专业教师进修培训体系

如何提高教师教学能力得到国家高度重视。国务院颁布了一系列政策文件督促各行业教师提升教学能力和水平。教师队伍，尤其是青年教师队伍，对学生传道授业起着至关重要的作用。基于国家相关政策的实施，各个高校的具体实践情况有所差异，高校教师发展策略、机制体系有以下三个特点：第一，从内涵上来讲，要坚持培养教师的政治素质和教师品德以及教学能力、科研能力等，同时又要注重教师的教学能力尤其是青年教师的教学能力的发挥；第二，从范围上来讲，不仅要抓好少数优秀教师的发展，更要全面支持各位教师的发展，取长补短，促进教师教学体系的完善；第三，从方法上来讲，转变重点，从把监督作为重点转变为把支持和服务作为重点，从根本上保护和支持教师的全面发展。

而有关教师教学能力的内涵和结构，国内外专家也已作了大量的分析，主要包含以下几个方面：由于教学的主要进程不一样，可以分为教学的设计、实践、评价；以教学的目标定位来划分，可以分为认知能力、监督监控能力和评

---

① 周华. 新时代背景下法治人才培养路径探析 [J]. 重庆第二师范学院学报，2020，33（2）：86-91，128.

价反思；以教学系统的组成结构来划分，可以分为在教学中的把控能力、各要素间的协调能力等。

当前，通过学习、借鉴欧美等发达国家有关促进高校教师发展的教师教学发展中心和专业发展组织开展的各类最新的研究和实践活动，使我国的教师进修培训水平快速与国际接轨，构建起分层、全面的中青年专业教师进修培训体系，极大促进了教师教学能力发展，构建了品牌教师队伍，推进学科发展。以教师教学发展中心为依托，高校以"教师专业发展工程"为抓手，设置了几个基本模块，主要侧重教学的设计、实施、评价反思等[1]，设计出科学、合理的有助于法学专业中青年教师快速成长、促进教学质量提升的进修培训课程及其考核体系，并由此构建起教师教学能力发展模型，以期在更大范围内进行实践、推广和共享。

2. 建立健全实务部门与法学院校的人员双向交流机制

学校应该加强教师的司法实践能力，通过鼓励教师去法院、检察院等法律实务部门兼职或挂职，提升专业实践能力，使讲授的课程内容更贴近实际[2]；同时，聘请一批具有较高理论水平和丰富实践经验的知名学者、专家担任兼职教授和兼职教师，进一步提高实践教学队伍素质，为培养学生实践能力提供人力支持。在此过程中，可结合国家司法体制改革，探索高校与实务部门更多的互动与交流方式和渠道，研究通过校内校外教师共同备课、共同担任学生导师、共同进行学术科研工作等形式，打造一个多元化、高质量的法学教学团队，进一步扩大双向互聘工作的覆盖面和受益面。教师在司法机关挂职有多方面的好处，一方面，可以让学生真正接触到实实在在在司法机关工作的人，了解他们的工作性质以及工作要求；另一方面，也可以接触到更多的司法机关实习资源，帮助学生们争取实习机会，让学生们在学习阶段结合实践，真正深入到司法行业了解一个行业的内在运作逻辑，成为其中的一分子，亲身体验。通过法学教学实践，学生才能真正认清是否是自己想要从事的行业。

3. "引派""引培"结合，加强国际化师资队伍梯队建设

国内外相关文献都曾涉及师资队伍国际化的本质和内涵，虽说法不一，但

---

① 黄进. 完善法学学科体系，创新涉外法治人才培养机制 [J]. 国际法研究，2020（3）：7-10.
② 杨宗科. 论"新法学"的建设理路 [J]. 法学，2020（7）：66-83.

对国际化的理解基本包含四个要素：（1）人员结构国际化是指教师不仅包括本土人才，还应包括外来人才，此方面，我国可借鉴美国和欧盟等高校广泛、公开接纳国外优秀师资的相关做法；（2）知识文化结构国际化是指教师的知识结构、教育理念等应与国际相接轨；（3）经历结构国际化是指教师应具备国外学习、交流等经历或国外教育背景；（4）人员交流结构国际化是指教师参与国际交流活动的数量、质量、影响力都应达到国际水平。因此，有必要运用多样化形式和手段，让具有发展潜力的优秀教师加强与国外专家、学者的交流、合作，开阔视野，接触实践，不断学习，提升教学、科研及管理水平。同时，拓宽引入海外名师的渠道与形式，探索尝试与第三方机构引入海外教师方面的合作，不断加大国际教师队伍的规模、比重与质量，并借鉴欧盟做法，与国际教育机构建立密切联系，促进多边合作项目的设立，联合开发课程、组织和合作集成项目，促进教师专业发展，增强教师国际意识，开阔教师国际视野。

第四节　高素质法治人才队伍建设的创新实践

"立格联盟"第六届高峰论坛上，中国政法大学校长黄进认为："法学教育应该定位为大众化教育阶段的精英教育。法学教育是一种具有高度专业性的职业教育，应该通过改进学术评价，来树立适应时代发展的价值判断和价值取向。"[①]西南政法大学校长付子堂认为："实务部门应该成为法治人才培养的主体之一，或者说叫作法治人才培养共同体，并非仅仅只是提供平台的使用。"[②]他认为，通过设置多学科课程交叉、促进，使师资多元化、培养创新能力等，打好通识教育的地基，结合社会法学人才需求，培养全方位、多元化法律人才，是未来法学教育的一条鲜明的路径。

事实上，为了适应经济社会发展的需要，各高校开始探索新的法学人才培养模式。目前，已经开展的改革模式主要有：

（1）"4+2"本硕贯通模式，前 4 年侧重基础学习，后 2 年侧重应用学习，通过较扎实的基础学习与较长时间的实践学习，培养高素质的法学精英人才。

---

① 黄进. 完善法学学科体系，创新涉外法治人才培养机制 [J]. 国际法研究，2020（3）：7-10.
② 付子堂. 探索政法高校法治人才培养新机制 [J]. 中国高校社会科学，2017（4）：12-16.

（2）"3+3"模式，改变目前本科 4 年制的做法，将本科和研究生培养衔接，并且通过多种国际合作培养的方式，为企业提供能够处理涉外法务、具有国际眼光的法律实务专业人员。

（3）"特色实验班"模式，是根据人才培养目标不同分为实务人才、学术人才、国际化人才等不同实验班，从新生或在校生中选拔，单独开班，独立培养，实施小班教学等。以下选取几所典型的院校，说明三种人才培养模式改革的实践探索等。

一、五大法学院法学教育模式改革

就中国政法大学来说，其法律人才培养模式是需要将法学教育培养与法学职业需求结合起来，将本科和硕士两阶段的法学教育结合起来，施行四年基础加两年应用的培养模式，以一定的方式改善了法学专业本科学习时间太短的问题。现在的培养模式缺乏对知识的应用还有职业所需技能和职业道德的培养，通过"分站式"的实习模式来增加这些培养阶段，具体操作是让学生根据各自不同的兴趣爱好和未来的职业规划，进行实习课程的选择，推进教育体制改革。兴趣是学习的起点，我们不能为了学习而学习，要学有所长，要找到自己的兴趣爱好点，找到法学体系学习中的乐趣，苦中作乐，这样才能长久地坚持下去，才能在真正参加工作的时候，也能在业余时间学习新知识。法律条文是变动的，不是一成不变的，学习也是一辈子的事情，是需要一直坚持的，不能仅仅限定在学校期间。

西南政法大学开办了分别针对实务人才和学术人才的实验班，根据不同的班级情况制定有针对性的培养方案，配备专业化、有针对性的师资力量，采用优胜劣汰的选拔机制，并争取打破传统学制，采用小班教学方式。其中，关于实务人才的试验班注重实习等社会实践，注重学术的实验班注重培养科研创新能力。

中南财经政法大学从本科开始就采用了"文澜人才培养模式"，采用本硕连读的方式，分阶段"2+2+2"进行培养，主要分为通识课、专业课和职业训练等阶段，实行分流的机制进行培养。学生根据自己的能力和兴趣进行专硕和学硕的学习选择。所采用的模式以导师制为主、结合课堂教学，由学校和其他用人单位联合培养，另外国际合作办学的方式开阔了学生的眼界，增强了处理国际事务的能力。

西北政法大学实行的是"实务培训模式"。自 2008 年以来，法学专业的教师年龄在 35 岁以下的需要轮流到司法机关进行轮岗，兼任检察官、法官助理一年，使得法学专业的青年教师在拥有理论基础的同时，增强了实践经验，脚踏实地，将理论与实际结合。另外，若是法学教师拥有副教授或以上职务，得到学校推荐的可在司法机关的领导岗位挂职一年。学校还鼓励学生去司法机关实习，实训半年可以担任见习法官助理、检察官助理等。学生在校的实务训练硬性要求为 6 个月，建立的研究生实训基地已达 39 个，参与的学生有1730 多名。

华东政法大学根据细分人才培养定位和目标，设置了有针对性的实验班来对不同的法律人才进行培养。实验班法律人才的教学和培养工作的责任由法律学院来承担，实行本硕贯通制培养，培养具有较高的人文科学素养、深厚的法学知识、较强的法律实务技能、宽广的国际视野、多学科知识解决法律问题能力的多元化法律专业复合人才。培养实验班人才教学和实践的工作由律师学院来担任，从学生阶段开始筛选今后立志于做律师的人，强化其律师技能，培养具有较高的人文科学素养、系统掌握法学基础知识、了解律师行业、具有基本道德素质，并且有过硬的专业能力、具备律师执业基本能力的高级法律服务专门人才。涉外卓越法律人才培养实验班包括国际经济法方向、国际金融法律方向和涉外商法方向。其中，国际经济法方向实验班培养德智体美全面发展，信念执着、品德优良，有广阔的国际视野，对国内外法学知识了解全面，能够做到活学活用的人才，将来从事法律工作，拿起法律的武器捍卫国家权利。毕业时颁发的是华东政法大学的本科学历证还有法学硕士学位证。国际金融面向法律方面培养试验班学生各个方面的能力，譬如信念要坚定，基础知识扎实，既有法律专业基础知识，又有优良的品德，包括数理统计的能力，还要英语口语熟练、外语能力好，起点高、多元化的应用型涉外法律人才。学生至少有一个学期在海外学习的机会，学校承认其海外学习学分，毕业后还可以推荐直通海外的高校进行研究生的学习。一定比例课程采用双语教学与英文授课；要求学生学习第二外语。涉外商法方向培养实验班培养"应用型、复合式、开放性"的涉外法律人才，即培养具有扎实的法学基础、开阔的国际视野、交叉的专业背景并且熟悉涉外商法的法律人才，毕业后能够直接胜任涉外企业法律法务、律师事务所等部门的相关工作。该方向注重对学生"第二外语"的培养，在加强学生英语水平培养的基础上，加大学生日语水平的培养力度，其中第六学期在日本高校学习。知识产权专业卓越人才培养实验班培养德、智、体、美全面发展，具有创新精神、实践能力与国际视野，系统掌握传统法律知识，在具备知识产权法律和知识产权管理知识的基础上，掌握与运用知识产权法律与国际规则，能够胜任国家机关、企事业单位及知识产权服务咨询机构对知识产权进行管理、运用与保护所需的全面多元化的法律人才。其中，西部政法干警班是针对西部基层定向培养的人才。

二、部分综合性大学法学院的创新人才培养模式

山东大学六年融贯制法学实验班以职业性教育为主导，采取"4+2"模式。前4年是大学基础知识学习时期，主要侧重于法学基础知识教育，锻炼法律思维体系；从第五年开始，到第六年为实践阶段，注重培养法律职业道德和专业技能。该实验班从整体招生计划（每年控制在180人左右）中选拔出30个名额，旨在培养厚基础、宽口径、高素质、强能力的法学精英人才。其培养规格为：培养学生公平正义的价值观和忠于法律的职业道德；注重培养其人文精神、科学精神、法制精神和公共精神；在奠定坚实的法律理论基础的同时，亦强化其知识的应用和职业技能训练。其课程设置的典型特色在于，以职业教育作为法学"4+2"人才培养模式的主导导向；课堂教学和实践教学紧密结合，专业学习和实训环环相扣；分别要求学生参加一年左右的固定实习、基地实习和集中学术方向专业重点学习；设置专门的英语法律双学位班。各个学校专业教学大同小异，如何从系统的培养中找到自己的创新点，就需要发挥自己的优势，找到属于自己的道路，通过某一个节点的细致学习，找到一个突破口，发现自己的学习专业兴趣点，并进行专门的学习钻研。也可以与其他学科进行学习，结合英语或是其他专业，增加自己的独特性，了解自身的优势，认清自身学习能力，培养自己的法学学习独特性，在进入工作之前打造属于自己的学习体系。

上海交通大学特设三三制法科特班（3+3），其特点是以通识教育和专业教育并重，本硕贯通。"3+3"是指前三年学业接受的是本科教学，从第四年开始学习研究生的知识，通过本科加硕士联合培养的模式让学生接受的法律职业教

育更完善。其选拔方式是在本科三年级结束时以免试推荐的方式选拔 15 名学生进入特班。特班的培养目的在于培养出一批具有正义感、责任感、有担当、有情怀并且专业学识精通、娴熟运用法律知识，思考全面有创造性，有国际眼界的检察官、律师以及跨国公司法律人才等。其培养规格为：培养学生法律分析和判断能力，作为法律高端职业从事者的实务技能，作为法律秩序担当者的职业自觉性和精神的陶冶。其课程特色在于：缩减概说性的、重复课程，增设法律操作技巧课程和法学前沿领域课程；整体学分控制，为学生留下足够的课外时间及拓展自我发展空间；民法、刑法、诉讼法构成课程设置的核心，经济法、商法注重与其他学科知识的交叉。其实践要求为：专业实习为期 6 个月，去法院、检察院、高端律所和跨国公司法务部门，主要的法律业务都有所涉及。其外语技能培养为通过国际合作培养的方式提高学生处理涉外法务的专精化能力（双学位项目、交换留学项目、海外实习项目等）。

三、其他高校法学院（系）的特色人才培养模式

北京外国语大学法学院明确地提出了办学目标，要培养多元化、跨国型、专业化的法律人才，在对法学生进行教学时，一边实践一边探索针对性较强的培养体系，并进行了一系列教学改革，包括对法学教育中的传统内容以及专业课程优化等方面；改革传统教学模式，积极实施开放式实践教学；将法学教学与英语教学结合起来，互相补充，争取双赢局面；创新性地开启研究生教育新模式，培养高端、专业化的法律人才；积极开展对外交流合作，迅速扩大学院的国际影响力等。

贵州民族大学法律系积极探索民族特色法律人才培养，系领导认为"民族地区卓越法律人才"在知识结构上的联动应表现在：对国家民族政策熟悉、对民族文化有所了解，熟知法律专业知识和地方差异性的知识；在个人能力方面，应该表现在：法律专业技能熟练，能够深入各民族群众进行沟通交流。目前比较规范的一种模式：通过跨专业的联合培养来达到"复合型"，先在其他专业学习 1～2 年，再回到法律专业进行法学专业的学习。例如，西南民族大学培养的双语法律专业人才就是先学习两三年的"藏语""彝语"后，再回到法学院进行法学专业通识教育课和专业选修课的学习；还有一种是通过不同的通识课或选修课模式，来完成对法学专业学生的培养。

上海海关学院有针对性地将办学和专业要求结合到一起，与用人单位一起进行研究，科学合理地确定基础课程和必修选修课程。同时依托行业需求，先后开发了比较海关法、海关国际法、美国海关法、知识产权海关保护、走私犯罪研究等近十门新课程，并使用了"讲评式案例教学法"等特色教学方法创新人才培养模式。浙江警官职业学院是法律行业内唯一的全国示范高职院校建设单位，该校法律专业人士对法学教育教学创新模式进行了全新的摸索与实践。法律专业学生重点培养综合能力，提出了"二融合""四阶段""三提升"人才培养模式，即"校局联盟243"人才培养模式。依托司法系统，通过养成法律职业道德基本素养，结合专业学习情况，与基层想配合，将学习阶段分为四个：认知学习、情境式实训、跟班式实习和就业式顶岗。另外还根据法律用人单位的不同需求，将职业能力分为法律逻辑思维、语言文字表达、信息收集与整理、法律关系分析等基本能力，与当事人进行沟通、证据识审查、制作法律文书等法律专业能力以及法律咨询、调解、仲裁等基层法律处理问题的能力。

第十章　高素质专业化法治工作队伍机制

第一节　遴选准入机制

2015 年 4 月 9 日，中共中央办公厅、国务院办公厅发布了《贯彻落实党的十八届四中全会决定的实施方案》，进一步深化司法制度和社会制度改革。实施计划的重点是建设一支高素质、高水平的法律团队，促进正规化、专业化，忠于党、忠于国家、忠于人民和法律。从源头上完善法律专业准入制度，控制法律专业团队的整体素质，是促进法律专业团队正规化、专业化的重要环节。

一、当前法治工作队伍选拔机制存在的问题

《习近平谈国家行政》第三卷关于政法工作的论述，是我们创新法治人才培养机制、打造高素质法律工作队伍的根本依据。习近平总书记在中国政法大学视察时指出："全面依法治国是坚持和发展中国特色社会主义的本质要求和重要保障，是国家现代化建设的必然要求。"建设法治国家、法治政府、法治社会与实现科学立法、严格执法、公正司法、全民守法，是分不开的。在中央法治委员会第一次会议提出的"十大坚持"中，总书记再次强调了坚持建设德才兼备的高素质法律工作队伍的重要作用。由此可见，培养法治人才是全面推进法治建设的基础性工作。

习近平总书记强调："法学学科是一门实践性很强的学科，要打破高校与社会的制度壁垒，把实践工作部门的优质实践教学资源引入高校。"这为我们确立法治实践部门在法治人才培养中的责任主体地位提供了行动指南。具体而言，可以从以下几个方面落实法律实践部门在法治人才培养中的责任：一是健全师资队伍联合组建机制。一支优秀的师资队伍是培养高素质法治人才的关

键。法律实践部门参与法学人才培养的首要任务是与法律教育部门形成一支高素质的师资队伍。二是构建优质教材协同开发机制。高质量的教材是培养高素质法律人才的前提。要充分发挥法律实务系的作用，参与优质教材协同开发。三是共建实践教学平台机制。法律实践部门与法律教育部门联合建立实践教学基地，是培养法律人才的重要环节。要调动法律实践部门的积极性，参与实践教学平台的共建，为法学专业学生开展实践教学创造更好的环境和条件。四是构建人才培养协同评价机制。科学的评价机制是培养高素质法律人才的助推器。要建立法学教育部门和法治实践部门的协同评价机制，突出法律实践部门在法律人才培养中的作用。五是建立法治实践部门责任落实机制。科学的责任落实机制是确保法律执业部门参与法律人才培养的关键。落实法律实务系与法学教育系共建师资、协调开发优质教材、共同设计课程体系、共建实践教学基地的责任，纳入考核内容，确保执业部门与法学教育部门的协调，全面落实培训机制。

高素质的法治专业人员是司法执法的灵魂和生命。实现司法公正和社会公正，不仅需要健全的法律制度作为有力的保证，而且还需要强大的思想政治素质、突出的专业能力和职业道德。法治专业人员各个方面的素质是影响司法公正的重要因素，也是决定司法改革能否取得预期成果的决定性力量。

2001年修订的《法官法》第九条规定，法官必须满足的条件是：具有中华人民共和国国籍；年龄不低于23周岁；支持中华人民共和国宪法；身体健康；具有较强的法律专业知识；毕业于法学专业，具有法学学士学位或非法学专业，从事法律工作至少2年，其中包括最高人民法院或最高人民法院的法官，应从事法律工作三年；已获得硕士学位，法学博士学位或非法学专业的硕士学位或博士学位，具有法律专业知识，并从事法律工作一年。其中，担任高级人民法院或最高人民法院的法官应从事法律工作两年。《检察官法》第十条规定，担任检察官的条件是：具有中华人民共和国国籍；年龄不低于23周岁；支持《中华人民共和国宪法》；具有良好的政治和专业素质以及良好的品行；身体健康；拥有法学学士学位，从事法律工作两年，并直接在中央政府或最高人民检察院领导下在省、自治区或直辖市人民检察院担任检察官，应从事法律工作至少三年；已获得硕士学位，法学博士学位或非法学专业的硕士学位或博士学位，具有法律专业知识，并从事一年的法律工作，包括在省、自治区、直辖市人民政府或最高人民检察院担任检察官，从事法律工作两年。《人民警察法》第二十六条规定，担任人民警察的条件是：十八岁以上的公民；遵守中华人民共和国宪法；具有良好的政治和专业素质以及良好的品行；身体健康；具有高中及以上学历；自愿担任人民警察。

结合部分地区法律专业人员的现状和上述具体的准入条件，可以从"入口"和选拔两个方面来考虑法律专业人员的选拔。研究发现，有 28.5% 的法治专业人士从这两个方面表达了对团队建设的强烈要求。

第一，"入口"。根据以上法律规定，我们可以看出，目前我国法律专业人士对法律专业教育的要求仍然很低。例如，在《法官法》中，法官的教育背景要求是毕业于法律专业或更高学位，或具有法律专业知识的非法律专业或更高学位。范围包括自学、函授教育、在线大学和其他非全日制教育。对于那些从高等教育中毕业的学生来说，这种门槛条件已经成为进入的障碍①。不仅如此，在《法官法》和《检察官法》中，"具有高校非法学专业本科及以上学历的法律专业知识"，但"法律专业知识"的定义缺乏科学、合理和真实性。在实践中很难用口头上的解释来进行操作和定义。

一般来说，通过国家司法考试是对法律专业知识的证明。但是，学术界和理论界都存在某些争议。许多专业人士和学者认为，没有经过正规、科学和系统的法律教育，很难具有严格的法律思维和逻辑能力，也很难在心中树立对法律的坚定信念和对正义的深刻理解。

第二，选择机制的合理性还需要进一步探讨。根据具体的司法实践，在法治中选拔专业人员并不能完全反映专业化、正规化的特征。在具体的研究过程中，许多在职法律专业人士提到"优化人才选拔机制，培养高素质法律专业人才"，"完善人才选拔机制，开辟人才选拔、竞争、流动的职业晋升渠道"，"严格选拔人才，提高门槛"，"加强人员的横向和纵向流动"等建议措施。综上，就法治专业人员的选拔而言，主要建议可大致分为：（1）提高就

---

① 王允武. 法治人才培养机制创新与法学教育协同推进——以改进民汉双语法治人才培养机制为视角 [J]. 西南民族大学学报（人文社科版），2016，37（1）：98-104.

业门槛；（2）提高人才流动。第一点已经通过"入口"进行了详细解释。当然，这里的"就业阈值"不仅是"入职"的阈值，还包括进一步的选择。"人才流动"是指人才选拔机制可以从现有的司法工作者中选择真正适合法治的专业人才职位的人才，从而实现人才与人才在职位、人才培养机制上的真正匹配。早在1999年3月，我国最高人民法院就公开招募了高级律师加入北京地区的法官队伍。尽管当时的情况并不理想，但这是从律师中选拔法官的空前起点。到目前为止，安徽、陕西、湖北等省都出现了从律师中选拔法官的特殊情况。尽管到目前为止尚未建立完整的系统，但这仍然是一个好的开始。

法学人才的培养在于法学教育。高校作为法律人才培养的主力军，肩负着不可替代的责任，是法律人才培养的第一阵地。但是，我国高校法学教育还存在一些亟待解决的问题和不足，如教学实践中中国特色社会主义法治教育不足；理论教学与实践教学衔接不畅；全国高校法制教育课程设置与培养模式同质化严重，多数高校特色不明显。针对以上问题，要深入学习贯彻习近平新时代中国特色社会主义思想，创新人才培养法制体系，努力培养一大批高素质法律人才和后备力量。

二、法治工作队伍遴选准入机制的完善

法律专业人员的选拔和任命是高素质法律专业人员队伍建设的重要组成部分。它必须适应我国社会主义阶段的国情，并与我国经济、社会和政治发展的趋势保持一致。基于现行法治专业人员选拔机制存在的问题及其成因分析，结合我国当前国情的实际发展，同时适当合理地借鉴国外的有益经验，法治专业人员和完善法治专业人员的制度并建设国家的"准入门槛"应遵循以下几点：

第一，对法治专业人员的选拔有严格的学术和专业要求。法官和检察官选择的学历和专业的起点设置为"法律上具有学士学位或以上学位的全日制大学"，而公安选择的起点设置为"高中或以上"。随着我国改革开放的不断深入，社会状况发生了翻天覆地的变化。截至2013年年底，全日制本科毕业生总数增加了3.7倍，而法律专业毕业生人数增加了2.9倍。根据Max Corporation在2011年发布的调查数据，2010年法律专业毕业生的失业率（毕业后半年内未就业）高达13.2%，在职业失业率排名中排名第六。除本科毕业生外，每年从

法学毕业生中毕业的法学毕业生人数也超过30000人①。根据这些数据，我们可以看到，在21世纪初修订的《法官法》和《检察官法》和较早修订的《警察法》与该专业人士的资格完全脱节，必须具备专业人才的入学资格。我们现有的法律专业人士也足以支持法治专业人才选拔的教育资格的提高。

第二，建立法治专业人员选拔的多元化渠道。作为司法活动的主体，法律专业人员的选拔受到经济、社会、法律环境和其他因素的相应限制。应建立人才储备机制，加强上级和下级人员流动的长效机制，并改善社会上优秀法律人才的选拔机制。法律专业人员的人才储备机制应作适当的调整和改革。关于人才储备机制，考虑在每个地区建立法律专业人员的储备库，包括文员、法官助理和其他司法助理作为储备人才，并为他们每个人建立科学合理的人才培养机制②。就上级和下级人员流动的长效机制而言，在人才短缺、新来者多的情况下，可以通过选择下级代理机构来提高上级代理机构和单位的实力。首先要根据理论原则安排基层强化培训，加强下属单位或部门的建设。从社会优秀法律从业人员中选拔法律从业人员时，应充分考虑社会优秀法律从业人员的选拔任用，特别是一些优秀律师等，以确保选拔任用程序公正。同时开放选用人才，真正利用岗位和职位吸引社会上优秀的法律人才，充分增强对法律专业人才的吸引力。

第二节　培训提升机制

随着全球知识经济时代的到来，知识更新的步伐正在迅速加快。因此，学习的概念和范围在不断扩大，并已扩展到整个人类生活过程的各个阶段。专业人士在法治中需要处理的事务越来越贴近社会现实。在每个层次上，他们的业务能力、专业水平和职业道德都必须不断更新和提高，以适应新形势下的各种工作需求。此外，法律法规的完善和更新是整个法治专业人员的职业生涯，因此，法治专业人员需要不断学习和理解各种新内容，以适应自己的职位。在终

---

① 蒋悟真，黄越.依法治国与法治人才培养机制的创新 [J].江西财经大学学报，2015（1）：121-128.

② 张清.推进合作式教学创新法治人才培养机制 [J].中国大学教学，2015（5）：25-29.

身教育理论的指导下，法治专业人员应当而且必须继续学习，以适应和满足社会经济发展的需要和实际的司法需要。但是，任何职业和个人都有其局限性，因此国家和政府有必要向他们提供多层次、多角度、高水平的职业教育，以提高整个法律团队的水平。

一、法治工作队伍人才培训机制存在的问题

创新法治专业人员培训机制，是加强法治专业人员队伍建设的重要途径。与法治中三种专业人士相对应的法律法规对培训作出了规定。在我国，在职培训一直被政府重视，作为一种福利提供给在职人员。基本上，每年都有成千上万的人参加培训，并且可以保证每个人每年至少进行一次专业培训。同时，可以确保同时进行在线培训。到目前为止，经过几十年的发展和改革，对法治专业人员的培训取得了一定成果，确保了法治专业人员素质的大幅度提高，初步建立了较为健全、科学的培训体系。但是，尽管如此，有必要明确认识到我国法律专业人才的培训仍处于摸索阶段，培训机制还不完善。它与真正的法律专业人士的制度化、科学和系统的教育和培训相距甚远，还有很长的路要走，还有许多问题需要克服，包括缺乏成熟而完整的培训体系和水平，缺乏科学合理的培训目标、内容和方法以及缺乏优秀的教师。

首先，缺乏成熟而完整的培训体系和水平。根据调查，"缺乏科学的培训体系""迫切需要加强人才的教育和培训，使思想和业务与时俱进""建立务实合理的教育机制"等问题或措施已被提及超过 723 次。事实证明，目前法治领域的专业人员队伍在教育和培训方面仍然不足。通过调查和访谈，我们可以了解到现在有大量的法律专业人员，其职位各不相同，每个职位都有具体的实际工作要求和工作条件。但是，尽管现有的培训在资本投入和培训强度方面付出了很大的努力，但缺乏科学的概述，即对不同级别和职位的法律专业人士进行培训。如果把领导干部和普通业务人员的培训混在一起，把不同岗位的在职人员混在一起进行培训，不仅不能达到科学培训的效果，也不能起到很好的作用，还会浪费资源和时间。

其次，除了系统的科学培训体系外，还必须认识到法治专业人员的职业培训具有一定的特殊性。它不同于其他职能部门，同时又不同于普通的法律教

育，它针对的是在职专业人员。法治专业人士必须根据工作内容、质量绩效和能力的要求，制定适合他们的培训目标、内容和方法。从实际情况来看，强化培训的主要方法是召集法律专业人士举办讲座等，尽管这有其自身的意义和重要性，但这种较传统的教学方法并不适合新情况。在当今世界国情和社会状况不断变化的时代，法律专业人员的培训应根据我国的司法发展情况和各地区的具体情况，提高思想政治素质、专业能力和专业水平。将法律职业道德作为基本目标和培训，重点是塑造专业人员在法治的各个方面的能力和素质。

此外，根据调查和分析，目前各个地区的法律专业人才的培训主要集中在三个方面：法律学者、专职培训教师和在职领导①。尽管这样的师资结构比较完整，但仍然存在许多问题和不足。法律学者从事学术研究已经很长时间了，他们在司法学术领域对理论问题进行了深入的研究。在教学过程中，他们通常将重点放在他们正在研究的主题或论文上，从而导致对实际方面更加熟悉的法律专业人士的"消化不良"。专职培训教师长期以来一直专注于教学本身，无论是在特定的学术问题上还是在实际操作中，他们自己的经验都不扎实，并且可以为实践中的问题提供有效解决方案的方法相对有限。在职领导在某些特定计划和政策文件的思想教育中可以发挥非常重要的作用，法治专业人员每个职位的具体工作都有其特殊性，因此在职领导可以在思想政治素质方面进行良好的教育，但是当在实施特定业务时，它仍然有些薄弱。

二、法治工作队伍人才培训机制的完善

第一，建立不同类型和内容的培训。就法官而言，外国通常将法官的培训分为两类：职前教育和在职培训。分类标准是受训人员是否已获得法官的资格。目前，我国大多数地区的法律从业人员的培训机制实际上是比较健全的，但是迫切需要提高学员的分类和培训内容的差异性。首先是学员的分类，可以考虑区分领导职位和非领导职位。不同的行政级别和不同级别的在职法律专业人员受到不同的培训，并且培训重点相对不同。在培训内容上，根据我国现行的有关政策和文件，可以根据思想政治素质、职业能力和职业道德的标准来划

---

① 何勤华. 全面推进依法治国视野下的法学教育改革 [J]. 中国高等教育，2015（6）：14-17.

分培训内容。

第二，完善现有的师资队伍，培训法治专业人员。教学人员的水平和素质直接决定培训的质量和水平。目前，法治系统的各个部门都建立了与系统有关的培训师资队伍，在促进各个地区法律专业人士的教育和培训方面发挥了重要作用。可以看出，大多数地区现有的师资储备非常丰富，但在改善师资队伍的知识更新机制、增加师资队伍的培训、优化兼职等方面仍有待加强。

第三，推进培训信息平台建设。随着社会信息化的深入，网络缩短了空间距离，减少了时间障碍。远程教育、网络培训等是一种高质量、高效率、低成本的现代教学模式。在此基础上，各地区要进一步加强培训信息化建设，对法治专业人员的培训高度依靠法治专业人员的内部网络和干部网络学院等，积极开展法治工作，并为在职专业人士提供依法独立学习的机会。个性化学习和相互学习提供了广阔的平台，也可以进一步提高教育、培训和管理服务的信息化水平。

第四，完善培训教材。法治专业人员的培训材料是培训的纲领，不仅可以指导教师的教学，而且可以帮助培训师独立学习。完善现有教材，加强教材建设，是实现法治专业人员培训和教育的重要途径。要坚持求精、求实、求实的原则，坚持理论与实践相结合，注重实际热点，根据发展和总结灵活地完善大纲，组织一批业务骨干参与编写及时地反映教材的内容，以反映行业要求和工作特点，并根据教材创建一批高质量的课程。

第三节　考核评价机制

法治专业人员的评估机制实际上是绩效评估，是指相应部门运用特定指标，结合科学方法对法治专业人员的工作进行检查，还可以进行价值判断。本次调查表明，部分地区法律从业人员考核机制的客观性、透明度和实用性均受到一定程度的质疑，说明目前的考核机制还不够完善。评估机制是一把"双刃剑"，如果使用得当，它可以在团队中发现真正的人才，充分发挥他们的能力，并促进工作的改进①。相反，如果评价机制本身存在缺陷，将严重挫伤法治专业人士的积极性，阻碍工作发展。

一、法治工作队伍考核评价机制存在的问题

从我国的现实情况看，长期以来，有关部门还没有建立起符合法治专业人员专业特征的评价体系。各级公务员的聘任、免职、晋升、奖惩等工作都包括在公务员的管理中。对法治专业人士的评估以公务员的年度评估的形式进行。作为司法系统的人事保护，法治专业人士应有与公务员不同的专业发展。如果将目前对公务员的评价作为法治专业人员的评价方法，那么很难回答法治专业人员的价值问题。即使法律专业人士的价值目标与公务员评估的价值目标相一致，也很难从具体内容、运作和执行等方面反映司法工作的特点。一般来说，我国大多数省市在法律专业人员的评估中都面临着许多问题，包括评估目标、评估对象、评估内容等，具体如下：

（1）评估目标不明确。在我国司法系统中，法治专业评估体系的功能定位相对模糊，许多法治专业部门尚未通过具体文件和其他具体评估目标。例如，保定市人民法院制定了"法官专业队伍"。评议制度只说明了法官评议制度的基本内涵、运作方式和特点。成都市中级人民法院的评估体系主要包括法官评价与评估的内容、方法等。法官的评价和评估非常重要，关系到值班法官的保障和质量的提高。

（2）评估主体的"双轨制"限制了法律专业人士的评估。我国目前的评价体系通常由部门领导组建评价委员会对部门内部人员进行评价。例如，《法官法》第十六章第四十八条规定："人民法院应当设立法官评估委员会。法官委员会的职责是指导法官的培训、评估。具体办法另行规定。"第四十九条规定："法官评估委员会应由五至九人组成，法官评估委员会的主席应为法院院长。"基于此，法官的评估工作就是以法院院长为首的法官。评估委员会已组成，我们的法院长期以来执行的是类似于行政系统的首席责任制，而不是法官责任制。

---

① 刘坤轮."学训一体"法律职业伦理教学模式的实践与创新 [J]. 政法论坛，2019，37（2）：30-37.

（3）当前的评估内容非常"数字化"，主要集中在法官结案的数量、调解率等方面。尽管这些评估内容看起来非常科学，但是法律专家的素质不仅仅体现了律师所反映的业务冷数字还包括政治素质、工作作风、职业道德、工作态度、整洁度等。完全"数字化"的定量评估不能有效地衡量法治专业人员的工作条件。这样的评估内容相当于"应试教育"，它非常僵化，缺乏法治专业人士的道德建设、责任感、公平和正义。谢伟提出了"建立完善的考核体系""强调专业知识和能力要求""严格要求法律从业人员通过司法考试的要求"和"定期思想政治教育考核"等建议[①]。法治的频率越高，法治专业人士越需要科学合理的评估机制。同时，还可以看出，目前的法治专家评估机制还不够健全。

二、法治工作队伍人才考核评价机制的完善

人才评价是人才发展体系和机制的重要组成部分，是人才资源开发、管理和利用的基本纽带。改革开放40多年来，我国法治人才评价机制不断完善和发展，在做好法治人才工作中发挥了重要作用。但是，人才评价标准也存在不同的问题，迫切需要进一步完善，以更好地发挥人才评价"命令"的作用。

一是不断完善法律人才的分类与评价机制。过去，我国法治人才评价标准缺乏科学分类，不同类型人才的"终极措施"，对法治一线人才的积极动力明显不足。完善法治人才的分类与评价体系，是充分发挥评价"法宝"作用的关键。为了全面、准确地反映不同岗位被评估人的状况，有必要根据实际情况合理设置和使用结案数、调解率等评估指标，以解决"三权"问题。"一种尺寸适合所有人"的评估标准应该注意人才考核分类；注重能力和诚信并重，道德至上，突出能力和绩效定位，建立基于同行考核的行业考核机制，着重引入社会考核，充分发挥人才考核的作用。按照社会和行业公认的要求发挥主要作用。同时，它丰富了评估方法，并采用了各种方法，例如将考试、复习和评估以及评估和鉴定、个人报告、实际操作、绩效展示等相结合，以提高针对性和准确性。

二是遵循法治人才成长规律，提高法治人才考核评价的针对性。多年来，

---

① 谢伟. 论从卓越法律人才到卓越法治人才培养的转变 [J]. 社会科学家，2019（10）：116-120.

我国依法治国的考核与使用之间的脱节一直被认为是职称制度的主要弊端。"我不能使用评估"更为常见。在这方面，法治职工的人才测评可以从《关于深化人才发展体制和机制改革的意见》中学习。评估水平强调聘用科目在职称评估中的领导作用，合理定义和下放专业职称的评价权限。深化法治人才发展机制和机制改革的核心是权力下放，激发和增强人才活力。

三是不断加强法律人才评价环境的建设。人才评估是在特定的外部和内部环境中进行的。外部环境是指在一定时期内由政治、经济、文化等多种因素组成的宏观环境。这些因素构成了人才评估的总体环境，从整体上影响着人才评估的各个方面。内部环境包括评估工具系统、评估组织者、评估者和被评估对象。评估工具系统是指评估量表的设计、数学方法的应用以及计算软件的编译。评估组织者是指评估政策的制定者、评估系统的用户、评估活动的组织者以及评估结果的处理者。他们的工作态度、工作水平和技术水平直接影响评估结果。评价者是人才评价的主体，他们的态度、素质和水平直接影响评价的结果。被评估的对象是评估的对象和被动的因素，但是其"自卫"行为常常会干扰人才的评估。可见，人才评估是一项对评估环境非常敏感的工作，建立公正、正常、宽松的评估环境是人才评估中始终需要关注的问题。

第四节　激励机制

根据管理的组织系统理论，激励机制包括三个方面：激励主体、激励对象和激励因素。动机主体是指组织的管理者，动机对象是指组织中的个人，动机因素包括物质动机和精神动机。简而言之，激励机制是指激励主体与激励对象在管理组织系统中的相互作用，从而认识到激励主体和激励对象可以共同高效地完成组织中的目标和任务。在激励过程中，应为激励人员实现最佳的人力资源配置、统一管理组织的集体利益和激励对象的个人利益[①]。具体来说，根据激励措施的分类，激励机制包括正向激励和负向激励。正向激励通常是奖励，即通过评估、晋升或高薪工作等方式获得精神和物质激励，以吸引有能力、经验

---

① 梅哲，王志.创新法治人才培养机制[J].红旗文稿，2017（5）：30-32.

丰富和高素质的人才，并激发他们的工作主观能动性，以实现个人最大的潜力。负向激励措施是指使用评估系统和其他措施对过失者处以罚款、降级和开除。通过正向和负向的激励措施，在组织内部形成积极的工作环境，促进组织目标和个人理想的共同实现。

一、法治工作队伍激励机制存在的问题

在调查研究中，多达 66.3％的法治专业人员表示，我国法治专业人员队伍的建设存在很大问题，主要包括薪资和福利、奖酬和待遇、惩罚机制和精神激励等。具体而言，我国法治专业队伍激励机制普遍存在的突出问题如下：

首先，物质激励相对不足。薪水和福利是一种稳健的激励措施，对法治专业人员的职业满意度有着不可磨灭的重要影响。但是现在，法治专业人员的工资相对较低，其经济收入远远落后于律师等行业。可以说，法治专业人员的基本物质需求还没有得到满足。此外，我国现行的法治专业人员管理制度一直采用公务员管理模式。尽管有一定的政策倾向，但法治专业人员的工资标准与公务员的工资标准基本相同，公务员的工资标准始终处于较低水平。此外，这种将法治专业人士视为公务员的方法并没有反映出法治专业人士的专业，这引起了员工在薪资和福利方面的普遍不满。此外，法制专业人士的激励措施不够完善。从目前的角度来看，我国法律专业人才部门主要依靠考核激励和精神激励。激励措施相对简单，情感激励和成就激励的使用相对不足，因此激励的有效性还不够。情感激励体现了以人为本的管理思想，以被管理者的情感为重要前提，可以满足人们的情感需求，及时解决法治专业人员的工作和生活中的困难，并为法治专业人员提供服务。工作中更多的便利将激发法治领域的专业人士的集体归属感和专业荣誉。但是，在目前的官僚组织和管理中，长期情况是任务繁重，缺乏指导性。批评很多，但赞誉更多；要求多，沟通也多。如果法治专业人士长期处于繁重的工作及冷漠、沮丧的工作环境和人际氛围中，不仅将难以提高他们的工作效率和积极性，而且会增加他们的工作倦怠，影响工作。从长远来看，会降低工作效率，这会损害整个部门和团队的凝聚力和战斗力。此外，法治专业人士的管理没有充分发挥成就奖励的作用，难以使法治专业人士热爱他们的工作、增强他们的信念和促进对法治专业人士的认可。

其次，教育激励培训的效果不明显。目前，公安系统、法官系统和检察官系统已经建立了自己的培训机制，并在全国范围内建立了国家、省、地（市）培训教育网络。在上一节中，研究人员指出了培训中存在的问题。这里的培训作为激励措施不够成熟的系统，本身就不是很好的激励措施。虽然法治专业人士已经完成了一系列激励措施，但是培训结束后还没有系统的评估和评价体系，也没有科学的方法来检验培训效果，严重影响了法治培训的激励效果。

最后，文化激励和指导的作用并不明显。文化就像一只看不见的手，它是一种无形的力量，在激励和指导方面起着无形的作用。法治专业人士不仅是自身制度和部门文化建设的主体，还是文化建设的对象。目前，尽管许多地区的法律专业人士的各种制度已经建立起诸如党建活动室、政府教育基地、书店等，但建设仍处于非常基础的阶段，尚未发掘教育和文化激励措施的辐射功能。精神和文化激励措施的建设明显不足，没有系统的、普遍公认的具有自我特色的文化。

二、法治工作队伍激励机制的完善

与外部动机相比，内在的精神动机可以提高团队工作的热情和创造力，也可以激发个人的主观能动性。就普通个人而言，他们具有摆脱外部控制的倾向和惯性。因此，加强对工作本身的激励能够进一步调动他们工作的积极性和主动性。在进一步加强外部激励机制的同时，法治专业人员的建设还应注意内部精神激励，从两方面着手，教育和指导法治专业人员以司法公正和执法公正为职业发展方向。相信法治可以保证他们的基本需求，同时激发他们对法治的深切热爱，并鼓励他们自觉和勤奋地工作。具体做法如下：

第一，提高福利待遇，确保物质激励。近年来，我国法律专业人才调动离职的主要原因是经济效益低下，工作量与所获得的工资和收益不成正比。在此基础上，我们可以参考东部较发达地区和西部邻近城市的政策法规，适当提高工资水平，更多地使用优惠政策吸引和留住优秀人才，最大限度地减少人才流失率。

另外，从各种社会新闻和实际情况来看，公安、检察和法官工作正逐渐成为高风险工作。因此，从人身安全的角度，我们应该改善法治专业人员的福利待遇。购买人身、财产等保险，以确保他们在工作中的安全感。

第二，进一步完善目标考核。长期以来，法治专业团队的工作成果主要通过结案数、结案率和重审率来评估。但是，评估的最终目的是鼓励和指导他们通过科学评估法治专业人员的司法和执法工作，不断提高他们的思想政治素质、职业能力和职业道德。因此，法律从业人员的考核评价应更加广泛，包括思想政治、专业水平、工作绩效、职业道德、工作作风等。

第三，适当充实激励措施。如果激励措施单一，激励措施的有效性就无法最大化，并且难以促进整个团队的健康发展。建立一支高素质的法治专业队伍，有必要采取多种激励措施。为了提高对法治专业人才的激励效果，必须注意不断丰富对法治专业人才的激励措施，促进法治专业人才的专业特色的有效性。激励、奖惩机制，灵活多样地运用情感激励法、精神激励法、授权激励法等多种方法，在管理法治专业人员的同时，要以人为本，尊重和理解法治专业人员，关心支持法治专业人士的工作和生活，加强人才之间的交流，确保每位在职人员都能充分发挥自己的长处，找到价值，并在岗位上充分利用其才能，促进法律专业人士参与司法建设。此外，管理人员应注意员工的个性特征、工作表现和嗜好，针对不同人群实施不同的激励方式，有效提高激励效果，最大限度地提高专业人员对法治的积极性，不断增强集体内部的亲密感和集体荣誉感。

第十一章　高素质专业化法治工作队伍建设的现实路径

建设一支高素质的法治专门队伍。法治专门队伍是指在人大和政府立法部门从事立法工作的人员、在行政机关从事执法的人员、在司法部门从事司法的人员，他们分别从事立法、执法、司法工作。法治专门队伍是建设法治中国的主导力量，是依法治国健康发展的重要保证。在当今新经济形势下，要想建设优良的法治工作队伍，就要注重法治专门队伍的建设与创新。

第一节　创新法治专业化人才培养机制

法学教育就像法制工作队伍建设中的一块基石，起着基础性的作用。要想推进人才建设，积极响应国家依法治国的要求，法学教育的改革需要从以下两个角度来进行：一方面，要加快转变以追求速度、规模为主导的发展方式，改为以追求法学教学质量为核心的发展模式；另一方面，要将法学专业教育与通识教育结合起来，加快法学教育教学模式的转变。要想从以上两个角度来推动法学教学建设，最重要的一点就是要推进法学人才的创新培养机制[①]。要坚持中国特色社会主义法治体系，以国家法治建设需求为导向，整合法学教育各个环节的资源，优化资源结构，推动法学改革新模式，培养高质量的法学人才。

一、优化法学师资队伍

法学人才培养建设中最珍贵的资源就是法学教育师资队伍。"有理想信念、

---

① 徐汉明. 习近平社会治理法治思想研究 [J]. 法学杂志，2017，38（10）：1-27.

有道德情操、有扎实知识、有仁爱之心"①，且政治立场坚定、专业知识扎实，了解中国国情的高质量法学教育师资队伍难能可贵，是实现法治人才培养关键的一步。要想优化法学院法学教育的师资队伍，首先要从根本上培养教师的理念，培养法学专业教师坚定不移地支持马克思主义法学思想，坚定不移地赞同中国特色社会主义法治理论，积极进行传播并亲身进行师范，以此来维持中国特色社会主义法学建设道路的正确性。另外，要优化法学师资结构，优化要依据中国特色社会主义法学理论体系、法学课程体制的建设要求，从学科建设和教学工作两个角度出发，组建高质量人才队伍和高层次学术创新队伍，推动法学创新发展，推进法学体制创新改革。此外，要鼓励吸引优秀的理论经验丰富、实践经验完善的专家来学校任教，支持各高校教师到法律事务部门进行挂职，加大学校法学教师与法治部门之间的交流，实现法学教育与实践的共同发展。

二、优化法治人才培养模式

要推进法制人才的培养模式优化，促进其与法治职能部门需求的完美对接，在法律专业教育的前提下，创新发展法学教育人才培养新模式。加快"卓越法律人才教育培养计划"，以人才培养基地为砥柱，坚持建设法制工作队伍，强化特色。对于复合型人才和应用型人才，要加强法学实践教育，在与有关部门进行联合培养时，重点突出过程常态化、专业化的体制建设②。基层法律人才的培养，尤其是西部基层，要切实从西部具体情况出发，符合当地经济发展状况，满足当地法治建设要求。对于涉外的法律人才，进行培养时要加强其与国际社会接轨，要深入了解中国发展对涉外法律人才的重视。要学习国外先进经验，取其精华去其糟粕，充分利用国内、国际各类教育资源，培养国内国外法律法规知识健全完善、善于处理涉外事务的法治人才。

三、优化法学课程体系

对于法治人才教学培养机制的创新，要摒弃传统守旧人才培养机制的限制，逐步建立具有"鲜明的中国特色、完整的知识结构、适度的学分要求、丰

① 付子堂.探索政法高校法治人才培养新机制 [J].中国高校社会科学，2017（4）：12-16.
② 蒋新苗.加快构建中国特色法学人才体系 [J].中国大学教学，2017（5）：32-37，41.

富的选择空间"的法学课程体系[①]。优化课程体系，以人为本，培养多样化专业性法学人才，可以从以下三个方面入手。第一，法学课程的设置要使中国特色社会主义法学理论体系与法学教育学科有机结合，以往的法学学科设置观念陈旧，很多照搬国外观点，并不符合我国的基本国情。培养的人才法律意识偏向于陈旧理论层面，不能切实地结合我国当前法律现实。因此，要优化法学课程设置，要能反映出法学理论的最新进展情况，将中国特色社会主义法治意识根植于人的内心。第二，不能违背法学教育的基本规律，减少非必要的必修课程。许多学校为扩充学校专业课知识，设置了大量的课程，有些对学生有价值，但也有很多课程滥竽充数，对学生专业培养作用不明显，反而浪费了众多学生独立思考的时间。要将这部分课程摒弃，使核心必修课程体系言简意赅、不烦琐，达到最大教学效果，力求构建法学专业知识体系的完整性，强化法学基础知识、基本理论的教育。第三，学生在对法学课程进行选择时，可选择机会多，为法治人才的成长成才创造自主学习与个性发展的空间。以前的学科设置往往是教师一言堂。教师定好一套课程体系，大家都要按照这个课程体系进行学习。但随着社会的进步、知识的变迁，很多时候教师们的观点也会变得陈旧，旧的体系设置已经不能适应当前的社会环境。当今社会是人才全面发展的社会，学生自主思考的能力比起以前要强得多，每个人都有各自的强项和偏好。要培养学生自主学习的能力，给学生众多的自主选择权。在进行学科设置时，保留一部分必修课程，提供一部分选修课程，让学生根据自己的兴趣和能力进行选择，培养多样化、专业化的人才。

四、优化法学教材编写和选用

法学教材的编写也是法学教育一个尤为重要的环节，依《决定》的要求来看，首先要统一国家的法律专业教材体系书籍，编写一套贯彻马克思主义法学思想的优质教材，通过教材弘扬中国特色社会主义法治理论。另外，在各个学校的法学教育过程中，要加强统一教材的使用，将其引进课堂，全方位对现今学生进行统一教育。在此根基牢固的基础上，有针对性地根据需要，编写各类

---

① 张文显 . 习近平法治思想研究（下）——习近平全面依法治国的核心观点 [J]. 法制与社会发展，2016，22（4）：5-47.

特色的法律教材，形成百花齐放、百家争鸣的局面。

五、优化法治实践教学

优化法治教学实践就意味着不能纸上谈兵，要将构想搬到现实生活中去，加强社会主义法学实践。各高校法学专业的毕业生不仅需要对专业基础法学学科知识掌握到位，还需要有一定的时间管理；另外，要控制各个教学实践阶段的过程，潜在地提高教学效果；进行创新，采用新的教学实践方式，不仅仅是补充理论知识，还可以采取模拟法庭或是辩论的方式，通过各种不同的形态，将法制观念传授给更多的学生；要创新教学实践模式，要打破学校与社会之间的一道墙，加强当地用人单位之间的协调发展，加快法治人员融入法治人才建设当中。

六、优化法学教育方法

全面依法治国要求在法律专业人才培养的过程中，要重视教育方法，加强学生现在的地位，充分调动法学学生的积极性和主动性。要加强法学教育思想与其他方式方法相结合，通过多种方法，培养学生的个人能力、实践和耐得住寂寞的能力。鼓励教师采用小班教学，并积极拓展新的教育方式——启发式、参与式、打压式、鼓励式，对案例教学法的使用尤为重要，从而培养学生的自主学习和创新能力。

七、强化法治人才培养的法学理论创新

全面推进依法治国，对人才的培养提出新要求，要求人才了解并贯彻落实中国特色社会主义法治理论建设，要注重人才的创新、法学理论的创新、法学教学的创新。法学的教育研究工作者，应具有全球视角，从中国特有的国情出发，与世界接轨，学习西方先进的技术水平、西方完善的教育体系，发展形成有中国特色的法学理论体系，加强法学学科基础建设，完善法律教学体系等。

第二节　优化新时期立法工作队伍建设

一、坚持党的领导，加强法治队伍建设的组织保障

一方面，要明确工作的要求是什么。在新时期加强法治人才建设时，需要优中选优，不断地进行人才选拔，然后对人才进行培养。要提高人才选拔的门槛，从人才培养的第一步去适配社会法学工作要求。具体做法主要体现在两个方面。一方面，要加强组织的实践。不光是理论上要推进中国特色社会主义法治队伍建设，而且要落到实处，将法学理论体系与具体实践结合起来。从顶层设计来看，政府应当出台相关法律规定，从国家层面上规范法学体系建设，使立法队伍更加正规、专业。另一方面，要加强考核监督机制。好的人才培养体系离不开外界的监督。在对法学教育进行全面升级的同时，应当对法学教育进行综合评价。设置评价指标，由人大常委会工委会进行打分、评判，作好法学队伍考核，随时监督法学教育走向，促使法学教育体系高效运转，培育法制队伍。

二、坚持宏观调控，打造立法队伍建设的制度基础

对打造新时期法治人才队伍建设进行统筹规划，对法治人才建设作了顶层设计，从宏观层面对法制队伍建设进行把控。明确分开各个部门的不同职责以及工作任务量多少，做好任务分配与调度，简化部门流程的同时也要做到照章办事，不能越级行动。这就需要法治队伍建设时，各级都具有专业性、权威性。主要可以从以下三个方面来进行把握：第一个方面是要强调引领作用。法制人才是社会人才的重要组成部分，要从顶层对法制人才建设进行规划，将立法人才纳入总体规划，作为总体规划的一个重要组成部分。总体规划需要人才来实现，在筹谋地区下一个人才发展五年计划时，要将立法人才队伍建设作为重要一环。第二个方面是权利要有所侧重。要求有立法经验的常委会人数不要低于15%。从高校院所或者是司法部门寻求年轻、有业务能力的人成为常委会专职委员。言传不如身教，通过专业化的专职委员，做好人才引领工作。通过自身的行为规范、专业化素质来带动法学人才勤奋向上，学习法律知识，为法

学人才树立未来的榜样。第三个方面是积极设置激励措施。好的学习环境，需要强有力的激励措施，要有奖有罚，不能一概而论。要做好引导工作和奖惩措施，有效监督，合理处罚。培养法律人员的犯错意识，明晰哪些行为该做，哪些行为不该做，哪些话可以说，哪些话不可以说。人所处的环境是动态的，在社会大环境下，自身的行为要想不断地保持向上，需要外界强有力的监督环境，在外界的监督下，各行为主体更能约束自己，在做好分内工作的同时，杜绝贪污腐败。因此，对于表现优异的人要实施奖励，犯法律错误的人员，要承担相应的法律责任。

三、挖掘潜力，把握立法队伍建设的关键环节

由于机构编制的增加，需要转变工作思路，留意单位机制的创新制度，采取更强有力的措施，打造一条高质量、高素质、高水平的法治人才建设道路。一方面，要加强培训措施，提高队伍的总体素质，形成规范的法制人才培养体系。在党委组织的总体培训当中，将立法参与的领导干部也纳入进来，通过领导干部的带头引领，开辟一条规范专业的培养道路。另一方面是重视引进，从外在上加强内部力量。要从多个渠道吸引人才加入，在已有固化的人才培养体系中，加入新的专业化元素。可以尝试从律师和法学专家等重要法学人物中公开招聘立法人员。再者就是，要贯彻落实人才可持续发展战略。要学会厚积薄发，稳住心态持续学习，学无止境，对自身能力进行不断提高。

四、寻求外界帮助，拓宽立法队伍建设的方法路径

从搭建平台、建设智库、数字赋能等单个角度来按照政府要求，发挥社会各界的力量。从搭建平台方面来说，要组建多元化的专家立法机制，组建立法专家信息库，出台项目专家参与制度。从建设智库的角度来讲，充分整合地区内外法治理论研究力量，开展立法决策咨询、学术交流、课题研究等工作。从数字赋能的角度来讲，努力加强推进立法信息化建设，积极寻求互联网等手段赋能，实现草案起草、项目管理、法规清理等工作的智能化、数据化，立法质量和效率得到明显提高。

第三节　强化高素质行政执法队伍建设

一、基于"局队分离"与流动机制的执法队伍内部职能重构

要将我国的行政执法体系规范起来，将行政和执法权责进行明确，相互之间权责分离，行政案件进行审理和裁决时交由执法局来负责，到了执行阶段的时候再由执法队进行负责。实行"职能分离"的同时，进行"局队分离"，再进行人员配备的时候应该分别配备执法人员和行政人员。综合行政执法局应该聘请多名技术专业、法律知识扎实的行政执法官对案件进行审理，根据审理结果做出处罚决定，享受的待遇应该是公务员级别；在综合执法队的下属各级中配备执法队，可以通过社会招聘或者校园招聘的形式，由身体健康、思想积极向上、符合行政执法要求的人来担任执法人员，采用事业单位编制。要做好局队分离的配合工作，将执法队伍流动机制落到实处，从底层开始，打造高素质执法队伍。

二、立足属地管理，打造全国统一的高素质行政执法队伍

需要法律具体明确地对综合行政执法局的权力架构和行政执法行为进行统一规范，根据法律的条例，行政执法可以由所属地进行管理，经费由所属的县级及以上政府进行调配，人员流动同理。行政执法机关依法办事，进行行政执法，履行职责，应该得到各级政府的支持。各级政府应该保障行政执法机关充足的经费和人员调配，经济基础决定上层建筑，要让执法人员无现实条件后顾之忧，坚定执法之心。要规范行政执法人员的着装，配备统一的制式服装，佩戴执法标识，所配备的着装要有城市执法的特点，建议纳入国务院规定的行政人员着装范围。除此之外，要加强对领导团队的要求和业务培训，建立一支全面、专业、各阶层齐发力的执法队伍；要加强行政执法人员的法律知识教育，提高执法人员的法律意识，提高行政执法团队的法律知识水平；对于行政执法团队中专门的执法人员，要实行严格的资格准入制度。另外，为保证行政执法力度到位，需要各级机关充分保障行政执法拥有充足的经费，切实保证行政执

法的公正性、合理性。各级财政应该有针对综合行动执法队的专门经费制度，将财产处罚和财产收缴明确地分开；行政执法装备要专业，要在市民心中树立良好的、专业的执法形象。与此同时，要建设专业的行政执法流程体系，体现执法的专业化和高效化。设立监察人员，严格按照流程体系进行执行，在保证执法力度合法合规的同时，提高执法人员的专业素质。

三、遵守大部制，整合拓宽行政执法的范围

实行"大部制"，对政府职能部门进行统一规划，再进行部门设置时，将职能相近、办理业务相似的部门放到一个部门，进行统一管理。避免部门过于繁杂，职能交叉等现象的发生，提高政府办事效率、降低政府办事成本。当前政府部门最大的一个问题就是部门冗杂，各职能部门定位不明确，同一个事件可能多个部门都能办理部分，导致政府办事流程多、效率低、时间长，极大地浪费了政府资源，也浪费了民众的时间。另外，城市行政执法队将文化领域单独放了出来，不符合现阶段的精神要求，其他大部分跟公共秩序有关的部门都被放到了统一的部门里进行管理。根据大部制精神，文化领域也应该放进来。近些年，文化传承、文化强国已经深入人心，要重视文化在行政执法当中的作用。综合行政执法队行政执法部门进行综合时遵循的原则是对公共秩序进行管理时的要素，而文化领域部分涉及公共秩序，因此纳入同一部门较为合理，这也是对综合行政执法进行深度改革的一个重要举措。另外，要将城市的综合行政执法队与农村的综合行政执法队结合起来，实行一体化。首先，对执法权进行统一是综合行政执法的要点之一，主要是统一处罚权、强制权和调查权。对这些方面的执法权进行综合，无论是从法律的角度来说，还是从执法专业性的角度来说，都不用对城市和农村作区分。其次，国务院文件中有相关规定，应该将综合行政执法部门作为政府中的一级职能部门进行管理。若是其中管理要素趋同的，按照大部制的标准，都应该进行整合，人民政府中的综合行政执法的责任应该包含城市的执法权和农村的执法权两个部分。最后，城市化进程在我国开展得如火如荼，农村变城市，农村人口变城镇人口，因此没必要区分开城市综合执法队和农村综合执法队。

四、加强公民参与意识，加强民众的社会监督职能

要加强综合执法行政人员和执法人员的监督力度，防止权利滥用，要形成从内到外、相互制约、相互监督的制度管理体系。加强内部行政执法监督力度，督促内部行政执法监督制度的贯彻落实。综合行政执法队的领导们要敢想敢做，勇于实践，敢抓也敢管，切实保障行政执法内部无贪污腐败、权利滥用等问题，加强行政复议工作的落实，加强政府法治部门对行政机关执法的监督力度，加强监管部门的监督力度。定期进行综合行政执法的考核，有效地督促各级行政执法人员爱岗敬业、遵纪守法。对于有问题的行政执法人员，要加大违法查处力度，加大处罚力度。要将有关查处案件移送审判机关，做到既能查处案件，又能对案件当事人进行处理。除了内部监督制度外，还要有效地开展外部监督作用，寻求外部监督的载体。由政府聘请外部监督执法人员，将其组成一个统一的监督群体，由党委领导，有针对性地、有组织地进行行政执法工作的检查和考核。合理地结合外部监督和内部监督，联合对行政执法机关进行监督考核，形成专业化的行政执法监督体系。要加强公民的参与意识，将监督执法行为权利下放到公民群体，开设举报热线，改变民众执法只与政府人员有关的偏颇想法，让人人都有监督的意识。利用民众的社会监督职能，覆盖各级执法机关监督不到位的地方，促使行政执法越来越合规、高效。

五、以行政执法试点为依托，探索行政执法体制改革

我国行政执法领域的职能分为宏观和微观两个层面，宏观角度来讲，主要包括行政执法领域的决策、监督职能等，微观层面上来讲，主要包括检查、处罚、征税等征管职能以及包含教科卫管等方面在内的服务职能。这些职能全都聚集在了行政执法机关，各个阶级根据对应情况均设置了专门的办事机构，导致执法机关过于烦琐庞大，不仅效率低下，且难以进行监管。现在我国正在城市进行综合管理执法试点，该经验表明，在大中城市中进行执法时，应采用综合执法。其中，综合执法的含义就是，在同一行政级别上，有一个新成立的统一的行政执法机关进行职能的行使，一次对检察权、处罚权等进行多方面的行使。目前来讲，该方法已经开始在各方面试点。关于各有关城市的试点问题，

应该加强管理，不断进行制度完善，将试点的面进行扩大。在试点过程中，总结经验教训，开展全国的推广行动，将综合执法的覆盖面进行扩大。不仅要在直辖市、大城市进行试点，还应当拓展到各地级市。不同级别的城市行政执法注意点不同，要将各试点单位的经验总结起来，进行复盘回顾，然后再返回到各试点单位，"对症下药"。在此基础上，行政综合执法要学会进行科学分工，将综合执法权进行属地管理，把该机构放在县市一级，将省、市的检查、监管、处罚等职能放到县市的综合执法机构进行管理；有关的行政执法复议等宏观的管理职能由省市两级政府进行管理。行政审批制度进行改革之后，要深化政务公开，实行"一条龙"服务，减少烦琐的政府办事流程，对各级机关的权利进行征管。在各级进行试点，成立各级综合行政机构，减少政府内设机构，达到小政府大社会的目标。要有效地简化政府行政执法流程，提高政府的办事效率。要以公平公正公开为基本原则，做到政务公开、全民监督，提升政府行政执法的权威性和在人民心目中的信用度。

六、加大投入，为行政执法队伍提供物质保障

目前来看，有个别行政执法部门经费不足，各项行政执法物质没有保障。因此，政府进行系统改革时，对于行政执法任务多的部门，编制安排时应该有所侧重。公务员编制名额是有限的，应该参照公务员管理条例，有计划地授权或者委托行政执法人员。对于行政执法人员的工资发放等问题，应该将这部分经费纳入财政拨款当中。由于我国各级财政的情况有所差别，这类问题应该有针对性地分地区、分部门系统性地进行解决。对于难以解决的问题，可以对"罚款"进行一定比例的返回，对罚缴制度要进行完善。经济基础决定上层建筑，要从根本上杜绝贪污腐败的问题，要让辛苦劳作的行政执法人员获得应有的报酬奖励，要做到奖罚分明，对于表现特别优异的行政执法人员，要做到适度的奖励，对于违法乱纪的行政人员，也要明确地进行惩罚，以儆效尤。各财政部门应该有计划有组织地对各级执法机关进行财政支持，满足专业性强的部门的设备更新需要，帮助执法任务顺利完成。

第四节　优化司法队伍专业化建设

一、对接法学专业教育与司法人员专业化需求

中国国家治理能力现代化很重要的司法保障就是要有专业的法律专业素质，要以法学专业教育为背景，培养法学理论专业素质以及基本的法学思维素养。然而现阶段教育与司法专职人员工作要求不相匹配，极大地影响了中国建设新时期专业化的司法团队。要想推进司法队伍专业化，就要努力提升各法学专业学生的法律素养。中国法学教育占用了大量的资源，但是对于法学教育与实践的结合却收效甚微。

从司法体制里走出来的法学学生虽然也能在司法体制内做一些简单的工作，但是并不能胜任律师等专业的司法工作。在学校时，学生接受的司法教育过于书本气息，与现实生活中的司法实践脱节，因此需要加强法学教育改革，让司法实践走到校园当中去，让学生们既有专业的法学教育知识，又有法学实践思维的锻炼，这样才能在毕业走向司法机关后也不会难以融合。司法体制改革是一个大工程，要从根部的司法教育出发，提升司法团队的建设。习近平总书记曾指出，要想对司法教育体系进行改革，就要从司法基本教学、法律教学教师团队、法学专业学科设置等多个角度出发，对司法体系进行深层次的变革，从学生进入法学院的那一刻开始革新，培养法学思维，锻造法律专业化高素质人才，为社会司法人才需要打好坚实的基础。这也就对司法体制建设下的学生提出了更高的要求，除了法学院学生基本的学科任务外，法学学生还应该参与法学专业培训，在课业之余，补充该掌握的法学专业知识，以及司法岗位上应当要具备的法学实践知识。但是在工作之后，业余时间较少，想要进行司法专业知识培训需要大量的时间进行学习。最好的办法就是在校期间的时候就应该就司法相关要求进行培训，学习专业司法知识，打造专业司法人才。

要按照法学学生的实习制度要求，加强法学学生的司法实践，可以将法学生司法实践放到毕业要求当中，在从事司法工作时，要着重强调是否具有司法实践工作，在学生进入工作岗位前，就要想办法把法学理论知识与法学实践相结合。学校也应该予以配合，合理地设置学业任务，留给学生多余的

时间让学生自由支配，也可以与个别司法机关统一协调好具体的教学实践工作，让校内法学学生去到各级司法机关进行司法实践，加强学生的司法实践意识和司法实践能力。司法机关应该主动承担起学生司法实践的任务，使法学院学生在进入司法机关之前就已掌握该拥有的司法基础专业知识和司法实践知识。同时，打铁还需自身硬，学生也应该积极抓住每一次司法实习的机会，加强司法实践经验，学好法学课业知识，在进入工作岗位之前就要对自己有一个明显的预判，掌握专业知识和实践经验，才能在司法机关工作时更快地上手，为司法体系服务。

对于法学院教师师资队伍的建设，也要从两个方面出发：一方面，要增强教师的专业化素质水平。学生的专业化水平很大一部分依赖于教师的法学专业水平，一个专业化强的法学教师，给学生带来的影响是巨大的。另一方面，要增强教师的实践水平。"纸上得来终觉浅，绝知此事要躬行。"只有教师的司法实践能力到位，传授给学生的专业知识才能是有实践意义的，因此要加强教师师资队伍与司法机关之间的交流合作，加强教师的司法实践能力。

二、科学构建司法队伍遴选标准与选任制度

要对律师、检察官等司法人员学历作出硬性要求。律师、检察官等司法人员需要接受过系统专业化的教育，首先要法学专业基础知识扎实，其次要有一定的法学实践经验，因此，需要对行业准入标准做出适当的提高，进行严格的人员筛选。由于职业具有特殊性，因此需要从人员刚刚进入这个行业开始就要有一定的标准要求，从根本上提高司法人员的学业能力、专业能力。可以将司法体系门槛提升到法学本科教育及以上，接受过系统的本科大学教育，可以从一定程度上保证法学院学生的学习能力和学习水平，从行业准入标准开始对人才进行遴选，有助于整个行业专业风气的加强。因此，可以将司法队伍行业准入门槛提高到大学法学本科及以上，从根本上提高司法队伍行业的综合学习能力。这就要求个别高等专科学校不要随意设置法学课程，以免培养的人才与社会脱节，不符合当前社会的法学专业人才要求。要将教学资源合理利用，统筹协调好专业法学人才的培养机制。

自十八届三中全会开始，我国就一直在探索深化司法体制改革的道路，如

何构建遴选标准，以及该构建怎样的遴选标准，成了司法界行业准入的一个难题。在对律师、法官、检察官等进行遴选的过程中，起到关键作用的就是进行行业准入筛选人才的委员会，人才的准入、行业规范的制定等各个司法体系的环节都有它的参与，因此委员会的质量和公平公正关系着整个行业的司法团队专业化水平，因此，需要采取措施保证这个委员会的公平公正。在对委员会人员进行选择时，需要遵循两个方面的要求：一方面是要保证委员会成员的司法专业性，委员会成员必须司法知识扎实、专业性强；另一方面，因为委员会需要对律师、检察官、法官等作评判，因此委员会成员应当包含律师、法官、检察官等职能人员，由此保证委员会的公平公正。在进行委员会成员筛选时，要跨地域，不光要吸收本地区的专业司法人才，还应当吸收外界司法人才。另外，为保证公平公正，在进行小组遴选时，小组成员需要通过随机性原则选取出来，保证结果的公正。从上层宏观把控司法体制改革道路，引领司法体制往一条正确、专业的道路上发展，发挥各级司法职能部门的最大优势，打造新一代具有中国特色的司法体系。

就目前来讲，对于委员会成员的选取要求较高，因此主要是由高级人民法院来负责。要确保该委员会的独立性，提供该委员会公平公正进行评判的平台，减少其他部门干预。由于律师团队代表较少，因此在对委员会成员进行选择时，需要增加律师代表人数，保障该委员会评判的公平性。除此以外，要学习外国先进经验，参考美国陪审团的组成，设置临时的委员会成员，以便在发生突发情况时，保证委员会遴选顺利进行。对委员会进行遴选时需要参考的标准问题，主要从以下几个方面进行考虑：一个是该司法人员对于解决纠纷案件等实践能力如何，另一个是该司法人员自身的综合素质条件如何。司法人员自身综合条件主要通过年龄、简历、专业等进行评判。在大多数情况下，司法人员的年龄确实会影响到办案经验以及司法人员的专业素质，因此需要设置一定的标准要求对年龄进行限制。但是在该措施实施阶段，要进行有针对性的筛选，不能"一刀切"，还是要以专业素质为主，如果人才实在优秀，可以放宽年龄等限制条件。在遴选法官等职位人员时，不光要看该司法人员的从业时间，更重要的是要参考其作为法官或是检察官的时间，工作时间够长，但体系内担任法官、检察官时间较短也不是一个好的选择。在进行评判时，成功遴选出的人员满足以下几条标准：一是选出来的检察官、法官专业性一定要强，并且实战经验丰富。例如，基层人民检察院的检察官进行选拔时，一般都会在遴选要求上明确指出，候选人此前应该担任检察官五年以上，并且对学历也有较高的条件限制，通常要求专业要一致，并且学历要求硕士及以上。如果该候选人学历要求不符合，但前期担任检察官的时间足够长，也可以适当放宽要求，不能错过人才培养。对于其专业要求，需要结合岗位进行遴选，根据岗位的要求对专业提出要求，对于简历过于优秀的候选人可以将学历要求放宽到法学院其他相关专业。

上述都是一些委员会进行遴选的具体标准，针对进行筛选时出现的一些特殊岗位，应当提出一些特殊的要求，例如，候选人申请的岗位是政策性研究的岗位，那就需要候选人的学术能力比较强，可以通过其本科硕士阶段发表的论文和课题来看出其科研能力如何。但如果这是在筛选司法行政岗，就不需要对学术能力有要求。

三、推进实施司法人员"员额制"与分类管理模式

要根据中国的具体国情来设置管理模式，中国人口基数大，法院体系、检察院体系也比较庞大，但是在司法系统中，还是存在案子多办案人员少的问题。这就说明一个问题，中国不缺人，而是缺少能够专业化办理案件的人才，需要专业化的司法团队来办理出现的案件。这个问题也说明了国内的司法管理模式需要加强。因为中国的司法体系是比较老派的，要想成为一名法官或者是检察官，首先就要求该人员是一名公务员。必须得先进入到体制内，才有机会参与到司法体系建设当中。然后，很多人进入到体系之后，就想追求社会地位的提升，选择向上晋升到管理层面，晋升上来的都是优秀的法官、检察官。在一线滞留的法官、检察官案件实战经验不足，压力巨大，最后办案质量也一般。刚上来的法官、检察官通常是刚毕业或者刚考上公务员，进入司法体系没多久。刚毕业的学生思维偏学生化，实践能力弱，思维比较偏重理论层面，面对现实生活案件的诸多变动因素，容易无从下手，想不到合理的解决办法。再加之刚进入公务员队伍，对自身的定位较为模糊，因此在办案时刚开始容易不踏实，略微浮躁。

从上述情况来看，中国目前最大的问题不是案子多办案人员少，不能简单地只通过扩充司法队伍、招纳人才、增加编制来进行改革，而是要改善办案人员结构，积极利用现有的司法队伍。对司法人员实行分类管理，解决当前的主要矛盾，快速推进案件办理。当前推行的员额制就是一项很好的举措，该举措要求"以办案人员为重心，以服务办案人员工作为重心"，遵循这两个重心的管理模式，让行政人员专心负责行政事宜，司法办案人员专注于和案件打交道，各司其职，共同打造专业化的中国司法团队。组建司法辅助队伍，适当帮助减轻检察官、法官除案件以外的额外工作，切实促进办事效率的提高，从根本上对司法体制进行改革，提升司法团队的专业程度。将各类司法人员分隔开，各司其职，形成专业化的司法团队建设。保证司法团队的整体专业素质，不能只要求检察官、法官的量，还要注重检察官、法官的质。要求在精不在多，对其数量加以限定，最大限度地保证司法队伍的建设。

另外，要促进司法体制变革，很重要的一个举措就是要优化资源配置。对司法系统中的司法办事人员采取分类管理的模式，打造一线的司法队伍。要想优化资源配置，很重要的一点就是要合理地调配编制人员数量，要在案子多的同时保持人也多，齐头并进，不要让一线办案人员工作压力太大，要保障办事效率和办案质量。现阶段，中国经济发展水平越来越高，发展速度越来越快，需要关注流动人口的数量，编制动态的考核机制，根据不同地区、不同时期的情况，有针对性地对编制数量进行调整，要最大程度、最高效地解决当地的案件。为了保证编制的合理性，还要提升监察力度，采取一定的方式和举措对司法体系进行审查和监管。比如，在下级法院案件过多忙不过来的情况下，上级法院可以适当地调配相关专业司法人员到基层进行帮忙，缓解下级的办案压力。另外，还可以从法官退休的情况入手，调整退休制度，减少一线法官提前内退的情况发生，注重发挥分类管理的优势，合理进行人员调配。将法官从各种烦琐的事物中剥离出来，实现法官真的站在一线办案，节省法官精力，将司法业务与司法事务完成全线分离，专业的人做专业的事，各司其职，打造专业性的司法团队。另外，要保障司法队伍的稳定，适当提高法院、检察官的待遇，减少人员流动，调动法院、检察官的工作积极性，减少离职率。

习近平总书记曾提出，要全面推进依法治国，要建立一个专业化、高素质的司法团队，构建专业化中国标准的司法体系，这是建设法治国家的必经之路，应该引起重点关注。当前的中国也继续以专业化的组织和人力来保障司法队伍建设。对法院、检察院的职责定位应当明确，各司其职，不能职务混乱，优化司法体系内的资源配置问题。法院、检察院最根本的职能是行使相应的权利，根据法律规定来对案件进行审判和检察，要明确权利职责所在，不应该让其背负其他的实名，权责一旦乱套，司法体系的权威性将受到很大的冲击，应该采取一定的措施和手段，保障法院、检察院专注于案件审理、司法业务审查。要正确地认识法院与其他政府职能部门之间的关系，找准定位，优化司法资源配置。

四、强化完善司法责任制与司法人员职业保障制度

现阶段，我国的司法权力运行机制亟待健全，需要从完善主审法官、合议庭办事责任等多方面采取措施，在具体的案件办理过程中必须要保证由审理者裁判、由相应的裁判者负主要责任。要将案件办理的流程进行全面的梳理，明确各级人员分配，规定各级人员职能权利，不能越级办事。也要简化流程，剔除不必要的审批流程，对案件进行高效处理。因此，进一步落实和完善司法责任制是现阶段我国进行司法改革的重要内容，一方面，要保证法官和检察官在案件办理的过程中能够合理地行使职权，另一方面，又要监督法官和检察官的责任落实，进而从责任落实的角度推动我国的司法队伍建设。

我国落实和完善司法责任制，第一，要明确主审官、合议庭办案责任以及检察官办案责任制。在具体的案件办理过程中，要绝对地保障审判机关以及检察机关能够独立地行使职权，案件的办理不受到外部人员、外部权利的干涉，案件的办理要在国家法律的框架下，依据实际情况进行公平公正的审理。基于此，就要保证主法官能够在法律允许的条件下独立地审理案件，减少甚至取消在案件审理过程中不必要的审核，落实主法官对整个案件的责任，即为主审法官责任制。相应的合议庭办案责任制，就是要确保参与案件办理的法官以及陪审员对自身所发表的评议负责。在检察官办案责任制中，检察官要在相应的范围内对所检查的案件全权负责。现阶段，在东南沿海的发达地区，如广东省，已经开始落实主审法官和合议庭办案责任制以及检察官办案责任制，在具体案

件审理的实践中，挑选专业水平高的法官落实主审法官责任，挑选检察官落实主任检察官的责任。与此同时，也会为法官和检察官提供必要的辅助人员，这将会极大地增强法官和主审法官的责任感，使案件的办理更加公平公正。

第二，在落实司法责任的基础上，要健全办案质量终身负责制和错案责任追究制。目前，在《框架意见》中要求，主审法官、合议庭法官等都必须对案件办理过程中自己所行使的职权进行终身负责，确保错案能够有源可追。该举措不仅能够进一步完善我国的司法责任制，而且能够进一步加强对我国司法权和检查权的监督和制约。在中央政法委已经出台的《关于切实防止冤假错案的指导意见》中同样对案件质量终身负责制作出了相应的规定。现阶段，在司法责任试点的地区中，已经根据中央的相关文件精神，并结合当地的实际情况出台了切合实际的可行性实施办法，进一步推动案件质量终身负责制、责任追究制与司法人员分类管理等相应改革措施的衔接，这一举措也推动了我国法治工作队伍的专业化。与此同时，在落实司法负责的基础上，也要切实保障法官和检察官合法权利的行使，实现权利和义务的统一，确保司法队伍人员的积极性和主动性。

第三，在落实相关责任的基础上，也要进一步完善法官和检察官的保障制度。首先，健全法官和检察官的职务序列制度，让法治工作队伍人员的等级与行政等级相互独立，互不干涉，切实保障法治工作队伍人员的专业水平。其次，在职务序列制度的基础上完善配套的薪酬制度，重点提升在责任落实制度中承担相应责任的人员的薪酬待遇。法制工作队伍人员的福利待遇标准参照公务员，因此基本薪酬待遇应与公务员大体一致。但是，法律工作专业水平要求高，在案件办理的过程中工作强度大，不仅需要睿智的头脑，还要有健康的体魄，因为高强度的工作对身体来说也是一种考验。因此，为了保障法制从业人员的合法权益，避免司法队伍的人员流失，要在公务员薪酬的标准下合理提升法制工作人员的薪资。建立与法官、检察官职业相匹配的薪酬制度是提升司法队伍专业化的重要保障。

结 束 语

中国法治队伍专业化建设任重而道远。中国法治队伍专业化建设虽然正在完善，但是仍存在不尽如人意的地方，法治机关"刀把子"的定位与法治队伍半军事化同和平时期法治队伍专业化建设的总体基调已不相合。新时期"国家治理能力现代化"问题是中国共产党在十八届四中全会《关于全面推进依法治国若干重大问题的决定》中提出的重大战略部署，其中法治队伍专业化建设是国家治理能力现代化在法治领域治理能力现代化的核心构成要素之一，是全面推进依法治国、深化法治体制改革的基础性、制度性措施之一，这将会是当前和今后一个阶段的重大实践问题。当前，习近平总书记在推进法治领域现代化建设方面的新思路中将建设公正高效权威的社会主义法治制度作为推进现代化建设的基础与关键，而建设高素质、专业化法治队伍则对社会主义法治制度的进一步完善具有决定性的影响。因此，不管是在当前还是在今后，探索怎样在中国当前法治队伍专业化建设的基础上以习近平总书记"治国理政"新思路来指导新时期的法治队伍专业化建设至关重要。目前中国正处于法治人员分类管理等四项改革进行之时，虽然各类推进法治队伍专业化建设的举措都在不断地为改革的全面推开积累经验、创造条件，但这些改革仍然处于过渡阶段，也正是因为如此，这也为法治队伍专业化建设提供了新的机遇与挑战。因此，推进法治队伍的专业化建设对深化司法体制改革、实现法治新常态、全面推进依法治国、推进国家治理能力现代化有重大意义。

参 考 文 献

[1] 刘峥.建设德才兼备的高素质法治人才队伍 [N].安徽日报,2021-01-12（006）.

[2] 张胥卓.以法治思想建设法治队伍 [N].中国质量报,2021-01-11（004）.

[3] 姜茹茹.如何充分认识"坚持建设德才兼备的高素质法治工作队伍" [J].党课参考,2021（1）:108-117.

[4] 吕红兵.维护律师执业权利共建法治工作队伍 [N].检察日报,2020-10-21（003）.

[5] 张兆端.深刻领会举办人民警察队伍授旗仪式的重大政治、法治及文化意义 [J].公安教育,2020（10）:6-8.

[6] 廖永安,刘浅哲.创新法治人才培养机制造就高素质法治工作队伍 [N].湖南日报,2020-09-01（007）.

[7] 李佳婧.法治思维视角下高校纪检监察干部队伍履职能力建设路径 [J].法制与社会,2020（24）:96-97.

[8] 栗阳.建设高素质法治工作队伍 [N].中国社会科学报,2020-06-17（011）.

[9] 丁子雯.初中法治课教师队伍存在的问题与对策研究 [D].杭州:杭州师范大学,2020.

[10] 林洋.新发展理念与国家统一法律职业资格制度——兼论基层法治队伍优化路径 [J].新西部,2020（14）:88-89.

[11] 郭颖.新时代农村基层党组织开展法治教育研究 [D].绵阳:西南科技大学,2020.

[12] 瞿紫玥.小学法治教师队伍建设考核评价体系研究——以 H 省 L 市小学为例 [J].第二课堂,2020（4）:12-14.

[13] 吴龙虎.关于加快推进延边州法治建设的思考 [J].延边党校学报,2020,

36（2）：79-83.

[14] 程颖宜.乡村治理法治化面临困境及解决路径 [J].新西部，2020（11）：
     55，80.

[15] 李彬，宋剑.河北省高素质专业化法治队伍建设研究 [J].合作经济与科技，
     2020（8）：186-188.

[16] 王颖慧.乡村振兴背景下加强民族地区农民法治意识培育研究 [J].法制与
     经济，2020（3）：18-19.

[17] 杨振华.高校辅导员队伍法治素养的现状与提升策略 [J].高校辅导员学刊，
     2020，12（1）：76-80，86.

[18] 张昉.打造普法志愿队伍书写"三农"法治新篇 [J].江苏农村经济，2020
     （3）：17.

[19] 王硕.习近平法治思想及其实践路径研究 [D].合肥：安徽医科大学，2020.

[20] 张超.高校党支部法治队伍建设前景和可行性研究——以西南政法大学为
     例 [J].重庆电子工程职业学院学报，2020，29（1）：82-86.

[21] 黎堂斌.锻造坚强的民主法治建设队伍 [J].群众，2020（3）：65-66.

[22] 郑江涛，王卫军.锻造法纪严风气正的过硬基层 [N].解放军报，2020-01-
     06（007）.

[23] 刘术永.新时代中国特色社会主义法治文化建设理论与路径抉择 [J].华北
     水利水电大学学报（社会科学版），2019，35（6）：1-6.

[24] 周鸿敏.公共管理视域下的农村法治建设研究 [D].南昌：江西财经大学，
     2019.

[25] 陆静.打造法治化干部队伍全面提升城市营商环境 [N].青岛日报，2019-
     11-22（007）.

[26] 程骏，季文华，盛宏宝.小学道德与法治教师队伍建设的问题与建议——
     以安徽省部分县区为例 [J].中国德育，2019（16）：26-30.

[27] 吴世俊.乡村治理法治化研究 [J].法制博览，2019（22）：118-119.

[28] 胡文焘.论全面依法治国的新部署 [J].法制博览，2019（22）：138-139.

[29] 莫亦翔.新时代加强我区法治工作队伍建设的几点思考 [J].当代广西，
     2019（15）：26-27.

[30] 郭杰．纪检监察队伍法治能力建设路径研究 [J]．上海市经济管理干部学院学报，2019，17（4）：57-61.

[31] 王晶晶．中小学法治教育师资队伍建设的现实困境及解决策略 [J]．中国教师，2019（7）：13-16.

[32] 孙凡舒．新时代习近平全面依法治国思想研究 [D]．沈阳：沈阳工业大学，2019.

[33] 钟诚．新时代乡村治理体系建设研究 [D]．长春：长春理工大学，2019.

[34] 麻永晶．基层治理法治化的推进及问题研究 [D]．济南：山东师范大学，2019.

[35] 苏凤楠．当前我国县域社会治理法治化研究 [D]．昆明：云南师范大学，2019.

[36] 王天煜．社区治理的法治化研究 [D]．淮北：淮北师范大学，2019.

[37] 赵春节．乡镇政府文化治理法治化研究 [D]．重庆：西南大学，2019.

[38] 郑文文．新法治理念视域下的保密队伍建设途径探究 [J]．智库时代，2019（13）：257，266.

[39] 王明昕．习近平全面依法治国重要论述研究 [D]．西安：陕西科技大学，2019.

[40] 倪建秀．习近平新时代中国特色社会主义法治思想的继承性与创新性 [J]．新西部，2019（3）：6-7.

[41] 李霞．新时代"枫桥经验"的新实践：充分发挥法治在基层社会治理中的作用 [J]．法学杂志，2019，40（1）：28-35.

[42] 贾海薇．新时代公务员队伍的建设路径：科学化＋法治化——以《公务员法（修订草案）》为视角 [J]．行政管理改革，2018（12）：32-37.

[43] 唐琼．四川省基层治理法治化现状、问题和对策——基于四川省的调研 [J]．中共四川省委党校学报，2018（4）：104-109.

[44] 于艳艳．中国特色社会主义法治道路研究 [D]．济南：山东师范大学，2018.

[45] 成尚荣．走法治、专业、优质、创新之路——改革开放 40 年教师队伍建设回眸 [J]．人民教育，2018（21）：28-32.

[46] 马文涛．新疆阿克苏地区农村社会治理法治化建设研究 [D]．阿拉尔：塔里

木大学，2018.

[47] 王群瑛.新时代法治人才培养的基本要求 [J].中国高等教育，2018（19）：44-46.

[48] 贾晟.无锡市滨湖区基层公务员依法行政能力提升研究 [D].大连：大连海事大学，2018.

[49] 张勐.东平县农村法治建设问题研究 [D].泰安：山东农业大学，2018.

[50] 赵少莲.加强法治队伍建设提升法治建设实效 [N].黄冈日报，2017-12-20（005）.

[51] 刘文斌.法治工作队伍建设及法治人才培养机制研究 [C]// 山西省法学会，河南省法学会，湖北省法学会，湖南省法学会，江西省法学会，安徽省法学会.新型城镇化进程中的法律问题研究——第十届中部崛起法治论坛论文集，2017：9.

[52] 曹文泽.高素质教师是培养出高水平法治人才队伍的关键 [J].求知，2017（8）：64.

[53] 徐凤英.新形势下加强法治工作队伍建设的思考 [J].山东工会论坛，2017，23（3）：72-76.

[54] 宋美桦.习近平全面依法治国思想研究 [D].济南：山东师范大学，2017.

[55] 李芳，吕培亮.社会主义法治文化建设有三大立足点 [N].民主与法制时报，2017-06-11（011）.

[56] 王敬川，李尧.论习近平法治思想对党员领导干部队伍建设的实践意义 [J].毛泽东思想研究，2017，34（3）：76-80.

[57] 师峰杰.习近平人才思想研究 [D].呼和浩特：内蒙古师范大学，2017.

[58] 张娟.普通中学法治教育教师队伍建设问题与对策研究 [D].西安：陕西师范大学，2017.

[59] 楚向红.中国共产党依法治国的历程与基本经验研究 [D].武汉：华中师范大学，2017.

[60] 刘源.当前我国基层信访法治化探究 [D].信阳：信阳师范学院，2017.

[61] 张文显.治国理政的法治理念和法治思维 [J].中国社会科学，2017（4）：40-66.

[62] 屈文生.建设涉外法治工作队伍需要法律外语人才 [J].中国高等教育，2017（7）：42-44.

[63] 陈达莉.法治视野下大学生社会主义核心价值观培育研究 [D].南充：西华师范大学，2017.

[64] 陆喜元.中国西部县级政府治理能力现代化研究 [D].兰州：兰州大学，2017.

[65] 齐晓洁.马克思主义理论指导下司法队伍专业化建设研究 [D].曲阜：曲阜师范大学，2017.

[66] 张英俊，王辉.农村基层治理法治化：问题与对策 [J].中共青岛市委党校青岛行政学院学报，2017（1）：76-81.

[67] 李晓辉.基层法治政府建设的困境破解探究 [J].石家庄铁道大学学报（社会科学版），2016，10（4）：81-86.

[68] 车世有，张凤琴.新形势下，对提高法规管理队伍素质加强法治烟草建设水平的建议 [C]//中国烟草学会.中国烟草学会2016年度优秀论文汇编——烟草法律法规主题，2016：3.

[69] 卢芳霞.基层法治建设的经验、瓶颈与展望——以法治浙江建设十年为视角 [J].法治研究，2016（6）：108-115.

[70] 吴倩倩.法治中国视域下的法官队伍建设 [J].南方论刊，2016（11）：45-48.

[71] 杨茜.论优化涉外法治人才队伍培养机制 [J].法制与社会，2016（28）：204-205.

[72] 王晓星.关于加强法治工作队伍建设的几点思考 [J].领导科学论坛，2016（15）：27-28，42.

[73] 刘作翔.法律人才培养应作分类化研究 [N].人民法院报，2016-08-19（005）.

[74] 孙卫.新常态下干部队伍的法治能力建设探析——以云南省临沧市为例 [J].中共云南省委党校学报，2016，17（4）：146-150.

[75] 李雯.城市社区法治化建设的推进路径 [J].中共山西省委党校学报，2016，39（4）：93-95.

[76] 郭安静.对国家教育考试机构队伍法治化建设的思考 [J].中国考试，2016

（8）：59-63.

[77] 潘泽，成军帅.新疆南疆地区基层少数民族法治队伍建设 [J]. 现代企业，2016（7）：46-47.

[78] 朱桦.法治化：高校辅导员队伍建设的新视角 [J]. 改革与开放，2016（13）：51-52.

[79] 陈光中.推进法律职业教育培训建设社会主义法治工作队伍 [J]. 中国公证，2016（7）：15-17.

[80] 张文显.习近平法治思想研究（下）——习近平全面依法治国的核心观点 [J]. 法制与社会发展，2016，22（4）：5-47.

[81] 甘守义.领导干部依法执政能力建设研究 [D]. 北京：中共中央党校，2016.

[82] 陈珊.水生态环境犯罪刑事法治体系研究 [D]. 南昌：南昌大学，2016.

[83] 陈菲.建立从律师和法学专家中选拔立法司法人员常态化机制推动法治专门队伍结构优化 [N]. 人民日报，2016-06-27（006）.

[84] 静水.健全执业管理助推法治建设——泉州市多措并举加强律师队伍建设为法治泉州提供人才保障 [J]. 中国律师，2016（6）：53-56.

[85] 胡惠闵，黄慎娥，郝亚迪.中小学法治教育师资队伍建设策略研究 [J]. 现代教学，2016（12）：26-29.

[86] 蔡蓉英.建设高素质法治工作队伍的理论探讨——以湖南省法治建设经验为例 [J]. 湖南警察学院学报，2016，28（3）：74-79.

[87] 张海根.中国共产党全面推进依法治国研究 [D]. 福州：福建师范大学，2016.

[88] 王宝宁.习近平法治思想研究 [D]. 锦州：渤海大学，2016.

[89] 赵长明.法治理念下新时代刑警队伍人才流失问题研究 [J]. 福建质量管理，2016（05）：30-31.

[90] 方少灿.习近平法治思想研究 [D]. 广州：广东财经大学，2016.

[91] 李晓辉.当前基层治理法治化的困境与突破策略 [J]. 辽宁工业大学学报（社会科学版），2016，18（4）：20-22.

[92].建设一支德才兼备的高素质法治队伍 [J]. 人民政坛，2016（5）：46-47.

[93] 章天戜.党领导依法治国的实现方式 [J]. 邓小平研究，2016（3）：107-115.

[94] 杨蕾歆.基于公共人力资源管理视角的重庆市法治专门人才队伍建设研究 [D].重庆：重庆大学，2016.

[95] 郝宇洁.法治视角下的非法营运治理研究 [D].西安：长安大学，2016.

[96] 马一德.建设一支德才兼备的高素质法治队伍 [J].红旗文稿，2016（7）：31-32.

[97] 刘宁.当代中国的法治教育研究 [D].武汉：华中师范大学，2016.

[98] 刘武俊.从律师和法学专家中选拔法治人才让法治队伍流动起来 [N].民主与法制时报，2016-03-26（002）.

[99] 吴海苗.提高干部队伍法治思维能力的路径研究 [J].湖北科技学院学报，2015，35（12）：52-54.

[100] 王雪姣.浅谈在法治思维和法治方式下推动边检队伍建设 [J].法制与社会，2016（4）：200-201.

[101] 王玲杰，王晓恬.党员干部队伍法治化建设现状探究 [J].新西部（理论版），2016（2）：56，66.

[102] 方世南，孔川.法治型党组织视域内的农村书记队伍建设研究 [J].徐州工程学院学报（社会科学版），2016，31（1）：25-29.

[103] 王辉.新形势下东营市法治队伍建设现状调查与思考 [J].法制博览，2015（36）：128-129.

[104] 徐忠麟，崔娜娜.论我国的环境法治体系 [J].江西理工大学学报，2015，36（6）：24-30.

[105] 白学伟，韩佳.法治中国下辽宁公安队伍正规化建设研究 [J].辽宁公安司法管理干部学院学报，2015（4）：73-75.

[106] 梁平，陈焘.基层执法队伍法治意识：现状、问题与对策 [J].河南财经政法大学学报，2015，30（6）：22-30.

[107] 徐强.关于加强基层法治队伍建设的几点思考 [J].农民致富之友，2015（20）：23，31.

[108] 张晓峰.简析法治工作队伍及我省立法队伍建设的若干问题 [J].吉林人大，2015（10）：29-30.

[109] 贾宇.自觉服务高素质法治专门队伍建设 [J].法学教育研究，2015，13（2）：

3-5，379.

[110] 杨征征.苏州法治型党组织建设中的村支书队伍成长路径研究 [J]. 常熟理工学院学报，2015，29（5）：11-14，62.

[111] 金磊.加强我区法治工作队伍建设的思考 [J]. 中共银川市委党校学报，2015，17（4）：35-37.

[112] 张海伟.加强法治队伍建设的有效路径 [J]. 中共山西省委党校学报，2015，38（4）：85-87.

[113] 陈俊丽.加强法治工作队伍建设全面推进依法治国 [J]. 实践（党的教育版），2015（7）：26-27.

[114] 罗诗福.江西省井冈山市辅警队伍法治化规范化建设探析 [J]. 江西警察学院学报，2015（3）：23-25.

[115] 何登溢，于利.法治化：高校辅导员队伍建设的新视角 [J]. 教育探索，2015（5）：125-128.

[116] 滕双春，李简，王延辉.以法治思维和方式推进社区工作者队伍建设 [J]. 当代经济，2015（14）：80-82.

[117] 孙岳佳.法治人才队伍建设的重要意义及路径 [J]. 品牌，2015（3）：144.

[118] 谭永旭.法治工作队伍决不能缺"钙"——关于当前法治工作队伍思想政治建设状态的一线调查 [J]. 人民论坛，2015（12）：66-67.

[119] 延永玲.大力建设高素质法治工作队伍 [J]. 经济师，2015（3）：103-104.

[120] 莫于川.公法视野中的依法治国、依法执政、依法行政共同推进——十八届四中全会决定的战略意义、重大任务和现实课题解读 [J]. 河南财经政法大学学报，2015，30（2）：1-17.

[121] 陈翁斌.从建设高素质法治专门队伍的视角看城管执法队伍建设 [J]. 城市管理与科技，2015，17（1）：56-58.

[122] 吕琰.律师，法治中国建设的生力军学习四中全会精神加强律师队伍建设 [J]. 中国律师，2015（2）：26-28.

[123] 王增杰.推进基层治理法治化的思考 [J]. 中共山西省直机关党校学报，2015（1）：40-44.

[124] 周明月.以改革精神和法治思维建设高素质党政干部队伍 [J]. 中国党政干

部论坛，2015（1）：70-71.

[125] 余荔苹 . 提高人大队伍法治素质 [J]. 人民政坛，2015（1）：32.

[126] 李永涛 . 加强法治工作队伍建设全面推进依法治国 [J]. 人民政坛，2015（1）：32.

[127] 徐汉明 . 加快高素质法治工作队伍建设步伐（下）[N]. 法制日报，2014-12-31（011）.

[128] 吴杰 . 依法治国背景下法治队伍建设的思考 [J]. 新东方，2014（6）：1-4.

[129] 徐汉明 . 加快高素质法治工作队伍建设步伐（上）[N]. 法制日报，2014-12-24（012）.

[130] 金昌波 . 法治工作队伍是全面推进依法治省的重要保障 [N]. 海南日报，2014-12-19（A02）.

[131] 魏国亮 . 建设法治中国视域下的公安队伍建设探究 [J]. 延安职业技术学院学报，2014，28（6）：14-15.

[132] 王为华 . 着力建设一支德才兼备的高素质法治工作队伍 [J]. 理论学习，2014（12）：59-63.

[133] 如何加强基层法治机构和法治队伍建设 ?[J]. 新长征（党建版），2014（12）：64.

[134] 江金权 . 大力建设高素质法治工作队伍 [N]. 光明日报，2014-12-04（001）.

[135] 廖永安 . 从法学教育创新入手加强法治工作队伍建设 [N]. 辽宁日报，2014-12-02（005）.

[136] 夏崇源，肖声，刘武俊，等 . 加强法治工作队伍思想政治建设 [J]. 思想政治工作研究，2014（12）：16-21.

[137] 王波雷 . 以法治理念推进农村基层干部职务犯罪预防 [D]. 石家庄：河北师范大学，2014.

[138] 许薇薇 . 浅析司改中的法官职业道德 [J]. 法制博览，2018（32）：259.

后　记

十八届四中全会是我党历史上首次以"依法治国"为主题的中央全会。会议通过的《中共中央关于全面推进依法治国若干重大问题的决定》（以下简称《决定》）全面而具体地绘制了建设法治中国的宏伟图景，开启了依法治国的崭新航程。一个国家的法治建设要以法治人才为保障，而法治人才的培养又以法学教育为基础。因此，《决定》明确提出要"加强法治工作队伍建设"，强调"全面推进依法治国，必须大力提高法治工作队伍思想政治素质、业务工作能力、职业道德水准，着力建设一支忠于党、忠于国家、忠于人民、忠于法律的社会主义法治工作队伍，为加快建设社会主义法治国家提供强有力的组织和人才保障"，并从"建设高素质法治专门队伍""加强法律服务队伍建设"和"创新法治人才培养机制"三个方面作了详细阐述。可以说，《决定》为我们指明了法治人才队伍建设的正确方向和法治人才培养的根本要求。在全面推进依法治国的背景下，提升法治工作队伍建设与人才培养质量已经由"行业需要"上升到"国家重大战略需要"。

法官、检察官、律师是法治专门队伍和法律服务队伍中不可或缺的重要力量，培育法治人才是建设法治工作队伍的前提，也是政法院校的办学特色和历史使命。而作为法官、检察官、律师准入资格考试的国家统一司法考试，是连接法学教育与法律职业的桥梁和纽带。因此，建立法学教育、国家司法考试与以法官、检察官、律师为代表的法治工作队伍建设之间的良性互动关系，发挥政法院校的独特作用就显得尤为重要，而这也是研究法治工作队伍建设与人才培养机制和路径的价值所在。

通过史料分析和比较研究，我们可以把握法学教育、国家司法考试以及法官、检察官、律师队伍的发展脉络，找准存在的问题及其原因；可以总结出英美法系、大陆法系典型国家或地区的经验、得失，得到启示和借鉴。在此基础上，思考和探索促进法学教育与国家司法考试有效互动的路径，完善法官、检察官队伍建设的机制，推动律师队伍建设的举措，创新法治人才培养机制的具体做法，以及政法院校在依法治国进程中的社会责任，进而实现法学教育与法律职业的契合、法治工作队伍建设与法治人才及后备力量培养的衔接。本书可以起到提供资料资源和制度借鉴的作用，希望对司法部门和法学教育工作者有所启迪和帮助。